国家"十二五"重点图书
现代心理治疗与咨询丛书

心理治疗：婚姻与辅导

曾文星　徐　静　吕秋云　著

北京大学医学出版社

XINLI ZHILIAO：HUNYIN YU FUDAO

图书在版编目（CIP）数据

心理治疗：婚姻与辅导/曾文星，徐静，吕秋云著. —北京：北京大学医学出版社，2011.5（2021.8重印）
（现代心理治疗与咨询丛书）
国家"十二五"重点图书
ISBN 978-7-5659-0074-7

Ⅰ.①心… Ⅱ.①曾… ②徐… ③吕… Ⅲ.①婚姻-社会心理学-研究 Ⅳ.①C913.13

中国版本图书馆 CIP 数据核字（2010）第 236688 号

心理治疗：婚姻与辅导

著　　　　：	曾文星　徐　静　吕秋云
出版发行：	北京大学医学出版社
地　　址：	（100191）北京市海淀区学院路 38 号　北京大学医学部院内
电　　话：	发行部 010-82802230；图书邮购 010-82802495
网　　址：	http://www.pumpress.com.cn
E-mail：	booksale@bjmu.edu.cn
印　　刷：	北京市荣盛彩色印刷有限公司
经　　销：	新华书店
责任编辑：	许　立　　责任校对：金彤文　　责任印制：罗德刚
开　　本：	880 mm×1230 mm　1/32　　印张：15.25　　字数：392 千字
版　　次：	2011 年 5 月第 1 版　2021 年 8 月第 2 次印刷
书　　号：	ISBN 978-7-5659-0074-7
定　　价：	41.00 元

版权所有，违者必究
（凡属质量问题请与本社发行部联系退换）

《现代心理治疗与咨询丛书》编委会

顾　　　问：曾文星　徐　静
主 任 委 员：许又新　吕秋云
副主任委员：王玉凤　肖泽萍　丛　中　樊富珉
委　　　员：（按姓氏拼音排序）
　　　　　　陈一心　丛　中　崔玉华　杜亚松
　　　　　　樊富珉　洪　炜　霍莉钦　贾晓明
　　　　　　吕秋云　施琪嘉　唐登华　陶　林
　　　　　　童　俊　王希林　王玉凤　肖泽萍
　　　　　　许又新　杨蕴萍　于　欣　张大荣
　　　　　　朱建军　朱金富

内容简介

这是一本有关婚姻与辅导的书籍。本书系统地论述了婚姻与夫妻关系的基本概念,进而探讨婚姻的各种问题或困难,解释如何应用各种辅导的模式与要领来协助有困难的夫妇,最后提示如何配合文化变迁与社会现代化而做适当的适应。为了帮助读者容易体会,本书采用许多华人案例来具体说明,配合国人的了解、需要与实际应用。

本书的对象是从事于心理治疗工作的精神科医师、临床心理学家,以及从事婚姻辅导的专业人员。本书的编写力求深入浅出,通俗易懂,希望社会上一般的读者也可以阅读并对自己的婚姻有所帮助。《心理治疗:家庭与辅导》是本书的姐妹本,可同时参阅,以便推动适合华人的婚姻与家庭的辅导工作与心理卫生。

作者简介

曾文星　夏威夷大学医学院精神科荣誉教授

　　　　世界文化精神医学协会创立会长

　　　　擅长于心理治疗与文化精神医学

徐　静　夏威夷大学医学院精神科临床教授

　　　　曾任太平洋家庭心理治疗研究所所长

　　　　擅长于婚姻与家庭治疗

吕秋云　北京大学精神卫生研究所主任医师

　　　　中国心理卫生协会心理治疗与心理咨询专业委员会荣誉主任委员

　　　　专长于灾后危机干预及创伤心理治疗、婚姻家庭治疗

序

人类对精神障碍的认识是与文明的萌芽同时开始的，换言之，已有数千年的历史了。从事心理咨询和治疗的专业人员在工作中每天都要面对各式各样的精神障碍，对此当然耳熟能详。尤其是近三十年来，随着精神药物治疗和流行病学调查的突飞猛进，学术界一致公认的精神障碍分类和诊断已经正式确立，对于某一特殊患者，即使专家们的诊断见解会出现分歧，但确认这位患者患有精神障碍的一致性却是很高的。然而，没有精神障碍并不就是真正的心理（或精神）健康（positive mental health）。这个概念的提出迄今还不到一个世纪，人们对它的了解难免肤浅或片面，即使专家们的见解也常有着重点的不同，因此值得心理咨询和治疗者重视。

K. Jaspers 说得好：极端是理解常态的钥匙，而不是相反。精神健康和精神障碍恰好构成了人类精神生活的两极。

所谓真正的心理健康，似乎带有理想的意味，因为一个人一辈子心理上什么毛病都不出现，就像一辈子从来不患任何躯体疾病一样，如果不说是不可能的话，至少是十分罕见的。心理健康与其说是一种状态，毋宁说是一个不断提高的过程，永无止境。正因为如此，它才值得我们大家去追求，也才能成为卫生科学奋斗的目标。

现在根据文献，对心理健康这个概念做粗线条的描述。对专家们意见的综述，可以归纳为以下六个方面，也就是考察和衡量心理健康的六个标准。这六个方面有部分重叠之处，正说明概念的复杂性——多维的、多层次的。六个标题并不以重要或次要而分先后。

一、对自己的态度

1. 在必要的时候能够清楚地觉察到真实的自我；
2. 能将自我客观化，即从他人或社会的角度来审视自己；

3. 在不同处境和生活工作任务中有恰当相应的自我情感；
4. 有牢固的自我身份（E. H. Erikson）。

二、成长与发展

通俗地说，成长就是从幼稚走向成熟。我们的父母不可能是完人，因此，成长也就意味着从父母不良教养的阴影中走出来的过程。

每一个人都有无穷的潜力和可能性，发展意味着不断地、充分地发挥个人的潜力。这里，A. H. Maslow 关于基本需要的学说和自我实现的讨论，G. Allport 关于"投身于生活之中"的睿智的建议，对咨询和心理治疗有特殊重要意义。

三、整合

一个人的心理活动是极为复杂而多种多样的。正因为如此，整合被公认为心理健康的一个标准。整合意味着：

1. 各种心理力量（欲望、意向、需要等）的平衡；
2. 稳定的价值尺度；有序的（或等级制的）价值系统结构，其最高价值是可以与人共享的；
3. 对逆境和挫折的承受能力。

四、自律

1. 做出决定的过程和性质。强调的是，对行为的调节出自内心，并且与完全内在化了的社会规范符合，此种自我调节功能与其他心理功能也是整合良好的。

一个人的生活总是处于他律与自律的矛盾之中，因此，在社会化和成长过程中，教育的精髓在于，如何循序渐进地和潜移默化地将他律（即社会规范对个人的约束）转化为自律，这对心理咨询很有参考价值。

2. 独立自主的能力。自律的人的满足不仅在于符合外在的要求和制约，也就是说，实际上最重要、最有价值的满足取决于个人自身的发展或潜力的发挥。

要使"天人合一"哲学符合卫生科学的宗旨和要求，必要的补充是，要充分发挥个人的独立自主性，而不是抹杀个性去被动地适应环境。

除非有充足的、相反的理由，健康人不言而喻的行为前提是，他对现实并不采取非此即彼的态度（either-or attitude）。因为他清楚地知道人类经验的复杂性，现实之正面的和负面的效应不可能一清二楚地拆开。

五、对现实的感知

1. 免于受个人动机和需要的歪曲。
2. 对社会的敏感。这里，敏感意味着对他人反应迅速的和积极的关怀。德语中的 Einfühlungen（英译为 empathy）与此含义相近。A. Adler 提出的 Gemeinschaftsgefühl 意思也差不多，即与社区或周围人有共享快乐和分担忧患的情感。

六、对环境的把握

1. 主动爱别人的能力。
2. 对"爱情、工作和游戏"三者有恰当的分配。
3. 恰当的人际关系。按 H. S. Sullivan 的理论，心理咨询和治疗要解决的问题就是人际关系问题。也可以说，一切精神障碍归根到底是个人际关系问题。还可以说，一个人人际关系的质量愈高，他的心理健康水平也就愈高；反之，一个人人际关系问题愈多、愈严重，他的心理健康水平就愈低。
4. 符合社会处境的要求。例如，社会对不同年龄段（童年、少年、青年、中年、老年）的要求是不同的。
5. 适应与调节。通过行为对社会的适应体现个人的自我调节，达到适应与调节的统一。
6. 解决问题。我们时刻都面临着许多现实问题，有待我们去解决。应该强调的是，成功既不是个人人格的属性，也不能归之于环境本身。不以成败论英雄适用于许多历史人物，在心理卫生领域里也是如此。因此，心理卫生重视的是解决问题的过程，而这一过程又可区分出若干维度。

第一，由若干阶段构成的时间序列。觉察问题，考虑采取什么方法去解决，从所考虑的方法中选择一种，最后决定付诸实施；

第二，在各阶段中伴生的情感体验；

第三，解决过程的直接性和非直接性；

第四，问题常常不是个人性的（即私事），这就涉及人我利害的考虑。人我两利是健康行为的一个特征。

上述对心理健康概念的讨论虽然挂一漏万，也只是个轮廓，但对于一篇序言来说，篇幅已经够多了。笔者的希望是，心理咨询和治疗工作者不要完全陷于考虑病态的消除，也要想到心理健康的促进和提高。因为即使一位严重的精神障碍患者也仍然保留着健康的方面或因素，心理咨询和治疗离不开患者的参与，"上帝只帮助自助者"。患者的自助或积极参与，便是健康因素在发挥作用。

许又新

2007年3月30日

前　　言

我们都知道，一对男女结合而形成夫妻关系，夫妇俩共同经营他们的婚姻。婚姻是人生的重要脊柱，是家庭的基础也是我们社会的主要生活单位。有了美满的婚姻就能有幸福的家庭，也才能有美好的个人生涯。但是对于这么重要的婚姻，专业上的知识与经验并不多，关于这方面好的参考书也很少。一般人有了婚姻的问题，常不知如何处理，也不懂如何去接受专家的辅导。许多男女或夫妻常是社会里适应良好的普通成人，可是在男女或夫妻相处方面却有了差错，需要婚姻的辅导。婚姻的辅导可说是现代社会里非常需要而且是重要的心理卫生工作。针对夫妻的治疗工作，有许多称呼，有人称为"婚姻治疗"（marital therapy），有人称为"夫妻治疗"（couple therapy），或者是"婚姻辅导"（marital counseling），这些都是同样的意思，在本书里常交替使用。

从广泛的角度来说，许多专业人员认为："夫妻治疗"（或婚姻辅导）是属于"家庭治疗"（family therapy）的一部分。婚姻是家庭的主干，是发展家庭的基础。况且，从学理上说，不管是夫妻也好，家庭也好，要针对他们给予辅导时，都要考虑并采用同样的学理与技术，即：要根据人际关系的角度与（群体）系统的观念来提供辅导。并且要处处提醒被辅导的对象是有浓厚且私人性人际关系的家庭成员，跟一般被给予"团体治疗"（group therapy）的群体对象有所不同，要意识到他们并非为了接受辅导而在一起的陌生人，而是有亲密关系的夫妻，是家人。在辅导之前，他们早已形成了特殊的夫妻与家人关系；在辅导过程里，他们还要在家里继续过他们的家庭生活，保持他们的私人关系；而辅导结束后，只要不离婚，还将继续维持其夫妻关系与家庭生活。因此，基于这些原因，开始创立家庭治疗时，专业人员常把夫妻治疗当作家庭治疗的一部分，而没特别分开讨论。

可是近年来逐渐有个趋势，专业人员常把婚姻辅导与家庭治疗分开讨论，并著书论述。其理由有：现代的男女，结婚后并不见得愿意生孩子，或者婚后很久才想养育子女，因此，形成有孩子的"家"的可能性不是减少、迟慢就是没有，只维持夫妻两人的婚姻关系与生活。再者，有些男女在结交男女朋友时，就可能需要心理上的辅导。假如他们保持长久的男女关系，甚至同居生活，在社会观念上来说，还没被认定是夫妻，但在情感与心理上犹如夫妻。对他们给予辅导时，不能称其为家庭辅导，也不是婚姻治疗，只能说是针对一对男女的"成对辅导（或配对辅导）"（couple counseling）。

不管如何，在现代社会里，针对夫妻或男女关系的问题而提供辅导的趋势与机会逐渐增加，因此，婚姻辅导、夫妻治疗或成对辅导的措辞与观念变得比较通行且常用，跟家庭治疗往往被分开讨论。"家庭治疗"（family therapy）或"家庭辅导"（family counseling）就用在辅导夫妻跟自己的子女、父母或同胞有情感上与关系上的困难时的辅导工作。对象是一群家人，是以特殊的"团体治疗"（group therapy）的形式与要领而给予辅导。因此，本书也就配合这样的趋势，把夫妻治疗与家庭治疗分开，单单针对一对男女或夫妻的情况编写并讨论其辅导的技术与要领，而关于家庭的心理问题的辅导，另外编写了其姐妹书《心理治疗：家庭与辅导》。

这本书是"中国心理治疗与心理咨询专业委员会"组织编写的《现代心理治疗与心理咨询丛书》中的一本，由北京大学医学出版社出版。此书是根据曾文星所编著的《心理治疗普及丛书》里的第四本书，即：《夫妻的关系与婚姻的治疗》的结构修改而成，特别参阅国内发表过的有关夫妻心理与辅导的论文，又参考了国外出版的书籍，以便提高其专业性与学术性，以便配合国内临床专家与读者们阅读的需要。本书由三人合作编写。曾文星擅长书本内容的结构与组织，负责全盘的书稿计划。徐静教授对家庭治疗及婚姻治疗有特别的专业经验，也常就这些题目去教学与讲学，对夫妻辅导上的学理与技术上的讨论与论述有特别的贡献。吕秋云教授在国内对华人夫妻的辅导经验很丰富，提供华人个案的例子及其辅导心得。我们三人合作编写，发挥各自的长处，以提高本书的质量，增加专业性与实用性。

为了帮助读者容易理解，并能实际运用于临床工作，本书采用多个案例来具体说明。为了配合国人的需要，多采用实际华人案例进行分析与讨论，但也有部分是美国夏威夷华裔、亚裔或其他民族的个案，可显示出社会与文化因素如何影响夫妻的生活、所面对的问题以及需配合的辅导要领。有些例子虽然曾经在我们相关的书里发表过，但对夫妻辅导的治疗与要领有特别的提示者，经过选择与修改而被采用于本书，并以引用参考的方式在参考文献里注明其原来出处。我们感谢这些提供个案的共同作者与华人学者们。在本书里所采用的临床实际例子都经过作者修饰，以便隐蔽个案的私人背景。在此要特别感谢个案与辅导者合作进行治疗，经过他们辅导的经验可帮助更多需要辅导的男女与夫妻。

本书的读者对象是从事于心理治疗工作的精神科医师、临床心理学家或从事婚姻辅导的其他专业人员。本书的编写尽量深入浅出，希望社会上一般读者都可以读懂并有所帮助。我们希望本书能帮助社会上众多夫妻，帮他们注重夫妻的心理卫生，使婚姻更幸福，从而提高整个社会的心理健康水平。

曾文星　徐　静　吕秋云

目 录

第一部　婚姻与夫妻关系的基本概念

第一章　婚姻的基本性质与功能 …………………………… 3
- 第一节　婚姻的定义与本质 ………………………………… 3
- 第二节　各种不同的婚姻制度 ……………………………… 3
- 第三节　婚姻的心理与功能 ………………………………… 11
- 第四节　现代婚姻的特点与趋势 …………………………… 16

第二章　结婚对象的选择与考虑 …………………………… 19
- 第一节　选择对象的各种考虑 ……………………………… 19
- 第二节　婚前的交往情况与经验 …………………………… 28
- 第三节　辅导时探讨过去的意义 …………………………… 30

第三章　夫妻关系的分析 …………………………………… 33
- 第一节　夫妻关系的各种层次与功能 ……………………… 33
- 第二节　"夫妻关系"本身的层次 ………………………… 34
- 第三节　影响夫妻关系的"原本家庭" …………………… 47
- 第四节　左右夫妻关系的个人背景与心理 ………………… 52
- 第五节　会影响夫妻关系的其他因素 ……………………… 56
- 第六节　辅导时了解夫妻关系的意义 ……………………… 57

第四章　夫妻关系与婚姻阶段的发展 ……………………… 59
- 第一节　夫妻关系通常的发展阶段 ………………………… 60
- 第二节　夫妻关系与婚姻发展的变异 ……………………… 73
- 第三节　辅导时了解婚姻阶段的意义 ……………………… 75

第二部　婚姻问题的了解与分类

第五章　婚姻的各种问题与病理 …………………………… 79

第一节　婚姻的问题 …………………………………… 79
   第二节　婚姻问题的分类 ………………………………… 81
第六章　婚姻问题的审查与了解 ……………………………… 93
   第一节　婚姻问题的表现与过程 ………………………… 93
   第二节　婚姻问题本质的区别 …………………………… 97
   第三节　婚姻问题的量表检查与运用 …………………… 100
   第四节　了解婚姻问题对辅导的意义 …………………… 102

第三部　婚姻治疗的原则与方法

第七章　婚姻治疗的基本概念与原则 ……………………… 105
   第一节　婚姻治疗的定义与称呼 ………………………… 105
   第二节　婚姻治疗的基本观念与着眼点 ………………… 106
   第三节　婚姻治疗的一般考虑 …………………………… 112
   第四节　婚姻治疗遵循的原则 …………………………… 119
   第五节　婚姻治疗可采取施行的各种形式或途径 ……… 122
   第六节　辅导模式要采用机动性与通融性 ……………… 126
第八章　婚姻治疗的临床要领与实际技术 ………………… 128
   第一节　施行婚姻治疗的临床要领 ……………………… 128
   第二节　婚姻治疗常要施行的工作 ……………………… 130
   第三节　婚姻治疗操作上可采用的若干技术 …………… 136
   第四节　婚姻治疗有时采用的特殊技巧 ………………… 140
   第五节　实际的操作与运用 ……………………………… 142
   第六节　经过个人辅导帮助婚姻问题 …………………… 143
第九章　婚姻治疗的各种模式 ……………………………… 145
   第一节　支持性婚姻治疗 ………………………………… 145
   第二节　结构性婚姻治疗 ………………………………… 149
   第三节　行为婚姻治疗 …………………………………… 153
   第四节　分析性婚姻治疗 ………………………………… 156
   第五节　其他模式的婚姻辅导 …………………………… 162

第六节　治疗模式的选择与综合使用 …………………………… 165
第十章　婚姻治疗的程序、困难与疗效　168
　第一节　婚姻治疗的会谈次数与辅导期间 ………………………… 168
　第二节　婚姻治疗的程序 …………………………………………… 169
　第三节　婚姻辅导可遭遇的各种治疗上的困难 …………………… 174
　第四节　婚姻治疗的效果 …………………………………………… 175

第四部　婚姻的各种问题与辅导

第十一章　不健康的婚姻动机 ………………………………………… 181
　第一节　结婚动机的探讨 …………………………………………… 181
　第二节　各种不健康的婚姻动机 …………………………………… 181
　第三节　辅导的方向与要领 ………………………………………… 184
　第四节　个案说明 …………………………………………………… 185
第十二章　夫妻的个人性格与心理问题 ……………………………… 190
　第一节　影响婚姻的各种"个人性"的心理问题 ………………… 190
　第二节　辅导的原则与方向 ………………………………………… 194
　第三节　个案说明 …………………………………………………… 195
第十三章　夫妻俩相处与关系上的问题 ……………………………… 203
　第一节　相处与关系上的困难 ……………………………………… 203
　第二节　辅导的方向与要领 ………………………………………… 214
　第三节　个案说明 …………………………………………………… 215
第十四章　婚姻发展阶段的适应问题 ………………………………… 229
　第一节　婚姻的发展阶段 …………………………………………… 229
　第二节　与婚姻发展有关的问题 …………………………………… 229
　第三节　婚姻各个阶段的问题 ……………………………………… 231
　第四节　辅导的要领与方向 ………………………………………… 238
　第五节　个案说明 …………………………………………………… 240
第十五章　夫妻与自己父母所发生的矛盾或适应问题 ……………… 253
　第一节　夫妻跟父母间可能发生的各种问题 ……………………… 254

| 第二节 | 辅导的方式与注意事项 | 259 |
| 第三节 | 个案说明 | 264 |

第十六章 夫妻与子女间的问题 … 273
第一节	夫妻因养育子女而可能发生的各种问题	273
第二节	辅导的要点	280
第三节	个案说明	283

第十七章 性生活的适应问题 … 292
第一节	夫妻的性生活	292
第二节	夫妻性生活的各种问题	300
第三节	辅导的要领	302
第四节	个案说明	303

第十八章 夫妻间的虐待与暴行问题 … 314
第一节	夫妻间的虐待	315
第二节	夫妻间的暴行	317
第三节	个案说明	320

第十九章 配偶的个人疾患问题 … 328
第一节	各种不同的个人疾患及其影响	328
第二节	辅导的要领与方向	331
第三节	个案说明	332

第二十章 婚外情的问题 … 340
第一节	婚外情发生的各种不同层次的理由	340
第二节	男女发生婚外情的不同情况与原因	343
第三节	各种不同的婚外情	345
第四节	婚外情发生后的反应与结果	346
第五节	避免婚外情发生的要领	348
第六节	婚外情辅导的原则与策略	350
第七节	个案说明	354

第二十一章 离婚的问题 … 364
| 第一节 | 离婚的趋势与常见的理由 | 364 |
| 第二节 | 离婚的抉择与执行 | 366 |

第三节　辅导的要点与技术 ································ 368
　　第四节　个案说明 ······································· 374
第二十二章　与再婚有关的问题 ································ 382
　　第一节　再婚的动机与目的 ······························· 382
　　第二节　再婚的适应课题 ································· 384
　　第三节　再婚的辅导焦点与要领 ··························· 388
　　第四节　个案说明 ······································· 391
第二十三章　异民族或不同文化背景对象通婚的婚姻问题 ·········· 399
　　第一节　跟异民族对象通婚的各种理由 ····················· 399
　　第二节　跨民族或异文化通婚常见的问题 ··················· 400
　　第三节　对跨民族或异文化通婚夫妻的辅导原则 ············· 405
　　第四节　个案说明 ······································· 408
第二十四章　年老夫妻的婚姻辅导 ······························ 417
　　第一节　年老夫妻可面对的各种婚姻问题 ··················· 417
　　第二节　辅导年老夫妻婚姻问题的方向与要领 ··············· 418
　　第三节　个案说明 ······································· 418
第二十五章　同性恋者结对问题的辅导 ·························· 426
　　第一节　同性恋者结对常见的问题 ························· 426
　　第二节　辅导的方向与要领 ······························· 427

第五部　婚姻的适应与心理卫生

第二十六章　文化与婚姻关系 ·································· 433
　　第一节　社会、文化与婚姻关系 ··························· 433
　　第二节　现代化与婚姻适应 ······························· 437
　　第三节　提供适合社会与文化的婚姻辅导 ··················· 443
第二十七章　婚姻的心理卫生 ·································· 449
　　第一节　婚姻的心理卫生的观念 ··························· 449
　　第二节　夫妻与婚姻心理卫生的推行 ······················· 452
结　　语 ·· 460
中英对照词汇与索引 ·· 463

第一部
婚姻与夫妻关系的基本概念

要给予适当的婚姻辅导，首先要了解婚姻的心理与夫妻关系；有了这些基本的概念，才能进行针对婚姻问题的适当审查、判断与了解，进而提供有用的辅导与治疗。因此，在第一部里，我们将分章说明：婚姻的基本性质与功能、婚姻对象的选择、夫妻关系的分析以及婚姻阶段的发展。有了这些知识，就能接着去了解与体会夫妻问题的真相，考虑辅导的方向。

第一章 婚姻的基本性质与功能

第一节 婚姻的定义与本质

大家凭靠普通常识都知道什么是"一对男女"、"夫妻"、"婚姻"这些词句与观念。可是从专业立场,我们还得经过特别思考,有深度与广泛地去了解其意义。要谈及婚姻治疗首先就需要充分了解婚姻的本质、夫妻的关系以及常见的婚姻问题。所以,我们首先要论述与说明到底我们所指的婚姻是什么。就一般人所知,"婚姻"(marriage)所指的是一对成长的男女决定结合为夫妻,以伴侣的关系终生一起生活,并保持密切的情感与关系,共同经历人生的阶段,一起养育子女,完成传宗接代的任务。结婚成家是人之常情,社会的习俗,受法律的认定与保护;夫妻共同生活是现实的需要,生理的满足,心理的依靠,是共同患难与享乐的生活基地,也是心理与情感成熟的摇篮(Lantz & Synder,1969.16-31页;曾,2001)。可是假如我们再进一步去探讨,我们会发现,我们还得仔细了解婚姻的各种制度,婚姻的心理与功能,以及现代婚姻的特点与趋势,让我们分别论述与说明。

第二节 各种不同的婚姻制度

我们生活在自己的社会里,凭其一般的经验与观察,认为婚姻的制度是一个模式或样板而已,人人都以相同的观念与习俗成立婚姻关系,建立夫妻关系。可是哪知,世界各地的文化风俗与习惯有所不同,男女结合的婚姻制度也随文化背景而有各种差异

(Bell, 1971. 129-163; Tseng & Hsu, 1991)。就是在同一个社会里,有东西南北的地区差异,也随时代的经历而有所变迁,并非一致或固定的。从人类学的眼光来看,婚姻有不同的制度与系统。可分述如下:

一、婚姻对象的来源——内婚与外婚的区别

人类学家就根据夫妻是跟哪里的对象结合,把婚姻区分为"内婚"与"外婚"。所谓内婚制度(endogamy)指的是在社会所约束的选择范围内去寻找对象。譬如,跟自己社会背景相似或经济条件类似的对象结婚;跟自己村里邻居或同乡结婚。广泛一点说,跟自己的民族或国人结婚,也是内婚。随内婚制度而相配的制度与约束就是近亲结婚的禁忌。即:不允许过于亲近的人结婚。至于何者是禁忌的亲人,随社会而有不同的规约。中国人自古习惯上规定同姓者不可通婚,认为同姓的,属于同样的宗族,把近亲定得很广,而只适用于男方的关系,即不能跟伯叔的子女通婚,但不限制女方的亲戚关系,如姨妈的子女等。虽然从生物学的立场来说,伯叔或姨妈的子女都是三代近亲,可是就社会观念而被看待得不一样。认为女人嫁出去,就跟随夫姓,是不同的"家人",是观念上的划分,并不从生理与遗传关系考虑。至于同姓的人,可能没有近亲的生物与遗传关系,但在习俗上认为是同宗的人,不得成亲。

至于外婚制度(exogamy),指的是跟不同村庄、不同省籍,甚至于跟使用不同语言、不同宗教、属于不同民族或国籍的对象结婚。所谓内与外只是相对而言,因此,没有具体的界限。不过,通常来说,结婚对象跟自己比较相似时,各种生活习惯与观念都较相同,两方家庭也比较容易沟通来往。只是太接近、有近亲关系时,要顾虑遗传的问题。至于外婚,要适应许多不相同的地方,面对不同习俗与观念上的问题,但也能取各自所长而发展新的结合。因此,各有各的好坏,也有不同的结果。随着交通的发达,

移居的情况增加，外婚的情况包括与异民族结婚的情况日益增加，只想跟同村庄的人内婚，已经是属于过去的想法了。

二、对象的多少——单配与多配的不同

一对男女结婚，双双经营他们俩人的婚姻，被称是单配的婚姻。随着现代化，世界上主要的社会里都已经提倡且规定一夫一妻的单配偶制度（monogamy），可是有些社会仍实行一夫多妻或一妻多夫的多配偶制度（polygamy）。我们都知道，我国在过去，有些富裕或当官的，除了正室的妻子以外常娶妾，曾实行一夫多妻的多配偶制度。譬如，"大红灯笼高高挂"的电影故事里，就是描写一个有钱有势的男人，除了本妻以外还娶了几个姨太太，而他的女人之间还明争暗斗，发生关系上的矛盾。

目前信奉伊斯兰教的若干国家，仍允许一个男人可以娶 4 个妻子。听说是跟其历史背景有关，即经过屡次打仗后，社会缺少男人，只好采取这种方法，由一个男人照顾几个女人的生活。反过来，非洲有些贫穷地区或印度北方山区，有些人却实行一妻多夫的多配偶制度。这并不是女性超强，要有许多男人（即丈夫），而是地方贫穷，男人没法娶到妻子，也不能割分已有的贫瘠土地，只好兄弟几个人共同跟一个女人结婚，轮流经营夫妻关系，并发生性关系，是不得已的办法。有趣的是在这种情况下，妻子怀孕生下来的子女，并不是考虑是跟哪位丈夫发生性关系后才怀孕的，而只凭他们男人的喜好，而认定哪个孩子是属于哪个丈夫的（Tseng & Hsu, 1991. 58 - 62）。

很显然，由于这种结婚对象多少的结果，会引来不同的结婚形式，也会带来不同的问题。譬如，妻妾间的嫉妒与矛盾，增加家庭问题的复杂性，是大家熟悉的问题。

三、找对象结婚的方式——父母包办、自由恋爱、买卖婚姻

如何找对象结婚，也有不同的方式。许多传统的社会，包括我们的国家，过去的婚姻多半是由父母托媒人并包办的。顶多探问年

轻人的意愿，但主要由父母做主决定。随着现代化进程，个人的意愿被尊重，目前大家都流行自由恋爱，喜欢自己去找对象，经过恋爱阶段才进入结婚。不论是父母包办或自由恋爱，都各有其好处与缺点。

被父母安排的婚姻，其好处是作为家长的，客观地考虑对方的家庭背景，是否门当户对，是否有良好的家风，有关家人的健康与职业如何，再考虑对方的个人背景，身体健康与否，是否有严重的毛病，有没有不良的习惯，性格如何，学业如何等，替年轻人多考虑"客观"的诸因素。只是少顾虑当事人的"主观"因素，譬如，彼此是否喜欢，感情如何等。

经过自由恋爱而自己找对象的婚姻，其情况就相反。年轻人注重的是外表如何，身体好不好，性格如何，从事什么职业，收入好不好，兴趣有哪些等；并且，最重要的要看俩人在一起，喜欢不喜欢，会不会发生浓厚的男女感情，相处合不合得来等。相对比较少考虑客观的诸条件，甚至忽视。婚后才发觉主观与客观的条件都很重要，直接或间接影响婚后的适应。

东方的社会里，由于过去是经家长安排而结婚的，上一代的家长本身很少有恋爱的经验。因此，虽然目前自己做了父母，对他们年轻子女们的自由恋爱，较少有可指导的经验。假如年轻人，又不肯让父母给他们提供意见，那只好自己去暗中摸索，碰运气。有些人也就只好从失败的经验里去学习了。

经过父母安排的婚姻，目前不受年轻人的欢迎，已显著减少，但是自己找恋爱对象又不那么简单。因此，经过亲戚、朋友或同事介绍，见面交往的情况变得比较普遍。因为是亲友认识而介绍的，其对象还比较可靠，可以尝试。但是亲友所介绍的，不一定是当事人所期待的，还得好好交往才能做决定。

当前许多现代社会里，还兴起依靠婚姻介绍所介绍对象的新模式。即：想找对象的人，经过网络填写自己喜欢且期待的对象的各种条件，由介绍所处理其资料，并给予介绍比较符合所期待条件的对象。这种方式，假如是许多人都参与，而且所填写的条件是可靠的，而且介绍确实是根据其资料而好好替你选择对象的，那还可靠，也有其功效，可以增加跟可能适合的异性对象结交的机会。可是假如介绍所不负责任，只是想商业性的获利随便给你介绍对象的话，那就得很小心。

过去，在比较贫穷的社会里，还盛行买卖婚姻，即：父母把自己的年幼女儿，以某种价格卖给对方，自己的女儿变成是商业品似的。目前这种恶习还是偶尔可见（寻等，1991）。不用说，这种方式是以金钱为基础，缺乏情投意合的择偶婚配，也可以说是虐待女儿的一种情况。被这样经过买卖而结婚的，女性常是比较年轻，或者是文化水平比较低，或者是社会条件比较差，如外地来的"外来女"或可能是少数民族等（陈等，1997）。

四、结婚的年龄——早婚与晚婚的习俗

过去结婚的另一特点是男女结婚的年龄较早，女的十六岁一过，就有人来做媒，男的过了十八就结婚的也不少。子女到了青春发育后，就被看成是成年男女，开始考虑并允许结婚。极端时，有些地方甚至实行"儿婚制度"（childhood marriage），男女孩在孩童期就被安排娶嫁。在尼泊尔，过去就是采用儿婚制度。男孩到了6、7岁，就被安排跟5、6岁的女孩结婚。他们被父母安排，穿新衣服，正式举行婚礼后，女孩就到男孩家居住，跟婆婆一起睡，并帮助婆婆做家事。等到年龄大了，到了青春期，才跟自己丈夫住在一起（曾，2006．42-43）。这跟中国过去娶童养媳有相似的情况。

目前随着社会的现代化，教育期的拉长，再加上社会的要求，结婚的年龄都往后移。譬如，欧美社会里，许多人都快到三十才结婚。亚洲各国也开始有此趋向。为了避免人口过多，配合计划生育计划，中国还鼓励晚婚。

一般来说，男女年龄大些，心理与性格比较成熟时，找好对象才结婚，对婚后的适应会好些。可是无限的延后，拖到近中年，也会改变婚姻的性质。因为年龄大了以后，就比较缺少情感上的成分，比较注重现实的考虑，可能会减少男女间的情感的交流。实际上，随着社会的都市化，职业的现代化，许多人从事工作，而把婚姻的事情搁置下来，或者就不考虑结婚，是现代社会的一大特点。

五、婚后的居住地选择——母居、父居或新居的习惯

我国向来实行男系传统习惯，因此，在过去的大家庭制度，特别是在农村里，结婚后女的到丈夫的家居住，是属于"父系家庭居住"（patrilocal residence）的习俗。可是有些社会却相反，譬如小岛洲的人，是男的到女家去居住，属于"母系家庭居住"（matrilocal residence）的风俗。目前现代社会里，住在大都市的环境里，往往无法经营大家庭，新婚的夫妇要到自己的公寓去居住，是属于"新家庭居住"（neolocal residence）的习惯。在比较注重个人独立与权利的欧美社会里，不但子女长大后就离开自己本家而生活，结婚后，新夫妇大都就居住在他们自己喜欢居住或方便工作的地方，几乎都是实行新家庭居住的习惯。

婚后选择在哪里居住，会直接地左右跟夫妻原本两家的关系，也会影响新夫妻的生活与关系上的适应。特别是年轻人结婚后养育子女，常需要父母来协助，因此，到底跟丈夫的父母（公婆）或妻子的父母（岳父母）住在一起，或者住在临近，就会有所不同。通常来说，跟公公婆婆在一起的，媳妇要特别费心去适应跟婆婆的关系，是需要面对矛盾的情况。假如倒过来，是跟岳父母住在一起的，妻子跟自己的父母比较容易相处，而女婿常得到岳父母的欢迎，但有些丈夫会感到犹如被招婿似的，心理并不喜欢。

六、家庭系统的不同——男系传递系统与女系传递系统

从人类学的角度来说，家庭系统被区别为男系传递系统与女系传递系统。"男系传递系统"（patrilineal system）指的是经过男性而传递家庭系统。即家里的姓氏、头衔、财产与权威，经过父亲传给

儿子，儿子再传给孙儿，而跟母亲、女儿或孙女无关。我们中国或亚洲的多半社会，都遵循男系传递系统。在这样的家庭传递系统里，女人的地位与权利就比男人相对地减少。具体来说，在家谱或坟墓的碑里，过去只会列出儿子的姓名，但不列女儿的名字，认为女孩是要出嫁，出嫁后就属于丈夫家的。至于"女系传递系统"（materlineal system）就相反，所有头衔、财产与权威，经过母亲传给女儿，女儿再传给孙女，而跟父亲、男孩或孙儿无关。中国有些少数民族或小岛洲的当地人就是遵循女系传递系统，女人比男人有相当的权利与好处。虽然这是家庭传递的系统，但直接或间接地影响夫妻的关系。譬如，在女系传递系统里，虽然妻子可以委托自己丈夫担任当地的酋长，执行其权威性的职责，但是，其酋长的职位只是执行一代而已，不能传给自己的儿子。也就是说：丈夫去世后，其头衔就被妻子收回，传给女儿，而由女儿委托她的丈夫（即女婿）接任酋长的职位。虽然是由男人实际担任酋长，并执行其功能，但牵涉到职位的传递，酋长的头衔属于女性，丈夫还得受妻子的委托才能担任，显著影响夫妻间权威的分配（曾，2006，44-45）。

七、家庭的大小——核心家庭、主干家庭、大家庭的不同

跟婚后的居住选择有连带关系的是家庭结构大小的问题。是否经营核心家庭、主干家庭、大家庭的生活有各种差异。所谓小家庭或"核心家庭"（nuclear family）指的是由夫妻俩人（包括他们的子女）经营他们的小家庭。其好处是夫妻生活比较单纯，少受父母或其他家人的干涉，自由自在，好树立、培养并维持夫妻间俩人的情感。至于"主干家庭"（stem family）指的是一对夫妇跟他们一方的父母一起居住，包括他们自己生育的子女，而形成有三代住在一起的家庭结构。这样，上一代的父母年老了，有子女服侍；而下一代的夫妻，他们生了小孩时，公婆或岳父母可以帮忙照顾幼小的孙子。这样，彼此可依靠，是比较理想的家庭结构。可是上下两代如何相处，保持亲子关系，特别是婆婆与媳妇的关系，是很微妙的情况。

特别是社会风俗与价值观变化快的社会里,两代关系常跟随着变化,因此彼此都需用心去相互适应。过去,做婆婆的有权利,媳妇要顺从,常发生被婆婆欺负的形式。譬如,朝鲜的学者们报告,在他们传统的社会里,媳妇饱受婆婆的管制与压力,而又得不到自己丈夫的保护时,其心情不好也就感到怨恨,并发生各种躯体不适的现象,被俗人称是患了"火病"(*hwabyung*),而被学者认为是跟文化有关的特殊精神疾患的一种(曾,2006,186页)。这是夫妻跟公婆住在一起,经营主干家庭或大家庭的结果之一。至于"大家庭"(extend family),指的是,一对夫妻结婚后,还跟自己的父母以及已经结了婚的(丈夫)同胞们同堂居住。过去很有钱的人或乡下的富农才有实际条件去经营大家庭的情况。电视连续剧里"大宅门"的故事,就是这样的情况,已结了婚有妻子及孩子的几个兄弟,分堂都住在大宅门里,一起吃饭,一起生活。

通常来说,平常人最多能经营主干家庭。因此,大家庭的存在是属于例外或特殊的情况。统计上是属于少数。可是在文化上,是常被我们华人炫耀三代同堂居住而和和乐乐的大家庭的观念。宗族或亲戚要保持密切关系,是观念与习俗上的强调,但实际上大家族住在一起生活是另外一回事,是比较少的情况。假如是大家庭,可获得各堂亲族的支持与保护,特别是面对经济上的困难或生病等问题时,能得到大家庭人员的相互照顾。但是相对的,也可能增加家族人际关系的复杂性,包括妻子间的嫉妒等,也减少夫妇间的私人天地。相对来说,小家庭只有夫妻俩人跟他们的子女,可说是比较单纯了。可是,一旦遭遇困难时,就少有人帮忙,因此,也比较脆弱。

总之,从人类学的角度看来,婚姻有各种各样的制度与系统。而这些与婚姻有关的习惯与制度会随文化而时有变迁。这对担任婚姻治疗者来说,有所启示。就是要了解临床上所面对的辅导对象(夫妻或家庭)虽然不一定是属于特异的民族或特殊的文化背景,但每对夫妻可能有不同的习惯与观念,要注意其不同,并准备适当的应付与对待。换句话说,张家的夫妻,跟王家的夫妇可能都遵循相同的婚姻制度,但也可能有每家不同的习惯与观念。特别是来自南北不同的区域,或是否是都市来的,还是乡村来的,可能要强调不同的家庭与婚姻制度,采用不同的方法而结婚成家,并注重不同的家规或夫妻生活的协约。辅导者要提高警觉,了解是否有不同的可能性,不要草率地认为每对夫妇都是同一个模式。

第三节 婚姻的心理与功能

一、婚姻的功能

一对夫妻生活在一起,共同经营婚姻,要执行并发挥各种功能。婚姻的功能很广泛,可表现在几个方向。即:

(一) 情感的功能

这是夫妻间最要紧的功能之一。过去,在传统保守的社会里,比较被淡视或忽略。但在现代社会里,被认为是最重要的婚姻功能,要重视。特别是从心理卫生的角度来说,夫妻间是否有健康稳定的感情最重要。一对男女决定结为夫妻,决心终生生活在一起,最主要的是希望俩人能相互喜爱,有男女的感情。夫妻有了感情,才能幸福地生活在一起。婚姻的主要功能之一,就是让一对男女有保障地维持关系,继续发展他们彼此的情感,满足心理上的需要。这对于现代婚姻被认为是必需的条件。感情不好就容易发生夫妻关系上的问题,严重的可导致离婚从而结束婚姻关系。夫妻的感情是要培养的,是需要双方维持的,并不是喜欢就可以,还要在相互尊敬与协助彼此成熟的前提下,建立夫妻间深厚的情感,而且要专一。值得一提的是,男女间对性的兴趣与欲望跟男女间的情感是不全相同的。男女间的情感,要建立在爱情的基础上,能替对方着想,要符合现实的要求,是长久性的。

(二) 生活的功能

一对夫妻只有感情是不够的,还得能生活在一起,要能面对现实的要求。如何分工合作，建立家庭，维持生计，以达到衣食住行的需要，是婚姻不可也不能忽略的基本功能之一。西方俗语说："没有面包，就没有恋爱"，说的是婚姻要建筑在现实的基础上，而不能只是个人情感上的满足、幻想或美梦而已。结婚后要工作，要有收入，要有人做饭、打扫、洗衣服、养育子女（包括半夜里要起来给婴儿换尿布、要跟孩子沟通谈话、督促孩子念书、带孩子去游玩等）。有人生病了，就要照顾。有人面对挫折情绪不好，就得提供支持与安慰，协助渡过困难。这些都是生活上的要求与工作。并不仅仅是给情人送红玫瑰、巧克力或高贵的钻石戒指表示爱情就足够的事情。

过去打猎或畜牧的社会里，因男女生理与体力的不同，常负担不同的生活职责，内外分工合作。可是目前在工业化或现代化的社会里，男女常常是双职工，夫妻都到外面谋职就业，男女对生活职责的分配变得很少区别，彼此要共同负担家事，一起照顾子女。这是现代夫妻婚后要面对与执行的生活功能。

（三）生理的功能

结婚以后，得到社会的认可，夫妻可以产生性行为，满足生理上的需要。从生物的立场来说，性的欲望与要求，本来是源之于生殖、传宗接代。可是人类跟一般动物有所不同的，性行为的发生，已经超出原本的生育目的，除了孕育子女之外，乃在满足男女的生理、心理及感情的需要。特别是避孕方法的进步，把性关系与生育的功能脱离。婚姻的作用，乃在保障一对男女，根据夫妻的契约关系，保持专一的性关系，保护男女感情的专一。目前世界各地流行着严重的艾滋病，夫妇能保持专一的性关系，不发生婚外情，也可以说是避免与性有关的疾病传染的最理想办法。

有一点要提出来说明的，夫妻间的性生活，固然很重要，但是单靠性关系来维持夫妻关系是不够的。还要依靠基本的情感，也得配合现实的各种需要，才能经营健康的婚姻关系。反过来说，性生活有严重问题时，常容易影响整个的婚姻关系。

第一章　婚姻的基本性质与功能

（四）家庭的功能

过去的传统社会里，观念上被认定夫妻结婚就要生育子女，好传宗接代，生许多孩子，养育好多子女是必然的。可是随着社会的现代化，这种生育子女的要求逐渐改变。为了避免社会人口过多，或者应付养育子女的辛苦及经济上的负担，大家都趋向于少生孩子。虽然现代夫妇生育子女的数目已经显著降低，但是，生育及养育子女仍是被人认为是婚姻的主要功能之一。特别是在东方的社会里，仍是如此。如何孕育下一代并养育他们和同时如何照顾上一代的父母，是夫妇的基本婚姻功能。值得一提的是，夫妻俩人如何生活，过夫妇俩人的私人生活，同时如何养育子女，经营整个家庭的生活，往往有不同的性质与课题，需要特别去适应。如何建立美满的家庭，作为生活的摇篮，是现代社会里很重要的一环。

（五）社会的功能

男女结婚的目的，是在获得社会的认可，同时受到社会情理与法律的保障。结婚后，男女才能得到适当的夫妻地位，保障被社会承认的资格与权利。因此，这与男女同居而没结婚的，有显然不同的作用。但是在夫妻经营婚姻生活中，还得注意如何执行对整个社会的职责。具体来说，如何向政府交税去支持社会的财政，如何去遵守社会的规约，保持社会的秩序，如何从事社会活动，协助社会功能的发挥，都是结了婚的夫妇不能回避的社会责任。毕竟婚姻是社会结构里的基本单位，每对夫妻都要尽力负起对社会的责任，共同执行与维持整体社会的功能。

总体来说，婚姻的功能是多向的，要各个都能发挥，才能达到健康的婚姻状况。当婚姻辅导者审查被辅导的夫妻时，就得注意是否发挥了其应有的婚姻功能，作为审查婚姻的依据。

二、婚姻的心理上的意义

婚姻虽然是很单纯的一对男女成人的结合，可是从心理的立场来看，特别是从辅导的角度来看，含有许多不同层次的意义与特性。给一对男女辅导时，要注意他们的婚姻在心理上的意义如何，是否满足心理上的功能。从心理的立场来说，婚姻有几种意义，可分述如下：

（一）婚姻是男与女的结合

很显然的，一对夫妻结婚是男与女的结合。而且这种男与女的结合是基于特殊的"密切"男女关系，跟"一般的"男女关系有所不同。不是男同学与女同学、男同事与女同事，或哥哥与妹妹的普通男女关系，而是要发生躯体、生理、感情、生活各方面都很深厚、融合的密切关系。

由于"男的"与"女的"有生理与心理上的差别，需要相互适应。譬如，一般来说，女的比较注重情感；男的比较关心实际；男的注重权威，女的注重关系；男的习于采取行动，甚至以攻击性的方式去处理问题，而女的惯于以被动的方式应付，靠流泪影响他人。虽然男女有共同的地方，但也有不同的地方。要懂得其差别，并能适当相处，满足彼此的心理需要，是很重要的。

（二）夫妻是长久的伴侣关系

婚姻不仅是男与女的结合，还要维持长久的伴侣关系。一般说来，二十多岁结婚的夫妻，都要维持四、五十年以上的夫妇关系，可以说是一生里关系维持最长久的生涯伴侣。为了俩人能长久相处，夫妻要能相互认识彼此的脾气与性格，沟通彼此的心理需要，了解你我的生活目标，并且相互协调，建立共同的生活规约与遵守的习惯。夫妇要能共同患难，共同享乐，犹如自己的两双手，彼此辅助，共同处理面对的课题，发挥功能。假如无法达到这样的情况，俩人生活在一起，就不容易；甚至会发生痛苦与困难。值得一提的是，夫妇刚结婚时，不一定能马上建立这样合适的伴侣关系。就算是很要好、热恋的一对男女，还得依靠时间的磨炼与考验，从屡次的尝试当中慢慢地体会、学习如何相互来往的要领。很多夫妻要靠数年，甚至十几年才逐渐能建立稳定而满意的伴侣关系。而且婚姻是阶段性的，是要随着年龄与不同的阶段来不断调整与适应的。

（三）夫妇是心理上的伙伴

夫妻不只是一起吃饭、睡觉的同屋人，还得是心理上的伙伴。这不仅是有喜爱的情感，还要能有心灵上的来往。能相互沟通，表达思维，交换思想，提供参考的意见；并且在必要时还能相互给予安慰、支持，共渡难关；也能共享快乐，欢喜。在每日的生活里能彼此沟通，谈论他们所经历的事情，共同体会他们的感触，并提供彼此对事情的看法。特别是经历长久时间后，能珍惜一起度过的人生经历，也有共同的辛酸与欢乐的回忆。所以夫妻是最接近的心灵伴侣，不是别人可替代或补充的。

（四）夫妻是可相互督促成熟的关系

从心理卫生的观点来说，夫妻的另一重要心理功能与任务就是能时时相互鼓励与帮助，并提供意见，督促彼此人格方面的成熟。虽然随着年龄的增加，社会经验的增多，每个人都会逐渐地向成熟的方向成长。但是夫妻间相互帮助可以起很大的作用。由于天天生活在一起，夫妻可随时以特殊的"第二者"的立场提供合适的意见与想法，帮助对方如何去改变思考的角度更正观念，改善处理事情的方法等，不但可处理好问题，还可督促人格的成熟。夫妻可以说是随身的、私人性的、终生的咨询者，可随时帮助你成长。假如选对了好的对象，配偶可以协助你一辈子的成长；不好的对象，不但不能帮助你，还会阻碍你性格上的成熟。成功的夫妇，会相互督促，相互协助，帮助彼此的成熟。换句话说，选择对象对不对，可以看看俩人结婚后彼此的人格有没有相互督促成熟，促进心理上的成长。

（五）婚姻要经历阶段性的成长

从长期的观点看无可否定的，结婚后的夫妻要经历各种阶段，包括生养子女、子女分离独立等各种阶段。从恋爱、结婚，初婚到婚姻中、后期，包括退休与丧偶的各个阶段都有不同的心理课题去面对。如何随着婚姻发展阶段去适应各种不同的变化，处理不同的新任务或去解决不同的问题是一连串的适应。有些夫妇在某些阶段较难于适应，譬如，养育婴儿的阶段，管教子女的阶段，子女独立分开的阶段，或者退休后守"空巢"的阶段，各个阶段都要去适应，有不同的课题或难题，无论如何，要随时应对不同的阶段性课题并设法去适应，才能一路顺风，走完整个婚姻的路程。

（六）夫妻要经历文化性的调整与结合

每对夫妻往往有不同的个人性格，也有不同的思维、观念与所遵守的价值观念。特别是属于不同社会或文化背景的，更有许多差异。夫妻结婚后，一方面要保持若干自己独自的兴趣与志趣，保留自己的优点与做事的风格，甚至是自己遵从的看法与价值观，但还得去适应与配合配偶的性格、心理、习惯与价值观念。而且夫妻仍需要逐渐建立他们"俩人"的共同想法、对事情的态度、待人接物的基本原则，建立所谓自己的家风。这要经过两方的沟通、接洽、尝试而逐渐形成。俗语说，婚姻一久，夫妻就更加相似，可能就是这个道理。

第四节 现代婚姻的特点与趋势

从大体的社会的眼光来看，不管是东西或南北的社会里，随着社会与文化的逐渐变迁，目前的婚姻与现代家庭都在逐渐的发生若干变化，跟过去传统的社会与时代有所不同。这些世界性共同的变化趋势是值得我们去注意的。

（一）对婚姻的契约性性质的看法改变

过去传统的社会里，强调婚姻制度的重要性，并且考虑结婚是终生的契约，一旦结了婚就不能谈什么离婚。因此，往好的方面想，夫妻有保障。缺点是万一夫妻不合适，也只好一辈子忍受痛苦，不能有别的期望。

随着社会现代化，近年来的趋向是比较讲究婚姻生活的质量，

第一章　婚姻的基本性质与功能

即：夫妇是否相互满意，是否仍有感情。万一没感情可考虑分离，各走各的路。假如社会允许这样的风气，婚姻就变成不是终生的契约，而是要时时去保护与培养的夫妻关系。因此，如何讲究婚姻的心理卫生变得很重要。不能结了婚，就认为配偶是终生的附属品，而还得时时加以照顾、养护，栽培彼此的感情，维护良好的夫妻关系。

（二）对生育与养育子女功能的要求减少

过去结婚的最重要功能之一就是要养育子女，传宗接代。特别是女性，大半的时间与精力都放在生育抚养子女，一个接一个，多子为宜，而且要生个男孩，以便能传宗接代。可是现代的家庭，生养孩子变成是夫妻生活与功能的一部分而已。如何经营各自的事业，共同维持家计，过夫妻的私人生活，参与娱乐活动等，都是婚姻生活里很重要的部分。这对丈夫与妻子的要求有了显著的变化，特别是对妻子。夫妻俩人如何以同样的步调来共同生活，从事事业，经营夫妻的生活，这变成重要的课题。

（三）夫妻职责区别的逐渐减少

随着生育子女功能的相对减少，妻子的职责跟丈夫的功能逐渐拉近。特别是目前的生活现代化，做饭、洗衣服变得简易，男女都会做，不用完全依靠妻子负担。而且夫妻往往都出外做事，家里的事务常要求夫妇轮流分担。再加上男女平等的观念与风气渐渐流行，男人再也不能持有被女人服侍的想法，要彼此相互照顾，彼此服侍，减少夫妻因性别而树立的地位差距。有些人说，现代的丈夫要稍微"女性化"些；而妻子宜"男性化"些，未尝没有道理。这是现代的夫妻需要去认识且适应的一点。

（四）婚姻阶段时间上的延长

还有一件事情大家还不太发觉领悟，但是在不知不觉中正在发生的，便是夫妻俩人共同生活的时间显著地延长了。过去人的寿命较短，平均五十岁左右，七十岁曾被称是古来稀。虽然结婚早些，但夫妻婚后共同生活，不到三十多年就先后去世。可是现代的人平均寿命已经达到七十五，快到八十。就算是晚婚，平均每对夫妻要共同生活四、五十年。因此，夫妻可说是一生当中在一起生活时间最长而重要的伴侣。如何注重夫妻关系、维护夫妻的感情，应成为我们都要关心的重要课题。

总之，婚姻辅导者，要对婚姻的性质与功能有所了解与认识，并且考虑社会与文化变迁中的趋势，去辅导与协助夫妻如何适应现代社会里的变化以更好地经营他们的婚姻。

参考文献

1. 寻民赖，刘长礼，齐小强. 46例异地婚配妇女精神障碍调查报告. 中国心理卫生杂志，1991，5（4），175（165）.
2. 陈镇江，刘坚白，顾种忠，卢桂华，费益民."外来女"的婚姻及其生活质量5年跟踪调查. 中国心理卫生杂志，1997，11（4），230-231.
3. 曾文星. 夫妻的关系与婚姻治疗. 北京：北京医科大学出版社，2001.
4. 曾文星. 文化精神医学：学理与运用. 台北：水牛出版社，2006.
5. Bell, RR. *Marriage and family interaction*. Homewood, Illinois: The Dorsey press. 1971.
6. Lantz, HR. & Snyder, EC. *Marriage: An examination of the man-women relationship*. New York: John Wiley & Sons. 1969.
7. Tseng, WS. & Hsu, J. *Culture and family: Problems and therapy*. New York: The Haworth Press. 1991.

第二章　结婚对象的选择与考虑

　　一对男女的婚姻是否会成功，可以说始于对象的选择适当与否。有了适当且相配的男女对象，婚姻开始就容易比较顺利与美满。因此，给予婚姻辅导，要探讨与审查的资料之一，就是这对夫妻是否选择了适当的对象而结婚。

　　可是，什么是合适的结婚对象？各有各的看法与准绳，并且社会有不同的习惯与要求。譬如，过去实行由父母做主，托媒人安排婚姻时，父母首先关心的是：对方是否门当户对、身体健康、没有严重的疾病、没有不良的嗜好；接着就是考虑：男的是否有好的职业，有固定的收入，女的会做家事等。总之，比较注重的是现实的客观条件。现在年轻人流行并喜欢由自己来认识、交往、选择对象，首先强调的是彼此喜欢不喜欢，是否有感情，比较注重的是俩人间的情感，是主观的因素；然后再考虑客观的条件。

　　从专业的立场来说，婚姻会不会成功，对象的选择最好要从主观与客观两方面去进行探讨与考虑。假如只注重单一的理由而少考虑全盘性的因素，或者是以不适当的对象，甚至是不健全的动机来结婚，婚后才发觉不合适，就太迟了（Bell，1971）。

　　现在，让我们一一分析与探讨应该考虑的各种因素，包括比较基本的因素及附带性的考虑因素。

第一节　选择对象的各种考虑

一、首先考虑的因素

　　从专业的角度来说，婚姻对象的选择要从各种角度去思考，全盘性的探讨各种因素。而最基本的考虑因素有下列的条件。

（一）心理上有没有健康成熟的性格

从心理的角度来说，首先要考虑的因素是：对方是否有健康与成熟的性格。因为，有了健康的心理与成熟的性格，待人接物、做事、就业、生活、婚姻各方面都容易成功，很少会有问题。至于什么是健康与成熟的人呢？广泛的来说，可以包括几个要素。即：对所遭遇的挫折有相当的毅力去面对与应付，能以较积极的态度与方法去处理；对人生抱有乐观积极的看法，对自己有基本的信心，能体谅别人，能为他人设想。反过来，假如一个人只会关心自己，只顾自己，并且对困难的忍耐力低，碰到问题就想打退堂鼓，对将来不关心，只顾目前，只贪一时的享乐，这些都是不成熟且幼稚的倾向。跟这样的人结婚，就不容易一起生活，更谈不上一起建设家庭，共同维护夫妻的生涯。

谈到一个人的性格，不能单靠当初见面的印象而做判断，要知道过去的情形，也要长期相处，经过各种场合的表现去体会。因此，要有若干时间的频繁接触，经过谈论了解过去的事情，如何念书求学与工作，跟人们相处的情况，也要实际观察高兴的时候，也要知道不得意的时候是如何面对与反应，并且要细心观察对方如何对待你，从各方资料做全盘性判断。

有一点要提醒的是，一个人性格上的成熟与否，往往与文化水平的高低无关，也跟职业的好坏无直接关系。有些人脑子很聪明，也受高等的教育，可以说"智商"（intelligence quotation，IQ）很高，但有时情感上却没成熟，仍是幼稚，可以说"情商"（emotional quotation，EQ）低。同时也要考虑"社商"（social quotation，SQ），即对待人的技巧与能力，社会性的参与及经验如何。反过来，有些人虽然从事低微的工作，没有高科技的职业，却有健康的人生观，并有成熟的性格，善于人际交流，社会经验也多。因此，不要单就教育程度的高低或职业的性质而草率做判断。要依靠整体性的性格，包括：实际的行为表现、对事情的处理方式、对待他人的情况、对人生的态度而去做综合性的判断。

（二）客观上有没有符合现实的条件

我们要记得，婚姻的主要功能之一，就是要"生活"。一对男女单靠互相喜欢而谈恋爱是不够的。要能在实际的现实里去共同生活。也就是说，俩人要共同去过日常的生活，去经营彼此的生活，建立并发展两个人的家庭。基于这种生活上的需要，选择对象时，要考虑现实上的各种因素。双方是否都身体健康，有没有严重的躯体或精神上的毛病，是否有适当的工作，有没有能力从事家务等。由于现代的家庭，特别是居住于大都市的，大多是双职工，夫妻双双都要到外面去谋职工作，建立各自的职业生涯，婚姻的对象要考虑彼此是否都有所需的文化水平，是否已有适当的职业，良好的做事经验，或者有从事职业的潜在条件。就算是居住在农村的，也应考虑是否有基本的文化水平，是否会从事田野的工作。能在外做事，也能在家做家务，是现代夫妻共同的基本要求。

选择对象，一定要知道过去的情况如何。假如对方过去有过不好的行为或不良的习惯，譬如：上课常旷课、工作常旷职；喜欢赌博，常喝酒或滥用药物；喜欢跟他人吵架，甚至有犯法的行为，都要慎重考虑。因为有些与性格有关的行为问题常不容易改，会严重影响日后婚姻生活。

（三）主观上会不会产生喜爱的浓厚感情

除了上述客观条件以外，要考虑的当然是男女俩人之间是否会彼此产生喜爱的感情。到底是哪一个男的会跟哪一个女的相互发生感情，我们尚不太知道，连心理学家也还没完全了解。俗话说，一对男女之间有化学因素，就会相互发生喜爱的作用。这句话的含义是说，两个人之间要有相互的吸引力，才会发生情感上的反应；否则就不会。

至于什么是会引起俩人情感作用的"化学"因素呢？心理学家猜测有各方面的因素。首先要考虑的是生物因素。即可能是与生理或生物有关的本能作用，为了维持种族生存的需要，受生物学择偶的原则而去选择对象。譬如，个子高的喜欢个子矮的；身体胖的，喜欢体格比较消瘦的。这是超出我们意识与判断的范围，潜在影响我们的择偶行为。

另外一方面是心理的因素，本着本能的力量去选择性格上与自己相配且合适的对象。情感上比较注重理智，性格比较呆板的，或许对情感比较丰富，性格活泼的对象好相配，是心理学上的相配作用。

有时是受着过去幼年以来的记忆及感情经验，去选择与曾经喜爱过的类似人物相爱。譬如，跟自己小时暗地里迷恋过的姨妈或女老师类似的女性发生感情；或者跟自己幼年时喜爱过的表哥或叔叔类似的男人发生感情。有时是相反的，去跟自己喜爱过的人全然不同的对象发生感情，潜意识的回避心理上觉得是近亲或乱伦的关系。

有时也会是很单纯的，由于男女俩人有机会接触，经过长久的来往，相互有好感，感情慢慢增长，最终俩人结合也是常见的情况。有时是因为对方有良好的性格，经过欣赏而要好。至于小说里描述的一见钟情，在现实里是危险的事，跟对方的背景及情况都不很熟悉，而马上发生强烈的感情，往往是一种感情的转移，并不是针对本人而萌发的情感。是过分情感冲动或不理智的现象，婚后容易后悔。

过去社会里盛行经过家人包办结婚时，父母常劝告子女说，男女结了婚，生活在一起就会发生感情，因此勉强子女听从父母意见而结婚。可是这种"先结婚，后恋爱"的说法，只能适用于被安排结婚的对象符合某种基本的条件，即外表还可以，性格也不错，这样经过婚后的亲近接触，而逐渐建立感情。可是，假如对方没有这样的基本条件的话，婚后是很难建立起感情的。

（四）彼此的性格是否相配

一对男女会喜欢并选择相同性格或不同性格的对象，过去有不同的看法与主张。从临床上的经验看，大家大致都认为：一对男女的结合要有基本上的相同，这样容易相处，但也要有些差异，而这些差异是可以相互弥补的。比如有相同的文化水平，有相似的人生看法与待人接物的态度，有一些共同的乐趣，都是可以让夫妻容易相处且长期生活在一起的条件。也就是说，聪明的程度，对生活的基本目标与态度最好都相同。

可是，性格或气质上，夫妻俩人可以不必尽是相同，有点差异也无妨。对各种事情的兴趣或做事的方式不尽相同也可以，只要能互相弥补或相助即可。譬如说，夫妻之间一方对事情常按规律地认真做，可是对人际方面的来往却较忽略；而另一方却相反，做事并不那么有计划或专心，但注重人与人之间的来往，重人情喜欢社交，这样俩人在一起就可以取长补短。

夫妻的相配还牵涉到喜欢扮演的角色。有人说，假如男的在家曾是哥哥而女的是妹妹的话，俩人在一起刚好会相配。即，男的喜欢以哥哥的姿态来保护与照顾（妹妹似的）妻子；而妻子会以妹妹似的角色来享受（哥哥似的）丈夫照顾与指导她的关系。这是习于扮演不同角色而能适当地相配的例子。反过来，假如男的在家曾是幼小的弟弟，而女的是大姐，有人就保持姐弟相处的夫妻关系。可是这样以姐弟相配的，有的婚后俩人可能会有适应上的困难。因为丈夫不喜欢妻子常以大姐的身份来管教他；而妻子也看不惯被动且听话、总是像小弟弟似的丈夫。这是不同而又不相配的例子。

最近在欧美流行依靠电脑系统来找异性对象。即：年轻男女在对象介绍所办理的电脑程序里，去填写有关自己的特点，包括年龄、性格与嗜好以及自己喜欢的异性对象，而从别人填写的资料中去找适合而喜欢配对的异性对象。有位心理学家（Fisher, 2009），就利用这些十万个男女通过电脑选择对象的资料做分析，研究到底男女是否选择相同或相似性格的异性对象。他先根据生物学的知识，特别是跟神经传递质有关的气质去区别：探险性

(Explorers)、营造性（Builders）、领导性（Directors）、协和性（Negotiators）四种基本气质。所谓探险性就是喜欢去尝试新的花样，探讨奇异的事情，开拓新经验；营造性是喜欢保守，墨守成规，不喜欢探险而按计划去营造；领导性是喜欢教人，带领他人，保护他人；而协和性是习于被人带，受他人的指导与保护。根据这种看法而把将近十万多参加网上配偶选择节目的个人资料去分析，结果发现这四种气质相当平均的分配于被调查的对象。更有兴趣的是，此心理学家发现，具有探险性气质的人喜欢找有同样探险性的对象，而有营造性气质的喜欢选择有营造性气质的对象，呈现"对称性关系"。可是有领导性气质的，喜欢找具有协和性气质的对象，而相对的有协和性气质的，喜欢找有领导性气质的对象，是"相补性关系"。从这些调查资料，充分指出，一个人有多样的气质，而随其各种气质的性质而找有对称性关系或相补性关系的气质所有者。这个研究，指出一对男女找对象，并不是单纯地找同样性格或不同样性格的对象，而是根据那种气质而找相同或相异气质的对象。是"对称性关系"跟"相补性关系"的混合与综合现象。

二、附带要注意的因素

除了上述首先要考虑的基本因素以外，进而有许多各种情况也需要去注意，不能忽视。下列是这些值得附带考虑的若干事情。

（一）两方家庭背景如何

过去的传统观念里，考虑"门当户对"是有其道理也是重要的。因为，结婚不只是俩人的结合，也是两家要建立亲家的相互关系。假如男女双方的家庭背景太悬殊（不管是经济方面的条件、社会地位与关系或是做事待人的作风与习惯），两家不容易来往相处，间接地会影响夫妻的相处关系。虽然现代的婚姻，其重心慢慢移到夫妻俩人本身，但是两家的来往与影响仍是不能否认的存在。

再者，每个人的心理、态度与作风，都多少源之于自己成长的家庭；看看对象的家庭背景与生活方式，可帮助我们多了解对象的思维、习惯与处世的方法。譬如：对方的父母关系好，跟子女的关系也亲密，而且夫妻没有婚外关系等问题的发生，都是会让子女模仿与认同的好现象，对下一代年轻人的婚姻的成功与否有直接与间接的关系。

换句话说，从心理卫生的经验来说，有良好的家庭背景，有过美满的家庭生活，对自己的婚姻生活也会有良好的影响。对方的家庭是否美满，父母关系是否要好，同胞之间相处是否还可以，都是值得参考的资料。假如对方的父母夫妻关系向来很好，让小孩们从小就观察、体验且能模仿父母的良好夫妻关系，日后自己经营的婚姻关系也有较好的榜样与基础。反过来，假如父母常吵架，甚至闹离婚，留下来不好的记忆，也缺少夫妻间如何和睦相处的借鉴时，自己的婚姻是否能和睦要好，还得特别费心去努力。

有人说，现在看着目前对象的父母，就可以推测数十年后，你的对象年纪大时的情景。也就是说，目前你所交往的对象的父母，是你对象的将来情况的预告。当然，每个人不一定长得跟自己的父母一模一样，其行为也不一定会跟父母一模一样；但是这些话有其中的道理，表明父母对我们有深厚的影响，包括躯体与心理各方面的，值得去考虑并做参考。

（二）过去对异性的态度与交往如何

假如现在跟你交往的对象，过去曾与别的异性交往过，那就需要去探听了解是何种关系，如何分离等。我们的目的并不在于去讨过去的情感旧债，而是从过去曾经历的男女关系里去探讨对方对异性的态度与经验如何，可作为今后的参考。

首先要澄清的是：一个人在长大过程当中曾与异性朋友有屡次的交往经验，往往对异性心理与发展有帮助。希望是跟别的异性交往过后，最后才选择了你。换句话说，买货要货比三家，男女的选择也是；是经过经验而做的适当选择，并非是没经验，碰到头次交往的朋友就毫无选择的做决定。当然我们希望过去与异性的交往是没有过深的交往，是普通的朋友，和好的分离，不会遗留下来没解决的问题。当然，年幼时所交往的异性朋友，往往受经验的影响，可能是幼稚些。但是我们关心的是，喜欢何种对象，是如何交往起来，是如何结束的；有没有什么重复性的模式与特点。譬如，是否总是喜欢跟自己年龄大的"大姐型"女性要好；是否总是喜欢跟已婚的"父亲型"男人要好；是否被家人强烈反对而勉强分离，现在还念念不忘；是否是很浪漫且冲动性的来往，目前想起来还很后悔等。这些过去的事可以提示对婚后的夫妻关系会不会有严重的影响。

唯一要注意的是，向目前交往的异性对象去探问过去跟别的异性朋友交往的经历是很敏感的话题，不一定被对方欢迎。有时还会被误解。因此，要很小心去探讨。首先要等到已经建立基本的要好关系，可以谈论彼此过去的背景，包括自己的工作、生活的情形、交往朋友的情况以后，顺便谈论到跟异性朋友交往过的情形。假如对方有意同你继续要好，而且建立深层的关系，懂事的对方有时还会主动的让你知道（他或她）过去结交异性朋友的情况，好让你多了解（他或她）的过去，以便建立将来的长久关系。可是，假如对方对你没有太多的期待，没想进一步发展关系，就不会谈这些私人性的话题。假如对方曾有不愉快的异性结交的经历，那更不喜欢谈论过去不高兴的事情。因此，这些很重要的话题，要很谨慎地去尝试。

（三）想要好并结婚的动机是否健全

最后一件事，需小心去探讨考虑的是对方跟你交往并且决定结婚是完全基于喜爱的感情或有其他因素。因为，假如是由于不健全的动机而决定结婚的话，事后容易有问题。最常见的原因是，年龄已经大了，赶紧找个对象而结婚；被家人催促，随便就答应结婚；或者因为刚刚失恋，情绪很痛苦，马上随便找个对象而结婚，以弥补内心的空虚。有时是为了解救家里的经济困难，勉强同意跟有钱的对方结婚；或者是发生了性关系，而且已经怀孕了，虽然不是很喜欢，但没有其他选择，只好结婚等。由于不健全的理由而结婚，不一定注定失败；假如婚后，夫妻两人从开始就建立良好的关系来往，而逐渐建立应有的感情，还可建立良好的婚姻。可是，婚姻当初的动机不好，婚后的适应通常有困难，最好避免因这样不健康的理由而结合。特别是为了不健全的动机，另有别的目的而勉强结婚的话，往往会注定有不理想的结果，因此要特别小心。

从专业的角度来说，结婚的动机不但是意识性的，即脑子里意识到的动机，而且有时是潜意识的，即本人不知晓也没意识到。因此，辅导者的任务是要帮助男女对方去发觉属于潜意识境界的结婚动机或选择对象的理由。譬如：为了讨厌父亲而离家，并且找个男人结婚，可能是意识层次里的想法与理由。但有时在潜意识里却是很喜欢自己的父亲，但害怕会跟喜欢的父亲发生不伦的关系而赶紧躲开，随便跟别的男人结婚也说不定。另外的例子是，女儿常被父亲责骂，被批评不好，严重影响了自尊心，而为了面对这样的情况，无形中就找个对象是很软弱没有性格的男人，好避免被男人（丈夫）批评，受被责骂的痛苦。这样选择的对象，从外人看来是不合适的对象，是没有男人性格的丈夫，可是潜意识里却满足了病态的动机。最常见的病态是，从幼年常被父亲打骂，甚至被虐待的女儿，成长后却偏偏找个会虐待她的丈夫，继续受罪，重复被父亲打骂的情况。当然，这些都是找对象并结婚的病态性动机的例子，最好要去避免的情况。

第二节　婚前的交往情况与经验

一、有没有足够的交往期间与经验

除了上述的各种因素以外，辅导者要注意去探讨与了解的是，男女交往多久才决定结婚的问题。虽然一对男女，可能从开始就彼此喜欢，马上进入热恋的阶段，但是没经过适当时间的交往就结婚是草率的。其理由很简单：俩人婚后要过的是现实的生活，是要经营家庭，养育子女，服侍父母的婚姻生活。这样的婚姻生活，常会有喜怒哀乐、辛酸甜辣的日子；有愉快的时候也有不悦的时候；有顺利也有困难的处境。你喜爱的对象是否能一起度过且应对这样的生涯，不容易在短短的交往阶段就做判断，需要有足够的时间去经历各种场合去考验：一方生气时，另一方如何应对；一方心情欠佳时，对方会不会懂得适当的安慰与支持等；俩人能不能共同去做重大事情的决定，会不会一起去共享乐趣；会不会接受彼此的差异而仍能要好；会不会对事情负责任，实际去处理问题，或只会口头上讲好话。总之，恋爱的一对男女要能一起度过这些现实上的经历与考验，才能判断是否合适，是否愿意共同去渡过日后数十年的夫妻生活。为了这种考验，最好有足够的时间交往，从中获得经验进行判断。宁可早一点发现问题，而不要日后面对问题后悔。短时间的恋爱，没有机会让你去经历这些现实的考验；况且，恋爱时充满着玫瑰色的情调，一切事情都会看得美满，看不出或预料不到许多该考虑的课题。所以，有人说："恋爱是盲目的"，会被爱情挡住视线。

问题是交往的时间应该花多长时间，要了解多少经验才够？不用说时间并不能只凭绝对的日期来算，而要以实际交往的情况去做判断。假如一对男女常被其他事情分开，只断断续续的短时相处的情况就不同。再者，男女交往的期间，可能随社会与文化的习俗与期待而会有所不同，需加以考虑。从欧美的经验来看，婚姻专家的研究指出，男女交往的期限以半年以上为宜。假如只有两、三个月，会被认为早些。反过来，交往期限太久，而情感与关系却一直不进展，也是值得考虑的事情，要研讨有什么因素影响推迟进入结婚的阶段。

二、是否关系越来越发展、越密切

除了交往的时间是否足够以外，还需要去注意并审核的一项重要的事情是，俩人间的关系是否越来越发展、越密切，或者是停滞没有进展。这并不是指俩人在肉体上的亲密，而是特别指心理上的关系。即：是否更要好，是否更相互了解，是否更懂得如何相处等，是否更有强烈的结合愿望，觉得需要俩人在一起。不用说，任何俩人的关系不可能是直线上升的，会有上下的波折与变化，但是大体上是否越来越接近，更要好；有点误会，会懂得如何尽快化解；碰到困难会知道如何合作去处理解决等。假如常常碰到很大的矛盾，闹不愉快，情感又回原点，不容易有进展，那就值得思考，研究是否还有将来，是否可以继续下去。假如自己或对方还想跟别的异性朋友交往，没兴趣保持专一的关系的话，就要了解这是什么信号，要重新探讨俩人的关系。偶尔心里对俩人的关系有点犹豫的话，也值得进一步去探讨，是何原因，是否可能解除。假如一直拖延下去，最后草率决定进入婚礼殿堂的配偶，婚后仍得去面对这些潜伏着的问题。

三、是否对彼此相互有益，能督促成熟

从专业的角度来说，还要考虑并且去分析与探讨的是：男女开始交往以后，他们彼此有没有受俩人相互的影响而逐渐往较成熟的方向去发展。虽然婚前交往的时间通常不是好几年，因此不容易判断，但是仍值得仔细去探讨与分析的。比如，对事情的决定，懂得要考虑各方面的因素；对两家的关系会懂得如何去处理，让大家都满足高兴；对俩人彼此的事情，会去研究如何让双方都合意等。这些是心理成熟的标准与迹象。假如一对男女在一起，能相互督促，彼此都逐渐成熟，对彼此都有益，那是好的象征，表示婚后可以继续相互发展，继续成熟。反过来如不是这样，两个人认识以后，对自己父母的礼貌与尊敬减退，跟同事相处的关系也变差些，对自己的职业也不关心，对自己的前途也不在乎，那要引起警觉，要探讨为何事情往不好的方向进行，是受俩人的何种影响。

四、会不会共同关心且策划将来

最后一件事情容易去分析并需要去观察的是，俩人交往以后，随着感情的提升，是否逐渐会共同关心且谈论"将来"的事；或者，总是停滞在"现在"的情况。这并不是马上谈论婚嫁的事，而会不会谈谈将来的希望，想做什么事，怎样去发展自己的事业，建立怎样的家庭等。只要有兴趣把眼光放在将来，才对将来抱着乐观的希望，对将来的婚姻生活才会有帮助。假如两方彼此，或有一方，常回避谈俩人的将来，只顾当前，常是不太理想的征兆。可能表示对方对婚姻还有所考虑或踌躇，不愿意谈到将来的事；或者是只会享乐目前，对将来不会负责的人也说不定，都要小心。

总之，这些婚前交往时的情况，可能会左右日后的结婚生活，影响夫妻的关系，可帮助我们去了解婚后的适应情况，是值得去回顾研究与探讨的。假如一对夫妻发生了婚姻的问题而来求辅导时，就要讨论交朋友阶段的情况如何，来判断在交往阶段里曾有何种征兆的关系。

第三节 辅导时探讨过去的意义

对于年轻人，快要恋爱或找对象时，如何适当地选择对象，是应多加思索、参考与注意的事情。因此，婚前的辅导很有意义。

特别是交往一段时间后，总觉得关系不顺利，或者对是否要结婚有点犹豫，可以依靠婚前辅导，来查看是否是合适的对象，是否可以继续其来往的关系，有个比较明确的方向。

至于对已经结了婚的配偶来说，当初是如何找对象，或是基于什么理由决定结婚的，都是已经属于过去的事，已经发生的事实，无法从头重来。但是却可以提供他们将来婚姻的预测，并且是否有可能经过辅导而改善，要改善的方向是如何。因此，针对来辅导的夫妻来说，在婚姻辅导开始时，除了了解目前所面对的问题以外，也要去探讨并了解他们当初是如何决定结婚的，曾考虑什么因素。换句话说，从婚姻治疗的立场来说，反过来去探讨他们当初是如何交往，经历何种心态与过程而最终决定结婚，可以协助我们了解与目前的婚姻问题是否有关，可探讨是否还有补救的可能性等，对治疗的方向与进行会有很大的帮助。

一般来说只要夫妻关系良好，有基本的条件，还有改善的可能性。即使有些人当初的选择方式或理由可能有点不健全，比如，是想解决经济上的困难，是想逃避失恋的痛苦，是老师与学生间的相爱关系等而结婚的，可是婚后却能本着婚姻的正常需要而建立夫妻俩人的关系，经营他们俩的家庭，也会最终建立幸福的婚姻关系。可是，假如当初结婚的动机不健全，选择的对象又不合适，婚后的关系又没建立起来，无法培养所需的情感的话，那将困难重重，预后不乐观的。

随着社会的变化与文化的变迁，社会上的年轻人对婚姻选择对象的考虑，会有逐渐的变化。中国社会也不例外。譬如：根据戴秋菊（2007）最近在湖南某大学使用问卷调查的结果，发现该校800名被调查的大学生里，他们认为选择对象所重视的条件是：个人良好的素质与内在条件，而对家庭财产、社会地位、生长环境等外在因素却比较不重视。就性别来说，有若干差异。男方总希望女性是比较温柔宽容、健康、漂亮、性感、善理家务。女方希望男方有发展前途，而且考虑收入、职业、学历、父母赞同、年龄相等的因素。可以说大家都比较注重客观的条件与因素。不会只是向往罗曼蒂克的感情与恋爱。

参考文献

1. 戴秋菊. 大学生婚恋观调查. 湖南环境生物职业技术学院学报，2007，13（1），78-80.
2. Bell，RR. *Marriage and family interaction*. Homewood，Illinois：The Dorsey press. 1971.
3. Fisher，H. Why him? Why her? *Psychotherapy Networker*，2009，May/June，Pp. 29-39.

第三章　夫妻关系的分析

要成功地给予婚姻治疗，帮助一对夫妇去改善他们的男女与夫妻关系、解决他们的婚姻问题，首要的课题就是辅导者本身要能了解夫妻的关系到底是什么，有什么性质与功能。透彻地了解夫妻间的关系是什么，进而探讨夫妻问题的本质是什么，自然而然的可以知道要辅导的方向。

第一节　夫妻关系的各种层次与功能

婚姻是由夫妻俩人所组合的，而婚姻关系首先要考虑的层次是，夫妻男女各自的"个人因素"。即由怎样的男人与女人而结合形成婚姻里的成员。夫妻双方有他们各自的性格、心理发展的经历与背景，也有他们的兴趣、生活能力，也可能包含他们在心理上的优点及短处，甚至有他们心情上的情结与问题。到底丈夫与妻子各自的个人因素如何，是要去注意与考虑的一个方面。当然，每个人都有他们自己的原本家庭。到底他们在自己的原本家庭里是如何长大，跟父母及同胞们保持何种关系，也都是顺便值得探讨与分析的因素。

可是婚姻并不是两个"个人"以成员的身份聚合而居住在一起，而是两个人以亲密而长久的关系生活在一起。夫妻的关系，简单扼要的来说，本质上是"人际关系"；是一对男人与女人决定终生结合并且去经营的特殊性、私人性、男女间的人际关系。在这样的俩人的"人际关系"里，就要考虑各种层次，包括彼此间的感情、沟通、扮演的角色、相处的方式、共同成长的阶段等。换句话说，就是要把焦点放在夫妻俩人本身的"夫妻关系"上。

可是，夫妻养育了子女以后，就形成是包括孩子的小群体，要以群体的角度去分析他们的"群体关系"。包括他们群体里各个成员如何彼此相处、扮演何种角色、形成联盟的关系、建立群体的认同、树立对外的界限等。当然，他们小群体如何跟自己原本家庭（另一群体）维持群体间关系，建立群体间的界限，也是要去关心的层次。

一对夫妇是在一个社会环境里生活的，因此，最后要考虑的是，他们如何在社会环境里表现"社会性单位"的作用与功能。即：他们如何跟邻居、朋友、亲戚相处，如何发挥社会基本单位的机能，参与社会的活动与功能等。

因此，探讨夫妻，就要从个人因素、人际关系、群体关系、社会性因素的各个层次去把握。从婚姻辅导的立场来说，主要去探讨与调节的是夫妻本身的关系与相处的问题，把焦点放在"夫妻关系"的层次上来。因此，让我们首先讨论并分析"夫妻关系"这个层次的问题。然后再谈论别的层次问题。

第二节 "夫妻关系"本身的层次

我们都很清楚地知道，夫妻并不是两个"单人"生活在一起的关系，而是"双人"相互反应，经过沟通而产生感情，扮演夫与妻的角色，过着亲密生活的相互关系。这种俩人的"人际关系"，通常可从几个角度来了解与分析，包括：俩人间的感情、沟通、角色扮演、结合、联盟、对外界的维持与应对等。

一、夫妻彼此的感情

丈夫与妻子之间会产生夫妇间的感情是大家所知道的。就算是过去由媒人介绍，由父母做主而结了婚的夫妻，虽然在婚前彼此从未见过面，但是婚后生活在一起，时间一久，亲近的生活，相互关照，自然而然的会彼此产生浓厚的感情，被称是婚后发生的

第三章 夫妻关系的分析

恋爱。何况是婚前就认识,经过喜爱、热恋而结婚的一对男女,一开头就有相当浓厚的情感。

通常来说,男女间的情感是特殊的,跟亲子间的情感、朋友间的情感比较起来,有其特殊且不同的性质。夫妇间的情感是浓厚强烈的。假如两个人间的关系受到什么挫折,譬如,被强迫分离,就会苦闷、痛苦、发生思念的情感。万一有第三者的介入,就会产生嫉妒、强烈生气的情感。这种男女间的情感是逐渐发展,变成浓厚,而始终要求占有、专一的情感。

夫妻间的情感并非是长期不变的。通常来说,在开始恋爱时,是强烈而且可能是富于冲动性的。可是,时间一久就逐渐平静,具有稳定的性质,犹如陈酒醇香的味道。男女之间对情感的表现与要求,可能有些差异。一般来说,女的比较细腻,喜欢对方表达情感,注重情调;而男的比较粗鲁,表面上常表现不在乎情感。

在给予婚姻治疗的过程里,辅导者要分别询问夫妻他们认为他们彼此间的感情如何。除了这样当事人主观性的描述与报告以外,还得经过辅导者实际且客观的观察。譬如,在会谈时,他们夫妻俩人是如何坐在一起,保持何种姿态。假如一方情绪激动时,包括哭泣时,另一方是怎样对待,是否会马上去安慰等。要仔细听取,他们在自己家里是否会时时且适当地向对方表达感情,是否会相互照顾。

被辅导的一对男女,看来很亲密,常常粘在一起,并不见得就是相爱,而有时只是相互的依赖与被依赖的关系,不见得就是成熟的相爱。要注意把感情与依赖分别看待,并做区别。所谓成熟的爱情要包含一些特质:会为对方考虑,不是很自私的;会给予关怀而不只是向对方索取与接受的;会为彼此的将来考虑,是跟现实不脱节的。不用说,是相互的感情,不是单方的迷恋或痴情。

辅导者还要能了解:随着个人的性格与文化背景的不同,男女间的感情表达有不同的习惯。譬如,现代欧美的男女,喜欢在公众场所拥抱,表示爱恋,路人也不在乎。结了婚的夫妻,在别人面前也要亲热，表示情感，否则，就被他人疑问夫妻之间是否有了问题。相对的，喜欢保守，讲究含蓄的东方人，不习惯在别人面前表露男女间的情感，觉得夫妻间口头表达喜爱，有点肉麻、做作。因此，要注意文化背景与道德标准去观察与判断。

不过，从心理卫生的角度来说，不论用何种方式，夫妻之间需要时时表达对彼此喜爱、关心的情感。可能是一个眼神，一句话，一个动作，要让对方知道彼此还有感情。特别是保守的东方夫妻，这方面要特别注意，不要以为一对男女结了婚，就是注定要生活在一起，是终生的保障，而忽略了感情还得时时去培养与传达，才能建立稳定且长久的婚姻关系。

有一点值得注意的是，夫妻不吵架，不见得等于有很好的情感。有些夫妻就是本性不喜欢表达情绪，有了矛盾也不习惯于吵闹；或者是已经长期吵闹过，进入慢性的阶段，已经没有兴趣吵闹了。反过来说，常常吵架的夫妻，并不见得没有情感。就是因为有情感而常吵架也说不定。夫妻偶尔吵架、闹不愉快并不要紧，主要的是要看为了什么而吵，如何处理不愉快的情况，吵过后是否又马上和好；除了吵闹以外，是否有要好、亲热等表现。

二、夫妻间的相互沟通

任何两个人要相处，就要能相互沟通、表达思维与意见，好维持适当的关系。夫妻也不例外。事实上，夫妻之间能否畅通表达沟通，是婚姻顺利美满与否的一项重要指标。从女方来说特别如此。

夫妻间沟通的目的不仅是可以相互表达彼此的意思，协商讨论并决定共同采取的步骤与方向，最主要的还是让彼此感觉心是连在一起的，能相互的感到彼此的所需，加强俩人间的关系。有许多事情可以从眼色、音调与态度来体会是否喜欢或赞成；但是有些事情与思维的道理是需要仔细说明的。比如：家里的存款想要用在哪里，孩子的行为如何去管教，放假想到哪里去过，赞成不赞成跟异性同事一起出差,最近是否长胖不好看了等,都是要仔细用心和花费时间细谈的事,要表达自己的意思,要探听对方的内心感受,要研究能否妥协,会不会达到共同的认识,都是要靠好好去沟通的。

沟通要考虑场所与时间,也要注意气氛。跟父母住在一起的夫妻,要想办法找能私自谈心的场所与机会;有孩子的也要考虑在孩子面前谈或私下谈的不同,必要时要叫孩子离开。尽量避免刚下班疲倦,还没吃晚饭时提出不愉快的话题,可以等到饭后较轻松时谈要紧的事。夜晚上床后,最好不要谈严重的事,以免影响夫妻亲热的情绪。

东方的夫妻,常常有一个特点,认为夫妻俩人天天生活在一起,什么小事都知道,还要讲究什么沟通,而结果不注意彼此通过讲话进行沟通。特别不习惯夸奖对方,认为是尴尬的事。值得注意的是每日在一起的夫妇仍需要谈心沟通,也应适当的说些赞美的话。适当的夸奖与表现谢意,可让对方感到高兴,是夫妻间必需的营养剂,可培养彼此的情感。

从夫妻心理卫生的研究结果看来,夫妻间的谈话内容,假如是正性的内容较多的,多属快乐的夫妻。假如是负性内容多的,常是适应欠佳的夫妇。所谓"正性"的,指的是谈愉快的事,谈风趣的事,讨论建设性的计划,属于夸奖性或富于感谢的语句,是充满希望的语调。至于"负性"的,指的是相互批评或指责,谈起埋怨或后悔的事情,是带气愤或讽刺性的语调,是没有出路与结果的谈话。我们不知道到底是因为夫妻关系幸福,所以谈话就充满正性;或者是沟通总是积极有希望,才变成快乐的夫妻。但是我们从治疗的经验得知,假如能把负性的沟通方式改为正性的谈话方式,夫妻间的关系也会随之改善。

三、夫妻间的相配情况

两个人相处在一起时,理论上可以就不同的关系模式相处。此包括:"相配性的"关系（compliment relation）模式，以上下的纵关系或者阴与阳的互补相配方式来相处；也可以依"平行性"关系（parallel relation）的模式，以相似对照的关系相处。这种平行性的，假如双方个性都很强，就容易造成矛盾的关系，若是双方都很被动，就不容易发挥功能。夫妻俩人之间，到底是相配性的，或者是平行性的关系，会形成且表现各种不同的夫妇相处关系，树立不同的婚姻生活模式。当然，这种相处的模式，并非是固定不变的，往往随着情况而改变，但是总是可以看得出，主要是依据何种模式而发生并维持俩人的关系，也会决定夫妻相处的结果。夫妻间这些相处与相配的问题，可就不同的因素，如文化水平、性格或志向来进一步讨论与分析。

（一）智能与文化水平的配合

谈到两个人的相处，首先要考虑俩人彼此的智能与文化水平如何，是否有相似的聪明程度，可协助他们相处的情况。但是，首先要澄清的是"智能"或者聪明程度与"教育水准"（受教育的程度）并不一致。教育程度如何，会受环境与机会等条件而决定，并不一定智力高的，就会受高等的教育；到重点学校念书的，并不一定就都很聪明。从婚姻的立场来说，夫妻俩人的智能，最好较相似接近，否则彼此间的思维方式或交换意见会不融洽，配合不上来。再者，所谓智能包含许多内容，有些人善于计算方面的思考能力，有的对文学或音乐较有特长，有的对事情有判断力，而有的是善于跟人适当的来往，要综合性的去判断。但是，总体来说，智能有高低（不同的聪明程度）。假如夫妻对聪明的程度都很接近，就容易保持心灵上的来往。否则，"对牛弹琴"是很痛苦的事。至于文化水平（或所受的教育程度），则反映所接触与学习的知识与具有的常识。夫妻间的教育水平相似，有其好处，但是，并非是必然的条件。只要智能接近，问题就不会太大。

（二）性格模式的相配

所谓"性格"（personality），指的是一个人对刺激反应的特点及处理事情的方式。有人习于慢慢思考，沉着反应；有的善于随机判断，喜欢快速处理问题。有的喜欢本着直觉与本能去做判断与反应；有的要长时思索与探讨，做理智性的决定。这些都是不同性格的例子。每个人有各种各样的脾气与气质，综合起来，表现其性格。这种气质或性格，大都是先天性的决定，然后受后天的陶冶，形成个人的特点。夫妻俩人生活在一起，问题是俩人的脾气与气质如何，性格是否相配。

有趣的是我们发现某种性格的人常对另一种性格有特别的吸引性，会不知不觉地结合在一起。通常最多的是，性格比较冷静、理智、多思的男人与富于情感、习于运用直觉、喜欢有变化刺激的女性相吸引，婚后达成"相配性"适应。除非是俩人都很极端或过分，常会配成是互补的一对，适应很好。可是，很微妙的，假如男女的性格反过来，即：男方富于情绪、专靠直觉做决定，并且喜爱变化与刺激；而女方却很理智、冷静、喜欢保守规则，就融洽得不很顺利。因此，还要考虑男女谁有何种性格模式，结果会不一样的。

假如两个人的性格与气质都相同，就变成"平行性"的相配。假如两个人都喜欢很理智，喜欢冷静，就形成很冷静讲道理的夫妻。假如两个人都富于情感，又善于表达，就会形成一对富于情感而喜欢表达情绪的夫妇。假如俩人都喜欢争论，要讲道理，就容易形成相互争论而不相让的夫妻。如果是俩人都少有意见，就会变得双双都是比较被动的夫妻，影响他们夫妻的综合表现。

（三）男性与女性气质的配合

跟一般的心理气质或性格很接近的便是男性的气质与女性的气质。所谓"男性的"气质（心理或趋向）包含一些特点，即：对事情喜欢积极去处理，必要时可以动武，靠行动来解决；跟异性的关系里喜欢采取主动，想保护对方，以征服的心态去追求，带有虐待的欲望。反过来，"女性的"气质（心理或趋向）其特点是对事情保持稳定且保守的态度，注重细腻的情绪，不喜欢动武行动；跟异性的关系喜欢被动，被保护与照顾，喜爱被对方追求，并带有点被虐待的兴趣。这种所谓男性或女性的气质、心理或趋势，并不一定跟"生理"上的性别有绝对的直接关系。并不是说生理上是男的，就百分之百就有男性的气质与心理。倒过来说，生下来是女的，并不见得就会有百分之百的具有女性的心理与气质。通常来说，男的具有男性气质较多，但也可有一点女性的气质。所以一方面可以在战场上施展武功，但必要时，也可在家里细心照顾幼小的孩子。至于女的除了女性的气质以外，也可带一点男性的气质。因此，通常可表现温柔、被动，但必要时，可以发挥"花木兰"的精神去处理困难。

关键在一对夫妻关系中，丈夫与妻子各自的男性与女性气质成分的多少，而且如何分布的问题。假如两方的男性与女性的心理会相配，就很好；否则，就容易出差。比如说，丈夫的男性气质较少，而妻子的男性气质过多，就容易发生阴与阳颠倒的情况，妻子牵着丈夫的鼻子走路也说不定。

虽然男性与女性的气质或心理是象征性的观念，可用来解释夫妻或一对男女间的相配性的问题。一般来说，做丈夫的男性的气质多一些，但也有点女性的气质较合适，在外面闯天下做英雄，但也可在家里做体贴温柔的丈夫。同样的，女的除了女性的气质以外，多少有些男性的气质也是蛮好的。平常可当慈善的母亲与温顺的妻子，但是必要时，也可以对外表现女英雄气概，应付外来的困难。

事实上，夫妻的男性与女性趋向并不是固定不变的，到了中年，通常先生的男性趋向会逐渐减少，女性趋向会多少增加，而太太的男性趋向也会增多，夫妻双方都逐渐趋向中立性的状态。

（四）兴趣与志向的相配

与气质或性格不同的是兴趣与志向。兴趣指的是对某种事情的特别喜爱。夫妻两个人的生活兴趣最好大致都相似，就比较容易相处。俩人都喜欢户外的活动，夫妻都喜欢跳舞，或者两个人都喜欢留在家里静静的念书，都会让夫妻生活简单不冲突。就算是有些差别，也无伤大雅，可以调节适应的。顶多，男的去跑步或钓鱼，女的去学烹饪或唱歌，各自享受；只要彼此了解与接受，都不会发生问题。说不定妻子也偶尔陪陪先生去钓鱼，或者丈夫跟太太去学些家事，也未尝不可。

至于志向，指的是对将来整体的希望，希望在职业、工作、家庭、个人的成就往哪方面发展；要不要送孩子到哪个学校去念书；要不要换工作；谁要负责服侍年老父母；要不要换环境，盖房子；要不要出国发展？都是一生里重大的决定，跟自己的志向有关。万一夫妻之间没有共同的认识或想往，譬如：妻子认为出国发展比较好而丈夫确认为在国内更有前景等，夫妻间有显著的不同志向，就会发生矛盾，并左右婚姻的本质与性质。

如何去配合不同的文化水平、不同的性格、不同的兴趣与对于将来的方向，是夫妻要去逐步适应相配的心理课题。假如能配合得好，就较顺利美满；否则，就要经历很多困难，要依靠两方的努力了。

一对男女在交往的时候，就可以发觉并体会彼此的兴趣如何，志向如何，作为判断是否彼此相配。要注意的是，一个人的兴趣与志向并非一生固定的。实际上会随年龄的增大而逐渐改变。譬如，年轻时很喜欢运动或跳舞的人，年老了不见得继续喜欢跳舞或运动。本来喜欢绘画或唱歌的人，过了一段时间，就改变其兴趣，喜欢看电影或话剧也说不定。从婚姻的立场来说，要紧的是是否可以随发展而建立共同享受的兴趣。譬如：是否喜欢一起去野外旅行，是否喜欢一起去看戏，建立俩人都可以一起享受的乐趣。

（五）性生活的调节与配合

一对夫妻生活在一起，就要经营他们的性生活。这是生理上的满足，也是心理上的需要。到底他们各自对性的兴趣、性的欲望与要求如何，是否彼此相配，在婚姻辅导的过程里，也是值得探讨的项目。通常来说，男人对性的活动比较采取主动的角色，女人采取比较被动的角色，但这样的情况并非固定呆板的，可以随时做若干的调节。俩人之间对性生活的要求如何，如何表达信息，如何发生，是否彼此都满意，都是可以探讨的事情。女人的性欲望会随月经而有周期性的变化，而男人的周期性变化不显著。再者，一般来说，男人对性欲的发动比较冲动而快，而女人比较缓慢，要慢慢发生。而且比较重要的一点是，男的只注意生理上的发泄，而女的比较注重气氛、喜欢情调。因此，男女是否调节得好，是性生活上的技术与要领。当然如何进行家庭的生育计划，采取何种的避孕方法，也是夫妻都要相互讨论与同意的事情。

从一生的角度来说，男的性欲在 20 岁左右达到高峰，然后逐渐降低。但是女的发展情况有点不同，比较迟慢，要 30 多岁，特别是生育孩子以后，才逐渐到达其高峰。因此，在生理发展的层次来说，男女有其若干差距。如何调配并适应其生理上的差异是夫妻间的适应课题。总之，如何调配夫妻间对性的兴趣、欲望，而维持适当而满足的性生活，是夫妻经营婚姻的课题之一。在婚姻辅导的过程里，也是需要探讨、关心并讨论的项目。

四、夫妻间的角色扮演

不管是朋友、同学、同事，或者是兄弟姐妹，当两个人相处时，常常会彼此扮演不同的"角色"（role）。这种角色并非固定的，可以随情况而时时刻刻改变。夫妻之间也是如此。针对夫妻而来说，最常见的是先生演"丈夫"的角色，而太太扮演"妻子"的角色。但是，在某种情况下丈夫或许扮演严格训斥的"父亲"角色，妻子变成只会服从的"女儿"角色，有时这对同样的一对夫妻可能在另一情况里，一会儿丈夫变成会撒娇的"小弟弟"似的，被"大姐"似的妻子来哄着。

所谓角色扮演（role performance），并不是说某人要固定扮演什么特殊的人物。只是指在某种情况里，扮演了什么角色，而跟他人相处反应罢了。上述的"父亲"、"女儿"、"小弟"或"大姐"只是用来说明而提出的扮演人物,形容在当时的场合里所扮演的某种性质的角色与功能而已。

根据交往反应分析(transactional analysis)的看法,任何两个人在相处时,基本上可以相互扮演"孩子"、"父母"、"成人"等不同的角色,并随情况而相互更改配对。即:表现为成长或幼稚的行为;消极或积极的态度,被照顾或照顾的角色变换等,随时相互反映着,变换着不同的角色与关系(Berne,1957)。

至于夫妻两人所扮演的角色,有时是"相配性"的角色(complementary role)。即一方所扮演的,跟另一方所扮演的,刚好相配不冲突,凑成某种功效。譬如,一方生病、不舒服、想休息、需要照顾时,另一方能执行关心、照顾、体贴的角色。一方有点犹豫、没信心、不敢去尝试时,另一方却以有信心、大胆的姿态给予鼓励,都是这类的例子,达到功效的角色配对。但是,有时俩人的角色是"平行性"的角色(parallel role)或是"对称性"的角色(symmetrical role)。比如,一个人有某种强烈的意见,而另外一个也有自己的想法,彼此坚持,不相互妥协,只招来冲突,是表现平行而相克性的关系。或者,两个人都丝毫无意见,拿不出主见,事情决定不了,就是两个都扮演被动没主意的对称性角色的关系。

从心理卫生与婚姻辅导的立场来说,我们要了解,什么是丈夫或妻子应扮演并执行的典型角色,是随社会文化而略有不同的定义与期待。一般来说,妻子希望做丈夫的能主动,能有计划且有魄力地去执行家里家外的事情。必要时能对妻子及子女表现体贴与关心的态度,对外敢讲话,替妻子及家人争口气。至于做妻子的,丈夫希望她对子女能扮演慈母的角色,负责家里的杂事,对丈夫是能体贴、辅助的贤惠妻子。必要时,对丈夫扮演富于情感的情人也可以。可是,对外要能守贞洁,不会跟别人随便轻浮地往来。在大部分东方国家的社会,希望夫妻有上下的区别,特别是对外时，能表现夫唱妇随的模式；但是有些欧美国家的社会，比较强调自由与平等时，希望夫妇共唱共随，以平等的精神相处，事情各有千秋。

　　一般来说，健康的夫妻，大致上都清楚而恰当地扮演着自己的角色，平时丈夫像丈夫，妻子像妻子；但是，同时有性格上的伸缩性，可随情况去扮演所需的角色，来辅助对方。有关角色扮演的问题，通常发生在复杂的处境里，因需同时去扮演不同的角色，而会发生执行上的困难。例如，在家里，丈夫的母亲与妻子双双在场的情况里，丈夫想扮演孝顺且听话的"儿子"，而也想扮演能替妻子说话，保护妻子的"丈夫"，是微妙而不简单的情况，有时会发生差错。假如先生很凶地训骂儿子时，妻子如何扮演慈爱的"母亲"来袒护自己的儿子，但是又能站在与丈夫同一阵线，以"妻子"的立场跟丈夫维持夫妻同盟的角色，来共同执行管教子女的职责，是不简单的事。要能平衡且刚好恰当，是要靠技术与经验的。假如只顾一方，而失掉另一方的角色，就有问题，是发生家庭问题与矛盾的来源。

　　有时，夫妻间的角色扮演有明显的病态情况。例如，怕自己的妻子经营事业失败，而总以"师长"或"经理"的立场不停地向妻子给予指导，让妻子不领情，或甚至觉得受不了；自己没有哥哥，总要称自己的丈夫是"哥哥"，而且以妹妹的姿态对待丈夫的妻子；只会孝顺母亲，而不会、也不敢在母亲面前替被冤枉的妻子争气的丈夫，都是扮演角色方面有困难的情况，也是要辅导的课题。

五、夫妻的结合与联盟

　　不管是朋友或兄弟姐妹，经过长期的相处，自然而然的会产生情感，而且会产生某种"结合力"（凝聚力）（cohesion），保持俩人亲密结合与凝聚的关系。并且一旦遭遇外来的困难时，能"联盟"（alliance）起来，共同应付外来的问题。夫妻也是一样的，俩人之间会形成一种"结合"（bond）的情况，并且形成"联盟"的关系来应付外来的困难。夫妻间的结合，往往与情感的好坏有关，也受夫妻交往多长时间的影响。假如夫妻间的关系一直很顺利，没有被误会阻挡过或被挫折困扰过，也没有被婚外情的发生而伤害其情感的话，夫妻的结合力量会一路成长，变得如胶似漆结合，不容易打散。就算是有时被客观因素隔离一段时间，还可以靠已经建立的结合力而继续其良好且信赖的关系。有时，暂时的别离，还会增加感情，并督促其结合力的增强。

夫妻俩人之间，应尽量知道彼此的事，并且少有对不起对方的行为。假如做某件事，觉得会让配偶不高兴的话，就不去做。比如，想帮助有困难的弟弟，给他一点钱，而没告诉太太，但知道太太发觉后会很不高兴的话，就千万不要去做；否则，万一被发现了，就被认为在后面偷偷做这些事，失掉妻子对你的信任感。假如一定想给，要事先向太太说明，并且获得同意。这样彼此尊敬、信任，才能逐渐树立结合的关系。

所谓夫妻之结合，并不是说完全融合为一体，而是要能彼此尊敬，让彼此仍能保持若干自己的空间。换句话说，大部分的事情，俩人要共享共有，最好常在一起共同行动。但是也可容许有点自己个人的空间与天地，从事于自己个人喜欢的事。这样才能保持夫妻长期性的结合，同时也能维持自己的心理世界。

与结合可同时并提的是联盟。所谓"联盟"是指遇到特殊情形，必要去应付外来的情况时，夫妻能默契，以联合的力量共同去处理外来的困难。譬如，孩子不听父亲或母亲的话时，做父母的能联合起来，以同一态度，同样的步骤，合力去管教子女，发挥父母合作的力量。或者，自己的妻子被亲戚批评时，做丈夫的能挺身出来替妻子讲话；或者自己的丈夫被人误解时，妻子能替丈夫说话，解释事情的来龙去脉，化解误会，都是夫妻联盟行动的现象。

婚姻上有问题的夫妻，由于种种原因，往往没法建立起强烈的结合力，无法表现联合的现象而发挥应有的功能。婚姻辅导的课题就是去探讨其阻碍的理由,并帮助建立应有的结合能力,并在适当的时候,能树立联盟的关系共同处理问题。

六、夫妻对外的界限与区分

健康的夫妻不但会建立俩人之间的结合,而且能与外人保持某种界限,内外有所区别。所谓外人是相对性的。在某种情况下,孩子会变成是"外人",做父母的,不一定跟孩子们一五一十地都让他们知道父母的事,或是大人所关心或烦恼的事。连自己的父母,在某种程度上也可被考虑是外人,即:夫妻间的一些私人性事情,也不一定全让父母都知道,能保持有适当的距离与界限。同样的,自己的兄弟姐妹,也是要跟夫妻自己彼此有所差别。至于外界的朋友、同事、邻居,甚至于亲戚,更都是外人,可按情况而考虑需保持的距离与界限。这并不是说,不对自己的孩子亲热,不孝敬自己的父母,与自己同胞或亲友关系不好;而是说,要随着对象,依着程度,随着情况,要能保持若干心理上的适当界限与距离。是牵涉到"界限"或"隔阂"(boundary)的事情。

举个例子来说,夫妻之间的性生活如何,房事多少,必要时可能要告诉医师,但不用跟自己的父母或兄弟姐妹仔细报告。假如,做父母的,半夜里还常进儿子与媳妇的卧室,替儿子盖被,而儿子却不敢反对或阻挡,是没法建立并保护夫妻私人天地与界限的例子。假如,丈夫没经过妻子的同意,就把夫妻俩人所存的存款数目告诉同事,并且答应借给对方,这是忽视了夫妻间的结合,没守住夫妻对外界限的情况。假如做妻子的,向单位的男同事叙述她家里夫妻如何出现情感问题,更是明显的例子,超越夫妻自己该保住的心理界限,对自己夫妻的结合背叛的情况。

当然,跟自己的父母、同胞、同事、朋友或邻居应保持何种程度与性质的关系,是随着个人、环境、社会与文化等诸因素而相对决定的,不能凭个人主观而武断。与这些不同距离的"外人"如何保持适当的心理距离与界限,是要客观且相对的去判断。可是，夫妻要能如何维持俩人间的结合，并与这些不同关系的外界保持适当的界限，是婚姻心理卫生上很重要的一课题，也是婚姻辅导上要进行的辅导工作。

第三节 影响夫妻关系的"原本家庭"

会影响夫妻关系与适应的因素很多，除了上述夫妻两个人本身的相处因素以外，还有夫妻本人的个人发展史、过去史、个人的躯体与心理状况、跟自己原本家庭（original family）的关系等。在此先讨论与自己的父母的原本关系会如何影响婚后的夫妻关系。

一、夫妻跟自己父母的关系

夫妻的婚姻生活是否能顺利与美满，往往跟他们自己原本长大的家庭有相当的关系。特别是跟自己的父母的关系如何，会受浓厚的影响。因此，过去在传统的社会里，父母做主给子女安排婚姻时，要探听对方的家庭如何，有其实际的作用与意义，是不可轻视的道理。现代的年轻男女喜欢自己恋爱找对象，但也值得注意对方的原本家庭如何。

现在，让我们逐项说明一个人的原本家庭对个人的心理上有何种作用，好体会将会如何直接或间接地影响子女婚后的夫妻生活。

（一）建立基本的情感基础

我们都知道一个人小时长大的原本家庭，会很深刻且长久的影响我们的心思与行为。特别是我们自己的父母的一举一动，所作所为，都会影响我们情感上、心理上、行为上的成长。依常识也好，凭心理的研究结果也好，我们都知道，假如一个人幼年时，从父母那里获得充分的安全感，体验到被爱且照顾的感觉，长大后对生活有较多的基本安全感，对自己与别人有可信任的感觉，对生活的适应也较有把握。不但如此，对男女的关系，对夫妻生活的经营，也常有较满意的结果。可以说幼年时与父母的关系很重要，会建立基本的人生与婚姻基础。

反过来说，假如一个人幼年时，父母的关系不好，家里气氛不和睦与稳定，没有精神与情绪来好好养育幼小的子女，会影响子女的情绪发展，变得没有安全感，缺少信赖感，对生活没有把握。假如发生不幸，父母一方去世，或者父母分居离婚，更会影响子女的心理成长。根据家庭治疗学者的看法，一个人是跟自己的原本家庭逐渐脱离而促进"自我分化"（differentiation of self）的，对个人心理成熟很有关系，而间接地影响婚姻关系的适应情况（黄华，2006）。

（二）供给心性发展的模型

原本家庭除了提供基本的生长摇篮，协助情绪与心理的发展以外，父母对子女的"心性发展"有特殊的贡献与影响。特别是当子女长到孩童阶段，对男女异性的差异开始有认识时，自己的父母便是让子女体验异性对象的初步模型，会奠定日后对异性关系的发展，甚至直接影响到他们婚前的男女交往，以及婚后的夫妻关系。让我们仔细说明这件很有关键性的心性发展情况。

当我们还很小，在两岁以前，我们不会察觉并认识到四周的人们有男女的差异，只会识别谁对他好，会照顾他，或谁对他不好，不会爱护他或关心他，是处于"你与我"的心理境界，属于口欲期（oral stage）及肛门期（anal stage）的阶段。可是到了三四岁左右，随着认知力的发展，逐渐会认识到大人或小孩有男女的差异。即会体会到男的穿裤子，留短头发；女的穿裙子，留长头发等，发觉男女有不同的性象征。精神分析的学理上称是"性蕾期"（phallic stage）。在这时期，除了对自己父母仍喜爱以外，经过对两性差异的兴趣萌芽，男孩对母亲要好，女孩对父亲要好，开始对异性的父母发生特别的心情；同时，由于此，男孩有点怕父亲，女孩也对母亲有点戒心。被精神分析专家指出是早期"亲子间三角关系"（parent-child triangular relation）的形成。

经过数年后，到了六七岁左右，便进入所谓的"潜伏期"（latent

stage），会把这刚刚萌芽的对异性的兴趣暂时抛开（或隐藏起来），只对同性的朋友或同学要好，而对异性的孩子表现看不起或表示讨厌甚至敌对的态度，尽量回避。换句话说，男孩只喜欢跟男孩在一起，共同玩足球或别的活动，不欢迎女孩子的加入；反过来，女孩子只跟女同伴一起游戏，讨厌男孩的参与。因此，这阶段也就被称是"同性期"（homosexual stage）。

在这潜伏期或同性期里，男孩该对自己的父亲要好亲近，跟父亲一起修理自行车、打球或搬东西，向父亲学习并模仿如何做"男人"，而对母亲保持若干距离，甚至不欢迎跟母亲太接近，以免变成是躲在女人裙子里的男孩。至于女孩子，也该跟母亲要好，跟妈妈学习做菜、洗碗、缝衣服，练习如何做女人的事，跟母亲聊女人的事，而跟父亲疏远，避免变成男孩气的姑娘。也就是说，跟同性的父母模仿学习与认同。无形中男孩从父亲那里学习如何交往与对待母亲或女人；女孩从母亲那里获得如何应付父亲或交往男人的要领。这样就准备日后的"异性期"（heterosexual stage）或者"生殖期"（reproduction stage），开始跟异性对象交往，并准备结婚、成家、生育下一代。总之，父母是孩子们心性发展上要学习及模仿的基本对象，是很重要的角色。

万一，父母的关系不好，孩童阶段的亲子关系发生严重的矛盾，譬如，女孩过分与父亲要好，处处引发母亲的醋意；或者男孩被母亲特别宠爱，惹起父亲的不满意，都会加强亲子间的紧张与冲突，会遗留不好的结果，影响日后对异性关系的来往问题。假如在青少年阶段，缺少跟同性父母的来往，缺少学习与模仿的机会，长大后会影响对自己的心理性别的成熟问题，也会影响夫妻间的男女关系适应。

在东方的社会里，做父亲的，常把自己的时间与精力放在工作上，很少与自己的孩子来往，而把家里的事情，包括子女的养育与管教都交给妻子负责。这样的情形，无形中让孩子少跟自己的父亲接近与相处，犹如是单亲家庭。这对男孩或女孩的心性发展都有所影响。婚姻辅导者要提醒做丈夫的，也要参与家里的事情，跟自己的孩子要有沟通相处的关系，不能完全交给妻子单方面去负担。

（三）提供夫妻相处的模样

由于父母相处与适应的情况是孩子们从小观察、经验的原本"夫妻关系"，因此，父母的关系会直接的或间接的影响子女他们日后的夫妻适应的方式。一对夫妻如何要好好地恩爱，如何相互信赖，如何说赞美的话，夸奖自己的配偶，如何彼此安慰，或化解误会等，都是夫妻间适应的要领。而这些适应的榜样常从自己的父母关系里学习到。

假如自己小时，只观察到自己的父母总是在吵架，闹不愉快，而从来没见过如何相亲要好，自己长大结婚后，就没有跟配偶亲近要好的模样，只会自己从头去摸索。假如看到父亲常打骂母亲，说不定受其影响，跟自己妻子不愉快时，也就动手打骂了。假如自己的父亲常在外拈花惹草，或者母亲暗地里有情人，做孩子的，长大后对婚外情就会有特殊的看法。不是很厌恶就是去模仿也说不定。总之，父母有幸福的婚姻关系，子女的婚姻关系也就容易美满；反过来，父母的夫妻关系不美满，子女的夫妻关系也容易受不好的影响。

二、夫妻与自己同胞的关系

除了父母以外，兄弟姐妹们对一个人的婚姻适应也会有若干的影响力。虽然随着家庭计划的实行，目前的夫妻只生育一个孩子的为多。可是，过去的家庭里孩子们曾有过两三个以上的孩子。在那种情况里，同胞对自己的男女交往或婚姻的适应也多少会有的影响。跟自己的兄弟姐妹所经历相处的关系会有如何影响，让我们分析讨论看看。

首先要提醒的是，除了自己的父母以外，自己的兄弟姐妹就是生活最接近的家人，对一个人的心性发展有密切的关系。特别是在三四五岁经历所谓"性蕾期"的孩童阶段,六七岁就开始的"潜伏期",以及到十几岁的"青春期"的阶段,都有明显影响。当然,随着是跟哥哥、姐姐或弟弟、妹妹的不同关系而会有不同的作用与影响。再加上家里的环境里,男女孩子的相互关系是如何被容许接近或隔离而有差异。通常在东方国家的家庭里,除了实际的条件以外,心理上的观念,允许哥弟姐妹很接近地生活在一起,甚至到了对异性的兴趣萌芽的阶段还可能同屋睡觉。在这种情况无形中容易发生异性间的躯体接触,或从事与性有关的游戏。男女孩子间的性游戏可有不同的情况,譬如扮演结婚或夫妻的游戏,只是游戏无伤大雅,特别是成长中的小孩要通过游戏来预备学习大人的事。可是随着游戏的严重性,加上事情是否被发觉,或者如何被大人处理,而会有不同的结局,也会多少影响日后的异性关系。

从婚姻的心理卫生的经验来说,许多丈夫在原本家里是以哥哥的角色而长大,习惯于照顾并保护自己的妹妹的话,将来结婚以后,就比较容易以同样的方式与习惯来照顾自己的妻子。假如是以小弟身份长大的话,常听从大姐的建议或影响,婚后也就容易像对大姐似的对待自己的妻子,比较无法发挥带头的作用与角色。同样的,假如妻子是以妹妹的身份在原本家里长大,常听从大哥的话,受其保护,婚后也就比较习惯听从自己的丈夫,并想被照顾。反过来,假如是以大姐的身份长大,只有弟弟,婚后也就喜欢指示自己的丈夫,有时不受丈夫的欢迎。总之,一个人在原本家庭里是以怎样的兄弟姐妹的身份(与角色)长大,无形中会间接地影响他们结婚后对待自己配偶的关系。

三、夫妻跟祖父母的关系

假如夫妻在他们原本家庭里,曾有祖父母生活在一起,那祖父母对他们个人的影响不能忽略。特别是幼年时是被外公、外婆或爷爷、奶奶带大的,更是不能轻视他们的影响。假如祖父母是养育的代理人，其作用与父母相同。祖父母对幼小的儿童可以发挥"养育与保护"的功能。唯一不同的是，有些祖父母比较容易宠爱孙儿，而孙子长大到了孩童的阶段，而需要适当的管教时，做养育代理人的祖父母或许会无法充分发挥"养育与管教"的功能。具体来说，有许多做祖父母的，常不放心孙儿到外去跟别的孩子玩，影响孩童的社会活动的机会，或者容易过分宠爱，而较少管教，间接的左右孙子性格上的发展。

一般来说，原本家里有祖父母的话，对夫妻本身会有若干的帮助。至少在他们幼年时，有机会观察他们自己的父母如何跟祖父母相处，可以学习自己成人并结婚后如何对待自己老一辈的父母。如何管教自己的子女跟他们的爷爷、奶奶或外公、外婆相处，也是个重要的婚姻课题之一，即：如何保持家人们跟老一代适当的要好关系。

另外一个好处就是，能了解年纪大了以后，年老的夫妇如何相处、过老人的夫妇生活，并且如何跟自己成人的子女相处的问题。这些都是可以经过对自己祖父母的接触、观察与模仿的事情。

第四节　左右夫妻关系的个人背景与心理

虽然我们强调了夫妻关系本身的重要，他们如何彼此相处是要紧的关键，但毫无疑问的是，我们也不能忽略了夫妻各自的个人背景的因素。让我们简单说明个人的背景与心理会如何间接或直接的影响夫妻婚后的婚姻生活。

一、个人心理的健康与成熟

除了本人的健康状态、智能、文化水平，以及所从事的职业、经济能力等客观的条件，再加上气质、性格等因素以外，还有一样个人的因素会对婚姻的适应有显著的影响，那就是心理的健康与成熟程度。所谓心理的成熟，包含着几样条件与特性，即：自己能否执行适当的判断，选择如何应对现实的情况，对所遭遇的挫折或困难是否有相当的毅力去面对与应付，是否能以较积极的态度与方法去处理；对自己是否有基本的信心，并且是否能**体贴**别人，能为他人设想。反过来，假如一个人只会关心自己，只顾自己并且对困难的忍耐力低，碰到问题就想放弃；对将来不关心只顾目前，只贪一时的享乐，都是不成熟且幼稚的倾向。

一个人从出生以后，其心理逐渐发展包括心理上成熟的程度。可是，并不是随着年龄的增长，每个人都会达到很成熟的境界。有的早一点成熟，有的停滞不发展，停留在幼稚的境界。不用说，心理较成熟的对象，就较容易相处。夫妻之间也是如此，假如彼此都成熟些，就能彼此关心，能相互体谅，能共同去积极处理问题。假如一方虽然成熟，但是另一方还幼稚，无法配合，也不能发挥整体的功效。因此，心理的成熟性是影响夫妻关系的重要因素之一。

有若干华人学者曾使用量表来探索个人性格与心理会如何左右他们婚姻适应的情况（李与杨，1993；李，2000；王等，2003）。他们共同的证实是，夫妻的个性是影响婚姻质量的重要因素。但是个性维度对婚姻质量的影响各个学者的报告却不尽一致。其中，有的报告（王等，2003），个人性格的维度里，精神质、神经质维度与总的婚姻质量有显著负相关。换句话说：个人在性格上比较富于精神质或神经质性质的，婚姻就不容易获得比较满意的结果。

二、与心性发展上有关的特别心理问题

一个人在成长中，可能会不幸的遭遇一些不好的挫折经验，影响到各方面的发展。譬如，出外跟朋友玩，却被车子撞伤，以后就害怕出外上街；从小家里没有电脑，没有机会在家学习电脑，到了学校对电脑就感到胆怯等。至于有些事件是会直接影响到心性发展上，进而左右日后对异性关系的心理与行为。

（一）对异性关系的不良经验

在孩童阶段从事的性游戏，本来是很普通的事，但假如被朋友

发现而被嘲笑，或被父母发觉而痛骂处罚的话，经过其负性的早期经验，而可能对异性的兴趣容易发生不好的情况。假如女孩常跟自己的哥哥很接近，或者男孩跟自己的姐姐太要好，可能内心里觉得不应该，而容易发生对男女关系要回避的结果。假如，在青春期发现自己的父母有婚外情的行为，经过气愤、厌恶而一辈子都不愿意跟异性来往，恐惧重复不对的男女关系。有了这样极端不良的挫折，就算是结交异性朋友，甚至结婚了，会对性生活有影响，夫妻关系不容易满足。

（二）受异性关系的打击创伤

假如所遭遇到的是更严重的事件，譬如被异性强暴，跟父母或亲戚成人发生不伦的关系，那么会更严重的影响日后的心性问题。假如这种事情重复发生，不仅影响成人后的性生活，还会扩张影响整个人格的发展，变得心理不稳定，情绪不善控制，还会常发生自我毁灭的行为。不用说，还会影响日后选择对象的情况，不是避免男女异性间的来往，就是重复去找会虐待或欺负的对象，经营不快乐的婚姻关系。

（三）心性发展上的违常

有一些人，生下来就有心性发展上的违常，跟一般人不同。譬如，对同性的对象会发生性的兴趣与欲望，但对异性就毫无兴趣，被称是"同性恋者"（homosexual）。通常在孩童阶段还没表现，到了青春期发育后，才会呈现其现象。这种情况有轻重的倾向，有的是绝对的只对同性对象发生性的欲望，但有的是"两性恋的"（bisexual），可徘徊于两性之间。值得一提的是，目前的精神医学还不清楚为何会发生这样的情况。过去曾一度认为是跟小时候的心性发展有关，但后来发现只适用于少数的个案。大部分可能与先天因素有关。虽然这种情形在人类的历史上就常有所记载，比如，我们中国历史上就有"断袖之交"的典故，但是一般社会过去都不接受这种性违常的情况，甚至以负性的态度对待。因此，虽然有这样的性违常的不算少，却不敢公开，也不让家人知晓。

有这样问题的人常回避结婚，但是有的会受家人的催促，勉强结婚。结果婚后的性生活不顺利，产生内心的痛苦。

目前在欧美的社会里，同性恋者比较公开表示他们同性恋的情况，而且长久居住的一对同性恋者，还要求被公认是"结了婚"的一对，争取社会与法律上的正面对待。对这样的趋势，社会里有不同的反应，尚没有一致的看法与态度，还在争论中。但是，从精神医学的立场来说，现代的看法是，不把同性恋看成是一种精神疾病，而是一种变异。犹如有的生下来是用右手，但有些是用左手，是神经与运动系统的变异。无论如何，由于这样有同性恋的人，常结对而生活在一起。因此，如何帮助他们彼此的相处关系，变成是一种辅导上的课题。如何辅导一对同性恋的对象，可说是一个新的趋向与需要。辅导者要有所认识与准备。

三、个人的躯体疾病与心理问题

除了心理因素以外，不可否认的是，婚姻生活还会受夫妻个人的躯体或精神疾患的影响。

（一）躯体疾患

很显然的，假如一个人婚后患躯体上的严重疾患，就会直接的影响生活、工作，也会妨碍婚姻生活，包括夫妻的关系与性生活。假如是急性的疾患，而且可治疗的话，其影响会只是一过性的。若是慢性疾病又没有治疗好的可能性，结果就不乐观。具体的例子是糖尿病。假如夫妻里，有一个人患了慢性的糖尿病，不但要时时看医师，花费时间与医疗费，在家里的日常生活里，还得注意饮食的问题。最好夫妻能相互注意饮食种类的选择、饮食的时间，变成是家人需要合作的卫生项目。如何鼓励患者维持适当的运动，保持愉快的心情，也是家人要协助的课题。长期的糖尿病，会引起各种躯体的并发症，如视力障碍、皮肤疾患、循环问题，还会影响性功能。因此，夫妻要相互了解与体贴，并且提供所需的照顾。

假如有人患了心脏的毛病，也是同样的道理，配偶要协助照顾日常生活里的饮食、运动的情况，也要注意性生活的调节等。万一有人患了中风，躯体的运动发生了毛病，或者影响了脑的功能，那更需要配偶的照顾，可以说是增加了配偶的负担。也直接或间接地影响夫妻的关系与婚姻生活。

（二）精神状况

假如配偶一人所患的是精神疾病，而且是慢性的也是很麻烦的。精神疾患种类很多。假如所患的是精神分裂病，预后不乐观，要有长期的打算。假如患的是双相情感疾患，患者有时发生躁症，有时发生抑郁，有情感上的周期性变化。还好，目前精神医学对这样的疾患可经过药物的治疗而多少可以控制。假如是妄想病，特别是对配偶不贞的怀疑或妄想，那会影响夫妻之间的相处。假如所患的是药物滥用、酒精依赖、赌博成瘾等这些与性格障碍有关的行为疾病，问题就比较大，不太容易医治被矫正。患了这种疾病，不但容易毁灭自己的生涯，还会破坏婚姻，贻害家人。假如所患的是比较轻度的焦虑或抑郁症，或者是遭遇了严重的心理打击或挫折，发生情绪上的不稳定的话，除了药物治疗以外，还可考虑接受心理治疗，接受彻底的治疗，还有希望改善，恢复正常的夫妻生活。

第五节　会影响夫妻关系的其他因素

一、生活上的客观条件

除了个人的心理，夫妻的关系，以及个人的躯体与心理问题以外，一对夫妻的生活，还会受现实因素的影响。毫无问题的，生活上的现实条件比较好，婚姻生活也就比较容易。有良好的职业，可观的收入，有舒适的住房，总比住在漏雨的房子，没有足够的柴米钱，没钱看病的情况要较容易经营美满的婚姻生活。只是要注意的是，单靠爱情没法过日子，但有了钱，并不见得能买到婚姻的幸福。有了基本的生活条件，够吃够穿，又有感情，那才容易维持好的夫妻关系。

二、社会与文化背景

我们已经说明过，从人类学的角度来看，世界上有各种各样的婚姻制度，并且随着社会的变迁随时在变化，表示婚姻生活脱离不了社会与文化的影响。我们还记得在中国的社会里，在20世纪里，离现在还不到三四代以前，不少妇女从小曾被强迫缠足，以便讨好将来的丈夫；而做丈夫的高兴时，可以娶妾，满足男性的心理。

传统的东方社会里，夫妻有显著不同的权势，也有不能混合的男女角色。比如临近的日本与韩国，以过去的习俗与规矩，丈夫不进厨房，全靠妻子服侍先生。可是近代的夫妻已经开始变化，日本的有些先生们已经开始上烹饪课，学习万一妻子不在时，自己还可以维持生活。这些例子都在说明，夫妻的关系如何，怎样过婚姻生活，都受社会与文化无形中的影响与左右。

过去的社会里，除非是很不满意，是不鼓励离婚的。夫妻被要求尽力忍耐。可是，目前的社会对离婚的态度较宽松，必要时分居或离婚可被考虑是解决婚姻问题的选择办法之一。婚外情的发生，过去是被看成是很不好的事，因此，也发生得较少。近年来，大家的看法有点改变，第三者介入的问题逐渐发生。如何去维持夫妻彼此的感情，去保护自己的婚姻，变成是现代夫妻的重要课题。

第六节　辅导时了解夫妻关系的意义

我们在这里所讨论与分析的，都是会影响夫妻关系的各种因素。我们了解在不同的层次里，有各种因素相互影响，造成夫妻相互适应的总结果。这些因素，有的是基于夫妻个人的背景、经验与条件；有的是跟自己幼小以来居住长大的原本家庭有关，特别是自己父母的夫妻关系，或者自己跟同胞或祖父母相处过的关系与经验。有的是客观的外来条件，但主要的是自己的心理、态度、看法、习惯与行为。要了解夫妻关系的本质，要能从这些不同的层次与因素来分析，才能综合性的理解婚姻的总体。这样，也能帮助我们去了解，假如有婚姻困难的话，主要来源是什么，并进一步去体会如何解决问题。

总的来说，健康的夫妻要有健全的背景与条件，不仅能相互适应，能愉快的相处，培养彼此的感情与关系，还能相互协助彼此的心理发展，双方共同发展成熟。换句话说，结婚后的配偶，能相互协助对方，让彼此的心理成熟起来，这样才是成功的婚姻。这也是婚姻辅导的最终目标。

参考文献

1. 王厚亮，刘破资，黄开林. 175例育龄妇女婚姻质量与个性、应对方式的相关分析. 中国计划生育学杂志，2003，10 (96)，608-611.
2. 李凌江，杨德森. 个性与婚姻质量—100对离婚诉讼者配对对照研究. 中国心理卫生杂志，1993，7 (2)，70-72.
3. 李鹏. 夫妻人格特质与其婚姻质量的相关研究. 中国心理卫生杂志，2000，14 (4)，242-243.
4. 黄华. 原生家庭对婚姻关系的影响：基于Bowen理论的探讨. 经济与社会发展，2006，4 (6)，85-87.
5. Berne, E. Games people play: The psychology of human relationships. New York: Grove Press. 1957.

第四章　夫妻关系与婚姻阶段的发展

　　我们已经仔细地分析了会左右婚姻关系的各个层次的因素，接着让我们讨论夫妻关系是如何依各个阶段去发展的。所谓婚姻关系的发展指的是一对夫妻从认识、结婚、养育子女、到白头偕老为止，如何依各个阶段的课题与需要而逐步去适应与进展的过程（Tseng & Hsu，1991.22-46）。换句话说，夫妻的关系并不是静态、固定不变的，而是随着时间与婚姻的阶段而逐渐改变与适应的。这好比一个人是随年龄的增长以及人生发展的阶段，逐步长大的道理一样。

　　至于婚姻发展阶段（marital development stage）如何划分，学者们之间并没有共同一致的看法，因此，并没有硬性的规定。过去主要是随生育与养育子女的情况而做婚后的阶段划分（Gladding，2002.2-28）。目前有些夫妻婚后不一定生育，养育子女的数目不多，养育子女变成只是婚姻生活里的一部分，因此不能涵盖划分的阶段。夫妻的年龄有些帮助，但是每对夫妇结婚的年龄常有很多的差异，也不是可靠的准绳。有人考虑工作的情况对婚姻生活的影响而以就职及退休做阶段上的区别，但是从事于各种职业的人并不一定同时从工作岗位退下来，像农夫就没有明显退休的时期，只是逐渐减少工作量而已。

　　还有一个新趋势把婚姻阶段的划分与观念混乱了。在有些社会里，男女同居数年甚至十几年，而没有结婚的意思；这样的情况如何去处理与了解。还有像有些西方的社会里婚后分居、离婚或再婚的人增多，有统计将近一半的人婚后离婚。因此，单亲家庭到处都是。假如离婚后再婚，并且再婚数次的话，如何去处理这种复杂的婚姻生涯，是学术上不容易去处理与区别的课题。

但是，无论如何不容易划分，在观念上我们还得考虑并采用婚姻发展阶段的情形。就个人的情形来说，我们知道小孩的成长阶段比较容易划分，可是到了成人以后，每个人的成长情况变异很多，不再容易划分。可是个人按阶段成长的看法与观念仍是需要而且有用的。婚姻的发展阶段的观念也是一样，虽然不容易划分，但其总体的观念与看法仍很有必要的。

第一节　夫妻关系通常的发展阶段

根据当前的社会情况，夫妻的关系的发展，可以按几个阶段来研究、探讨与说明。即参考结婚的举行，生育孩子的情况，以及日后跟成人孩子的关系等因素可大致划分为几个阶段来讨论。

一、婚前期（交往阶段）

一对男女在正式结婚以前相处的阶段，称是婚前期（premarital stage）。假如是由父母做主决定的婚姻，这对男女已经是被决定要结为夫妻，因此将以此心态交往并准备结婚。假如是一对普通的男女朋友，是否会发生恋爱，经过恋爱而终于订婚且结婚，就不一定。有的直线进展，但有的只是一时性的男女交往，做朋友而已。假如男女的关系不进展，或发现彼此不合适，就随时结束相处的关系，改跟别的异性对象交往，因此是彼此试探性交往的阶段。

（一）男女关系适应与否的试探性交往

一对男女，经过自己认识或通过他人的介绍而开始来往，可以说是初步的男女交往。其主要课题便是去探讨俩人是否合适，是否喜爱，是否会相爱而最后决定要终生生活在一起。一方面，试探情感上是否会相互喜爱，性格是否会合得来，相处是否愉快且和谐；另一方面还要逐渐试探对方的背景，个人与家庭，包括过去与现在，考虑是否是合适的对象。假如看来可能是合适的对象，就继续交往；若否，就趁早找适当的机会逐渐疏远，只做普通的朋友，把男女朋友的异性关系结束。

有些年轻人缺少与异性交往的知识与经验，不会好好交男女朋友，也不会好好选择适当的异性朋友，更不知是否该固定异性朋友的关系，结果，交往不持久或总是告吹，在早期的阶段就表现出许多困难，包括误会，闹情绪上的问题。

（二） 男女交往要保持何种深度的问题

假如一对男女相互喜爱，而且情感逐渐加深，就要考虑与决定要交往到什么程度的问题。譬如，是否让对方仍跟别的异性朋友结交；或者要求专一，只跟自己来往，固定俩人的关系。两个人的关系是否要公开化，让双方的父母、亲戚、朋友知晓你们的特殊关系。假如一方仍继续要求保密，不愿意带你去跟他（或她）的家人或朋友见面，那得考虑是什么原因，要小心注意，考虑是否继续交往。

连带的一件重要事情就是要决定俩人的肉体亲热关系要让它发展到何种程度。从简单的握手、接吻、拥抱就停止，或者让它再进展？是值得慎重思考的问题。过去的传统习惯里，限制婚前性关系（premarital sex）的发生。假如婚后，女的被发觉已不是处女，丈夫就可能发生很大的反应，受到的打击很大。现代的趋势，对守贞或贞操（virginity）的要求，其态度与习惯有逐渐变化。譬如，最近在湖南某大学使用问卷调查的结果，发现该校的大学生里，将近30%以上认为恋爱时可以发生性行为。其中男生占将近40%，女生占25%左右。男生比较开放些。保持这样开放性的趋向，不因学生的背景是城市或农村而有所不同，并没有城乡的差异（戴秋菊，2007）。

我们要注意这只是问卷上的反应。在实际的生活里将如何，可能有所不同，而且这只是统计上的数据，会有个人性的差异。一般来说，对性的关系很开放的社会里，年轻人在婚前大多都交几个异性朋友，也都经验性的关系，彼此都知道这种习惯，不在乎纯洁的观念,彼此比较不在乎对方是否守贞这样的事。可是比较保守的仍会很在乎,希望对方只属于自己,不跟别人有过关系。假如恋爱后,一定会进入结婚的阶段,事情的问题就较少;但是事实上有不少男女,恋爱后不见得步入结婚的阶段,因此,要慎重考虑。因为从临床上的经验来说,有些年轻人还是很在乎守贞的要求,特别是男人对女人。知道自己的妻子在婚前跟别的男人发生过性的关系,就很不愉快,会影响他男人的自尊心,也会影响婚后的关系。

婚前的性关系还牵涉到一些问题,即男女年轻人常没有避孕的准备与经验,容易碰到怀孕的问题,不知如何是好。特别是还不想结婚的,或者根本还犹豫不肯结婚的问题就严重。不用说,目前男女间的性关系,还要顾虑到与性有关的传染病,特别是会威胁生命的艾滋病的问题。不知对方是否跟别人有过性关系,是否得了这些与性有关的传染病,如发生性的关系,好像在把自己的命运随便玩弄似的,不顾生命的危险。这些都是微妙而很切实的课题,在婚前阶段需去考虑与面对的。

一般来说,最常见的问题是不等情感的实际发展,就提早发生肉体的关系,或者只为着好奇或肉体的欲望,就发生男女关系,等到怀孕了或者得性病了才不知所措。

根据问卷调查,即:针对33例来妇产科接受人工流产术的农村女青年进行了调查,发现这些婚前怀孕而要人工流产的女青年年龄偏小[17岁~22岁(平均年龄20岁)],(潘等,1997)。他们对性关系没有持慎重的态度,同时对避孕的知识又缺乏,获得性教育的途径较少。至于他们性关系发生的对象,还好,75%是未婚夫,其余是男朋友或其他人。可见这些年轻人,很需要性的教育来避免婚前的怀孕问题。

(三)结婚的安排与筹备

假如一对男女交往顺利,终于决定要结婚,并且也受双方家庭的赞许,就得开始结婚的筹备与安排,预备进入婚姻的新生活。

第四章　夫妻关系与婚姻阶段的发展

虽然这是高兴与喜乐的时候，但也是开始接受现实考验的阶段。如何选择结婚的方式，安排在哪里举行，如何方式举行，要邀请哪些亲友，如何满足男女当事人的愿望与喜爱，又去符合两方家人的期待与肯定，都不是简单的心理与社会课题。俩人认识不久，对彼此的心态与脾气还没摸索清楚时，常常是一件很费心思去讨论、协商并应付的事。处理得不好，难免会闹不愉快，甚至造成很大的误解，把事情都闹翻了。特别是社会习俗繁多且很讲究，两家的意见与要求很多而又不相让时，问题会更严重。男家要给多少礼金，女方要陪多少嫁妆，都是可以引起争执的导火线，是年轻人没预料到的现实生活里的课题。

二、初婚期

不管是经过何种结婚的方式，一对男女发誓结为夫妻，向天行礼也好，向两方祖先与父母拜礼也好，当众接吻也好，爆竹声一响，新婚的夫妇就被社会公认为是结了婚的夫妻，受亲友的祝福，被法律的保障，开始结婚期（married stage）。

（一）夫妻关系的建立与适应

刚刚结婚的一对夫妻，除了在喜乐高兴的情绪里开始夫妇生活外，同时也要开始他们新生活的适应及夫妻关系的建立。除了继续发展他们俩人的男女浓厚情感外，要开始尝试调整与建立夫妻间的关系，包括如何维持情感、相互沟通、彼此相配、扮演适当的角色、树立彼此的结合力等。这些夫妻关系本身的关系，已经（在上章里）仔细分析过，在此就不再重复说明。只有一点要提的是，假如是以不健全的动机而结婚的，或者婚前没有好好交往，还不熟悉对方的心理与性格的，在这刚刚结婚的初期，就会开始呈现婚姻适应的困难，随着问题的本质可能会导致或轻或重的结果。

（二）适应对方的家庭

假如一对夫妇婚后决定跟一方父母一起居住的话，就要开始与父母辈适应，学习如何一起生活。就算是自己俩人独自生活，不跟对方父母同住，丈夫也得学习跟岳父母如何来往及孝顺，妻子也得练习如何接待服侍公公与婆婆。我们的社会里，特别是在乡村，仍有大家庭的制度或习惯，年轻的夫妻除要学习孝顺公公、婆婆以外，也要跟兄嫂、弟妹们来往接触，相互学习如何维持大家庭的和谐与合作。就算是单纯的主干家庭，只有上辈的父母与年轻夫妻生活在一起，也是很大的心理课题。两代如何相互生活，如何执行职权，如何分配工作，如何相处，都是微妙的事情，家家有不同的规矩与习惯，是新夫妇要去适应的。

过去传统的家庭里，做婆婆的有很大的权势，可以支使媳妇；做媳妇的只能顺从。假如婆媳之间有什么矛盾，会把做丈夫的摆在很困难的地位，不能只听从父母而不帮忙自己的配偶。否则做媳妇的，会有受不了的处境。过去，有些女人闹自杀，其原因之一就是由于无法面对婆媳间的摩擦而采取的最后手段。还好，目前的家庭，婆媳间的权利比较平衡，冲突减少；但是，仍是很棘手的问题，要小心去面对与适应。特别是丈夫与母亲的关系过去很亲近，或者父亲早日去世，由母亲一人养大，丈夫对自己的妻子好些，容易引起婆婆的嫉妒，增加矛盾的气氛。

假如配偶向来有被娇惯，较少吃过苦，被允许自私行为的，缺少体贴心理的，不懂与别人相处的，特别是没学好如何服侍长辈的，对新的家庭环境的适应就容易发生困难。

（三）逐渐与原本家庭疏远与分离

除了练习如何跟父母相处以外，从心理上来说，年轻的夫妇要开始跟自己的原本家庭（original family）逐渐分离，保持若干的心理距离，以便能跟自己的配偶更接近，建立夫妻间的结合力。这是很微妙的事情。譬如，做妻子的遇到烦恼的事，随时跑回娘家去向自己的父母诉苦，而不会跟自己的丈夫商量，可以说是跟自己的父母的心理距离还很近；对床边一起睡觉的丈夫还有心理上的距离。假如，做丈夫的一心一意只会袒护自己的父母，替他们设想，而对自己的妻子没有同情与体贴的表现，连夜晚在枕头边对自己的妻子都不说一句安慰或支持的话，那么可以说做丈夫的对自己的父母仍过分亲近，对自己的配偶还没有结合的趋向。

健康的夫妻，要逐渐建立他们自己俩人间的结合，相互的共识，彼此的体谅，建立密切的关系；而相对跟家里其他人或亲友逐渐疏远，保持若干的心理距离。换句话说，能把夫妻的关系变成是最重要的人际关系；其他的人际关系，包括对自己的父母、子女、同胞或亲友，都变成是次要的关系。

从技术上来说，对自己的父母、子女或同胞与亲友的关系，跟与自己配偶间的关系，要有分量上的不同，要看每个家庭的情况、社会的态度与习惯、文化上的观点而有所斟酌。比如，只注重夫妻的关系，而不重视跟上一代关系的西方社会里，夫妻与父母间的差距就较大而且明显。换句话说，在核心或主干家庭里，以夫妻为主轴（marital axis）。可是在讲究孝道、强调抚养父母的东方社会，夫妻对自己父母的关系，仍保持接近，不能完全且轻易地抛开，夫妻与亲子的双方关系都要重视。假如在极端重视长辈的社会里，强调亲子关系为主轴（parent-child axis）时，夫妻的关系就变成是附带的主轴。

在现代的社会里，大家都重视夫妻间的关系。不能否认婚后迟早要建立夫妻间的结合，准备日后共同相处的将近五六十年的夫妻生活。跟自己的原本家人要逐渐保持若干的心理距离。这是婚后的年轻人要逐渐去适应的另一课题。

一般来说，假如一个人从小就过分依赖父母，缺少独立精神与经验就不容易与自己原本家人分离，而总是仍是粘在一起继续依赖，就会发生婚姻发展阶段上缓慢发展的现象。

（四）性生活的适应与生育的计划

婚后的夫妻要过性生活（sexual life）。夫妻是社会与法律上许可且保护的经营性关系的对象。除非有躯体方面的疾病，或者心理上特殊的问题，一对夫妇都会喜欢有性的关系，适时发生房事。

这是被认为是天经地义的自然现象。

可是有关性的欲望、期待、要求与行为，男女有所差异，夫妻有不同的地方，婚后的夫妻要相互去尝试，练习配合，否则会发生夫妻间有关性的问题。

至于夫妻要实行何种的避孕方法，要怎样做家庭计划，妻子什么时候准备怀孕生育下一代，都是一连串的生活课题，是现代夫妇婚后就要去面对与处理的事；甚至婚前就可先讨论与计划的事情。不像从前一切听从自然，结婚就发生房事，婚后不久就怀孕，怀孕几次都不管，毫无考虑与计划。

三、婚姻早期（生育期）

每对夫妇不见得结婚后就马上生育子女。特别是从事高科技或专门事业的妇女，往往希望能配合她们的工作而延迟生育子女的时间。有的甚至决定不生育而免得影响她们职业的发展。这是现代生活里可见到的若干趋向。但是，大部分的夫妻都希望结婚后，经历一段夫妻俩人的婚姻生活就能生育子女，建立他们的新家庭。

（一）生育、工作、生活的综合适应

一对婚后的夫妻生了孩子以后，马上要面对的课题是，如何把生育、工作与生活综合起来，一起适应。这是很大的责任与负担，要三方面同时去进行。因为婚后的夫妻要工作，都要从事自己的职业，建立自己的工作生涯；还想过点夫妻的生活，享受乐趣，培养兴趣，增加俩人的生活内容；另外又要生育子女，可以说这些事都要花费很多精神与时间。如何共同去追求并同时完成这三样课题，的的确确是很不容易的事。还好，年轻人身体强壮，精力十足，靠一点父母的帮忙，或许会应付得过去。若是必要，夫妻可以暂时的调节工作的性质或分量，甚至拿长期的产假或暂时离开工作，腾出时间来专心养育，等到孩子稍大些再重复原来的工作，继续职业上的发展。

假如夫妻两方或一方有性格上不成熟的现象，不能接受太多的负担与挫折，就无法承担这个阶段的繁忙任务，会很早暴露婚姻的适应问题。

（二）接受做父母的角色与任务

孩子生下来以后，不但要懂得如何去喂养与照顾，随着年龄的增加，也要学会如何去保护与管教，担任做父母的任务。特别是夫妻俩人之间，如何去分担责任与工作，如何去扮演适当的父母角色，都是一连串的新课题，是每对夫妻都要去练习与面对的。万一心理上还没有准备，或者不愿意去承担时，就会发生困难。有些丈夫看到自己的妻子把情感重心全放在刚生下来的婴孩身上，就觉得被遗忘而感到情绪上的失落，可能到外面去寻找情感的依赖，甚至发生婚外情，危害婚姻。至于有些妻子，经过生产以后，身体肥胖，唯恐失掉女人的诱惑性而操心，或者因无法应付养育婴孩，还要服侍丈夫与父母的重担，支持不住，都是生产后容易产生的风波与困难，要靠夫妻双双共同去面对。

（三）夫妻关系的再适应与调整

结婚后，随着时间的增长，夫妻的生活内容会继续扩大，各种职责会增加，而夫妻的关系也会逐渐进入正常化的阶段。譬如，工作上要忙于竞争或晋升，建立经济上的基础，迎接子女的来临与养育，开始加入了子女的家庭生活；再者，生活上也要各方面的尝试与充实，包括社交与娱乐活动。可以说是，脱离以前多半是情感的恋爱阶段，进入真正生活中的婚姻关系。就算是还没生育子女的夫妇，也是会达到这个阶段。在这个婚姻初期，夫妻要重新去相互适应，不仅是彼此的感情要逐渐成熟稳定以外，还要逐渐的懂得如何扮演不同的角色，随时相互协助，弥补各自的不足，能相互鼓励，加强彼此的结合力，不轻易受外在因素的影响。假如从结婚以来，没有这样逐渐进展的迹象，甚至还有倒退的情况，那值得注意，研究研究到底是怎么一回事，必要时要靠专业人员的协助，趁早解决问题。

四、婚姻中期（养育期）

（一）子女的养育与管教

虽然子女的来临是件可喜的事，但是也要花相当的时间与精力去养育与管教，是做父母的重要职责。子女的养育要随孩子的年龄增长而去调整。有些父母有足够的常识与经验去从事；而有的则缺少这方面的知识与判断。最常见的是，只会生育、照顾幼小的婴孩，而不懂如何随孩子年龄与认知的发展而给予养育与管教。如何体贴喜爱孩子，懂得给予适当的知识教育、生活教育，必要时还得管教，是父母管教孩子的责任。

对于孩子的管教，假如夫妻有不同的看法与态度，有时就不协调，容易发生矛盾。产生管教不一致、不协调、不持久的各种问题。特别是家里有祖父母，上一辈的有不同的意见，更需要大家去调节与统一，是管教上的问题。

（二）夫妻关系与亲子关系的双向适应

家里有了孩子，不管是一个或两个，都会引起亲子关系的适应。如何花费时间在子女身上，留多少时间给夫妻本身，是要小心去衡量的，过多过少都会容易出错。如何照顾孩子，同时又关心夫妻本身的生活，是夫妻在养育子女的阶段里要面对与处理的重要课题。

从心性发展（psychosexual development）的角度来说（曾，2001.11-18），婴儿出生后，需经历口欲期，被父母养育与照顾。到了两三岁的肛门期，开始需要父母的管教。可是到了四五岁的孩子，进入了性蕾期（phallic stage）以后，对父母的关系会发生微妙的情感关系。即发生三角情结关系（triangular complex）。换句话说，父亲、母亲、孩子三个人之间可发生微妙的情感上的三角关系。父亲特别跟女孩要好，母亲喜爱男孩。如此发生偏袒、宠爱、嫉妒等复杂的心理反应。这种性蕾期的情结要孩子长大而进入潜伏期（latent stage）或同性期（homosexual stage）以后，才会逐渐解决。即男孩改跟父亲认同，女孩跟母亲认同，学习如何准备进入青春期

(puberty) 的异性阶段 (heterosexual stage)。夫妻如何共同让孩子顺利通过这些性蕾期、潜伏期或青春期的各个发展阶段，调节并配合子女心性发展上的需要，要靠夫妻的沟通、协商与合作。否则，处处都可以发生不同的问题，不但影响子女的成长，也会影响夫妻间的感情问题。

（三）工作、家庭与社交兼顾的课题

跟结婚初期一样的，在这个婚姻中期里，夫妻要继续应付如何去兼顾工作上的发展、家庭的建立、与自己的夫妻生活。还好，随着孩子年龄的长大，特别是能进入幼儿园或小学以后，家庭生活会逐渐容易些，容许夫妻能把精力多半放在工作上，以及夫妻所需的婚姻生活。

在这个阶段容易发生的矛盾，常是如何把所有的时间与精力分配的问题。譬如，做先生的，为了职业需要把大部分的时间都放在工作上，早出晚归，很少有时间把心放在孩子身上，完全交给妻子去负责。虽然做先生的肯认真工作，并没有什么可非议的，但是子女少了父亲，就不好。特别是青春期的男孩，心性发展上需要同性父母，过了阶段以后就不容易弥补。同样的，假如做妻子的，把全部精神都放在子女身上，少有时间跟自己的丈夫在一起，过夫妻生活，包括共同参加社会活动或娱乐活动等，少有机会继续维持并培养俩人的情感与乐趣的话，做先生的或许会感到被遗落而另找欢乐，就不是好现象。特别是将来孩子长大以后，离开家而独立时，再返回去照顾夫妻的生活，那时会太晚了。

五、婚姻后期（空巢期）

孩子长大以后，为了就职或结婚而离开父母的家庭，只剩下父母俩人时，被称是进入子女离家，犹如小鸟离巢而剩下"空巢"（empty nest）的婚姻后期。就算是原来没有子女的家庭，快要步入退休的时期，可以考虑是达到婚姻后期的阶段。假如子女长大结婚后，决定跟父母同住的话，并没有"离巢"的现象，也表示夫妻要进入另外的阶段,跟婚后的子女与子女他们的配偶(即媳妇或夫婿)共同经营主干家庭的时期,需要重新适应。

(一) 跟子女的逐渐疏远与分离

不管子女长大后实际上是分家离开或婚后共住,作为父母的都要逐渐去跟自己的子女逐渐发生心理上的分离,并保持若干的距离。不能还是要管他们,要他们听话;而要逐渐尊重他们的意见,让他们能自行独立,自己管理自己。这是心理上的"断奶"(psychological weaning),是孩子们长大以后父母该做的事。假如婚后的子女要跟父母居住在一起,除了保持若干的心理距离以外,要练习如何划分两代间的职责、权限、角色与功能,能和谐相处,能跨代相补,而没有混乱。特别是年轻的一代有新的看法,不同的要求,因此,要时时沟通,协调。如何跟自己长大的孩子保持适当距离而仍能保持好的关系,是这个阶段的心理课题。作为父母也好,作为成人子女也好,要认识"世代隔阂"(generational gap)的存在,能相互了解,并保持适当的距离,是适应上的要领。

(二) 夫妻关系的再度适应

随着子女的逐渐分离,夫妻间的关系与婚姻生活也需要随着做再次的调整。在西方的社会里,有人把子女从家里离开后的空巢期称是第二度的蜜月期。其意思是说,由于现在少了子女在旁的干扰,一对夫妻可以恢复当初俩人过蜜月似的,再过亲密要好的婚姻生活。当然这句话有其道理,但也提示夫妻要从头来适应,过中年的婚姻生活。假如夫妻关系从头就要好,并且一直随各个阶段继续培植情感的夫妻,到了这个中年期,虽然性生活可能开始减退,但心理与情感上可以过黄金阶段似的夫妻生活。万一,一直靠子女来维系婚姻关系的夫妻,失掉子女的牵连,就会发现存在已久的夫妻间分离的痕迹,一时不容易弥补。有些人在中年后要离婚,常是属于这种原因的。可说是阶段性适应困难之一。

到了中年以后的夫妻,其相互的关系会有微妙的变化。即随男女性的中立化,丈夫会逐渐削减男性的脾气,变得较柔软,并且会增多从事女性的家事。反过来，妻子会逐渐个性增强，比较敢做敢说，表现男性的气质，逐渐地会做些男人做的杂事等。因此，夫妻各自的男性与女性的气质差别逐渐减少，双方都逐渐中立化，甚至交叉更换。这并不是什么奇怪的事，可能与性分泌腺的变化有关，从心理上准备进入老年期的变化。这样多少减少男女角色的区分，让将来万一丧偶后，还可以单靠自己一人来应付基本的生活。

（三）退休生活的准备

这个阶段的夫妻还要开始准备退休后的夫妻生活。从事农业的，其好处是不用硬性的划分退休的年龄，可以随自己的体力而随时调节工作量，要做到多老都可以。可是在城市里，办公的就得依单位的制度，到了一定年龄就得离开工作单位，回家休息。这本来是没有问题的事，夫妻都多了休闲的时间，可以享受生活。可是对一些夫妻来说，倒是问题来临的阶段。其原因有若干，假如一向都在工作单位忙碌的，缺少娱乐或别的生活兴趣的，现在忽然回到家，二十四小时都在小小的屋里，就会受不了，难免要发牢骚。假如夫妻间感情向来不是很好，甚至是不太和谐的，现在天天在家见面，更是难受。退休后要离婚的，多半是这样的情形。因此，夫妻关系要随时栽培，随时维护，就是这个道理，不然到了特别阶段，问题就显现出来，出现婚姻阶段性适应困难的现象。

（四）中老年的适应

到了中老年的夫妻，除了躯体情况逐渐变化以外，性功能也会逐渐衰退。由于夫妻对这方面的变化，不尽相同，如何做协调是一个问题，需要斟酌适应。在这里要提出的是，到了这个阶段的夫妻，要多靠情感来联系，靠过去的共同回忆及目前的子女的关系来充实彼此感情生活。现代的老年人要养成新的观念，尽量靠自己，不要太依靠下一代，不要存养子防老的心态，把责任与负担都推到年轻人身上。老夫妻之间，除了心灵上的来往以外，还可以一起从事消遣的娱乐，可以相互鼓励对身体健康有帮助的活动，共同享受人生与婚姻的最高峰。假如有躯体上的毛病，或耳聋眼花，要靠夫妻彼此的相互帮助来应付。

六、婚姻末期（丧偶期）

（一）丧偶的适应

每一对夫妻到了某个阶段，都会迟早丧失自己长年来一起生活的老伴，面对丧偶的遭遇。有的来得早，有的晚些，但是谁都会经历与心爱的配偶分离的事实。有的丈夫先走，有的妻子先去世。统计上，女性比男性会多活五年；而且结婚时，习惯上先生常比妻子年长几岁，因此很多女性要过数年的寡妇生活。丧偶是很难过的心理打击，特别是向来感情要好，相互依赖的夫妻，难于去面对与接受这个晚年来的心理创伤。特别是心理上没有准备的，突然去世的，其打击更大。一般人丧失自己的亲人，要过两三个月的哀悼反应，会觉得伤心与难过，想念去世的亲人。然后逐渐恢复，从新开始原来的生活。可是有些人却会经历长久的哀悼时间，过了半年仍是无法恢复，呈现病态的哀悼反应（grief reaction），需考虑接受辅导或抗抑郁剂的药物治疗。

（二）独自生活的适应

丧偶后，如何去适应生活是一个很切实的课题。从一般经验来说，假如一个人过去就学会自己独立生活，懂得自己照顾的人，丧偶后的适应比较好。一般来说，女的因熟悉家务，容易自己生活下去；而男的从来不进厨房，就连烧饭、泡茶都不会，不容易过寡人的生活。除了解决一日三餐的问题以外，假如平时就喜欢出外去活动，并结交朋友的，比较容易过充实的生活，不会感到孤独；反过来，不喜欢社交活动，也少乐趣的人，就比较困难。当然是否有子女在旁，是否跟他们有好的关系，都会左右以后的生活的适应。

总之，从婚前的交往、结婚、经过婚姻各个阶段、最终丧失配偶而结束婚姻的关系，一对夫妻要经历各个阶段的生活与适应。虽然各个阶段的长短与快慢都会有差异，但是共同的一点就是要去面对与处理各阶段的课题，也可能遭遇各阶段的困难。这就是夫妻关系的整体发展，是普通常见的婚姻生涯。

在婚姻辅导上，要从这样婚姻发展阶段的观点来分析并了解接受辅导的夫妻是处于何种发展阶段，是否有阶段性适应的困难，好协助他们渡过他们的发展阶段。

第二节 夫妻关系与婚姻发展的变异

上面所描述的是一对夫妻通常所经历的发展阶段，是没有曲折的普通婚姻经历。但是每对夫妇并不见得都一一过这样单纯的婚姻历程。偶尔会遭遇发展上的变化。传统且保守的社会里，对婚姻有较严禁的约束，不允许变化的发生；而比较开放的现代社会，社会与法律的管束松懈时，各种婚姻变化都容易产生。婚姻的变化，对夫妻与子女都会有困苦的经验与不良的影响，从心理卫生的立场上来说，应想办法亡羊补牢，减少痛苦的贻害。让我们讨论如何处理与面对这些婚姻变化的情况。

一、外遇、婚外关系的发生

假如配偶的一方不遵守婚姻的契约而与外人发生情感上的关系时，被称是发生了外遇、婚外情或婚外关系（extra-marital relationship）。虽然名称不一样，指的却都是同样的事情。通常来说，已婚的丈夫跟未婚的女性发生婚外关系的为多，而已婚的妻子跟单身男人有婚外情的较少些，至于已婚的丈夫与已婚的妇女发生婚外关系的也不少见。有些婚外关系暗地里进行数年而配偶却没有发觉，但通常敏感的配偶会觉得有异常而及早发现。但是无论是哪一种，都会严重影响夫妻的感情与关系，破坏已形成的家庭，干扰夫妻关系的发展。从辅导的角度来说，要去了解婚外情发生的理由、其严重性、判断是否有其恢复性、推测其预后将会如何。假如还有恢复情感的可能性，就要注重如何辅导夫妻去弥补其过错，恢复原来夫妻的感情。假如希望不大，就协助夫妻如何去处理他们分离的措施。

二、分居或离婚的发生

假如婚外情被配偶发现后，都会带来很大的心理打击，会产生不同的处理方式与结局。譬如，配偶要求与第三者断绝关系，以便勉强保留原有的婚姻；或者暂时分居，等到情绪平静以后再考虑如何处理。解决问题的其中一个办法就是夫妇要放弃已有的婚姻关系，施行离婚（divorce），结束原有的婚姻关系，各自去重新开始自己的生涯。假如有孩子的，便是决定解散家庭，由一方父母养护子女，只让对方定期的访问接触；或者由双方养护不同的子女，让兄弟姐妹分散，名副其实的把一家分散。

三、单亲家庭的经营

离婚后，由一方或两方父母各个养护子女时，是由单独的父母亲来照顾子女，形成所谓的单亲家庭（single-parent family）。在离婚畅行的西方社会里，单亲家庭很多，会产生经济上的负担问题，以及子女的养育困难。一般情况，离婚后由母亲来养护幼小的子女，而父亲在法律上有义务供给对妻子及子女的抚养费。对妻子的养护要继续到妻子再嫁为止；假如妻子一辈子不再嫁，就得终生抚养。至于子女的抚养费到成年为止。虽然法律如此保护妻子与子女，但是实际上许多丈夫不按规定付给这些抚养费。作为妻子的，要单独来养育子女，而又要谋职，现实上不容易，因此，常遭遇经济上的困难。再者，由母亲一人来负担子女的养育，也不容易；就算是父亲定期的来跟子女会面，这种短期的接触，有时不但没有帮助，反而扰乱养育的次序问题。假如父亲根本就不来会面，完全由母亲一人负担管教与养育的重担了，可以说是畸形的家庭。不但家庭变质，也增加社会问题。

四、再婚的发生

假如离婚以后又决定跟别的对象结婚,称为再婚(remarriage)。但是实际上跟头次的婚姻会有不同的性质;即:抛不掉过去原来婚姻的记忆与影响。特别是带着原本婚姻的子女而重新结婚时,子女与继父母的适应与关系,就不那么单纯。假如对方也有子女,那么再婚后要建立的新家庭就会很复杂,而且容易面临许多困难。有关离婚与再婚而可能发生的问题,常是辅导上的课题,需要仔细分析与讨论。

第三节 辅导时了解婚姻阶段的意义

我们笼统地说明一般婚姻的发展阶段,也讨论夫妻关系在发展上可能发生的变异。不管是普通的阶段性发展也好,意外的变异也好,在其各个阶段有其特别的课题,也有可能容易面对问题与困难。在此特别要指出,普通的婚姻发展就有许多波折,而发生变异的,更会如此。虽然婚姻发生了发展上的变异,遭遇问题时,通常都会有办法去克服或处理,也能面对所面临的挫折与困难,仍能建立起新的婚姻,开始新的生活;但要有相当的准备与努力去迎接婚姻发展上的变异。

总之,假如一对夫妻懂得婚姻发展的观念,知道在各个阶段要去完成的心理与生活上的课题,也就能预知可能遭遇的困难与问题,就能做事先的准备,而很好地去适应。假如发生了问题,也能晓得跟婚姻发展的过程有何关系,进而给予适当的补偿或纠正工作。

从辅导的立场来说,夫妻间的矛盾或困难,有时主要是跟婚姻发展阶段有关,是一过性的,而辅导的作用与功能就是要协助并督促夫妻如何去适应,随着阶段的不同而去处理其问题,随着阶段的进展而化解问题,进入下阶段的发展。

参考文献

1. 曾文星. 儿童的心理与辅导. 北京：北京医科大学出版社，2001.
2. 潘雷，沈林平，郭若娣. 33 例农村女青年未婚先孕有关问题调查. 中国心理卫生杂志，11（5），303，1997.
3. 戴秋菊. 大学生婚恋观调查. 湖南环境生物职业技术学院学报，2007，13（1），78-80.
4. Gladding, ST. Family therapy: History, Theory, and Practice, 3rd Ed. Upper Saddle River, NJ: Merril Prentice Hall, 2002.
5. Tseng, WS. & Hsu, J. *Culture and family: Problems and therapy*. New York: The Haworth Press. 1991.

第二部
婚姻问题的了解与分类

　　了解了婚姻的本质与夫妻的基本心理以后，接着就需要了解夫妻关系或婚姻里可能发生的各种各样的问题，而基于这样的透彻了解以后，才能进一步给予所需要的辅导工作。在这部分，首先分析婚姻里可能发生的各种心理问题，说明其病理的发生，介绍如何把各种问题加以分类了解，进而说明临床上如何去实际检查与审核一对夫妻的心理问题，加以把握，来决定治疗的方向与模式。

第五章 婚姻的各种问题与病理

第一节 婚姻的问题

所谓婚姻问题（marital problems），指的是一对夫妻感到他们彼此感情上的缺乏或矛盾，彼此有关系上相处的问题，或者是影响他们经营婚姻的各种困难（曾，2001. 68 - 100）。这种困难，往往是夫妻俩人都感受到的，但有时只是单方感觉而受痛苦或关心的。婚姻的问题常是主观性的被当事人（即夫妻或夫妇单方）所感到其痛苦而向他人（自己家人、亲友或辅导者）诉说；有时是客观性的，即当事人并不感到有其问题，而只由旁观者感到其毛病，而替他们忧虑与关心。

谈到婚姻问题，首先要澄清几样观念上的事情。让我们一一说明如下：

（一）婚姻的问题是心理、情绪与关系上的困难

夫妻俩人间的相处问题，或婚姻上困难，其本质是心理与情绪上的问题，跟人际关系有关，而跟精神疾患的毛病有所不同，不要以精神病理的角度或精神病态的眼光来看待。虽然夫妻可能患有婚姻上的困苦，但就他们夫妻的个人立场来说，他们往往是社会里常见的正常人，在工作上是能干且有成就的人，在社会里可以说是正常而有功能的社会分子，只是在婚姻上夫妻相处有点出错与困难而已。因此，除非是夫妻一方患有精神疾患的问题，需要使用精神药物来医治，但也无法依靠药物来治疗婚姻的问题，而主要依靠心理上的辅导来辅佐他们处理并改善他们人际上相处的困难。

（二）婚姻的问题是千头万绪，有许多变化

一个人的心理生活变化无穷，而所面对的心理问题也常有许多变异。同样的，婚姻的问题更是千头万绪，不很单纯。况且，常有几种不同性质而有连带性的问题同时发生，不容易清楚、明确的划分区别、也难有系统的分类。譬如，丈夫在工作上发生了困难，心情不好，回家常向妻子发脾气，或者喝酒解愁，影响家里的生活，而妻子受不了，也心里苦闷，跟丈夫常发牢骚，婚姻发生严重的不稳定状态，间接地也影响他们对待孩子的关系，闹的全家不宁。这是一连串发生的问题，但仔细分析，可以发现是丈夫在工作上无法很好应对的问题，但也有夫妻相处的潜在问题，面对困难时无法好好的适应，以不健康的方式应对，而影响夫妻的关系，也损害家庭的生活，是多方因素促成的结果。

（三）婚姻的问题无法依靠单元性的原因与理由来说明

就如上述的例子里所表现的，婚姻问题发生的来源无法以简单的原因或理由来推究。要考虑夫妻个人本身的心理与性格，处理危机的能力与方法，但也要考虑他们夫妻间的情感，相处的关系，建立的夫妻联盟，特别是一方有情绪上的困难时，他们夫妻如何沟通，如何相处支持，是否有能力面对与处理挫折的能力，是否会好好运用外来的支持性资源，是否会把夫妻间的问题包含在他们夫妻间的范围里，不超越亲子界限而去影响他们的子女，把全家的情绪与关系都威胁与震荡。换句话说，要从各个角度、方向与层次来了解，把握婚姻问题的发生。

（四）婚姻的问题无法简单分类、区别与诊断

由于婚姻的问题是千头万绪，而且常随情况而发生许多曲折与变化，并非固定与静态的，因此难于简单分类。这跟精神疾患有显著的差异，不能依靠一套分类系统来区别并做诊断。换句话说，不能以描述性的方式，就所表现的症状或问题而来加以分类与区别，而只能采用动态性的眼光去分析与把握。因此，关于夫妻关系上的问题或婚姻的困难并没有具体的分类系统可采用。

(五) 婚姻问题可以从不同的层次来把握与了解

虽然婚姻的困难并没有具体的分类系统可采用，但在观念上我们可以把主要的问题是发生在哪里而来把握，进行辅导的临床工作（Tseng & Hsu, 1991. 108-129）。通常来说，首先要依据当事人所主诉的问题着手，就夫妻他们所感到的问题或困苦而进行辅导，协助他们去解除目前最感到痛苦或烦恼的事情。然后，接着去发现这些问题的发生，其背后的理由在哪里，是哪些因素所促成的，而针对其比较原本的原因而想办法改善。

第二节　婚姻问题的分类

虽然婚姻的问题是千头万绪，变化多端，无法如精神疾患似的，采用简单的分类系统去分类，但为了临床上的运用与解析，进而考虑辅导的方向，我们可以根据问题发生的主要来源来尝试区别与把握。也就是说，我们可以大致依靠：个人因素的层次、俩人相处与关系上的层次、受外来因素的层次、发展阶段上的层次而大体做区别，给予婚姻问题的分类（classification of marital problems），好分别加以讨论与把握。

一、个人因素而引来的婚姻问题

(一) 配偶的个人躯体或精神疾患而引来的问题

假如夫妻一方患有个人躯体或精神上的疾病，会影响个人本身的生活，也会连带性的影响夫妻间的生活。配偶不但要多费心照顾生了病的配偶，还会因配偶无法好好的执行夫妻的功能而严重影响夫妇的家庭生活。就大家所知，躯体方面的疾病种类繁多，不胜枚举。比如，患了慢性且严重的糖尿病，发生各种并发症；得了脑出血，行走不方便；或得了癌症，需要各种治疗与护理，都是可能影响夫妻生活的躯体疾病的一些例子。至于精神方面的疾患种类也繁多。譬如：比较轻微的焦虑、抑郁、失眠、情绪不稳定、敏感多疑，都可以直接或间接地影响到夫妻的生活与关系。况且严重或慢性的精神疾病，或行为上的问题，包括：酒瘾、药物滥用、赌博等，都不但会左右个人的行为与生活，还会严重影响夫妇与家人的全体生活，给婚姻带来额外的负担与痛苦。

（二）夫妻的个人性格与心理上的问题

有时夫妻的问题是来自丈夫或妻子个人本身的心理或性格上的问题，影响到整个夫妻关系上来。最常见的是配偶本身的文化水平太低、人格不成熟、性格上有特别的问题或者有特殊的心理症结等。这些个人的心理或性格上的问题，是婚前在单身生活时就已经有的，但是婚后就开始影响夫妻间的相处、沟通、感情的来往，而扩及夫妻的生活上来，形成婚姻的问题。譬如，一个人从小就被娇惯，常要任意行事，很是自我中心，不会体贴别人，或者一个人心里很自卑，做任何事情都没有信心，无法处理得适当。这样的配偶，婚后要经营夫妻的生活时，也表现其心理上的缺点，无法执行应有的功能，间接地影响夫妻的生活。或者，一个人心理上容易怀疑，常感到别人不会真实对待他（她），不信任他人。这样本身素来有这种心理问题趋向的人，婚后无法跟配偶建立相互信赖的关系与结合，甚至容易发生怀疑配偶有不贞的行为，闹婚姻问题而不休。这些都是配偶里单方一人的性格或心理上有显著的问题而影响婚姻生活的例子。

有些科研证实夫妻的性格对婚姻有相关的关系。譬如：使用艾森克个性量表而根据离婚诉讼者与对照组测验比较，前者夫妇的个性里，神经质（N）因素相对比较高。这种结果提示，情绪易激动、易出现焦虑或抑郁反应、对外界刺激反应强烈且不容易平复，其婚姻适应性就差（李与杨，1993）。

二、夫妻关系上发生的问题

虽然结婚的夫妻每个人在心理上没有问题，大体上是健康的，可是俩人结婚后，在其男女与夫妻俩人相处上却可发生问题，形成婚姻上的困难。这可说是俩人相处与关系上层次的问题，称是夫妻关系上问题（marital relationship problems）也是辅导上要特别去发挥功能与作用去辅导的婚姻问题。

（一）不健全的婚姻动机

婚姻不美满，其原因是基于不健全或不适当的理由而结了婚，婚后一直不幸福。譬如，是为了现实的利益、金钱上的目的而结婚；或者是受家庭父母的压力而被迫结婚。有时是"奉子女之命"而结婚；即明知是不适当的结婚对象，但一时冲动，发生了关系，甚至已怀孕了，就只好结婚。有的是想逃离不幸福的家庭而结婚，例如：受不了父母（或继父母）的虐待而离家，草率找对象结婚。这些都是为了"非正常"的婚姻目的而结婚；婚姻只是解决困难的手段而非其目的，因此夫妻俩人结合的动机与条件从开始就不对，时时表现出问题。

虽然婚姻动机有多种多样，而且往往是多种原因的结合，但科研结果显示，假如就单个的婚姻动机来分析比较：人际情感因素与婚姻质量有正性的关系（即容易有婚姻满意的结果）；而物质经济的动机、家庭或社会的压力为动机者，与婚姻质量有负性的关系（即容易有婚姻不美满的结果）（程等，2006）。

（二）夫妻俩的个性、心理与相处关系问题

当一对男女生活在一起，俩人是否能建立并培养男女的感情，能否维持充足的沟通，建立彼此信任依靠的关系，随着情况的需要而扮演适当的角色来相互协助，对外有适当的分界，并且能适当的结合与联盟，去共同面对困难等，都是夫妻俩人相处上要面对的心理课题。有些夫妻，就有这种课题上无法满足的情况，无法执行夫妻间应有的健康关系。而这些问题的来源，有时跟夫妻一方或双方的心理与性格的成熟程度与情况有关。虽然夫妻俩人性格上都可说是相当的成熟，也没有特殊的心理症结，并且在他们各自的学业、职业工作上都表现很好，但是俩人生活在一起，却并不保证就能经营美满的夫妻关系与婚姻生活，还要依靠他们俩人之间如何相处与来往的问题。

有些科研证实，夫妻的人格特质与其婚姻质量水平有显著的相关关系。与丈夫相比，妻子的人格特质与婚姻质量有更多的相关性（刘鹏，2000）。男女婚后对家庭生活的心理与行为表现也有性别上的差异。根据统计，婚后女性在家庭生活里，跟男性比较起来，有比较优越的心理与行为表现。即：主动干家务、生活上关心丈夫、对爱情比较专一、经常鼓励并安慰丈夫。但是，女性对婚姻的失望程度高于男性。相对来说，男性婚后的心理与行为表现比较差。即：容易有喜新厌旧的趋势、感情转移的程度比较高、不主动干家务、不注重配偶感情的需要（李等，1998）。

（三）夫妻俩心理与性格上配对的病理

由于心理上的理由，男女之间往往会有某种成对的吸引而形成特殊的配对关系。譬如：性格上比较理智而有理性的男人，跟情感比较丰富而善于表现的女性，往往有相引而配对的趋势。或者比较喜欢照顾对方的男人跟喜欢被照顾的女人，也容易配对。这样经过相配相补的原则而形成配对的话，照理很合适。但是有时却不是如此，可形成有病理性或神经质性的配对（neurotic pairing），而形成婚姻关系上的适应问题。所谓神经质性的配对，指的是带有问题而非健康，而是借心理情结或其他病态性理由而形成的非适应性的配对。

这种夫妇神经质性的配对，可好有几种。根据夫妻的各个性格模式，而可以考虑几种配对的结果（Martin，1976. 15-33）。让我们列举夫妻配对（marital pairing）的各种可能性，如：

1. 情感丰富妻子与理智冷静丈夫的结合——这是常见的结合，即：属于癔症性格型气质（hysterical personality trait）的妻子跟带有强迫症性格型气质（obsessive personality trait）的丈夫的配对结合。许多夫妇有这种趋势，而适应得很好，是相补得很好的夫妻搭档。可是假如其各个性格气质的趋势很强烈，有时就因其不协调的配合而不满意。即：妻子感情丰富，很热情而善变，开头时很喜欢比较冷静而又理智的丈夫，但婚后又怨丈夫冷而缺少情调。从角色的角度，也可说是理智性的大哥型男人与情感性的小妹型女人结合。假如他们这样的倾向轻微，很适合配对，产生男尊女从的角色关系，男主外而女主内的配合，是很合适的配对。可是假如其趋势很悬殊而大时，就不容易配合，产生差距上的配合问题。

2. 热情丈夫与冷静理智妻子的结合——这是相反的，是癔症性格型气质的丈夫跟强迫症性格型的妻子的配对结合。丈夫感情丰富，很热情而善变，开头时常喜欢冷静而又理智性（犹如大姐似的）妻子，但婚后又埋怨妻子太冷静，常理性的管教丈夫。从角色扮演的立场来说，这可是大姐型的妻子跟小弟型丈夫的配合。在结婚当初比较还可以，但婚后日久，妻子就会开始嫌自己的丈夫没有主意，觉得先生缺乏领导妻子的能力，夫妻的生活由于气质的不和而感到不满意。

3. 情感与情感型的配合——以上两种配合是夫妻的性格不同而以非对称性的形式而配合（asymmetrical match），也可说是相补性的结合（complementary match），只是其相补的情况与程度极端而发生结合相处上的问题。与此相反的是对称性的配合（symmetrical match），也可说是平行性的结合（parallel match）。最好的例子是：丈夫与妻子都属于癔症性格型，俩人都富于情感、热情，但也容易善变。俩人生活在一起，容易相互影响而过情感容易波动的婚姻生活，缺少稳定的依靠。

4. 理智与理智型的配合——这是夫妻俩人都很理智，做事都要考虑道理，缺少情感的层次，婚姻生活比较呆板，缺少生气。或者夫妇俩人都是个性很强，常容易相互争论，而且不相让，好似是生活在战场似的，俩人相处随时可发生争论吵架的形式。要注意的是，他们虽然常吵架，并不一定相互没有感情。但是常吵架，也就容易破坏彼此间的情感而发生问题。

5. 依赖与依赖型的配合——这是夫妻两方的性格都属于依赖

性性格气质（dependent personality trait），缺少自己的个性。彼此都很依赖，缺少自主性，需要依靠对方而生活。夫妇不容易有大胆的计划与决定，而假如缺少一方，也就无法执行其自己的功能，也无法维持有机能性的婚姻生活。

6. 黏密融合的配合——夫妻一方没有自己的自主性，完全听从对方的，没有自己的看法与意见，受强者的影响与摆布，犹如是寄生虫似的，黏密而形成不对称的俩人关系。换句话说，夫妻两个人好似只是一个人，另外一个人好似不存在，是寄生在对方配偶身上。

7. 共拥妄想的配合——夫妻两方都带有妄想型性格气质（paranoid personality trait），缺少对现实感的判断能力，对外界有怀疑、警戒，且不信任的态度，而且他们相互刺激、证实并维持共同性的妄想，跟现实脱节。假如是变成妄想的疾病状态与程度，就被称是"双人精神病"（法语称是 folie a due，英文称是 double psychoses），是临床上偶尔可见的病态情况。

8. 虐待与被虐待配合——这是配偶一方（通常是男性）有虐待性的性格问题，而对自己配偶给予虐待的情况。被虐待的配偶（通常是女性），常有甘愿被虐待的趋势，依靠被虐待而感到被关怀的感觉。这种虐待与被虐待的配合（sadistic and masochistic pairing）是性格上的问题。在普通男女间的性行为里，总有点带着虐待与被虐待的性质，即男性表现对女性攻击性的趋势，而女性喜欢被动性的接受男性的攻击性性行为。可是这种趋势变得很极端，喧宾夺主地代替了性行为的本来目的，而只是想满足虐待或被虐待的欲望，欺负与被欺负的成分而占有，影响了性行为为主的情况，也就被看成是病态的性虐待与被虐待行为了。要注意的是：这种虐待与被虐待的情况，并不仅是只发生在性的行为或躯体上的虐待，而可能是心理方面的虐待。即：一方配偶总是批评并歧视另一方，让对方总是感到自己没有用，是没出息的人，被批评得缺少信心。

第五章　婚姻的各种问题与病理

（四）性生活的适应问题

一对男女夫妻，婚后要发生性关系，经营性生活。性生活是婚姻生活的一部分。但假如性生活不美满，也容易影响他们的夫妇关系，让婚姻不稳定。有关性的问题，有时是来自一方的问题，患着性功能障碍，性违常等诸问题。需要个人去接受所需的医疗。可是性生活的问题，往往是夫妻两人间的相互问题，表现在性欲不协调，性生活缺乏情调等情况，可经过辅导去协助并改善。

（五）婚姻发展阶段的适应问题

这指的是比较特殊的夫妻问题，跟婚姻发展阶段有关。我们已经说明过：婚姻关系并不是静态且固定的，而是依循时间的因素及需面对的各种变化与课题而随阶段进展的。婚姻的发展阶段依序说来，包括婚前的对象选择、结婚初期的适应、生育及养育子女的课题、包括子女发展各个阶段的管教以及子女离家独立后的空巢期适应、夫妻退休及进入中老年的阶段、丧失配偶后的适应阶段等。有些夫妻在某发展阶段不能适应而发生阶段性的问题。还好，这种阶段性的问题，往往是暂时性的，时过境迁，问题就消失，不会再来。因此，可以好好辅导，面对阶段性的问题。

（六）与异民族或文化背景的对象结婚的问题

每对结婚的夫妻，广泛来说，都有点差异，包括：男与女的差别、性格上的不同、原本家庭的不同、教育背景的不同、职业的不同、志向的不同等。可是假如结婚的夫妇来自不同的民族或文化背景，有显著的习俗、观念、信仰或价值观念上的差异，就被称是跨民族或跨文化的婚姻。与平常跟相同民族或文化背景的对象结婚比较起来，这种跨民族或跨文化的婚姻需要特别去适应夫妻间彼此不同的背景，比较吃力。他们有时容易发生夫妻间或原本两家一些观念、习俗、价值观念的不同的矛盾与困难。这样的情况需特别去沟通、协调、求其合适的适应，是辅导上可以发挥功能去协助的协调困难。

虽然是在同一个社会里，属于同样的民族，或者是大体的文化系统，但是由于区域（包括不同的省份或乡城的差异）、社会经济背景或其他社会因素，而也会构成"次文化"（subculture）上的若干差异。这种有次文化上差异的配偶婚姻，也会带来跟跨文化婚姻类似的问题与困难，需要特别适应的。比如，跟"外来女"结婚，就容易有其潜在性的困难去适应（陈等，1997）。

三、跟原本家庭的相处的问题

有时候，婚姻的问题并不来自夫妻间的相处关系，他们夫妇彼此相处得还可以，而是来自于外来的因素。特别是跟其原本家庭（original family）有关系。让我们讨论这种性质的问题。

（一）原本家庭的干预或反对

这是我们常见到的情况，也是容易了解的困难。即一对男女相互喜欢，想结婚，但一方或双方的原本家庭却加以反对，干预他们的来往。原本家庭的反对，有各种理由。有时他们认为对方的性格或条件不理想，甚至有问题而大加反对。有时是认为门户不对，不赞成。有时是两家有仇恨的关系，不欢迎他们成为亲家，加以反对。这些都是父母就客观的因素而加以反对，影响他们男女当事人的情感与关系。

有时原本家庭的父母加以反对，是父母主观的心理因素或情结。譬如，父亲很疼爱自己的女儿，不愿意自己的女儿跟别的男人来往，因此就反对跟任何男人交往，潜意识地阻挡女儿的恋爱与婚事。或者母亲喜欢自己的儿子，特别是寡妇养大的儿子，跟自己孩子相依生活很久，不高兴自己的儿子对别的女人要好，抛弃了自己的母亲，容易嫉妒而加以反对跟别的女人恋爱与要好，可以说都是来源于父母的心理情结的问题。

有时原本家庭的反对，不仅是发生在子女恋爱、结交异性朋友的阶段，在他们的子女结婚后，仍继续发生与表现，不欢迎自己子女的婚事，时时加以批评与干预。

（二）夫妻与他们自己的父母相处的困难与矛盾

一对男女结婚成为夫妻，经营他们自己的家以后，如何跟自己原本家庭的父母相处，是个心理上的课题。不管年轻男女婚后是否跟他们自己的父母住在一起，或者是分开居住，仍会多少受自己父母的影响。自己的父母毕竟是自己很亲近的家人，自小被养育，受其影响很大，结婚以后还是会继续受心理上的影响。可是自己的父母可能给年轻人的婚姻带来各种不同的问题，包括：父母与年轻夫妇间的相处问题，夫妻彼此偏袒原本家庭的问题，或者如何养育照顾年老父母的负担等。

（三）跟自己兄弟姐妹与他们的配偶相处的问题

有些人结婚后，跟原本家庭住在一起，参加大家庭的生活，不但跟自己父母住在一起，还跟结了婚的兄弟及他们的配偶（嫂嫂或弟媳）生活在一起。在这样的情况下，如何跟自己的兄弟及嫂嫂或弟媳相处，共同经营大家庭是个大的心理课题。如何面对相互对待，避免竞争或吃醋的问题，都是要小心的事情。即使没有跟这些兄弟、姐妹、嫂嫂、弟媳们实际住在一起，在日常的生活里，如何跟他们来往并相处，是不能忽略的事情。有时会发生心理与关系上的问题，也是辅导上要注意的一环。

四、养育子女的问题

（一）生育与养育孩子的问题

假如一对夫妻婚后好几年而妻子仍没有怀孕，对于期望有孩子的夫妻可能是个心理上的压力。特别是长辈给予心理上的压力。婚后有了孩子，如何去养育，夫妻要特别花费精神去带孩子，有时会影响夫妻的关系与生活。到底要生几个孩子，如何去避孕，是否要有男孩，都可以构成心理上的麻烦或负担，影响夫妻的关系与感情。

（二）夫妻与子女间相处的问题

孩子不仅要生，还要养育，要管教，而如何养育与管教自己的孩子，对一对夫妻可能会带来潜在性的问题。譬如，夫妻不能双双共同养育子女，夫妻对管教子女的方法不一致的问题，夫妻偏祖某子女的问题，亲子三角关系上的矛盾与冲突，都是一连串可发生的心理与情绪问题，左右夫妻的相处关系与情感。这往往是婚姻辅导上的课题之一。

五、婚姻发展与维持婚姻的问题

一对男女结婚成家后，要经历婚姻发展的阶段而进展，从结婚、养育子女、子女离家到丧偶，结束婚姻的生活为止。有些夫妻并不都能顺利经历这样的婚姻发展，而在途中发生一些变化，会面对若干心理上的困难，是婚姻问题的一种情况，常需要婚姻的辅导。

（一）婚外情的发生

假如配偶的任何一方与第三者发生婚外的关系，由于第三者的介入而会严重打击、影响夫妻双方的感情、信任与关系，可以说是很严重的婚姻问题，往往会伤害到所牵涉的每个人。婚外情（extramarital affair）的发生不仅影响个人的心理，创下情感的伤口，需长久的去治愈，也容易瓦解家庭。

（二）分居或离婚的发生

假如婚姻不美满，或者有第三者的介入，扰乱夫妻的关系，有的就想干脆结束已有的婚姻关系，暂时分居，甚至进而办理离婚。是否要分居或离婚，是件重大的事情，当事人常不容易做决定。特别是过去有过一段要好情感的夫妻，发现婚外情以后，会有双向的感情起伏。也就是说，一下子想离婚，但另一会儿又不那么想，摇摆不定是常见的现象。如何帮助夫妻去面对与接受分居或离婚的过程，常是婚姻辅导的工作范围。

（三）单亲家庭的困难问题

离婚后由单方父母来养护子女时，被称是单亲家庭（single-parent family），容易面对许多生活上与心情上的困难。这包括经济的负担问题及子女的养育问题。单亲的性别与子女的性别上的配合，再加上子女年龄的相关关系与问题，可能面对各种心理与生活上的困难。一般来说，父亲单人不容易养育抚养幼小的子女，除非有婆婆或其他女性的协助，一般难以照顾年龄幼小的孩子。反过来说，母亲还可以独自养育年幼的子女，但是孩子长大后，对于管教青春期以后的子女常有力不足的现象。特别是对男孩的辅导有些限制与困难。因此有时需要辅导上的协助。

（四）与再婚有关的问题

有些人离婚后会再婚，跟新的对象结婚，经营新的家庭。再婚后的婚姻生活并不那么单纯，有许多事情需要特别地去费心适应。包括：跟前夫或前妻所遗留下的关系与影响，与再婚配偶的新适应问题，与前婚与现婚子女们的关系重建问题等。在这样的情况下所发生的诸多问题，自己无法解决时，也是要考虑婚姻辅导的时候。

总之，婚姻的问题性质很多，以上所举例说明的只是比较明显的一些困难，就其各个层次而加以说明与分类。假如能把婚姻问题的来源与本质弄清楚以后，接着就容易考虑与探讨如何给予适当的辅导工作，也能了解所面对的夫妻问题是否容易经过辅导而能改善。换句话说，有了准确的判断，也就容易进行治疗的工作，也能推测问题的预后如何。

参考文献

1. 刘鹏．夫妻人格特质与其婚姻质量的相关关系．中国心理卫生杂志，2000，14（4），242-243（230）．
2. 李凌江，杨德森．个性与婚姻质量：100对离婚诉讼者配对对照研究．中国心理卫生杂志，1990，4（6），257-261．
3. 李增庆，杨森焙，魏晟．男女婚后心理特征及性别差别．中国心理卫生杂志，1998，12（3），129-130．
4. 陈镇江，刘坚白，顾种忠，卢桂华，费益民．"外来女"的婚姻及其生活质量5年跟踪调查．中国心理卫生杂志，1997，11（4），230-231．

5. 程灶火,刘健,潭林湘. 个性、婚姻动机与婚姻质量相关分析. 中国行为医学科学,2006,15(5),467-469.
6. 曾文星. 夫妻的关系与婚姻治疗. 北京:北京医科大学出版社,2001.
7. Martin, PA. A marital therapy manual. New York: Brunner/Mazel, 1976.
8. Tseng, WS. & Hsu, J. *Culture and family: Problems and therapy*. New York: The Haworth Press. 1991.

第六章　婚姻问题的审查与了解

我们把各种可能发生的婚姻问题探讨并尝试分类说明其性质以后,接着让我们做个综合的分析,即:如何去发觉与把握婚姻问题的表现,分析与了解婚姻问题的本质,并如何去评审问题的严重性。这样,可以帮我们去审核与判断是否容易经过辅导去协助化解婚姻的问题。

第一节　婚姻问题的表现与过程

一、婚姻问题的表现

谈到婚姻的问题,我们都知道婚姻发生问题时,会以各种方式表现其问题。

夫妻彼此闹情绪——从平常生活经验里,我们都熟悉面临婚姻困难的夫妻如何表现他们的矛盾。最常见的方式是夫妻双双闹情绪,不高兴,甚至争吵,连旁人都会马上知晓。譬如,配偶两方对管教孩子有显著的不同意见而又不相让,可能就会不高兴而吵架。假如在争论时,彼此不就事论事,还把配偶对方的父母的事也拉进来,批评他们老人家管教方式不对,牵涉到私人的情感,就会让对方更激动,情绪化,把争执的温度提高。假如夫妻对配偶一方的行为令人不满意,提出意见,甚至要求更改,可是配偶却不在乎,反而嘲笑,也会令人很生气。假如是牵涉到第三者,跟异性朋友的来往,让配偶产生怀疑或甚至吃醋,就会让配偶觉得很难受,生气或郁闷,起码几天都不会消气。假如配偶当着别人的面批评自己的配偶不对或不好,也会使被批评的配偶感到很难受,半夜里还睡不着觉,甚至哭泣。若是发现自己的配偶发生外遇,闹婚外情,那恐怕要来个情绪的风暴。总之,情绪上的表现与反应是最通常的表现。假如这种不高兴或生气的情绪持续很久,或重复出现,影响夫妻的生活与关系,大家都知道,这对夫妇有婚姻的问题了。

配偶发生心身毛病——随着情绪不佳,可以发生许多种心身疾患,表现头疼、腰酸背疼、心慌、肠胃不适、心悸、憋气或睡不好、常做噩梦等症状。也会把高血压、糖尿病、气喘、心律不齐等躯体毛病恶化。不但申诉各种各样的躯体症状,还常常担心自己的身体有毛病,并且到处去找医师看病,做检查,虽然医师说没有什么躯体的疾病,心里还是担心得了什么查不出来的怪病,被精神科医师称是患了"疑病症"。因此,有些丈夫或妻子,整天有躯体的不适,要考虑是否因为情绪不好而来的,是否夫妻闹情绪而间接呈现这些心身疾患。特别是有些心里的烦恼,说不出来,或说了也不见效,内心里继续烦闷,就间接的表现为躯体的症状。

行动化表现问题——另外一种夫妻情绪问题的表现是行动化,即:夫妻闹情绪闹得动手摔破家里的东西,甚至于打配偶或小孩,发生了暴力性的行为,变成是严重的问题。这种动手打伤配偶的行为,往往是受配偶的口头刺激,觉得被侮辱而发生。譬如说,妻子嘲笑丈夫不是个男人,或是没有用的丈夫,就很容易引来丈夫的大发脾气,并且动手。有时是因为喝了酒,行为失去控制,受到刺激就变得暴躁,容易发生暴力的行为。有时,是性格上的问题,平时对脾气的控制力欠佳,稍微受到刺激,就发生暴动。这些都是比较常见,也常是婚姻问题的具体表现。

闹自杀或自暴行为——更戏剧化的情绪反应,便是闹自杀。特别是女人,由于感到被公公婆婆欺负,而丈夫也责骂,感到举目没人支持她,令她感到寒心,或走投无路,也就选择自杀来解决心里的痛苦。假如发现丈夫在外有越轨的行为,加以劝告无效,在气恨与灰心之下,也可能采取自灭的途径。反过来,男人容易采取自暴自弃的行为，乱喝酒，在外闹事，以便发泄对配偶的不满。

维持冷战关系——与此相比，有些夫妻的矛盾是不声不响的，犹如是维持冷战关系，外人不注意时察觉不到。譬如，夫妻在客人或亲戚面前还会勉强对答讲话，可是亲友一走开，夫妻就相互不讲话，各自做自己的事，犹如是两个生人似的。不但不太讲话，做事还不合作，甚至故意相反，表现反抗。丈夫说孩子要严格管训，妻子就故意对孩子放纵。妻子说要省钱，丈夫就故意乱花，相互伤害。这样的情况多发生在婚姻问题已经存在好几年的阶段。

采取报复性行为——另外一种负性的表现是报复性的、破坏性的行为。譬如，先生不听太太的提议来节省家里的开支，常乱花钱，太太一生气，自己也就去大买特买，花家里的钱，来给先生看。或者，丈夫怀疑妻子对别的男人有意思，甚至有情感，因受不了嫉妒的痛苦，自己也跑到外面跟别的女人乱搞，以便平衡内心的痛苦。不用说，这种负性的行为，对自己不好，也对配偶不好，只会带来不好的结果。两败俱伤，彼此受损。

间接影响子女的生活——有一种情况是婚姻的问题不是呈现在夫妻关系上，而是经过间接的方式，表露在孩子的心理或行为，要通过孩子的情况去发觉父母的婚姻问题的存在。比如，父母的婚姻生活有问题，家里的日常生活发生变化，孩子的养育被忽略；或者夫妻情绪不好时，打孩子出气，甚至发生躯体上的虐待，孩子受伤，被送来医院医治，可是父母的行为却被忽略；或者孩子心理不稳定，上学时，不能好好念书，情绪不好，或者干脆就逃课不上学，或发生说谎、偷窃等不良行为，间接的反映家里的父母有婚姻方面的矛盾，影响到子女的心身卫生。这样的情况，常需要有敏感的老师或专业的工作者才会去推敲、发现。

总之，婚姻有问题时，会以各种方式表现其矛盾。有的只是闹情绪，有的采取行动，甚至是剧烈性的破坏行为，发生一些负性的反应。因此，最好及早处理困难，免得发生了不良后果，后悔也来不及。有的是直接的表现，而有些是间接的表露出来，需要仔细去观察与追究，才能发觉问题的来源。

二、婚姻问题的经历过程与表现方式

虽然婚姻问题的表现有各种花样，但是随着问题发生时间上的长短，经历的过程，所表现的婚姻问题会演变，在不同的过程里呈现不同性质的问题。

早期的反应与表现——一般来说，在婚姻问题刚发生的初期阶段，容易发生闹情绪的表现，也容易急速的发生剧烈性的行动表现，包括破坏东西，打伤对方或闹自杀等。这些反应虽然很剧烈，但富有情绪，因此也容易很快的好转起来，犹如雨过天晴。由于问题的来源比较清楚，还没有负性的夫妻关系固定下来，经过辅导而好转的可能性较大。

中期的反应与表现——婚姻的问题长期持续，到了中期阶段，原先的剧烈情绪反应就逐渐少看到，已闻不到吵架的火药味，被代替的是冷静的对抗或不合作的情况。到了这个阶段，只是偶尔会闹一闹也说不定，但是已经失掉开头的强烈情绪反应，失掉吵闹的兴趣。可是由于问题还没解决，不满意的情绪还存在，只是不表面化而已。到了这个阶段，要企图去解决问题的意志已经减退，而经过辅导的途径化解困难的可能性也就逐渐减少。

末期的反应与表现——婚姻问题持续很久，到了末期阶段，夫妻双方都已经无形中接受了问题存在的事实，也已经建立勉强维持夫妻关系的负性状态，或者已经决定要分离的情况。到了这样的末期阶段，经过辅导而能转变的可能性变得几乎没有。

总之，越是早期，越是富有情感的早期阶段，比较容易解决困难，也是供给辅导的好阶段。一到了中后期，问题已经深入，而且也固定下来，要改善的机会就少。

第二节 婚姻问题本质的区别

婚姻辅导的课题不但要去发掘问题的性质，还得了解其辅导的适应性与预后。因此，让我们改变另一个角度，从婚姻问题的本质与内容来判断其问题演变的将来性如何，其可辅导的方向如何。虽然我们习惯上把夫妻间所发生的困难都统称是"婚姻问题"，可是实际上婚姻问题有不同的性质与轻重的差别，值得去划分、认识与区别。这对辅导的适合性的判断，以及对婚姻问题的预后的预测有点帮助。婚姻问题的区别可从几个要点来进行。

一、短暂性与长期性的区别

短暂性的婚姻问题——所谓短暂性的婚姻问题，指的是所发生的夫妻问题是一过性的；过去未曾发生，只是近来才面对的困扰。譬如，孩子小时，从未为了孩子的养育问题而夫妻争吵过，只是现在孩子进入青春期以后，需要管教，而作为父母的，为了管教的不同意见而开始争执，是婚姻发展阶段上所遭遇的阶段性问题。平常夫妻俩人相处还可以，可是他们的父母一时来访，接触一段时间以后，夫妻就为了服侍或接待父母而发生不同的意见，闹了情绪，也是短期性问题的显著例子。为了盖房子，或者想自己开始经营小生意，为了筹钱困难而心里紧张，夫妻闹点情绪；或者孩子生了病，做父母的情绪都不好，容易发脾气，责怪配偶，也是短暂性矛盾的例子。

长期性的夫妻问题——与此相对的，是从结婚以来就一直存在的问题，跟夫妻俩人结婚的动机有关，或跟夫妻一方或两方的个性有关系，常发生不和谐或冲突的情况，几年来都是如此，那是长期性的夫妻问题。譬如先生一直好酒，或者偷懒不喜欢工作，影响家里的生活，让妻子的心情不好，总是发牢骚，这是跟先生的性格有关的问题，是长期性的困难，不容易消失。

一般来说，一过性的问题比较容易解决，也能恢复。长期性的问题不容易除去。可是也有例外，比如，配偶有外遇，被发现而发生的夫妻矛盾，虽然是急性的婚姻问题，可是本质上是严重的问题，因此会如何发展与结束，就不容易推测，要看俩人如何去面对与处理问题了。因此，除了问题发生长短的区别以外，还得同时考虑问题的严重性如何。两样因素配合而做综合判断。

二、夫妻间本身的问题或是外来困扰的区别

婚姻问题的判断，另外一个准绳是困难的来源是什么。是夫妻间的相处困难，或者是外来的困难。

夫妻间本身的问题——比如，从开始结婚的动机不健全，是为了物质上的利益，或是为了逃离不愉快的父母家而随便找个人结婚的，结果夫妻彼此都没有感情，也建立不起夫妇的结合，犹如两个生人住在一起，这都是夫妻间本身存在的问题。当然夫妻各个有性格上的毛病，或者有躯体上的严重疾患，或者是患着严重的精神病等，也是内在的问题。这种基于本身的毛病所引发的婚姻问题，其预后不是很好。

外来的困扰或压力——假如夫妻问题的发生很清楚是外来的困扰，而这种困扰，很有可能被除去，那么婚姻的困难被解决的可能性就增多。譬如，是为了一时的负债，夫妻情绪不好；可是短期的期间会把债还清，心里的负担也就减少，夫妻也容易恢复本来的要好情况。假如是最近下岗情绪不好，经过努力找到了工作，有了收入，夫妇的情绪也就平静下来，再也不会为了丢掉工作而吵闹。

至于被父母所反对或干涉而引起的夫妻冲突，或者是由第三者的介入而产生的矛盾，虽然是外来的，可是这种外来的因素不容易消失，会长久存在，因此，也就比较麻烦些。

三、过去有没有建立过稳定的婚姻关系

要判断夫妻是否能解除他们所面对的婚姻困难的一项重要指标

是，要看看他们夫妻在过去是否曾经建立过一段稳定而要好的婚姻关系。假如曾经有亲密的感情，而且时间相当长，有好几年，已经奠定了好的婚姻基础，就算是发生了一点矛盾，可以依靠已经树立的基础去恢复原状。假如一对夫妇从来没有稳定过的婚姻关系，一直在动荡，妻子常闹离婚，常闹自杀或丈夫屡次有外遇，不珍惜自己的婚姻，那么这样一对夫妻要建立稳定的婚姻关系其希望渺茫。这好比素来很健康的一个人，虽然一时生了病，但是身体有健康的资源与基础，因此容易恢复健康的状态。可是向来就体弱病多的人又患了毛病，也就不容易变得健康。是一样的道理。

四、矛盾有没有严重伤害了夫妻的情感

跟这一点很接近的另一项指标是夫妻闹婚姻矛盾时，是否伤害了配偶彼此的感情，伤害的程度大不大。这就好比一棵树被伤害后，能否被人照顾而恢复原力，继续生长与否是同样的情况。伤害越大就越不容易治愈。夫妻间有矛盾、闹情绪时，难免会说些不好听的话，骂对方或批评婚姻不好。这些口头上的伤害，会影响对方的情感，也会左右是否能尽早恢复夫妇关系的关键。假如是行为上的伤害，比如打伤对方或作出一些事后会令人后悔的事，都会留下心理上的伤痕，需要长期的弥补与关照才能逐渐恢复。有些伤害是很大的，一辈子都不会消失，严重贻害夫妻间的感情。婚外情的发生，往往是属于这类的心理伤害而且是严重的。

五、夫妻有没有尝试解决

婚姻问题发生后，是否马上提高警觉，并且投注精神去改善或解决，或者一直没有积极地去处理，让事情变得更严重，也是另外一个值得参考的指标。特别是曾用何种方式去尝试解决，效果如何，都值得做参考。假如问题发觉后，太太只会哭哭啼啼，闹情绪，或者只会威胁要自杀，而先生毫无理会继续做他的，或者只是发脾气，打骂妻子，这样的夫妻，表示并没有比较成熟的应付办法，只是很幼稚的情绪与行为表现。假如夫妻能俩人好好坐下来，谈论他们面对的困难与危机，商谈如何共同去合作解除问题，这可说是一对较成熟的夫妻，能比较理性的去应付他们所遭遇的困难。从夫妻他们对适应困难的方式看来，能推测他们的问题可减除的可能性多少。

第三节 婚姻问题的量表检查与运用

一、既有的婚姻量表

为了了解家庭的心理、家庭成员间的人际关系、情感的满意情况，或者是家庭整体的结构与功能，心理学家制订了各种家庭量表来使用（Olson，1982）。同样的，也制订了类似的量表，使用于夫妻关系上，测量婚姻的功能、沟通与满意程度等（李与杨，1990）。美国的心理学家或婚姻专家制订好多种与婚姻有关的量表。让我们就由美国明尼苏达大学家庭研究所 Olson 等（1982）所制订的量表而列举一二做说明。

（一）家庭功能量表-夫妻量表（FACE-II：Couple Form）

此量表本来是用于测量家庭的功能。由每个家庭成员分别填写。FACE 是 Family Adaptation Cohesion Examination（家庭适应与结合检验）的简称。

根据其家庭量表而改制夫妻量表，用来测量夫妻的婚姻功能。由夫妻分别填写，用于测量他们夫妻的情况。被测者要根据两种情况而填写。一是从结婚到目前的"实际情况"而回答。另一是就所期望的情况而回答。所得结果就凝聚力（或结合力）（cohesion）、适应性（adaptation）进行分析。所谓凝聚力指的是夫妻（或家庭成员）有如何密切而合作的关系，依靠结合（bond）的力量去应对他们所面对的课题或困难。至于适应性，指的是夫妻能如何采用比较适当的方法去处理他们所需完成的课题或面对的问题，达到适应的目的。所得结果,可就实际情况与期望情形相比较,好了解他们实际的情况跟期望的状态有多少差距。

（二）夫妇交流量表（Couple Communication Inventory）

此表是由 Olson 等（1982）所制订,共 10 题,按 5 级评分,测量夫妻间沟通方式与交流的满意程度。即测量夫妻间如何沟通,交流的情况如何,是否满意等。

（三）婚姻满意度量表（Marital Satisfaction Inventory）

由 Olson 等（1982）所制订,共 10 题,按 5 级评分,测量夫妻各个对婚姻有关 10 个方面的自我评价。最高 50 分,分数越高,表示越满意。是夫妻对自己婚姻满意程度的主观性评价。

二、使用量表的适用性与目的

各种既有的量表,可以运用在科研上,针对一群不同的对象而去使用并测量,好决定是否有何差异。譬如,文化水平比较低的夫妻跟文化水平高的夫妻,其婚姻的满意度是否有差异;乡下的夫妻是否比较能建立合作的关系,或者是都市的夫妻比较能建立稳定的夫妻关系等。当然也可以用来测量一批接受辅导的夫妻,比较其接受辅导前后的夫妻关系是否会有显著改善,可以帮助我们判断,婚姻辅导的效果如何等。

可是针对给予辅导的夫妻个案,实际上不需要使用量表。辅导者通常可依靠夫妻的自述,经过被辅导者主观性的描述,再加上辅导者临床上的观察与判断,可以判断夫妻的关系如何,他们沟通的技术与能力如何,对婚姻的满意程度如何等。换句话说,可依靠辅导者的客观观察与临床能力与经验进行判断就可。依靠量表来测量,并没有太大的帮助。

主要原因是量表上所填写的资料往往是意识性的、公开性的资料,往往受各种因素影响,无法很准确的表达内心里的、包括潜意识的感觉与理由。一些比较私人性的问题,要等到被辅导的人跟辅导者能建立良好关系后,经过辅导者的诱导才能逐渐透露出来。就如钟等（1988）的研究报告，他们针对正在申请离婚或刚离婚的门诊患者给予临床治疗，在辅导初期，这些患者所申诉的离婚原因以夫妻性格合不来为最多，第三者的插入及婆媳不和为其次。但是经过一段治疗期间，与辅导者逐渐熟悉并信任后，患者才透露他们离婚的最主要的原因是：性生活不和谐。可见性生活的不和谐是很重要的离婚原因。可是在初期的调查里，只有少数才提出这个原因，只提出一些社会可接受的表面理由。只有等到跟辅导者熟悉后，才会透露比较私人性的问题。因此，量表调查在临床上的使用，自有其限制。

第四节 了解婚姻问题对辅导的意义

以上综合性的分析婚姻问题的本质与严重性，包括问题的表现方式、在不同阶段所表现的症候，来帮助我们了解婚姻问题发生时，是否能改善或解除困难的诸多因素，作为推测辅导可施行的指标。除了上述的因素以外，婚姻问题的预后也要考虑夫妻俩人的个人心理成熟的程度，也可以参考他们的父母、亲友等周围人提供支持的情况如何。当然也要审核问题发生后是否尽早去面对处理，尝试去解决，或者是长期拖延，没有去理会。因为这些各种因素都会直接或间接地左右夫妻去面对婚姻困难的条件。作为辅导者要能利用这些各种指标去考虑与判断，决定是否尝试给予辅导。

参考文献

1. 钟友彬，谭玉慈，张坚学. 性生活不和谐在离婚中的作用. 中国心理卫生杂志，1988，2（2），76－77.
2. 李凌江，杨德森. 生活事件、家庭行为方式与婚姻稳定性－100名离婚诉讼者配对对照研究. 中国心理卫生杂志，1990，4（6），257－261.
3. Olson, HD. (Ed). Family inventory. St. Paul: Family Social Science, University of Minnesota, 1982.

第三部
婚姻治疗的原则与方法

　　把婚姻的各种心理问题了解与把握以后，接着就要考虑与研究如何提供适当的辅导与治疗。因此，在这一部分，我们将分章加以说明：婚姻辅导的基本概念与原则、辅导上可采用的各种治疗模式、在实际辅导上可运用的各种治疗技术以及如何进行辅导，了解治疗的过程并判断辅导的效果。这部分可以说是辅导的整个核心问题。

第七章 婚姻治疗的基本概念与原则

第一节 婚姻治疗的定义与称呼

婚姻治疗（marital therapy）又称夫妻治疗（couple therapy），或者是婚姻辅导或婚姻咨询（marital counseling）。其特点是以夫妻间所发生的婚姻问题为主要焦点而施行辅导的工作。由于婚姻乃是由丈夫与妻子所组成的，而先生与太太的个人因素会影响他们俩人所经营的婚姻生活，辅导工作自然而然的难免有时会牵涉到丈夫与妻子的双方"个人"的事情，包括婚前经历的家庭生活、遭遇的生活背景及发生过的经验等。婚姻治疗的重点不放在丈夫与妻子的个人心理问题上，而主要是放在他们俩人所组成的"夫妻关系"与"婚姻生活"上的困难。包括他们夫妻间的沟通、情感、关系、角色、结构与功能等层次。因此，与普通以"个人"为主的个别心理治疗（individual therapy）有所不同；在临床运用上特别称是婚姻治疗，做专业上的区别（Crowe，2009）。

虽然以夫妻关系或婚姻为着眼点的辅导工作，在专业上使用：婚姻治疗、婚姻辅导、夫妻治疗、夫妻辅导等各种名称，但是实际上都是大同小异，可以通用。精神科医师习惯上把求医的患者看成是患有病态问题的患者，而给予"治疗"，包括去除、改善或解救病态性的行为或问题。随着这样的习惯，也就称呼是婚姻治疗或夫妻治疗。至于临床心理学家或咨询者，所处理的对象往往是比较健康的求医者，包括大学生或普通人，而他们所面对的是通常的心理与情绪上的困难或通常的行为问题，因此喜欢采用辅导或咨询的称呼。从接受治疗或辅导的求医者或被咨询的对象来说，特别是夫妻，他们认为自己没有精神上的毛病或疾病，不喜欢被称是需要"治疗"，而比较喜欢说是被"辅导"或"咨询"。因此，针对夫妻的问题，也就常被称是婚姻辅导、夫妻辅导，或者婚姻咨询等。

当前的许多男女在他们交往（尚未进入结婚的阶段）时，就已经感到他们彼此交往与维持关系上有困难，而寻求专业的辅导或咨询。特别是他们同居长久尚未结婚的情况下来求咨询。针对这样的情况，就称为"配对辅导"（英文仍称为 couple therapy），以与"婚姻辅导"进行区别。或者他们对于自己是否适合结婚有所顾虑，为了这样的情况特别来接受"婚前咨询"（premarital counseling）。有时一对同性恋者保持他们的长期相处关系，但有相处上的问题，而结伴来求辅导，也称为（针对同性恋者的）"配对辅导"。总之，随着他们俩人的性别、关系，是否已经结婚，而使用不同的专业称呼进行区别与讨论。但是，总体上来说，基本上都是大同小异，都是针对一对人，为了他们维持长久关系的问题而提供咨询、辅导或治疗罢了。我们主要以已婚的夫妻为对象来讨论婚姻的治疗或辅导，希望能把其基本的概念与原则可以推广而运用于其他情况。

第二节　婚姻治疗的基本观念与着眼点

涉及婚姻的咨询者、辅导者或治疗者，为了施行针对夫妻的婚姻治疗，要具备若干基本的观念（曾，2001）。让我们分述如下：

一、以各种层次与角度了解婚姻的本质与其问题

要能给予适当而有效的婚姻辅导，治疗者要具备对婚姻本质的彻底了解，并能广泛把握。即：一对男女结合成夫妻，建立婚姻的生活，形成特殊的社会基本单位，有其特别的个人与小群体的性质。因此，要施行婚姻治疗，首先要能从多层次来把握婚姻的

整体本质。包括：与个人有关的内在精神、个人性格、个人心理；与夫妻有关的人际关系、相互反应；与子女、父母、同胞有关的家人关系或亲友关系；与生活、工作、经济有关的现实环境等。要考虑躯体与生理的因素，注重心理与行为的层次，也要思考社会与文化的大体影响。

至于婚姻的问题或困难，为了能透彻地了解，有效地把握治疗的工作方向，治疗者要能分别从：单独个人、夫妇间的人际关系、与父母或同胞等的他人关系、与小孩合成的小群体关系等不同层次来理解，探讨其问题的主要来源。

换句话说，并不是把一男一女两个"个人"加起来就是夫妻的整体，而是两个人共同且相互反应而形成的特殊、私人性的一个配对的"小群体"；要以这样的观念来把握其真相并了解其问题。

二、以"人际关系"为着眼点而给予辅导

虽然婚姻有个体、人际、小群体与社会单位的各种层次，在实施婚姻治疗时，其主要的着眼点要放在夫妻俩人的人际关系这个重要的层次。因为这是婚姻的核心，是心理治疗上可牵涉且影响的层次，也是夫妻关系适应成功与否的关键所在。换句话说，婚姻治疗的重心要摆在探讨夫妻俩人的人际关系，经过夫妻间的人际关系的修正来改善婚姻的情况。因此，婚姻治疗在广义的定义里被包括归类于"人际关系治疗"（interpersonal therapy），与个人心理治疗做基本上的区分。这是婚姻治疗与家庭治疗的共同特点，与个人的心理治疗有全然不同的取向。因此，婚姻治疗与家庭治疗及群体治疗（或团体治疗、集体治疗）（group therapy）一样，都被归类为人际关系治疗是很恰当的。只是婚姻与家庭治疗所关心的是私人性的、特殊性的、有特别关系的夫妻或家人，而群体治疗的对象是非私人性的、没有特殊关系与结合的一般群体，只是为了接受辅导而暂时组成的小团体。

不管是熟悉且住在一起的家人小群体，或者为了接受辅导而相

聚的一群团体治疗的成员，只要形成团体时，就需要从"群体"（group）的眼光来分析他们，即：他们成员间所形成的人际间的相互关系，所建立的群体感情，各个成员各自所扮演的角色、所形成的权利分配与执行、联盟的形成，以及群体对外界限的建立、对自己团体的认同、与共同采用的防御机制，以及处理挫折的共同力量等各种角度来探讨与了解。即使夫妻是只有俩人的小团体也不例外。

三、运用"系统学"的观念了解夫妻关系与问题

只要涉及俩人以上的群体，就要采用"系统"（system）的观念来了解他们的本质与行为反应的特点。从学理的角度来说，婚姻治疗与个人的心理治疗有所不同的一点，就是婚姻治疗的思考与了解乃建立于"系统学"的观念上。所谓"系统学"的观念，就是认为由俩人以上所组成的群体，与个体有所区别，即任何事情的发生都会受整体系统的总体影响，相互有密切关联，互相反应，不会单独发生与反应。假如一个群体的系统里，一个成员发生任何变化，都会影响到整体系统的其他各个成员，以相互反应的方式波及全体。譬如，先生今天在外工作不顺利，回家来就向妻子发牢骚；妻子受了影响，没心情好好做饭；晚上吃饭时，夫妻还不相互开口说话，孩子们体会到气氛不对，赶紧吃完饭，躲回自己的房间；连家里的小狗也躲进狗窝里去睡觉，造成全家紧张不欢乐的气氛。即：一项起因发生在一个人身上，却传播到全体，相互影响，是系统学的说法。俗语说得好："一个巴掌拍不响"，也是反映系统学的看法，即：要争执或吵架，要有双方相互反应，才能吵得起来。反过来说，一对夫妻要改善他们的婚姻生活，要夫妻各自都改，同时改善，否则整体的婚姻不会发生有效的变化。

也就是说，经过婚姻治疗而希望发生改善，假如单方配偶想变化，就得牵涉到另一方配偶；假如对方不肯改变时，就难于变动，要夫妻整体系统一起变化才可以。对方不肯改变，就影响整体的

更改，就是对变化的一种群体反应，被称为"系统上的阻抗"（system resistance），不容许系统整体的变化。就算是对方"毫无"反应，也算是表现了反应，只是以负性的方式表现；即表示不肯或无法配合改善。因此，不能说对方没有发生反应。总之，每个群体单位都随时会以系统的成员参与表现。一般来说，巨大的变化常会招来比较强大的阻力，因为牵涉到整体系统需要变化的关系。变化越大，阻抗也会越大。这种情形要特别下工夫，经历一段时间才能慢慢地改变旧系统，转入新建的系统，然后才稳定下来。

婚姻治疗者通常要用心去注意全体，特别是注意未正性显露出来的阴影部分。假如表面上看得出很明显的妻子跟儿子很亲近，总是袒护儿子，往往表示妻子从丈夫那里得不到情感，要依赖儿子来满足情感上的需要；而妻子需要袒护儿子，一定是丈夫对被宠的儿子凶，妻子觉得需要保护。所以妻子过分与儿子亲近且袒护，是夫妻与儿子三角关系的部分表现，是全家关系问题的缩影。

假如妻子总是被丈夫虐待，而没有强大的反应去拒绝被虐待，这可能表示妻子潜意识地觉得自己该被处罚，心满意足的甘心被虐待；或者，平时得不到丈夫情感上关怀的表现，只有靠丈夫发脾气动手打人时，才会体会到丈夫的情感，因此无形中常触发丈夫发脾气。可以说被虐待的妻子扮演某种角色而愿意被虐待或挨打，俩人凑在一起，才容易发生丈夫虐待妻子的现象。这是系统学的观念，是施行婚姻治疗时常采用的看法。

四、了解辅导的对象是有特殊私人性关系的夫妻

针对一对夫妇给予辅导时，要知道被辅导的夫妻是一对若干期间里已曾生活在一起的男女，他们经过相互喜欢而结婚，共同生活而经营他们的婚姻。他们有感情上的关系，经营性生活，有密切的关系，也共同养育子女，共有家庭的财产，有特殊的私人性关系。尽管他们闹情感，有时会相互抱怨，甚至仇恨，可是一旦情感问题解决，就可能依靠他们本来的情感而恢复本来的亲近关

系。换句话说,由于矛盾的发生,他们彼此间的情感可能会一时恶化,但也会随时摆动,今天很气恨,明天可能又相好,甚至很亲热。他们嘴里骂对方,说要分居或离婚,但把矛盾解决了,又可能重新要好,相亲相爱。总之,要以他们原本就有特殊的、私人性的、亲密性的关系这样的眼光来看待他们。要认识他们有一段感情,共同的经验与默契,有长期生活在一起的事实与经验,而不要当作是有矛盾的两个生人,犹如闹矛盾的两个过路生人。

与此很接近而要去认识的事实就是,他们在辅导会谈里,只是让你观察到顶多一两个小时期间的相处情况而已,而他们回家后又要日夜的相处在一起、生活在一起,等到下次的会谈期间再来看你,至少已经一起过一个星期的日夜时间。换句话说,会谈只不过是很短暂的时间,而比较多的时间是他们在自己的家庭过的私人性家庭生活。辅导要注意他们在自己家实际过的生活如何。

五、了解"理想"的婚姻关系是随社会与文化的评价而有所异

一个人的行为表现要受社会与文化背景的影响。婚姻关系的表现特别是如此。即,什么是男女之间适当的亲密关系,如何在私人或公众场合表达感情,什么是被人认定是要好的夫妇关系,都会受社会与文化上的观念与评价而有所异。夫妻间如何执行"适当"的功能,保持何种"恰好"的关系,扮演如何"合适"的角色,如何联盟而跟其他家人(特别是跟长辈的)保持"恰当"的界线与距离,都是随文化上的价值观念而有所定义。譬如:在欧美的现代社会里,一对年轻男女在众人面前接吻,是被认为很亲热的男女关系,可是在很保守的东方社会里,可能就被认定是肉麻而放纵的男女行为。在众人面前很听从丈夫的妻子,在注重男女要有分寸的社会里,会被看成是顺从丈夫的贤妻行为,但在比较注重个人地位的社会,可能就被看成是没有个性的妻子。这些社会与文化上的定义与要求的不同,在辅导上要去注意,考虑什么是比较"理想"或"适当"的夫妻关系(Tseng & Hsu, 1991)。

六、认识婚姻辅导的方向会受辅导者本身价值观念的左右

不管是个人心理治疗也好,夫妻或家庭的辅导也好,辅导者本身的文化背景及其价值观念会有形无形的左右辅导者对被辅导者的看法、问题的了解以及进行辅导的方向。这种情况在牵涉到男女的婚姻辅导上要特别显著,并需要很注意去把握与处理。具体说来,是否可以施行人工流产来处理家庭生育计划,不但有个人的不同看法,也有社会与文化上的不同态度与习惯。比如,信奉天主教的,受他们教义的规定,信徒不能接受人工流产,而且连使用药物来避孕都是被认为是不遵从教义的行为。反过来,许多社会都认为并接受人工流产是理所当然的家庭计划方法,而且采用药物而避孕是很自然的措施。因此,单对这个问题,就有如天地差距的不同看法、态度与习惯。再者,婚姻有问题是否可以离婚,也有很不同的看法与规则。信奉天主教的,按教义顶多能分居,但千万不能离婚。可是有些社会却把结婚与离婚都看得很淡,可以随时结,也可以随时离,并没有什么严重而看成是不对或不好的看法。就算是同一个社会,也会随时代的变迁而有明显的变化的。就算是比较不同的日常习惯,到底男人要有如何权威,女人要如何服从男人,各个社会有不同的看法。朝鲜的男人,照传统不进厨房。厨房是女人的地方,有权威的男人是不进厨房的。可是华人却没有这样的看法或习惯,许多男人喜欢进厨房做菜。男女在公共场合是否可以表现很亲热,包括接吻等,各个社会或时代有不同的看法与态度。

总之,男女行为与关系,会随社会与文化的不同价值观念而有所异。因此,辅导者本身对男女或婚姻的文化上看法与态度,会很显著的影响他(她)对被辅导的一对男女的看法与了解,更包括辅导的方向。因为,什么是比较理想或健康的男女关系、适当的夫妇行为,或者什么是适当的婚姻生活,都会受文化价值上的左右,不得不慎重考虑与注意。

第三节　婚姻治疗的一般考虑

由于婚姻治疗跟一般所施行的个人心理治疗有本质上的差异，其实际施行时要有各种不同的考虑。以下就是这些施行时要注意到的一些考虑项目：

一、辅导对象的选择与治疗前的准备工作

开始辅导之前，治疗者应考虑配偶是否适合给予婚姻辅导，经过选择做决定。要考虑的因素很多，最主要的是，要了解夫妻俩所面对的问题是否与夫妻本身的问题有关，是不是属于心理与关系上的问题，是否是经过辅导可以改善的问题。接着就要考虑是否适合给予辅导的工作。换句话说，并不是有婚姻问题均可给予婚姻辅导，还要考虑其是否符合其辅导的适应性（Martin，1976. 144 - 148）。譬如夫妇间的问题是长年以来的、慢性的困难，那很可能难以经过辅导而改良，而假如是急性的矛盾，或许比较有希望提供辅导而改善。最重要的是，夫妻两方是否都有意想改善他们相处的行为。由于通常是配偶一方（妻子）首先来就诊，因此要推测另一方（丈夫）是否也会一起来接受辅导。有时被妻子勉强带来的丈夫，根本就不想接受辅导，只是应付一下妻子的催促而来的，其辅导的进行会有困难。就算是夫妻俩都自动要求辅导，也得小心去审查夫妻彼此来接受辅导的背后动机为何，是否另有他意，或者真心想补救他们有困难的婚姻问题。

虽然夫妻的辅导，原则上要夫妻双双参与，可是在开始夫妻双双接受辅导之前，辅导者可以先跟夫妻各方单独会面一次，以便了解他们个人的背景，所处的心理困难，以及对婚姻问题的看法，对接受辅导的期望等。经过对夫妻个人的背景有初步的了解后，才容易开始夫妻俩人共同参与的婚姻辅导。唯一需要注意的是，在这种单独会面时所听取的个人心理资料或过去史，是否替当事

第七章　婚姻治疗的基本概念与原则

人保密，不要让配偶对方知道，要如何保护隐私等问题，都要能讨论并且决定如何处理。原则上要提醒夫妻间尽量不要存在一些秘密，要鼓励在夫妻会谈时，在适当的时机告诉对方，尽量把事情公开化，以免事后意外的遗漏出来而增加不愉快。

二、治疗的焦点与目标主要放在与"夫妻关系"有关的婚姻问题

婚姻治疗开始后，治疗者常常会发觉夫妻所面对的问题来自各方，有许多事情都需去考虑与照顾。譬如，个人的过去情结、个人的性格问题、全家的经济问题、子女的问题等，千头万绪不知从何处着手；或者会觉得样样都得去辅导。在这种情况里其要领仍要提醒：夫妻来接受辅导，为的是他们的婚姻问题；治疗的原本动机是治疗婚姻上的困难，因此要把治疗的重心与目标放在夫妻的关系上，针对夫妻间的问题而给予婚姻的治疗，舍弃对其他事情或问题的顾虑。

假如夫妻一方或双方的个人因素很明显的左右婚姻的问题，此时，作为治疗者要做治疗策略上的决定，需先向夫妻个别进行个人心理治疗以后，接着回来做以夫妻为单位的婚姻治疗；或者继续辅导夫妻，施行婚姻治疗，而把个人所需的心理治疗轻淡化，或甚至放弃不去顾虑。从学理的立场，有人认为婚姻关系改善，夫妻个人的问题也就随着更改，甚至消失；也有人认为，没有处理个人的毛病，难以改善夫妻的共同关系。这是见仁见智的看法，随出发点的不同可以争论。一般来说，治疗者要做临床上的判断，个人问题与夫妻的共同问题里哪是其根源，哪些问题较容易着手去辅导，哪种问题为主，是否可以同时进行，而做策略上的选择。

三、尽量关切"目前"需要改善的，而少推究"过去"的问题

婚姻治疗跟家庭治疗的另一共同要领就是：针对被辅导的夫妻或家人不要过分花费去寻探"过去"的事情，追究问题的来源，去挖掘他们的毛病，而要把治疗的重心放在"现在"，即目前需要

去改善的问题。夫妻有问题来医治,其目的是在改善当前所面对的问题。假如过分的去寻找并分析他们小时候遭遇的创伤,过去的经历,而忽略了他们目前需要改善的问题,是治疗上的失策。重点要放在目前如何适应改善,维持婚姻关系。这并不是说施行婚姻治疗时,完全不能探讨过去的事。事实上,在辅导的初期,需要很快而扼要的了解夫妻个人的过去,知道问题的来龙去脉,能了解真相才能给予有效的辅导工作。需要强调的是,夫妻是特殊的两个人,经过感情的发生与存在而结合在一起。就算是目前有点矛盾或困难,也是有感情的;辅导后还要回家一起生活的。假如"过分"去探讨挖寻个人的过去史,或彼此过去的不愉快的事情,只会掀起他们不悦的回忆;甚至发觉过去未曾从配偶听到的坏事情,更增加彼此不良的关系。譬如,先生头次听到自己的妻子过去还有很亲密几乎要结婚的男朋友;或者太太意外的听丈夫透露从前婆婆还嫌弃媳妇不够好等事,把一家不愉快的事挖起来,一点都没有帮助,只会有坏处,对辅导毫无正性的作用。俗语说:"去搅动马桶,越搅越臭",就是这个道理。

另外,夫妻来接受辅导,多半都是已经受情感上的困扰与痛苦,他们夫妻所需要的是尽量赶快解除他们的矛盾。因此,要以短期心理治疗的原则,注重目前如何应付问题,少过分推究过去,以便获得即时的效果。假如,夫妻的迫切问题有了初步的改善,夫妻的情绪也有基本的改善,情绪稳定以后,获得他们的同意,再去寻找问题的来源,做将来的预防,也是来得及的事。总之,随辅导的过程与进展,而需决定关心的重点要摆在哪里。通常是要关切目前,处理现在必须即刻处理的问题。

四、多注重基本的"感情",少谈理智与说"道理"

大家都知道:男女与夫妻间的事,主要是感情。男女俩人的情感一好,什么都可解决。夫妻的事不能拘泥于理论,讲道理。千万不要想依靠逻辑来说服改变夫妻俩人的关系,要注重如何培养情感；有了情感，关系与行为也就跟着改变。由于男女性格与心理上的差别，有些丈夫不懂这个基本要领，常想用道理来说服妻子。哪知做女人的妻子，对于这样的方法不但没有效，因得不到丈夫情感上的照顾反而有反效果，认为丈夫没有感情或不懂情感而灰心。同样的道理，主持辅导的人，不能总是向被辅导的夫妻讲道理，甚至训话，犹如老师对待学生似的，忽略了最重要的是去处理基本的情感。

从日常生活里，我们常常可观察到感情对男女是多重要的事情。特别是对女性。与其滔滔讲道理，不如来一句好话，说先生是喜欢太太的。这一句话，可以像魔术似的，把气势汹汹的妻子的气消下来。感情是主宰夫妻关系的关键。施行夫妻治疗是要好好利用。特别要协助平时不善于表达情感的配偶，甚至双方，都能向对方表达他们正性的感情。有许多先生，虽然是好好的男人与丈夫，却缺少这方面的工夫与训练，辅导者可协助他们，帮他们懂得如何对待心理结构与需要不同的女性。

最要紧的是，要协助夫妻相互去表达"正性"的感情，而尽可能地避免或减少"负性"的诉苦。能多说些赞美对方的话，说些喜欢、关心对方的话，会比任何良药还会见效。向对方出气的话、骂配偶的话，越少说越有好处；多说只有坏处。这是任何人都晓得的道理，但不少夫妻却不会实行。要靠辅导者来帮忙与督促。从临床研究我们得知，一对夫妻所谈的，是比较正性的话，是令人喜欢听的，是夸奖性的话，他们夫妻间的关系就比较好，婚姻也比较健康。否则，就相反。

五、了解夫妻"感情"与"关系"的特性

辅导者如想替闹情感危机的夫妻做辅导工作，就需要了解私人感情的特性。即：情感是复杂而善变的，常有"双相性"（ambivalence）的性质，可能一时是好，另一时又是不好，喜欢与讨厌可在转眼间完全变化、更换，难于捉摸，需要斟酌判断，千万不能

只靠一时之言而诊断。特别是夫妻闹情绪时，所表达的常是正反的一面，随时可反过来作一百八十度的变化。俗语说："爱是恨；恨是爱"，就是说明这种男女俩人间的情感。就算是今天把对方批评得很厉害，说得很难听，发誓再也不去理会的夫妻，往往一过夜，就心回意转，变得亲亲热热。由于感情会"双极性"的摆动，其连带的判断与对事情的决定也会左右徘徊，今天想放弃所气的事情，恢复关系，明天说不定又想到另外一件事，又不想要好；明天不想在一起，后天又很想念对方。这样反复徘徊是常见的现象。被称是感情的跷跷板。

我们要记住，夫妻毕竟是曾生活在一起过的伴侣，有过长久的感情。我们只能看到其中的一部分，没法短期内把握整体。不仅辅导者本身要了解这一点，也要帮助夫妻双方也能以这样的眼光去了解对方的感情，不要只因对方今天说了一点负性的话，就把它认为是全体的感情；要能整体的，等着情绪稳定后才做较客观的判断。

六、避免负性的伤害，尽量培养正性的表达

夫妻间闹情绪时常一时之气而说出些伤人的话，事后又后悔不该说。因此，为了避免这样的毛病，婚姻治疗时，在会诊的场合，治疗者要帮助夫妻彼此都要避免一时过分冲动、失掉控制的批评对方，发生伤害情感的事，事后难于弥补。毕竟夫妻俩人还是要继续生活在一起，一时的恶语只会影响以后的关系，留在记忆里不容易被抹擦掉。治疗过程里尽量帮助培养彼此的好的表达，尽量避免伤害，否则，一句不好听的话，说出来会遗留一辈子，不会遗忘的。特别是性格上富裕情感而且冲动的人，要事先就给予警告，预防恶性结果的发生。

七、保持对夫妻彼此的平衡与中立，不能偏袒

施行婚姻治疗时，是由一位辅导者去跟一对夫妻进行治疗工

第七章　婚姻治疗的基本概念与原则

作,无形中会处于三人相互反应并发生三角关系的局势,因此,首先要注意不能偏袒任何一方,始终要能以中立的立场来应对与处理情况。虽然这么说,实际上很难做到。因为,治疗者难免会同情被欺负、受罪或吃亏的一方;并对较强霸、自私或不讲理的一方有所反感与意见。这是常见的自然反应。特别是夫妻是一男一女,有不同的性别,不管治疗者是男或女,总是容易发生"性别交叉联盟"(cross-sexual alliance)的现象。即:男性的治疗者常常容易倾向同情异性的女方,无形中与女方(即妻子)联盟,与男方(即丈夫)发生敌对的微妙关系;或者,男性的辅导者跟男性的丈夫联盟,共同批评女方的不是。假如是女性的治疗者,可能与妻子特别同情,联盟起来,共同攻击先生;或者,反过来站在丈夫一边,指责妻子没好好做女人的本分等。这些都是治疗一开始或过程中容易发生的各种"性别交叉联盟"的现象,影响治疗的正常进行,治疗者本身要时时注意并且加以控制。有时治疗者对治疗中的夫妻并没有发生这种"性别交叉联盟"的现象,懂得控制,但是,被治疗的夫妻难免始终有这些顾虑,担心治疗者会不会偏袒一方,因此,要治疗者从头就给予澄清,减少这种顾虑。

为了免除这样的现象,比较讲究的辅导机构,就鼓励采用男女两性的共治疗者的方式来进行共同辅导(co-therapy)。所谓共同辅导,就是由一男一女的辅导者,一起辅导一对夫妻。因为辅导者有男也有女,比较可以避免由单人辅导的弊病,不会发生"性别交叉联盟"的弊病。在场的女性的辅导者,可以多帮助女性的妻子,而男性的辅导者多协助男性的丈夫。或者反过来,女性辅导者可以协助丈夫去体会女人的心理,而男性辅导者可以帮助妻子去懂得男人的心理,对夫妻都有好处。有共同治疗者时,除了可以减少因性别而带来的交叉联盟的问题以外,共同治疗者还可以提供一对男女如何相互了解与配合的示范例子,给被辅导的夫妻供给可以认同与学习的模范对象,有其治疗上的作用。当然,这样靠一对不同性别的两位辅导者来共同辅导一对夫妻,是要花费比较多的人力与精力的,但是特别是在教学机构里,可以尝试采用,可帮助我们学习其特别的作用与效果。实际上,给予团体治疗时,因需面对的成员众多,常需要有共同辅导者的需要,共同主持团体治疗的会谈。当然,共同辅导者如何相配、合作而去进行辅导工作,是个技术与要领上的问题。

八、观察并处理"夫妻与治疗者的(三角)关系"

婚姻治疗通常是由一位治疗者与夫妻俩人一起进行治疗工作。是在三人在场的情况下进行治疗。由于三人同时在场,自然而然的有时会产生"三角化关系"(triangulation)的现象,这是无法避免的。这种关系上的三角化,不仅是上述的单纯的偏袒或不中立的问题,而可能更复杂,往往是丈夫或妻子个人小时与自己的养护者(如父母)所发生的三角关系情结的延续与重演。假如过去与自己父母的三角关系还没有适当的解决,也就是说还没成长过来,遗留有症结时,容易重演出比较严重的包含治疗者在内的三角冲突关系。譬如:牵涉治疗者在内,闹嫉妒、争执、拉关系或无理抗拒等麻烦的现象,妨碍治疗工作的进展与过程。这可说是"转移关系"(transference)在婚姻治疗上通过夫妻关系而表露并且加重的情况,是个人心理治疗时不可发生,只在针对一对夫妻俩人施行婚姻治疗时才会出现的三角化的问题。作为治疗者要能敏锐的观察到,随问题的严重性与否,做适当地判断,必要时需即时的给予处理与控制。一般来说,治疗者要指点提醒夫妻去注意所发生的特殊关系,给予适当的解释,并减除其阻碍治疗的趋向。

同时要时时检点治疗者自己的"反转移关系"(counter-transference),注意治疗者自己的内心有没有情结上的问题,表现在会谈的场合,妨碍了治疗的工作。譬如,自己小时常同情被父亲责骂与欺负的母亲,而现在辅导一对夫妻时,看到丈夫对妻子不好,就特别气恨会欺负妻子的丈夫,发生私人性、额外性的情感反应。

或者，小时总是气自己的父亲懦弱，常被强势的母亲欺负，被女人骑在身上，而现在辅导一对夫妻，看到做先生的，也是性格很懦弱，在妻子面前不敢表达自己的意见，无法扮演丈夫的角色与气概时，辅导者就特别对那样无能的先生不满意，透露自己的情结，影响了职业性、中立性进行辅导的原则。这些反转移关系的出现与影响，都是要注意去提醒、处理与控制的事情。

第四节 婚姻治疗遵循的原则

由于施行婚姻治疗时，常牵涉到夫妻俩人一生里很重大的事情，包括是否分离，是否要和好，因此辅导者要能遵守一些治疗上需遵守的辅导原则及医德。

一、婚姻治疗者的职责主要在提供协助与辅导

我们内心里要很清楚：夫妻有了矛盾，来接受婚姻治疗，婚姻治疗者的功能只在供给职业上的帮助，并不能保证夫妻会改善他们的问题。婚姻问题到底能否改善，要看夫妻本身的动机、潜在能力与是否会努力改善的情况与因素而决定。这要在治疗一开始时就向被辅导的夫妻有所交代；以免事后的误解与失望，误认治疗者能包治他们的问题。

事实上，做辅导者要及早判断来接受辅导的夫妻其个别的动机与期望是什么。有些夫妻纯粹是想来接受治疗，挽回他们困难中的婚姻。但是，有时却有不同的非公开的特别动机，跟接受治疗没关系。譬如，被发觉有婚外情的先生，答应跟自己的妻子来接受婚姻辅导，表面上表现对目前的婚姻还关心。可是内心里说不定在想，假如辅导没有进展或不成功，就可以给他一个心理上的借口，来要求离婚，好跟婚外的情人结婚，这样离婚后自己的心理也就比较爽快，不会留下罪恶感。有些配偶心里头干脆都已经打算要离婚，放弃目前的婚姻，可是仍来接受辅导，好可以让亲友知

道，他（或她）很重视婚姻，以方便离婚后有较好的借口向家庭法官提要求。假如是这样的埋伏性而不单纯动机的话，就算是辅导者拼命地给予辅导，也只会事倍功半，或者根本就不会有任何效果。基于此，辅导者要抱着只是提供专业性的协助而已的态度，让夫妻俩人的真正动机与努力去决定他们是否能挽救婚姻的结果。

跟个人治疗一样的婚姻治疗，辅导者不能、也不可提供一定会有满意的结果，去除夫妻间的问题，保持他们多难的婚姻。我们说："治疗者不能向患者保证有个（漂亮的）玫瑰园"就是这个道理。辅导后，患者不一定能找到或得到令人向往的玫瑰色彩的结果或结局。

二、重大事情应由配偶当事人自行做决定

与上述情况有关联的，就是婚姻治疗者不能替夫妻做重大事情的决定。包括是否要和好，是否要分离等，这种有关一生重大事情的决定。这种私人性且重要的事情，只能由当事人自己决定，不能、也不该由治疗者来替他们夫妻做决定。治疗者只能替当事人解释分析问题的本质，并说明各种情况的选择有何可推测的结果，好处与坏处在哪里，帮当事人充分了解后，较易做妥当的抉择。否则，日后夫妻的结局不好时，他们会来责怪辅导者严重错误的指示，医疗上也好，法律上也会招来许多麻烦。婚姻治疗的施行，从头到尾都要以这样的精神与原则来执行，从开始就要向来接受辅导的夫妻说清楚。不能像外科医师那样，单凭医学知识与经验，全权替被麻醉中的患者做重大决定。婚姻的辅导者没有那样的绝对知识与充分权威来决定他人关于情感的私人事。只能提供专业上的意见，提供参考而已。否则就牵涉到医德的问题了。

三、尽量一起看一对夫妻，让双方都参与辅导

关于夫妻治疗的开始，有时是夫妻开头就商量好双双一起来接受婚姻的辅导。但是通常是夫妻其中一个人（常是妻子）先来看病，

第七章　婚姻治疗的基本概念与原则

跟辅导者接触后，被发觉有婚姻上的困难，被提议需要夫妻治疗。

假如决定要施行婚姻治疗时，原则上要求夫妻要一起来看辅导者，共同接受治疗。这是很明显的道理。但是实际上常有一方不愿意一起来共同接受治疗，特别是先生。一般来说，男人比较不喜欢接受心理辅导，心里觉得接受辅导好像意味自己有弱点或毛病似的，男人的自尊心受不了。特别是夫妻治疗，要在生疏的治疗者面前被妻子批评，有损尊严。因此，做丈夫的常找些理由，工作忙、没时间等，不跟妻子一起来接受治疗。有些丈夫还会大力反对婚姻治疗，认为婚姻的问题是家庭的私人事，应由大丈夫自己来处理，不可也不用外人的帮助。

可是夫妻假如不能或不肯一起来，结果会诊时辅导者只能听一方的描述，不能当场直接观察到夫妻俩人的关系与反应方式，把握不到实际的情况；再者，施行治疗只能通过一方进行，等于隔靴搔痒，得不到直接且确实的效果，无法处理系统上的阻抗，难于带来婚姻俩人系统上的变化。因此，治疗者要花费工夫，做些准备工作，鼓励夫妻一起来。

假如一方夫妻始终不肯来时，辅导者要考虑与研究是怎么一回事。究竟是另一方配偶不肯来，或是已经来看辅导者的一方不愿意他方来。因为基于某些原因，会发生这种情况。其理由或许有：因先来就诊的，向辅导者尽量夸张诉说配偶对方如何不好，都是对方的问题，不愿对方来了后被辅导者发现事实并非如此；自己也有许多不好的地方；让别人认为只有他（或她）才关心婚姻的事，并且来接受辅导；跟辅导者发生良好喜爱的关系，不想跟配偶共享等。

还有另外很重要的关键是先来辅导的，没向对方配偶好好解释并邀请一起来接受辅导的关系。譬如，先来就诊的太太，回家后假如向丈夫说："辅导者说问题是在你身上，所以叫你去接受治疗"；或者不太热心地说："反正你上班很忙，不想去也就算了，没什么稀罕要你一起去"，那么没有一位丈夫会想一起来接受辅导的。反过来，假如太太能说："辅导者说丈夫很重要，需要你来帮忙解决婚姻的困难"的话，有些丈夫或许会被说服一起来。因此，辅导者要对来访者训练如何回家去说服对方也一起来接受辅导，是很重要的要领。

四、关心夫妇隐私的需要，保护夫妻彼此的利益

婚姻治疗的过程里，夫妻常需要向治疗者透露表达许多私人性的资料，作为治疗者应该替他们维持隐私，保护当事人的利益。特别是有关性生活的事情，或者其他情感上的问题。有时治疗者与配偶之一单独会面，得知一方的私人秘密时，是否保密或透露给另一方，是需要很慎重考虑的事。譬如，妻子向治疗者透露自己有婚外情的事，那么治疗者应如何处理呢？原则上首先向透露私事的一方讨论如何处理这些隐秘性的私事，讨论是否应让对方知道，有何好坏与影响；可能的话，尽量鼓励当事人利用辅导的会诊机会，辅导者在场可保护的情况下，向对方说出，把事情公开化，以便能夫妻双双讨论对此事的反应与处理的方向。假如当事人暂时还不愿意说出，治疗者只好尊重本人的意思，要替当事人保密。总之，婚姻辅导者要用心记得，哪些是俩人间已经公开可面谈的，而哪些是需要暂时替一方配偶保密的，不可混乱，否则会带来难于收拾的处境。

第五节　婚姻治疗可采取施行的各种形式或途径

由于各种现实上的客观因素，加上临床上的需要，以及治疗上的考虑，婚姻治疗的实际施行可经过不同的形式与途径而进行。这些各种不同的方式如下：

一、单对夫妻里一方给予个人心理治疗，辅导应对婚姻问题的情况

当一对夫妻面对了婚姻上的问题时，夫妻的一方可能单独来要

求辅导，而辅导的过程始终采取单人心理治疗的模式而进行，不牵涉到另外的配偶。这种情况，使用于因个人的心理因素（包括性格上的问题、个人性的情结或过去的心情创伤）而严重影响目前个人的心理、行为与生活，包括婚姻的生活与夫妻关系时，要考虑采取的辅导。或者配偶完全不想参加辅导的工作，而只好也就只给予针对一人的心理治疗，希望通过个人心理治疗，而改善其婚姻关系，是比较不得已的下策办法。

有时自己有了婚外情而烦恼，不知如何处理或结束，而又不愿意自己的配偶知道自己有这样的困难与烦恼时，只好只施行个人心理治疗，不要配偶参与。

假如一对夫妻已经决定离婚，而配偶一方无法接受其情况，心情很不好，也不知如何渡过其难关时，就要针对这样的配偶给予个人的心理辅导，帮助他（她）如何去面对离婚的事实，渡过离婚的过程，经营离婚后的生活（潘，2005）。在这样的情况下，就没有牵涉到对方配偶的可能性，把辅导的焦点只好摆在个人身上。

二、主要针对个人给予个人心理治疗，偶尔配合举行补佐性夫妻会谈

在通常的心理治疗里，治疗者常乘机会跟患者的配偶或家属会面，收集所需的附带资料，好针对患者进行比较有全盘性了解的辅导工作。特别是辅导小孩或青春期少年时，是例行的临床工作。在此要提的是，针对婚姻的问题而采取的模式有点不一样，即针对个人给予普通的（个人）心理治疗，但在其辅导的过程里，偶尔邀请夫妻俩人一起来参加夫妻俩的会谈。这是患者有夫妻关系上的问题或婚姻上的困难，但配偶没有时间，或者不太愿意按期来参加会谈时，采取的折中办法。至少，有机会直接观察到夫妻在一起时相处的情况，以及配偶对婚姻问题的看法与观点，以及要改善的方向与要领，而继续对单方配偶的单独辅导工作。

假如配偶之一方有个人的心理问题，或者躯体或精神上的毛病时，也可以请对方配偶偶尔参加会谈，不但了解配偶如何了解其

问题并提供支持，还可以提议如何帮助患者的要领与技术。是补佐性的夫妻会谈。这种偶尔配合而举行的夫妻会谈，在个人心理治疗刚开始的初期阶段，可以考虑举行一两次，在辅导将结束的后期也可以再举行，讨论日后如何继续辅助患者并维持婚姻的情况。

三、经过夫妻一方的"个人心理治疗"来辅导他们婚姻的问题

虽然问题的核心是夫妻关系上的困难，但由于配偶一方不方便常来，或始终都不可能来、甚至是不愿意来参加会谈共同接受辅导时，只好采用这种属于"下策"的方式，辅导者只跟夫妻一方单独会谈，给予辅导，经过个人心理治疗的模式来讨论如何改善他（她）的婚姻问题。假如夫妻双方对彼此都有强烈的厌恶感，一见面就容易吵架，也只好暂时采用此方法，等到情况改善允许共同来接受辅导时，再改用夫妻会谈的方式。还有，若是个人的心理问题很严重，严重影响夫妻关系时，也得考虑先进行个人心理治疗，以后再改为夫妻辅导的形式，继续治疗。

要采用个人心理治疗来辅导一对夫妻的婚姻问题时，基本上可有两种模式，即：

（一）夫妻分别接受（不同治疗者的）个人心理治疗

这种形式的好处是，由于夫妻分别接受自己的治疗者，彼此都可选择适合自己的治疗者。而且，不用担心会把夫妻一方的秘密泄漏给对方。其短处是夫妻各自接受的治疗，没有彼此的联系，可能会发生治疗方向不一致或不同速度的可能性。假如夫妻一方不愿意接受心理辅导时，也就只好由一方自己去找辅导者进行辅导了。特别是夫妻一方有其个人的心理问题或情结，严重影响个人的心理与行为，也影响到夫妻的婚姻生活时，最好先采用个人心理治疗。

（二）夫妻分别接受（同一治疗者的）个人心理治疗

这种方式就是夫妻都接受同一位辅导者的辅导。这样的好处就是由于靠同样的治疗者来进行辅导的工作，夫妻的治疗有联系与

协调。假如采用这种方式,辅导者要很小心处理从夫妻两方得来的私人资料,注意保护隐私,不能交叉泄漏。

四、经过夫妻共同参与俩人的"婚姻辅导",来改善他们的婚姻问题

当然,这是比较上策的辅导方式。基本上有两种形式可采用。即:由治疗者单人来担任治疗的工作,或者由两位辅导者一起来执行共同治疗工作。

(一)单人治疗者给予夫妻共同在场的辅导

这种形式,对辅导者来说,比较简单,容易按自己一人的策略与技巧来施行辅导工作。也是比较实际的方式,不用两位辅导者来共同治疗一对夫妻,时间与精力上都比较经济。但是其可能发生的短处是,有时难于由一人去应付对方俩人,尤其是夫妻相互争斗或闹情感时,需要有帮手。还有单人施行治疗时,比较容易发生与夫妻俩人间的偏袒、过分同情或强烈认同的问题。特别容易会发生所谓"三角冲突"的并发作用,严重影响辅导工作的进行。

(二)双人治疗者共同提供夫妻婚姻辅导

这指由一对"共同治疗者"来一起治疗一对夫妻。当然这是比较花费精力,是效果较佳的夫妻治疗方式。最好是一男一女,由一对异性的辅导者来共同执行治疗工作,可发挥"同性间"的"同解作用"(同理作用或体会心)(empathy),或"异性间"的"平衡作用"或"对抗作用"。譬如,女性辅导者,可以特别向做妻子的表示"同理心",并替太太讲话;或向丈夫提问,男人的感觉是什么,让先生能表达做丈夫的想法。同样的,男性的辅导者也可以帮先生讲话,或督促他能以丈夫的立场来考虑处理问题的方法等,发挥两性辅导者共同存在的长处。当然要避免过分同性联盟的发生,即:两个女性联合起来对抗两个男的,分成男女阵容争斗。由男女一对辅导者来共同治疗夫妻的另外好处之一就是,可让夫妻观察并模仿一对男女(辅导者)如何协商、合作,如何善用男女的不同而一起处理问题。也就是说,可提供认同与模仿的功效。

假如要采用双人治疗者的方式进行治疗时，两位治疗者要有良好的联系，事先做讨论与计划，每次会谈后要反省，并商讨下次的预期如何，这样才能步调一致地进行辅导工作。必要时，可事先决定谁是主要或次要的辅导者，根据临床经验的多少来划分不同的职责。假如是教学的机构，可由有经验的医师或教授担任主要治疗者，由没有经验的年轻医师担任共同治疗者，乘机学习如何给予婚姻辅导。或者由已有少许经验的年轻医师担任主要治疗者，由教授担任共同治疗者，从旁加以协助与督导。

五、由夫妻参与（婚姻）"群体治疗"来改善婚姻问题

夫妻治疗的另外一种特殊模式就是：请一对夫妻去参加由几对夫妻共同或分别组成的群体性辅导。即，通过群体治疗的方式来改善问题。群体或团体治疗可依两种形式进行。即：

（一）夫妻分别参与不同群的婚姻群体心理辅导

最通常的办法就是由妻子参加由太太们组成的群体，经过团体治疗或辅导的方式，妻子们相互讨论且学习如何与他们丈夫相处的问题。同样的，丈夫也参加由先生们组成的群体，共同讨论如何做丈夫，与他们妻子相处等有关的问题。

（二）夫妻共同参与夫妻群的群体心理治疗

这种方式比较特别，即：由想接受辅导的数对夫妻共同组成为群体成员，共同举行群体性的辅导，夫妻双双跟别的夫妻们共同讨论探讨共同的课题，即夫妻如何相处的要领。采取这样的群体辅导方式，可让每对夫妻相互去学习彼此的经验，有许多好处。不论采用哪种群体辅导的方式，都可以同时跟别的夫妻辅导模式而进行，可增加事半功倍的效果。

第六节 辅导模式要采用机动性与通融性

总之，夫妻辅导的进行，可有不同的模式与途径来施行。各个

有其长处与短处，主要看治疗者习于何种模式，而且要参考被辅导的夫妻俩人的需要及习惯、现实上的因素与情况而适当选择进行。最主要的是，辅导者要能灵活、动态性的考虑，配合情况与需要，斟酌情形而通融性地采用适当辅导的模式，而千万要避免呆板性的要求，始终固定于某种模式。

最后还得考虑的一样因素是：收取辅导费用的问题。通常来说，给予夫妻辅导，辅导者要特别费用时间与精力，会谈的时间要比个人治疗的会谈时间增加（平均是一个半小时，必要时甚至是两个小时）。因此，照理，辅导费要相对的增加才是。但是，目前大多的医疗保险制度还没考虑这样实际的情形。因此，受医疗保险制度的限制。只有在私人的诊所由接受辅导的夫妻自行负担辅导费用。假如是教学或研究机构的话，费用问题的顾虑也就可能比较相对减少，而可以多考虑采取各种辅导的模式，配合研究或教学的需要而进行了。

参考文献

1. 曾文星. 夫妻的关系与婚姻治疗. 北京：北京医科大学出版社，2001.
2. 潘成英. 婚姻危机的短期心理治疗. 中国心理卫生杂志，2005，19（10），712-713.
3. Crowe, M. Psychotherapy with couples. In M. G. Gelder, N. C. Andreasen, J. J. Jr. Lopez-Ibor, K. R. Geddes (Eds.). New Oxford textbook of psychiatry, Vol. II (1369-1380). Oxford, UK: Oxford University Press, 2009.
4. Martin, PA. A marital therapy manual. New York, Brunner/Mazel, 1976.
5. Tseng, WS. & Hsu, J. *Culture and family: Problems and therapy*. New York: The Haworth Press. 1991.

第八章 婚姻治疗的临床要领与实际技术

我们说明了有关婚姻辅导的基本治疗原则以后,接着让我们叙述一些临床上要注意的要领,并说明一些实际可应用的辅导技巧,供施行治疗的参考。

第一节 施行婚姻治疗的临床要领

一、主动操纵夫妻会谈的情况,积极执行治疗者的角色与功能

虽然婚姻治疗只牵涉到夫妻俩人,但毕竟是小群体的心理治疗,要遵从群体心理治疗的基本要领来施行。包括以下几项要点:

(一) 主动的操纵会谈进行的情况与方向

为了应付治疗者与夫妻俩人所组成的小群体会谈情况,治疗者要比较主动地去执行治疗者的职责。包括会谈的进行、会谈的内容与方向,要避免会谈停断或无法进行,发生冷场,令人觉得尴尬。特别是夫妻感情低调,不太要好,也不太谈吐时,作为治疗者要积极的引导他们,诱导他们说出心里想的事,鼓励他们对问题的看法及想如何改善的意见。婚姻治疗的操作要比个人心理治疗还得更积极去操纵进行。如在团体治疗的会谈时,辅导者要以交响乐团的指挥者一样的角色与姿态,去进行指挥,让多话的成员少说些,鼓励少发表意见的成员能多开口讲话,参与讨论。给予夫妻会谈时,也是同样的道理,不能只让一方滔滔讲不停,让另一方无法插嘴,得不到夫妻相互参与,平衡执行夫妻功能的形象。

(二）即刻阻止过分负性与伤害性的现象与反应

当婚姻治疗进行时，有时夫妻会批评对方或指责对方，严重时，甚至提高嗓子，开口骂起来，使气氛变得很紧张。治疗者要能及早干预，不要把情况变得无法收拾。最好在治疗开始的初期，辅导者就得事先说明，商定彼此在会谈进行时要遵守的规则，即在会谈时不可发脾气，不能动武，要能平静，只能口头上的沟通与商谈，并且严格执行此规则。

（三）避免治疗者自己一人独导、独演的局面

施行婚姻治疗时，要尽量避免治疗者自己过分的说话，甚至拼命训话，好似在堂上讲课似的。治疗者要积极地去执行治疗工作，并不意味要自己一人独唱或独演，而是要让夫妻都能充分参与沟通、讨论与协商。有时由于各种原因，譬如，治疗者缺少经验或自信，对冷场的忍耐力低，喜欢讲道理习惯于说教。有些治疗者常忽略夫妻的参与，演成独角戏，可以说不是上策的辅导方式，要极力去避免。

二、尽量促进夫妻间直接的相互反应

主持婚姻治疗时尽量要避免的另一件事，就是不要让夫妻各自直接的与治疗者谈话，而夫妻俩人之间并没有彼此直接相互的反应，变成治疗者在主持"一个人治疗在场的两个单人"的不良情况。治疗者要时时鼓励夫妻俩人直接面对面的彼此谈话、沟通、反应，治疗者在旁观看。这样才能观察到夫妻实际相互反应的情形，鼓励他们彼此沟通的习惯，也能帮他们纠正相互反应的模式，并观察改进的结果情况如何。换句话说，要善用夫妻俩人都在场的机会，进行有关"人际关系"方面的治疗工作，改善他们夫妻关系上的"系统"。可以说是发挥了夫妻治疗的特性。辅导者并不是治疗两个"个人"，而是辅导"一对"夫妻，有不同的道理与重心，也有其不同的要领。具体来说，辅导者可以时时的提议妻子去问丈夫的意见如何，或者建议丈夫去探问妻子的感觉如何，让

他们彼此谈话、沟通，并相互表达他们的想法或感觉。

三、随时重视夫妻双方的平衡

夫妻两人在一起，难免在沟通、表达意见、表明立场或其他表现的情况没有平均相等。特别是有婚姻问题的夫妻，在本质上就存在着双方有不平衡的趋势与问题。这种"非对称"（asymmetrical）的参与趋向明显时，治疗者要注意并且随时帮助他们，让两方都有机会表达自己的心愿，不要让一方感觉到被冷落。比如先生拼命在滔滔不绝的谈他的高论，治疗者可以适时的插嘴，探问妻子对丈夫的说法有何感想，自己有什么事情想说或提出的；反过来，若是妻子一直在诉苦，没让丈夫开口，治疗者也可以打断，请妻子向先生问他有什么话可说。这样，不但可以打破单方独霸会谈的场面，维持平衡，还可以引导夫妻间的相互交流。尽量保持夫妻的"对称性"（symmetrical）参与会谈是很重要的，是辅导成功的要领之一。

第二节 婚姻治疗常要施行的工作

不管夫妻所呈现的问题是什么，所需要的治疗课题是什么，夫妻治疗往往脱离不了要施行有关人际关系的一些基本辅导工作。此包括：

一、增进夫妻彼此的沟通，督促相互体会与理解

在社会的任何场合里，一个人与另一个人相处来往时，首先需要解决的问题是两者如何相互沟通。沟通交流是维持人际关系的关键之一。夫妻之间的来往，也是同样的道理，特别要依靠沟通来维持彼此的情感。但是有些夫妻有这种沟通方面的困难，也是他们婚姻存在问题的主要因素，因此，治疗上要花许多工夫去帮他们改善。

(一) 改善沟通的方式与能力

从临床情况看，夫妻间常患的毛病就是沟通少。有些夫妻不仅相处的时间不多，俩人在一起也很少开口讲话。就算是开口讲话，也只谈些具体的琐事。譬如：饭不够，要多煮一点；衣服破了，要补一补；明天有要紧事，早晨要早一点起来等。相对的，较少彼此透露内心事：想些什么事，担心何事，希望什么；极少表达情绪：心里喜欢不喜欢，是否满意，还是很生气；更谈不上表露出对配偶的情感，不会夸奖、不会感谢、不会说句赞美的话。

特别是生长在东方比较传统与保守的社会，许多人基本上认为夫妻是"自己人"，有什么必要说那些内心里的感觉，还要夸奖对方，说那些"肉麻"的话，只要能彼此内心里去体会就好。可是这样的夫妻就忘了很重要的一件事，夫妻要相互表达内心的感觉，才能培养起情感；嘴里不说，配偶不会知道你的内心与感觉是如何的。如何沟通、表达意思与情感，是一种经验，也是一种能力。缺少沟通能力的夫妻，特别是男性，需要学习改善。

(二) 提高体会、理解的能力与习惯

俩人有了语言上的沟通还不够，还得能体会。要懂得"非语言"(non-verbal) 的沟通与表达，也要能体会"字里行间"的含义，能透视对方的内心意思。对方说"不要"，是在何种情况说的，用什么"体语"(body language) 表达（即通过怎样的姿势、动作等躯体的表现，或者音调与眼神而表达意思）；是真的不要，客气的不要，是生气而说的不要，或者要等你去说服的不要等，要能仔细且透视性的了解。这要依靠对配偶平时的了解，有没有"同理体会"（或同解理会）(empathic understanding) 的能力与经验与否。所谓"同解心"(empathy) 是跟"同情心"(sympathy) 相对而说的。同情心是针对别人发生了情感上的共鸣，一起表现喜乐或难过的情绪，是通常人彼此常会表现的心理情况，包括夫妻或家里成员之间。即别人很难过，你也受其影响而难过，别人很兴奋，你也很高兴。可是，除了这样的同情心，在另外一个层次里，还需要有同解心或者同理心，能比较去体会、了解与理会他人的真正的内心，并且能客观性的去为对方着想。大人针对自己的子女，夫妻之间，除了同情心以外，还需要这样层次的同解心，才能有成熟性的对待，即能对自己的子女或配偶经过理智性的了解而考虑是如何是好，如何帮助对方，如何克服或适应现实的困难或课题。辅导者施行辅导时，对患者不能有过分的同情心（指受情绪上的影响而失去其中立性），但需要有足够的同解心（了解如何去帮助患者去适当而有效地处理问题），这样才能给予职业性的辅导。这种比较高层次的同解心，要有特别的心理能力，才能发挥。在针对男女关系里，俗语说："落花有意，流水无情"，指的是男女间对情感的传达与体会有困难，无法正确地了解与体会对方的真正意思与感情。只要夫妻两方里有一方缺少体会与理解的心理能力，就会发生深度了解的困难。经过治疗与训练，有时可弥补过来。

二、帮助夫妻了解他们男女心理上的差异

虽然夫妻是由一男一女配对而组成，但是许多夫妻却常不太懂得他们男女性别上的心理差异，只认识是两个人的差别而已，可说是婚姻问题的来源，也是常要施行的治疗工作。

（一）认识男女不同的心理功能

婚姻治疗的工作，往往是帮助夫妻去了解男女毕竟有心理功能上的差异，不能，也不可同样看待。譬如，男人比较注重讲逻辑或道理，女人较重视情感；男人喜欢主动，女人习于被动等。当然男女的差别并不是都是这样一律的不同，同是男人也有重情感的，有些女的也很主动或喜欢讲逻辑的。再加上个人的性格各有不同，更有许多变异。但是要点是要能了解男女常有若干差异，不能完全相同看待。能认识到这一点，夫妻就较容易相处。

（二）体会男女不同的心理要求

男女之间，除了不同的心理结构与功能以外，也有不同的情感

与心理要求。譬如，男的比较需要有自信心，从竞争里得胜就心满意足，从工作上的表现与成就而得到自信；很在乎面子，受不了被当众批评。至于女的比较需要被爱，喜欢常常被提示她是被爱的；喜欢注重情感的生活层次，喜欢社会性的来往。因此，被男人夸奖、说好，心里就喜悦，有人喜欢她，她就高兴。懂得这些男女不同的心理需要，就较能与异性相处而满足，否则就让对方不满意，有困难。

（三）了解男女不同的沟通方式

男女之间还有不同之处，就是如何表达他们的思维与情绪。一般说来，男人习惯于直接讲，开门见山地说出他们的心意；较不善于表达细腻的情感。反过来，女人比较含蓄，不太拘泥于逻辑，注重感觉，有不同的沟通方式。男人讲话是根据现实上的需要，直截了当的赶快说，好办事。可是女的要培养气氛，要有适当的气氛与情况才肯说出内心里的话。

（四）认识男女不同的气质与适应模式

男女差异还表现在对问题的处理方式，跟其性别上的气质有关。一般说来，男的常常只会直截了当地说，对事情往往直来直去，不懂得转弯儿的去应付困难；喜欢动手，行动化，甚至用武力去解决。女的知道如何靠情感去说动对方，如何去撒娇而改变对方的想法，懂得施软功，也会靠眼泪来化解困难。

总之，这些男女的差异是笼统性的说明，实际上，并不那么单纯，而且男女间的差异也不是那么的显著，只是程度与性质上的相差而已。夫妻之间除了性格、过去的经验、家庭背景等差别以外，毕竟有若干性别上差别，不能以完全相同看待，否则夫妻间的相处会有出问题。也有不少人，可能由于从小很少有机会与异性的同胞或朋友在一起，或没人给开导指点，也就缺少有关这方面的认识，构成婚姻问题的来源，要靠婚姻辅导来弥补对这方面的知识与技巧。

三、协助夫妻俩人如何相互适应

婚姻治疗常要处理的另一种工作就是要辅导夫妻俩人间的相互关系。从心理的眼光看来，常需要去辅导的有下面几项基本的相互关系：

（一）促进夫妻俩人的"结合"关系

两个人长期相处，自然而然的多少会建立彼此间浓厚的关系。同样的，一对男女决定俩人结伴为夫妻，长年生活在一起，自然而然的会产生并建立起一种"结合"（bond）的关系。这种结合关系，包含：相互的信任与依赖，"有乐共享，有苦共处"的精神，共同应付外来的困难等。一般说来夫妻感情好，相处久，结合力也就更强大。可是，有些夫妻倒是缺少这种彼此间的结合力。结果，苦乐不能共享，彼此也不相互信任与依赖，犹如两个同住在一屋里，但不相干的他人。有的夫妻间的结合是过分地依赖，只是满足情感上个人的需要，比较难于独立自立；万一缺少了对方，就觉得活不了似的，也是不健康的结合。不管是哪一种的性质，不够或不健全的结合，都会影响夫妻关系的健康，是需要辅导的工作。

（二）调节并维持自己与配偶间的适当"界限"

夫妻俩人之间，除了要有结合力而相处以外，相对的，也要有适当的界限与距离。"界限"（boundary）指的是一个人与他人所保持的心理上的界线。虽然夫妻要亲密，但也要能保持适当的个人距离，相互尊敬，让各自都有点个人的心理空间，容许若干私人的隐秘。这样，夫妻俩人才能持续相处，共同成长，也容纳个人的发展。俗语说："相亲如蜜，相敬如宾"，有其道理。有些夫妻，俩人接连在一起，没有个人的存在；一方可以完全替另一方做主，不用问对方，对方好似不存在似的；有的只顾虑一方的发展与成功，而忽视另一方，或要求完全的牺牲。这些都是夫妻俩人间是否有适当且明确的心理界线与个人距离的问题，需加以辅导与纠正的课题。

(三) 熟悉相互扮演弥补性的"角色"

夫妻生活在一起时，需要执行的另一功能就是能彼此适当的扮演弥补性的角色。所谓"角色"（role）指的是在跟人相处时，应该扮演的某种情况的角色。譬如，丈夫生病了，妻子要能扮演照顾者的角色；妻子心情不好，丈夫能以支持者的角色给予安慰。这样，随着情况，俩人能相互扮演不同的所需角色，表现不同的弥补性功能，夫妻才能发挥他们的共同力量。如何随机会与场合而相互扮演弥补性的角色，是要靠实际生活上的经验与练习养成的。有些夫妻就缺少或没有学习到这样很重要的功能，也是婚姻辅导的工作项目之一。

(四) 发挥彼此帮助与促进成熟的功能

夫妇生活在一起，还得能发挥另外一个比较高层次的功能，就是要能帮助对方，提供所需的提醒、劝告、鼓励或督促，帮助对方的性格上的成熟。而这种帮助要能是相互性的，彼此相互的鼓励与督促，弥补对方的缺陷而达到比较完满的境界，共同发展与成熟。夫妻间能树立并维持这样的"关系"，就是健康的夫妇关系，变成是成功的婚姻生活的基础。换句话说，俩人结婚后，随着年龄而彼此都逐渐变得比较成熟，表现在自己的为人，在家与工作上的表现，就表示是好的结合，夫妻彼此都帮助对方，是共同成熟的现象。假如结婚后，为人方面反而堕落，失掉志气，没有报复，工作也没兴趣，对家里的事情也不热心，可说是婚后颓丧的现象，是开倒车而没进步的情况，是不健康或没有功效的婚姻关系，需要去避免。

(五) 接受对方并包含对方的短处

任何一个人都不是完美的，何况是自己的配偶。夫妻生活在一起，需要一种工夫，就是要能接受对方，而不要总是不满意，批评对方，想改变对方，要求对方去更改，来弥补自己的期待或梦想。夫妻要能了解一个人都有点短处，只要能发挥其长处，有点不能令人满意的地方，也就得接受。当然，很严重的缺点，如喜欢赌博、酗酒、到处去拈花惹草，或者动手打人这类的毛病是不可以的，但是，有些比较小的毛病，就得忍耐与接受。千万不要为了追求自己想望的白马公子或美丽的公主而总是批评并不满意自己的配偶。

（六）保护夫妻自己俩人的私自生活圈

有些夫妻常为了现实上的需要，日夜都很忙碌，很少有机会找个空闲谈谈俩人的事。有时是为了孩子，少有单独俩人坐下来慢慢谈点心事。有时住在大家庭，父母、兄嫂很多，夫妻没有单独俩人谈私人性的琐事，缺少了夫妻俩人的私自生活圈。如何想办法保护自己俩人的私自生活圈，有时被忽略，无形中影响夫妻的幸福，需靠辅导来提醒来保护与维持。

以上所谈的，都是婚姻治疗时常要去辅导一对夫妻如何去维持并建立他们夫妇俩人的婚姻关系与生活的一些课题。也是夫妻辅导上要实际重视的治疗焦点与项目。

第三节　婚姻治疗操作上可采用的若干技术

根据这些叙述的夫妻关系上的特点，当辅导者进行婚姻治疗时，常采用一些一般性的辅导技术。我们在此略举几种方法，可做参考并使用。

一、探问并澄清对方想表达的意思

许多夫妻发生了情感上的困难，都归罪于他们彼此间并没有很好的沟通，相互了解对方。虽然他们彼此开口讲话，但不很清楚对方内心里所想的，想要的事情是什么。因此，婚姻辅导时最基本的辅导技术就是协助一对夫妻能面对面的去谈话，能打开自己的胸怀而表达自己想说的，让对方知道自己的想法与欲望。当然，最要紧的是：不是让他们去透露自己的不满，拼命去批评对方把所有气恨都发泄出来，而是要比较有理性的表达自己对配偶与婚姻的看法，以及想改善的方向。许多夫妻虽然天天生活在一起，一起睡，一起吃饭，但却缺少这样相互沟通的机会或能力，婚姻辅导上首先可以采用的辅导技术，是帮助夫妻彼此能相互表达并澄清自己的想法与意见。

二、改观重解，转负为正

在家庭辅导或婚姻治疗里，辅导者常使用的一种辅导技术是"改观重解"（reframing）。平常关系要好的夫妻，一旦闹情感危机时，也难免说些批评配偶的话，心情不好时偶尔啰嗦唠叨一下，可是关系欠佳的夫妇，常常相互指责对方的不好或缺点，由于这种长期的负性交换反应，损害彼此的情感，变成婚姻上的毛病。为了针对这样的毛病，治疗者常要帮夫妻做"改观重解"。所谓"改观重解"，指的是每样事常能从不同的观点与角度来说明，能从好的观点与立场来说明与解释，就好听得多，令人高兴。假如能常常从"好的"方向去做解释，少从"不好"的眼光来批评，事情就变得乐观且令人愉快。治疗者常帮忙夫妻改观重解，增加夫妻间"正性沟通"培养夫妻彼此的好情绪，久而久之维持下去，可改善婚姻关系。譬如，先生晚上工作很晚才回来，很少能跟家人一起吃晚饭，让妻子觉得不是很高兴，觉得先生不关心家里的事情，辅导者可以帮助丈夫去解释，是因为很关心家里的经济而加班工作，也就晚回家，是认真负责的丈夫。这样，同样的情况，经过这样的改变观点而做解释，也就好听得多，可减少妻子的不满。假如妻子常买新衣服，让丈夫担心过分浪费家里的钱，可改变观点是，妻子有新衣服就心情好，会对丈夫体贴也就彼此都高兴，对婚姻有帮助。这样的看法，也就可无形中减少丈夫对妻子花钱添买衣服的不满意。

三、练习正性的沟通，多表示感谢与夸奖

两个人在一起时，彼此所谈的话，到底是属于哪种性质的内

容，值得去注意。夫妻间的谈话也是如此。根据科研的结果，发现假如夫妻间所谈的，多属于愉快的事情，是正性的内容，包括许多夸奖与感谢对方的话，那么夫妻的关系就比较好些。反过来，总是相互批评与指责，说些负性的内容而少表示感谢，也根本不会夸奖对方，说对方好话的夫妻，他们的情感与关系都不会太好。根据这个理由，婚姻辅导的另一重要辅导技术就是时时协助夫妻能谈些比较好的，令人高兴的话题，说些正性的话题，而少批评或负性内容。虽然这是很简单的事情，但是陷于恶循环的夫妻，一开口就只会说对方的不好，讲些令对方不愉快的话，是没有办法建立正性的情感，还得经过辅导逐渐改变这样的习惯。

四、练习讨论自己要做什么，少要求对方要如何更改

闹婚姻问题的夫妇，常把自己的思考与相互讨论的重心多放在要求对方需要如何更改，很少注意并谈到自己，如何改变自己。因此，婚姻辅导的策略与技术之一，就是协助闹问题的夫妻都能各自退一步，去考虑自己可以做那些事情，去改变自己，而能改善夫妻的关系。也就是说，帮助夫妇能改变所思考的角度，摆放在"自己"而非"对方"。这样，夫妻彼此都能做到这个地步，也就会有好的转变，打开改善夫妻关系的门路。譬如：不要只要求丈夫要对妻子体贴，也要妻子自己表现的温柔些，好让丈夫能喜欢而体贴妻子。不要只期待妻子能服侍丈夫，而要丈夫自己能多关心妻子。这样大家都从自己的方面开始，自己开始变化，然后去推动夫妻关系整体系统的变化。

最主要的是去探讨到底自己给对方提供了什么帮忙与协助，让对方变得比较成熟些，替对方弥补了什么，帮助自己的配偶变得比较好，而能这样相互携手一起发展与进步，经营比较好的婚姻生活。

五、当场实际演习，改善行为，纠正角色

夫妻双双来接受治疗，其最大的益处，不仅能让治疗者直接的

向双方收取资料，具体观察他们夫妻彼此的反应方式，还可以借机会让他们当场来练习需要更改的行为。有许多事情是属于"知易行难"的事。夫妻间的行为与反应往往是这种性质的。为了过去的习惯，或觉得不好意思，不容易更改行为。治疗者可提议夫妻当场演习，经过角色扮演（role play）的方式，来体会他们相互反应的模式与习惯，得到领悟，并且还可以借机会练习新的、比较适当的新的行为反应。

这种角色的扮演，往往是由辅导者随治疗上的需要而建议或指派他们去扮演他们自己以外的角色，凭他们日常在家里观察的情况与经验而去扮演。譬如，丈夫扮演妻子，而妻子扮演丈夫。这样，他们可以观察到他们平时的行为反应在配偶对方的眼光里是如何。或者妻子演父亲，由丈夫演扮儿子，可以帮助丈夫看到他平时在家是如何对待自己的儿子的行为。

这样提议夫妻去扮演角色，有若干毛病。有的人不喜欢自己的行为被模仿而扮演出来，把自己并不理想的行为暴露，有时也会因自己的短处与丑恶被揭发而不高兴。特别是男人比较注重自己的自尊心，搞得不好会惹来不高兴。要慎重考虑，不要勉强要求夫妻去表演或扮演某种指定的角色。

还有，因为有些人（特别是比较富于理性性格的人，或者比较保守、呆板或内向的人）不喜欢在别人面前演戏似的扮演某种角色与行为，难于要求扮演某种角色。再者，有的没有经验或观察过比较成熟的角色表现，被辅导者要求去表演比较合适或理想的行为反应，根本就不知道如何去扮演。因此，在这样的情况时，可由治疗者自己来做示范与表演。假如是由共同辅导者来给予辅导，共同辅导者俩人可以相互表演，让夫妻去观察、模仿与学习，获得纠正与改善行为的机会。

六、提供"家庭作业"，继续练习，扩张效果

因与治疗者与治疗者接触的时间短，次数也不多，心理治疗的

工作与效果毕竟有限。常要靠被治疗者的自行努力与练习，在实际生活的环境里去尝试并维持。婚姻治疗也不例外。夫妻跟治疗者接触的时间只是短的，夫妻多半在他们的生活里长时间地相处。针对这一点，治疗者可指导并要求夫妻在家里继续他们的治疗操作。对夫妻建议回家后要做些什么事，可帮他们加速并继续改善。特别是把在会谈里所观察与学习到的新的（比较成熟与适当的）反应方式在家里练习，并且能举一反三似的，扩大运用，增加改进的效果。

第四节　婚姻治疗有时采用的特殊技巧

婚姻治疗者从过去的经验里发觉有一些特殊的治疗技巧，在某种情况下可试用。因为这些不寻常的方法，采用不适当，可能带来不好的效果，因此需要考虑其适用性，慎重去使用，不可随便尝试。以下是一些例子，供做参考。

一、故意相反，以反攻击

婚姻治疗的操作有时会碰到礁石，难于进展。譬如夫妻双方拼命地批评、挖苦对方，说对方如何如何的不好，没有情感，也没有希望等，毫无妥协改善的气氛，没有治疗的余地或空间时，有些治疗者会采用一些"特异（反常）操作"（paradox approach），故意说些相反的事（或反常的情况）来刺激夫妻，打破僵局，解除阻碍。譬如，对双方争吵不停的夫妻，治疗者故意说他们一点感情都没有，还不如干脆分离为好。听到这种治疗者负性的评语或建议，夫妻可能惊讶且不同意，夫妇俩联合起来攻击治疗者，反驳治疗者没根据而乱说话，并且开始说配偶还有哪些好处，彼此还有情感等，坚持他们夫妇还是想在一起，不想离开而结束婚姻的关系。就因治疗者做不预期而且反常的反应或建议，夫妻抛弃他们俩人彼此相互攻击损伤对方的负性行为，转而开始正性的合作，加强联盟，参与治疗工作。这是策略性治疗者偶尔使用的"特异操作"的反常技巧。这种反常的技术，有时会见效，但有时不见效，反而火上加油，弄坏治疗的局面，要非常小心运用。特别是不同文化背景的人，会真的错怪治疗者的本意，以为是建议夫妻要离婚而发生严重的误会。中国人过去所说的："百座庙可拆，一对夫妻不可拆"，表示华人向来重视婚姻关系的传统性看法。假如辅导者要使用"特异操作"的反常技巧，故意提议常闹离婚的一对夫妻干脆离婚好了，准会挨被辅导夫妻的骂。他们闹情绪的夫妻可以随便地谈离婚的事情，可是辅导者却不能随便提这样的提议的。就算是提议暂时分居也会挨夫妇的骂，甚至会告状的（曾/朱，2008. 311-315）。

二、过境设想，提高现实性的考虑

另外一种特殊技巧是"过境设想"，或者是"引导性想象"（潘，2005），即让夫妻去想象事情不能解决时，可能会发生何种结果，让他们假设性的处身设想。经过这种预测性的想象，让他们体会是否可接受其想要的结果，希望能较理智性的作判断，如何决定取舍。比如，一直受一时情感的影响，一意想分离的夫妻，治疗者可提议让他们去讨论，假如离婚以后，如何安排居住，如何负担经济，如何分配及养育子女，是否要再婚，再婚后与子女如何相处等。经过对这些现实的预定性接触与探讨，让他们过境设想，考虑实际上会遭遇的各种情况、彼此会发生的反应、及可能处理的方法。经过这些很现实的接触后，回头再考虑是否要朝此方向做选择。有些一时情绪冲动而提议负性抉择的，可能心回转意，重新考虑如何正性的改善他们目前的关系。这也是不得已时可采用的另一技巧，对于坚持要分居或离婚的夫妻，偶尔可尝试使用。

三、请一方配偶担任共同辅导者

婚姻辅导的操作不一定都要从辅导者提供改善的意见，而要多让夫妻当事人提供他们改善的意见。毕竟他们是当事人，曾经生活在一起，相互知道对方，也了解什么办法或许有效。在辅导会谈当中，辅导者可以有时请一方配偶，一时性的担任共同辅导者的立场，让他（或她）以第三者（即辅导者）的立场而说明夫妻所面对的问题的性质，并且其改善的方向与要领。当然，要让夫妻各个轮流去担任这样短暂性的共同辅导者的角色，这样才能保持夫妻平衡的局势，不会抬高任何一方配偶。

这样的措施，偶尔采用，自有其功效。特别是在辅导过程里，到了末期阶段，可多采用这样的辅导措施，让他们夫妻开始练习如何自己来辅导自己。这样辅导结束后，他们才有能力自己去辅导并协助自己去改善他们自己的问题的。

第五节　实际的操作与运用

夫妻治疗的实际操作，不要拘泥于某种模式或技巧，也不要只想依赖某种技术，要随夫妻所面对的困难，需协助的课题，而能机动性的活用各种学理与要领，抓住治疗的重点，去协助夫妻去改善他们的问题，处理他们所遭遇的困难。最重要的是，要考虑夫妻是一对本来是很亲近的男女，虽然目前遭遇到困难，但假如他们之间仍有其过去建立下来的情感基础，还是可以改善关系，恢复其基本情感而处理他们面对的问题的。善用他们的潜力与优点，协助他们去解决他们所遭遇的烦恼是辅导的重心（曾，2001）。辅导者最主要的是去充分了解与把握婚姻治疗的临床要领与实际技术，去发挥自己的能力与经验，做适当的辅导工作。家家有不同的困难，而辅导者要随其情况施行比较合适的治疗工作。辅导者还得始终保持中立观念与态度，即婚姻的问题，要夫妻自行去解决，由他们自己决定将来的去向与抉择；作为辅导者只能提供协助，而并不能替夫妻去决定他们的将来的。特别是夫妻是否分居好，或者干脆就离婚好，都不是辅导者可以主动提的建议，只能由夫妻他们自己想、自己提，否则会违反婚姻辅导的基本原则，而严重时，说不定会被夫妻追究责任的（曾/朱，2008）。就算是现代的华人，对离婚的观念与现象比较习惯了，但辅导者仍不能向西方人那么轻易地谈且提议分居或离婚的。华人夫妻来接受辅导，多半就是想如何保持他们的婚姻关系的。

第六节　经过个人辅导帮助婚姻问题

我们以上所讨论的，都是以"夫妻会谈"而进行婚姻治疗的情况。即：有婚姻问题的夫妻，两方都一起来接受同一辅导者的辅导，是双人一起辅导的模式。可是在实际的情况里，常不容易请夫妻两方一起来参加会谈；只有配偶之一来接受辅导。最常见的情况是妻子情绪不好而来看医师或辅导者，但丈夫不太愿意来。因为许多男人不喜欢跟外来人（辅导者）谈自己或家里的私人性问题，想自己来解决。因此，如何通过妻子邀请丈夫来一起接受辅导，是个要领。比较妥当的借口是：需要丈夫的帮忙来协助妻子所面对的困难。比较合适的理由是，夫妻的事情要夫妇双方都来一起讨论，商量如何一起去改善问题。如何让已经来接受辅导的配偶回去邀请另一配偶，是个关键；辅导者要给予仔细的提示与指导，否则，有些配偶回去后，就说辅导者要你去见他，因为你也有问题，而让配偶不敢来。有时，有些患者跟辅导者单独会谈觉得很好，就没有意思去邀请配偶也来。有时是潜意识地想把辅导者占为己有，不喜欢配偶也来参与。总之，有各种理由与情况，辅导者要去细察，并适当的指导。

假如配偶之一无论如何都不肯或无法一起来接受辅导，只好经过单独会谈的模式来进行有关婚姻问题的辅导工作。这种经过个人辅导而帮助夫妻问题的方式，我们要了解：有其基本的缺点，即：我们只能依靠单方面的观察、感受与叙述而去了解夫妻整体性的问题。有时受（配偶单方）主观性的因素，而只能知道一方的看法，缺少其客观性与整体性的把握。再者，失掉机会能实际性地观察到夫妻互动的情况；也剥夺了夫妻两方在辅导者面前，经过互动的方式去尝试更改行为的机会；缺少了其实际性的功效。

　　配偶单方来接受个人模式的辅导时，却有其好处，即，有机会能比较有深度的去探讨个人的背景、心理因素，了解其行为的理由及感情的根源。但是辅导的最终目的，还是要摆放在如何改善其夫妻关系与婚姻生活。换句话说，单人会谈只是个途径；而其目的与焦点还是要摆放在如何改善婚姻的问题才可以。

参考文献

1. 曾文星. 夫妻的关系与婚姻治疗. 北京：北京医科大学出版社，2001.
2. 曾文星. 心理治疗：督导与运用. 第十二章：婚姻治疗的督导. 个案一：因治疗师提议暂时分居而来向治疗者发脾气的妻子（朱金富）（311-315）. 北京：北京医科大学出版社，2008.
3. 潘成英. 婚姻危机的短期心理治疗. 中国心理卫生杂志，2005，19（10），712-713.

第九章 婚姻治疗的各种模式

虽然婚姻治疗的观念与临床上的运用已有数十年,但是婚姻治疗者至今还没有系统地建立起本身独特的学说与模式;只是借用个人心理治疗的学说与家庭治疗的观点而推广运用(曾,2001)。从学理上婚姻治疗的操作可区别几种不同的治疗模式(Jacobson & Gurman, 1986; Donovam 1999; Harway, 2005; Crowe, 2009),让我们首先就几个比较重要的模式做简单介绍。包括:支持性、结构性、行为性、分析性的婚姻辅导。然后大略说明其他辅导模式。

第一节 支持性婚姻治疗

所谓支持性婚姻治疗(supportive marital therapy),其主要特点是当一对夫妇遭遇极大困难而不知所措的情况时,适时的给予所需的情绪上的支持,包括认知上的指点,帮助他们能善用他们夫妇的潜力,以较有效的方式去解除或减少所面对的挫折。这可说是最基本、普通而常用的婚姻治疗。

一对夫妇会遭遇到的重大困难种类很多。譬如,他们心爱的孩子突然事故死亡;配偶一人得了重病;家里被火烧了,一时没地方去住;丈夫忽然被解雇,家里缺少收入;妻子连续小产,无法生孩子;或忽然发现配偶有婚外情;跟婆婆公公和不来,闹矛盾等等,可说是千头万绪,各种各样都有。而这些影响夫妻情绪很大的挫折,连带性的引起夫妻间矛盾的问题,都是可以采用支持性婚姻治疗来帮助夫妻。

一、从挫折与适应观念了解夫妻所遭遇的困难

支持性的婚姻治疗,其主要取向在支持夫妻去应付所遭遇的困难与危机,而所依据的理论是有关"应激与适应"(stress and adjustment)的观念。所谓"挫折"(frustration)或"应激"(心理压力)(stress)指的是面对很大的心理困难或打击,需要个体特别花费许多精力去应对的困难。如何去面对与处理,接触其困难,恢复本来的功能,就称为"适应"(adjustment)。这是动态性的机体反应与观念。有关挫折与适应的理论基本上认为许多不同因素会影响对挫折的整个反应系统与处理结果。除了所面对或遭遇的挫折本身的大小或打击的严重性以外,还包括当事人对挫折的(心理)感受、支持应付困难的来源足够与否、个体的适应方式与处理困难的潜在能力等各项因素综合而决定其总结果。所谓"支持"(support)就是当一个人面对挫折或打击时,需要他人提供的心理上的支持,包括鼓励、安慰并提供所需的帮忙与协助,好帮助个体去渡过难关,应付困难。支持性的治疗就是考虑这些各项因素而逐项分别进行。即帮助夫妻对挫折感受的更改,充分善用所需支持,督促发挥潜在能力,并适当地考虑与选择采用较有效地适应。

虽然"挫折"或"应激"按定义指的是很重大的变化,个体或夫妻需要付很大的精力去应付与承当,而且难于处理;但是随着怎样去看待或感受,挫折或应激的严重程度会有所变化。譬如,一对夫妻发现家里的钱财被偷而很难过,并且相互埋怨,归罪于对方不够小心,而闹情绪时,可以帮助他们去理解丢掉的金钱,将来还有可能再赚来,可是把夫妻情感闹翻了,伤害感情,就不太值得。这是针对夫妻他们对丢掉钱财这件挫折的"感受"或"看法"着手去纠正与更改。专业者称是:"改观重解"(reframing),是认知上的操作,也常用于家庭治疗。俗语所说的"塞翁失马,焉知非福",也就是把灾难或得失都以超然的态度与看法去

接受与应付的例子。

假如一家被偷了以后，夫妻相互指责，靠推卸责任来减轻自己的内疚感，那么可说是采用了不够成熟的适应办法去处理所面对的挫折，是属于负性的适应方式。假如能帮这对夫妻不要采用相互伤害情感的方式去处理他们的难受，而共同去研究将来如何去亡羊补牢，选用较正性的适应方式去处理问题，可说是针对"适应方式"的选择而给予辅导。一个人也好，一对夫妻也好，当情绪不好时，常失掉理性，退行而用较幼稚的方式去面对困难。辅导的功效就是帮夫妻去检讨他们处理问题的方式是否成熟、有效，对夫妻本身有没有好处。

家里的一大笔钱被偷了是很令人难过的事。特别是本来就想靠这笔钱款去投资做生意，正需要这笔钱款的时候。可是假如夫妻能相互安慰，减轻彼此的难过，并且赶快去找警察想办法抓小偷，或者向亲戚、朋友去借款，都是善用夫妻间的支持、亲友的帮忙及社会机构提供的服务与功能的例子。如何善用各方面的支持来渡过难关，是面对困难的夫妻常会忘掉或忽略的事，需要辅导提醒。假如一对夫妻发觉婚外情的发生而发生严重的情感危机，彼此难于平静下来，而以较有理性的去研讨如何处理这种伤害感情的事件时，常需要第三者的辅导者来协助他们去冷静下来，比较有理性地去解决面对的困难，可说是需要特别的支持的时候。

总之，依据"挫折与适应"的观念，支持性的婚姻治疗可以从几个方向来进行治疗的工作。

二、支持夫妻渡过危机与应付长期性困难

夫妻两人的关系与情感常受客观条件与外在因素的影响。假如夫妻难于共同应付一时来临的重大困难或挫折，会间接的影响夫妻的心情，也会伤害婚姻关系；假如是长久性的巨大负担或问题，也会折磨夫妻的精力，影响他们彼此间的心情，降低他们处理困难的能力，都要靠支持性的治疗来帮忙他们去解除困难、应付问

题或面对负担。除了各种急性困难以外，夫妻也可能遭遇各种慢性或长期性的问题。譬如，丈夫下岗，一直找不到新工作，家里长期缺少收入；孩子患了慢性疾病，需要家人时时照顾；父母年老，行动不方便，要夫妻每天去服侍；先生被调职到远地，夫妻长期分离，不能一起生活相互帮助；这种情况都容易影响夫妻的情绪，使夫妻关系恶化，需要外来者的协助与支持。

对需要支持的夫妻提供辅导时，辅导者要注意能适当的支持，不能过分同情或关心，超越专业的境界。过分的支持有时会忽略夫妻彼此的潜在能力，让他们失去发挥本身的潜力去自行解决问题的机会。辅导者要像好的父母一样，能看得出小孩的潜在能力，适当的鼓励，主要在督促孩子能善用自己的潜力去学习如何处理问题，夫妻的辅导者也要能调节应供给的支持，要能刚好恰当。否则，像父母盲目的溺爱孩子似的，对接受辅导的夫妻也不会太好。辅导者的职责就是站在旁边适当的提供支持，而不是没限制的给予辅助。

三、供给或教导夫妻适应的知识

有些夫妻缺乏生活知识或者缺少应付困难的经验，需要治疗者供给知识，教导处理困难的要诀，也是支持性治疗的任务之一。假如妻子偶然发现自己的丈夫有婚外情的嫌疑时，气得想大闹脾气，甚至想自杀时，辅导者可以提醒妻子这样的反应不很理想，提供意见，考虑跟先生坐下来谈一谈，让先生解释一下到底是怎么一回事，了解一下真相以后再考虑如何处理问题。

譬如一对年轻的夫妻，过去妻子曾流产好几次，这次总算又怀孕了，高兴得想请两方的父母都来共聚一段时期，庆祝妻子的怀孕时，辅导者可以就生活经验帮助夫妻去考虑，在这个时期请公公、婆婆、爸爸、妈妈一起来共住一屋，是否是恰当的决定。提醒双方现在妻子好不容易又怀孕，是特别需要丈夫去照顾妻子的时候，不宜忙于招待双方的父母。

第九章　婚姻治疗的各种模式

假若妻子担心丈夫跟一起工作的年轻女秘书是否会有暧昧的关系发生，辅导者可以向先生建议跟自己的女秘书工作时，如何保持职业性的关系，尽量回避私人性的来往；而做妻子的可以找机会跟先生的女秘书会面，彼此认识，减少不必要的猜疑等。虽然这些都是常识性的生活知识，可是有些夫妻却不太知道，辅导者可以提供经验以防范问题的发生。

四、支持性婚姻治疗的适用范围

支持性的婚姻治疗方法很简单，容易运用日常的常识，再加职业性的观点与经验而施行，适用于帮助夫妻面对一时性的挫折或遭遇长期性困难。假如夫妻的情绪稳定，所遭遇的问题有解决的趋向时，有时可以改变采用其他的治疗模式，来处理不同层次的问题，而不用停留于只是支持的治疗模式。譬如，假如发现夫妻都有特殊的心理症结，困扰他们的夫妻关系时，可以考虑采用分析性的婚姻治疗，经过分析来治疗潜在性的心理问题。或者，一对夫妻了解他们问题的本质，也知道如何改善，可是一直难与更改他们彼此的行为反应时，可尝试行为性的婚姻治疗。总之，要看问题的本质与治疗的进展，可以随即调节，做机动性的运用。

第二节　结构性婚姻治疗

婚姻的结构性治疗是根源于家庭的结构性治疗，是根据相同的观念与取向，只是单用在夫妻俩人的人际关系单位。给予家庭治疗时，其治疗模式之一就是"结构性家庭治疗"（structural family therapy）。其要点是去注意家庭成员间（包括父母与子女们），他们如何相互来往，保持他们的家庭结构，各个成员扮演何种角色，如何相互沟通来往，表露感情，如何分配权力或如何结盟与认同等。假如从结构上有问题时，就其结构的角度去进行纠正工作。同样的，在婚姻治疗里，也可以考虑采用结构性的模式与观点而施行"结构性夫妻治疗"(structural couple therapy),把重点放在夫妇俩人间的来往与结构的层次而进行辅导。也就是说,假如一对夫妻所面对的问题并不是外来的困难或挫折,而是夫妻间俩人本身的相处问题,如沟通的困难、情感的表达问题、角色的扮演不合适、权力分配的不适当的问题时,就可依据结构的观点而给予辅导。

一、从结构观念了解夫妻关系上的问题

结构性婚姻治疗的出发点就是从"结构"的角度来透视与了解夫妻关系与行为,并依此层次来研讨及判断夫妻关系与相互反应的问题。夫妻关系上的结构,可以从以下几个方向来探讨与分析,包括:俩人间的情感、俩人相互表达与沟通的情况、对夫妻角色的扮演、夫妇间的情感结合与联盟的建立、对里外界限的区别等层次来探讨,并判断是否正常与功能性如何。

沟通与表达——就夫妻俩人间的沟通(communication)来说,有些夫妻常常谈论日常生活里所发生的事,也能让彼此知道并了解自己的看法或所思,很少有私人的秘密,能畅通交流。可是有些夫妻虽然天天见面,生活在一起,却很少彼此开口谈自己的心事,也不能知道对方在想什么,还得去猜测;而且藏着自己的秘密,不愿让自己的配偶知道。有些人,特别是做先生的,总认为只要心理明白,不用开口说,而哪知许多事情不讲出来是没人会知晓的。尤其是东方国家的先生,不习惯去夸奖自己的妻子,认为这是肉麻或不需要的事,而哪知许多做妻子的,却常常内心猜疑自己的先生是否对自己仍有感情,存在着不安全感。有些人嘴里说的是一件事,所表现的动作或行为又是一回事,让对方不知是否可信任所说的话;或不懂如何去听取"非语言"的沟通,缺少了解的能力。这些沟通方面的问题,都是经过辅导可以改正或督促改善的项目。间接地改良夫妻间的情感关系。

角色的扮演——夫妻俩人生活在一起,要扮演夫与妻、男与

女、父与母或朋友之间的各种"角色"（role），共同发挥其相补相助的整体功能。可是有些夫妇，却无法在适当的时间与场合扮演应扮演的角色，或者发生角色混乱的问题，这些也可以经过辅导来纠正与改善。比如，当着客人面前太太拼命发言，提出自己的意见，而没有让自己的丈夫扮演"一家之主"的角色，丈夫觉得让外人发觉家里有只"会啼叫的母鸡"而难为情。或者当孩子乱发脾气而做父亲的却没有威严地去管训孩子，还得靠母亲来管教，妻子觉得自己的丈夫没法发挥做父亲的训导角色而灰心。这些都是夫妻之间对角色扮演方面不理想，需要辅导改善的例子。

结合与联盟——至于在家里受到别人的欺负，包括兄弟或姐妹的批评，邻居的嘲笑，而夫妻不会联合起来，共同去处理这些外来的麻烦，就称这对夫妇缺少联盟（alliance）的现象，不够结合（bond）的心力。一对男女经过长期住在一起，有浓厚的情感，相依为命，彼此间产生了强力的"结合"力量。一个家庭假如有问题，家里的某些成员联合起来对抗别的成员，或者应对外来的人，就称是他们有"联盟"的关系，共同去处理困难。例如，自己的妻子被嫂嫂欺负，做丈夫只会叫自己的妻子忍耐，甚至替嫂嫂讲话，反而趁机来攻击自己的太太，可以说是夫妻之间没有好的结合，也没有夫妻的相互认同，缺少了联盟的能力，是婚姻方面的漏洞。假如不趁早修补，将来是个大问题。比较健康的夫妻，有结合力的，丈夫一定会跟自己的妻子联盟起来，站在妻子的立场去应对欺负妻子的嫂嫂。

二、改善夫妻关系上的结构与角色扮演问题

假如从结构的观点发现夫妻间的人际关系与相互反应有某种问题时，治疗者要帮助夫妻去发现与认识，并想办法去改善。当治疗者向夫妻指点时，夫妻各自或同时的可能发生阻抗（resistance），不愿意去认识或不肯去修改，治疗者要去处理这些治疗上的困难。一般说来，假如夫妻能认识被指点出来的短处，并且愿意去改正

的话,辅导者可专心去协助他们去改善。这时,除了提供所需的支持与鼓励之外,可以利用行为治疗的原则,随时给予适当的奖赏或鼓励,督促他们的行为改变。最重要的不要只是口头上的讲,嘴巴上的答应,而要时时让他们当场尝试与练习,给予所需的指点,经过屡次的尝试而建立新的行为。必要时辅导者可以做示范,让夫妻经过观察而学习,养成适应性的新行为。

假如夫妻呈现阻抗的现象,不愿意尝试新的行为,就得好好研讨不肯更改的心理困难在哪里,首先处理存在的心理阻碍。比如,丈夫觉得去开口夸奖妻子,是很娘娘腔(女人气)的行为,有损大丈夫的尊严,那么还得探讨丈夫的这种想法是从哪里来的,是否是从小被灌输的观念;或者是怕被男的朋友们嘲笑,说做先生的还得去捧妻子的裙子。这些观念或顾虑需要去纠正,并且说明丈夫能夸奖女性才是绅士的作风,会让妻子心里高兴,提高夫妻间的感情。这样能把阻抗的来源处理好后,才能让做先生有足够的动机去练习向妻子说些好话,让妻子高兴。

三、策略性的计划并执行治疗

所谓策划性的治疗就是了解病情后,还要策划订立一套先后的治疗程序与策略,依序进行求得其效果。通常说来首先采用支持性的辅导,稳定面临困难而情绪不稳定的夫妻;接着再把焦点放在夫妻间相处上的毛病,经过结构性的辅导,改善问题的所在;必要时还进一步的分析夫妇间存在的情节,并且想办法化解。有时遭遇到困难,夫妻不肯依治疗的去向接受治疗时,还要采用较特殊的技巧来治疗。因此,称此治疗为策略性治疗。由于策略性治疗仍建立在结构性治疗的基础,因此,常合称是结构/策略性婚姻治疗。

由于华人对家庭的观念素来就保存着:"家要像个家的样子",上下辈的亲子要有分寸,而且各个成员要扮演各自应有的角色(如孔儒学说里,强调的父父、母母、兄兄、弟弟、姐姐、妹妹),

而且对夫妻说来，也有夫主外妻主内的说法，因此，以结构的观念而向华人解释，容易被接受。况且，对初学的婚姻辅导者说来，也比较容易了解，针对家人或夫妻间的沟通交往、情感表达、角色扮演、权力分配、相互的联盟等各个角度而去进行辅导，容易把握与操作。因此，从这个观点说来，结构性的婚姻辅导，对注重家庭结构的东方人（包括华人）比较适合运用。

第三节　行为婚姻治疗

行为婚姻治疗（behavioral marital therapy）就是依循个人的行为治疗（behavior therapy）的原则而应用在夫妻间的相互行为上。特别是用于要费力更改夫妻双方行为的时候，有其特别的功用。行为婚姻治疗是施行婚姻治疗时，随时可运用的治疗原则，也是可以一时专门采用的特别辅导模式。

一、采用"学习理论"来了解夫妻行为上的问题

行为治疗所依据的"学习理论"（learning theory），认为所有的行为都是依循"条件化"（condition）的原则，经过嘉奖或处罚而强化或减除。适当的控制与操纵嘉奖或处罚，可把某行为单位减除或强化。就此学习的学理观念可用来了解夫妻间所表现的行为反应，包括非适应性或适应性的，并经过适当的操纵可引起条件化的因素，而改变其相互行为结果。

夫妻关系是否适应良好，要看夫妻间所交换的"正性反应"与"负性反应"的多少与比例。假如夫妻间常相互交换并发生正性的行为反应，夫妻就会感到心理满意，而婚姻也就会比较幸福且稳定。反过来，夫妻间交换正性反应少，常发生负性的反应，彼此就常心情不佳，婚姻也适应不良。

经过行为科学家的观察，适应不良的夫妻，比起适应良好的夫妻较容易"相互性的"发生负性的反应。譬如，丈夫批评妻子的

缺点，妻子就反过来说丈夫的不好；太太指出先生的错误，先生就接着挖苦太太。如此一去一来的交换相互而连锁性的负性反应，相互刺激，提升彼此的不愉快，伤害彼此的感情。适应不良的夫妻，还有另一特点，即比较容易"反应性的"即刻发生反应。对俩人间所发生的事，无法延后等情绪稳定些再反应，而是当时即时性的、很情绪化的产生反应，特别是负性的反应。不管是否别人在，是何种场合，就冲出反应。譬如，不管对方心情不好，或当着孩子面前就批评起配偶来，不懂得等对方心情好些时，或夫妻俩人单独孩子不在时再冷静提出意见等。

二、运用"行为治疗原则"去改善夫妻关系

以"行为治疗"为取向的婚姻治疗，首先要观察并发现夫妻间的行为反应方式。认出"非适应性的"相应行为后，商讨如何去减除不良的行为反应；并且想办法培养且增强"适应性"行为反应。所谓"适应性"行为反应（adaptive behavior reaction）指的是个体或群体所表现的行为对个体或群体有积极性的帮助，可成熟性的处理问题，而对个体或群体有良好的结果，可适应实际的生活，帮助成长与生存。否则，就称是"非适应性的行为反应"（non-adaptive behavior reaction），包括消极或病态性的、非成熟性的不良行为反应。治疗者的职责在于教导夫妻如何相互合作，采用比较适应性的行为反应，而对适应性行为的发生供给适当的"鼓励"或"嘉奖"；对非适应性行为的表现加以"反对"或"处罚"，如此来改善夫妻间的行为反应方式。

比如，做太太的被先生夸奖她如何会烧菜时，当场感谢丈夫的鼓励；当太太安慰丈夫不用在外受欺负而生气，自己的心情最重要，帮他心情好些，做先生的可以表示感激妻子的支持。如此相互发生正性的（适应性、成熟性）反应，对夫妻彼此的情感有帮助。反过来，假如先生提高嗓门儿，想对孩子大发脾气时，做妻子的给予适时的提醒或警告，让丈夫停止负性的行为；或者妻子

第九章　婚姻治疗的各种模式

情绪不好，向丈夫啰嗦不停时，丈夫可以做个信号，请太太适可而止的停止继续唠叨的不受欢迎的（非适应性、幼稚性）行为。

行为性夫妻治疗的重点在协助夫妻去增加彼此间的正性反应，而减少负性反应；并且想办法长期地维持适应性的夫妻关系。由于适应不良的夫妻，通常缺少如何去应付且处理冲突的知识与经验，如何教导他们去解决困难，处理矛盾也是治疗工作的一部分。

三、配合认知性与行为性的辅导工作

所谓认知性治疗，就是帮助患者去发现脑子里所存在的非适应思维，并通过认知的层次与途径而给予更改。即：帮助患者了解其所持有的想法或见解是不适当的、不适应的、非健康的，而去纠正其看法。因为，一个人常因有了这样非适应的思维，而影响其心情与行为，需要去纠正。譬如，相信自己没有能力去处理困难，自己是没有用的人，而由于这些想法也就很少去尝试或努力，感到自己自卑而难受。经过辅导后，可以帮助他所相信的看法是没有根据的，非适应性的，而要改换新的想法，即：只要自己肯努力，多少都会有点成就，不要灰心。这是认知治疗的基本学理。经过认知的层次去进行辅导，相信进行辅导后，其随带的情绪与行为也会随之改变。因此，现在辅导者常跟行为治疗配合而使用，改变想法，同时改善行为。

这种认知与行为合并的治疗模式也可运用于婚姻上的问题。譬如：总是认为自己的丈夫不够好，不够帅、没有能力，而常去批评自己的丈夫的妻子，却不晓得自己这样负性的评论自己的丈夫，贬低自己的丈夫，无形中就在增加丈夫的自卑心，增加恶性的循环，让丈夫变成是没有用的先生。这种情况，辅导者就可以去帮助妻子去认识自己的非适应性思维与行为，督促她改变自己对丈夫的看法，并且多鼓励与夸奖自己的丈夫，把恶性循环更改为良性的循环。

第四节 分析性婚姻治疗

有时一对夫妻所困扰的问题并不那么单纯，是基于复杂的、潜在的、非意识性的情结而来，跟夫妻的过去个人发展史有关，或者是两方互相刺激深层情结而凑起来的问题，要以深度的眼光去透视，了解问题的真相，才能妥当的给予辅导。这时就需要依靠分析性的学理与知识来进行治疗工作，被称为分析性婚姻治疗（analytic marital therapy），可说是个人的分析性心理治疗的延续性运用于夫妻的辅导工作。

一、善用"动态心理学"的知识去分析与了解夫妻的行为

分析性婚姻治疗主要在运用精神分析的学理，以"动态"的取向去把握婚姻问题的本质及影响夫妻关系的情结，并着力去修改。分析性心理治疗的出发点，认为我们的情感与行为往往根源于过去的心理经验，与早期的人格发长及情结有关，影响到目前成人的心理与行为，包括夫妻关系。分析性婚姻治疗的要点是去分析这些影响夫妻关系的心理症结，经过了解与认识，去修正改善。"动态性学理"（dynamic theory）认为：我们的一举一动，包括我们日夜所思所想的所有的心理反应，甚至是精神症状的表现，都不是静态的性质，而是经过各种因素相互作用而呈现的动态性结果，而且常常有其意义、目的与作用，而不是偶然的呈现。这样的观点，认为我们的行为表现通常跟过去的经验有来龙去脉的因果关系，也综合性的受意识境界的因素与潜意识境界的动力的共同影响与作用而发生。也可说是深层心理学（depth psychology）的看法与观点。根据这样的学理观点而去推究我们所表现的心理与行为，包括人际间的反应。

根据这样的动态性学理，最基本的一个看法就是我们对男女之间的情感与关系，与我们幼年时跟自己的父母或祖父母等直接担

任养护的亲人有关系，并时时受此早期的经验的影响。特别是一个小孩在孩童时期，跟自己的父母所经验的三角关系，会奠定日后异性关系的模型。所谓亲子的三角关系情结（triangular complex），就是孩子除了对父母双亲都有喜爱的感情之外，另外还经历特殊的三角矛盾，即：对异性的父母有特别的喜好与情感，对同性的父母有排斥的关系。换句话说，在性蕾期的孩童阶段，男孩子特别喜欢母亲，想得到母亲的关心，而因此怕看不惯而要加以干涉的父亲；或者女孩对父亲特别撒娇，而对此情况不悦的母亲发生排斥相对的心理。这种孩童时期所经历的亲子间的特殊关系，是很普通的现象，是人人都会经历的阶段；等到年龄大一些，进入青少年期以后，就逐渐变得跟同性父母接近并模仿，即：男孩改变跟父亲要好，向父亲学习如何做男人；而女孩跟母亲亲近，模仿母亲如何做女性，放弃早期的三角矛盾与冲突的情况。可是，有些人在这方面的心性成长不顺利，就会遗留下来日后的影响，特别是交男女异性朋友，或左右跟配偶的情感关系。

比如，小时候对父亲撒娇的行为被母亲发觉，而常被痛骂不要脸的女孩，受过这样的心理打击后，日后对异性就不敢轻易地表露喜好的感情。严重时对自己的丈夫也不敢表现要好的情绪，唯恐被（母亲）责骂似的，是小时遗留下来的心理创伤。或者，小时对邻居女孩玩婚姻游戏，扮演新郎与新娘而亲热时，曾被父母发觉，被痛打一顿，受严重处罚的男孩子，长大后就怕跟自己妻子过分接近，好似又会被父母责打似的，都是与早期的心性发展打击有连带的关系。

有些男人从小由寡母一心养育，缺少跟父亲角色的男性接触，没有男人模仿，就算是结婚后仍跟母亲很接近，无法跟自己的妻子建立夫妻亲密的结合。万一母亲跟妻子发生冲突时，只会袒护母亲，不会替自己的妻子说话，不懂如何扮演丈夫的角色，也是早期的心理情结影响目前婚姻关系的情况，都要以分析性的、动态的眼光去了解，就过去的情结做治疗。

二、协助夫妻沟通并认识彼此行为的动机或潜意识性的情结

由于许多"神经症性"的病态行为（neurotic behavior）是潜意识地经过心理情结而引发，本人常不知觉或是不愿去体会及正面意识，治疗的目的仍在发觉探讨这种病态的夫妻行为。所谓"神经症性"的病态行为指的是一些情感或行为表现特殊，非正常，而且是常识上无法了解的非适应性表现。譬如，妻子心理上极想称呼并看待自己的先生为"哥哥"，跟丈夫维持兄妹的同胞关系，而不喜欢男女的夫妻关系；或者，丈夫不敢替自己妻子讲话，唯恐会得罪自己的母亲；妻子常受丈夫虐待而没有不满（还很欢迎被虐待的情况），都是"神经症性"病态行为的一些例子，常导致不正常且非健康的婚姻关系。这些行为多半是根据过去的情结，不知所然地表现，要靠治疗者来发觉、解释并提醒。

有些夫妻间的行为并没有那么病态，但是属于非适应性的，常常习惯性的发生，影响着夫妻的关系，经过治疗者发觉后，给予提醒并注意。比如，丈夫提到将要出差的事，妻子就没搭腔，脸上没有喜色，可是先生毫没注意继续讲他的事。这种妻子不敢提出自己的感觉，而丈夫又无法体察的非良性反应，是非适应性的反应。假如这是他们婚姻问题的根源之一时，治疗者不但观察、发觉，还要提醒，并督促他们自己去检讨、沟通、谈论，帮忙他们去注意非语言的沟通与交谈的要领，经过认识自己行为方式而商讨改善的方法。分析性的着眼点是内心的感觉与情绪，不是被口头讲的，认知上的理由。要去注重的是：经过身体的动作与表情而表达的"非语言"，而不是纸上列出来的大道理。

分析性治疗还注意"转移关系"（transference）的现象，运用于治疗工作上。转移关系，指的是把过去幼小时对自己的主要抚养者（通常是父母）所建立的关系（包括感情、角色、态度、关系上的习惯等）转移到目前与他人的关系上。假如过去与抚养者有特殊而尚未解决的情结问题时，仍会呈现在目前与他人关系上，

第九章　婚姻治疗的各种模式

夫妻间的来往相处会受此种转移关系的影响。譬如，小时常受兄姐欺负，怕兄姐的权威而不敢正面反抗的人，假如与有权威性的配偶结婚时，容易重演同样情况，不敢也不会向自己的配偶表达自己的意见而苦闷。同样的，小时很害怕有权威的父母，而在婚姻治疗的过程里，也容易把治疗者当做是权威者，难以向治疗者表达自己的想法。治疗者要善用这种治疗过程上所观察到的行为资料而运用于治疗工作上。事实上，婚姻治疗是夫妻男女与治疗者的三人相互反应，特别容易显出三角关系的转移关系，分析性治疗者应懂得善用。

从临床上的经验说来，一对夫妻总是有情感上的矛盾，长期性的有困难而无法解决时，就要考虑是否是受着自己个人的亲子三角关系情结的纠缠，表现在跟自己配偶的关系上，不容易解决。这样的情况就得根据三角情结的角度去进行辅导（Guerin et al., 1999）。

所谓"同解心"（empathy）又称是"同理心"，特别用此专业名词来跟"同情心"（sympathy）区别。关于同情心，我们都知道，是去体会别人的心情而发生心情上共鸣的情况。也就是说：一个人会受对方的心情状态而被感染，深受其影响。任何人都有表现同情心的能力（只有患自闭症的小孩会缺少这种能力，跟别人建立不起通常的情感来往），是主观性的心理经验与反应。同情心的结果，常止于心情上的共鸣而已，受其感染而也发生情绪上的难受，没有再一步去协助或处理问题的反应。

至于同解心，是比较再高一层的心理境界与能力，能去替对方设想、"理会"对方的情景、"了解"对方的处境，而且能比较客观地去考虑如何是好，如何对待对方，如何协助对方的心理能力。通常比较成熟的父母，对自己的孩子的心理能通过这样的心理能力而去"理会"与"了解"，并同时考虑如何是好，替孩子设想。明知孩子听了不悦耳的忠言也要说，好帮助自己心爱的孩子。同样的，一对成熟的夫妻，需要彼此都有此心理能力，去相互"理会"与"了解",包括比较潜意识的想法、欲望或要求等。只有这样才能表现比较成熟的来往关系。分析性治疗的要点,也就是要协助夫妻间能相互沟通,超越"同情心"的境界,而能发挥"同解心"或"同理心"去比较有深度的体会并了解对方的欲望或情感,提高一对夫妻相互理解与相处的层次。

三、意识性地商讨具体改善的方向与方法

分析性治疗的关键不只在分析发觉"神经症性"的病态行为,让夫妻彼此审查意识,获得心情上的"领悟"(insight),主要还在如何去改善与纠正。这要靠夫妻俩人的共同协商与合作,并由治疗者来启发与督导,是治疗的主要过程。从专业的立场来说,不仅要达到"理智上的领悟"(intellectual insight),"脑子"里懂得自己的毛病与情结是什么,还要达到"情感上的领悟"(emotional insight),要从情感上能有所改变。譬如,不仅知道做丈夫的首要课题是跟自己的妻子能建立情感的结合,并且能联盟起来,心里还能这样想,行为上这样去做,而且心情上能接受;不会觉得不应该,不好意思或是勉强;表现起来情感上还觉得舒适。这样才被认为是得到了从"心"里表示出来的"情感上的领悟"。这是分析性治疗的最后要求。为了达到这种情感境界的根本改变,要经历重复的练习与更改,是长期的修通工作。因此,要施行长期的治疗过程。

四、特别注意如何更改夫妻"相互适应"的模式与习惯

分析性治疗的另一着眼点是个人的"心理防卫机制"(defense mechanisms)。即一个人使用何种的自我防卫机制来处理困难或挫折。从此观点扩大,进而分析夫妻俩人相互采用何种反应方式来适应彼此,或处理外来的困难。治疗的核心是研讨并督导夫妻采用较成熟的适应方式,去改善他们的关系。

譬如,妻子很怕丈夫,不敢表示任何自己的意见,即使丈夫有

无理的要求，不但忍气吞声不敢反对，还反过来说是好的意见（呈现"反向作用"），牺牲自己的需要而去迎合先生的意见，夸说丈夫的想法是好的。或者，先生对妻子毫无办法，没有能力去给影响，对妻子的主张只是阳奉阴违，嘴里还说是："大丈夫不跟女斗"，（即采用"吃不到葡萄说葡萄酸"或"理智化作用"），靠这样的话（与逻辑或道理）来安慰憋气的自己。心理防卫机制有幼稚与成熟各种不同程度的划分，以分析性为取向的治疗者就靠这样的眼光来衡量夫妻相互行为反应的本质与水准，而加以了解，并督促更改，使用较成熟的适应方法去处理问题。

五、分析性婚姻治疗的运用

以精神分析的学理与经验为基础的治疗方法是较特殊的心理治疗模式，是针对有特殊情结所做的治疗。被治疗的患者要有相当的水准，能做内省、会了解心理的境界，并且要有相当的动机与自我能力才能接受。假如夫妻一方没有这样的条件，就不容易施行。因此，实际运用上有其限制。并不是能给任何夫妻施行的辅导模式。可是以分析为基础的学理，可以协助治疗者深层次去了解夫妻的心态及情节，可帮助辅导工作的进行方向，可以说是有用的学说。换句话说，治疗者可以依据分析的学理来了解接受辅导的夫妻的心理与情结，进行以分析为取向的辅导工作，但并不一定要墨守成规分析性的治疗模式。

唯一要注意的是，精神分析是以个人的内在精神为焦点而发展的学理，应用在婚姻治疗时，不能忘了所关心的是夫妻的人际关系，有婚姻方面的独特性质，还要加上对婚姻的知识才可以。特别是不能过分注重在夫妻一方的个人心理问题，而忽略了如何平衡辅导夫妻两方的辅导职责。假如辅导者发现主要的问题还是个人的深层心理情结的话，就针对该配偶给予个人的心理治疗，偶尔配合所需的婚姻辅导。

第五节　其他模式的婚姻辅导

上述各种辅导模式主要是针对病理的了解以及辅导方向的不同而讨论的。主要还是受个人心理治疗上区别不同模式的方式而区别婚姻辅导的模式。除了这样的区分以外，还有其他模式，就某种看法而强调比较特殊性的辅导方法与策略。让我们列举一二而加以说明。

一、情感婚姻辅导

所谓"情感婚姻辅导"或者"着重情感的婚姻辅导"（emotion focused couple therapy）（Johnson，1999）是把婚姻问题的发生看成是源于夫妻俩人间的情感与黏密有所缺陷或发生了动摇而产生的。因此，其辅导的主要重心乃在树立或稳定夫妻间基本的黏密关系，进而恢复彼此间的基础性情感。所谓"黏密"（attachment）原来是指孩子对自己的养育者（即父母）所建立的依赖情感与亲近关系，是人与人之间的基本相互关系与情感的基础与根源。有了足够的亲近与黏密感，就得到安全的感觉而且心情稳定，并能发挥适应性的行为并与人相处。这种幼小孩子对养育者的黏密感及其需要，被推广而认为成人后仍有其黏密于他人的心理与感情需要。特别是通过跟配偶的亲密关系而得到黏密的满足。假如不是如此，从配偶那里得不到黏密接近的感觉，就心情不稳定，而发生心理与行为上的问题，无法经营美满的婚姻生活。因此，婚姻辅导的主要焦点是摆放在如何树立或恢复配偶间所需的相互黏密依赖的心理感觉。

这种以情感为焦点的婚姻辅导，对于丈夫比较不会或不习惯于跟妻子沟通与表达情感，无法让妻子感到丈夫的关怀与情感时，比较适用。许多男人比较习惯于自主独立、注重理智，而少有习惯与技术来向自己的配偶表达内心的感觉，也不善于表现正性的感觉，让需要感情的妻子感到感情上被遗弃或忽略，心情不稳。因此，在辅导上要帮助夫妻能比较轻易的表达彼此的内心需要，协助他们能促进彼此的情感上的粘密与亲近，进而间接地改善彼此间的来往与相处，提高婚姻生活的品质。

二、整合婚姻辅导

"整合婚姻辅导"（integrative couple therapy）是注重各方面的改善而整体性的更改夫妻的关系及婚姻生活（Lawrence et al.，1999）。在传统性的（结构性）夫妻辅导里，通常都注重如何改善夫妇间的沟通能力与技术、促进彼此间的感情、改善共同处理问题的适应能力。可是针对整合婚姻辅导者说来，他们所持的基本观点是：除了这些辅导上的方向与策略以外，还得加上另一个层次，即：督促夫妻间相互的"接受"。其基本的出发点是：即使夫妇双方如何努力改善彼此的沟通交流、感情表现、适应方式，毕竟夫妻仍会有若干的差异，无法达到理想程度的满意。而夫妻要能好好相处，共同经营和谐的婚姻关系，还得学会如何"相互接受"（acceptance）。即认定夫妇间可有差异，可能不十全十美，跟自己的期望有所相差，但也就如此接受，少灰心、少抱怨。假如可以的话，自己改善自己，少求全要求对方。这样，反而能提高夫妻彼此间的合作，共同面对与处理问题。这样就从各种方向与策略来改进夫妻间的情感与关系是整合婚姻辅导的要点。这种辅导方式对于夫妻的性格比较属于自爱、对自己的配偶有许多幻想与期待，而总是感到不满意的情况时，可以帮助他们脱离青春期对异性的幻想阶段，放弃追寻白马公子或美丽公主出现的自恋性期待，而去接受现实里存在的配偶。

三、塑像关系婚姻辅导

"塑像关系婚姻辅导"（imago relationship therapy）是一群心理学家基于其学理而共同推展的婚姻辅导模式。他们认为，我们个人寻找对象时，常受我们早期养育者的塑像（或形象）（称 imago）的影响，而与跟养育者相似的塑像对象而结合。可是，我们不仅寻找有那样塑像的异性对象为配偶，还希望能从结合的对象（即配偶）那里获得自己幼小时从自己的养育者没有得到的东西，好补偿并督促我们人格的继续成长与成熟。换句话说，对象的功能不仅是让我们满足并重获我们幼小时从养育者那里曾得到的关系，还得进一步弥补不足或缺少的地方，好协助我们个人的完满成熟（Luquet，2005）。假如夫妻俩人彼此都能得到接近这样塑像的异性对象，而且能从对方得到相互补助并促进成熟而所需的缺少部分，就可发生相互协助的功能，导致好的婚姻关系，并能维持有意义与功能的婚姻生活。

　　从学理的角度说来，塑像关系婚姻辅导者认为，夫妻不仅要有好而能彼此相处的夫妻关系，而夫妻所经营的"关系"（relationality）本身就是一种婚姻生活的基础、力量、根源与要点。换句话说，并不是夫妻要经营出来的相处关系（包括沟通交流、情感的交往等），而是由其经营的关系而发生夫妻的各自存在、意义及功用。因此，辅导的重心是去探讨分析究竟是怎样的"关系"，是否是相互提供彼此所需的关系、是否督促彼此进展的关系、是否帮助彼此相互成熟的关系。

　　从辅导的操作上说来，辅导者要协助夫妻去进行几样事情（Mason，2005）。首先要求夫妻去沟通，表达自己的想法、意见与感情，但要确定对方确实接受到其信息，犹如照到对方的镜子似的确实的沟通，被称是镜子反照（mirroring）。对方不仅要听到也得了解到非语言的表达与信息。接着还要能彼此确认（validation）对方所传达的信息，并且就现实情况而体会其意义。最后还得鼓励彼此能善用同解心（empathy）而能有深度的体会对方的心情，跟对方有真实而密切的连接。

　　简要说来，塑像关系婚姻辅导的重点并不是操心如何去改善夫妻间的关系，而是关怀夫妻间所建立而所依赖的"关系"到底在发生什么样的作用与功效，是否相互帮助配偶对方的成长，弥补心理上所需要的鼓励与督促，促进共同的成长与否。因此，所关心的"关系"是比较另外一个层次的关系。

第六节 治疗模式的选择与综合使用

如上述治疗的学理依据可区别各种治疗模式，可以说是五花八门，各有千秋。各种模式有其特别的看法、学理根据及所采用的技术上的特点与适用性；但也有其短处与限制。而且常创用不同的措辞与观念来说明与强调，而实际上是在注重与强调同样的事情。因此，作为临床工作者不要太拘泥于各个的模式，最重要的是要能融会贯通，并能依情况及所需做适当的选择与综合运用，不宜固定拘泥于学理上的派别。有经验与把握的辅导者会学到：如何就夫妻对象的不同、婚姻问题的不同、治疗经过的不同，而适当的去采用各个不同的治疗方法。

有的治疗者还懂得把不同的辅导模式配合起来共同使用。如：把分析性辅导与行为治疗的原则与技术合并起来一起使用（Segraves，1982）。即：利用分析的观念与技术去了解配偶的个人深层心理与情结，但辅导上却利用其内心精神资料去进行夫妻间行为上的矫正与更改。

通常说来，当夫妻面对情绪上的打击，心情不稳定时，要利用支持的模式给予帮忙，求得夫妻心情的稳定。特别是遭遇突来的挫折或困扰时，要协助夫妻渡过他们所遭遇的困难。等到问题平静下来后，逐渐去检讨夫妻间的相互反应，检讨有何结构上的来往问题，就夫妻本身的关系去施行辅导。假如有潜意识的问题或过去的情结在影响目前的婚姻关系，就考虑以分析性的方式与要领去了解问题的本质，注重适应问题的模式。如何注重认知上的了解与改变也是个途径。若是遭遇到行为方面更改的困难，或许可改用行为治疗的要点与技巧，来督促行为的改变。

一般来说在治疗开始时，应多提供说明、解释、支持，以支持性的治疗来稳固患难中的夫妻。接着以分析及动态的眼光明查问题的根源，以结构的角度把握问题的性质与所在，然后以行为治疗的原则来推动行为的更改，督促相处关系的改善。假如有困难，借用策略性的构想与技巧来处理治疗上的阻抗与困难。这是治疗者可考虑与运用的通常要领。当然还要考虑社会与文化的背景，根据每对夫妻的情况做适当的调节。

　　总之，辅导者要能熟悉各种治疗模式的学理与要点，并能随时综合性的运用。不能拘泥于某种治疗模式，呆板性的照搬使用。由于夫妻的问题是千头万绪，要随机应付与处理。况且，治疗的过程往往并不是很单纯，时有起伏与变化，辅导工作也得斟酌情况而随时调节，做机动性的应用，综合使用各种治疗模式的长处。

参考文献

1. 曾文星. 夫妻的关系与婚姻治疗. 北京：北京医科大学出版社，2001.
2. Crowe, M. Psychotherapy with couples. In M. G. Gelder, NC. Andreasen J. J. Jr. Lopez - Ibor, K. R. Geddes (Eds.). New Oxford textbook of psychiatry, Vol. II (1369 - 1380). Oxford, UK：Oxford University Press，2009.
3. Donovan, JM. (Ed). Short - term couple therapy. New York：Guilford Press，1999.
4. Guerin, PJJr. Fay, LF. Fogarty, TE. & Kautto, JG. Brief marital therapy. The story of triangles. In L. B. Kadis & R. McClendon (Eds.)：Marital and family therapy (pp. 103 - 123). Washington DC：American Psychiatric Press，1998.
5. Harway, M. Handbook of couple therapy. Hoboken, NJ. Jon Wiley & Sons. 2005.
6. Jacobson, N. & Gurman, AS. Clinical handbook of marital therapy.

New York: Guilford Press, 1986.
7. Johnson, SM. Emotionally focused couple therapy: Straight to the heart. In J. M. Donovan (Ed): Short-term couple therapy, (pp. 13-42). New York: Guilford Press, 1999.
8. Lawrence, E. Eldridge, K. Christensen, A. Jacobson, NS. Integrative couple therapy: The dyadic relationship of acceptance and change. In J. M. Donovan (Ed): Short-term couple therapy (pp. 226-261). New York: Guilford Press, 1999.
9. Luquet, W. A theory of relationality. In H. Hendrix, HL. Hunt, MT. Hannah, & W. Luquet (Eds.) Imago relationship therapy: Perspectives on theory (pp. 226-261). San Francisco: Jossey-Bass, 2005.
10. Mason, RC. Imago, relationships, and empathy. In H. Hendrix, HL. Hunt, MT. Hannah, & W. Luquet (Eds.) Imago relationship therapy: Perspectives on theory (pp. 139-161). San Francisco: Jossey-Bass, 2005.
11. Segraves, RT. Marital therapy: A combined psychodynamic-behavioral approach. New York: Plenum Medical Book Company, 1982.

第十章 婚姻治疗的程序、困难与疗效

第一节 婚姻治疗的会谈次数与辅导期间

从临床经验与观点说来，婚姻的辅导通常要考虑以短期心理治疗（short-term psychotherapy）的形式而施行，在短期内开始与结束（Donovan, 1991）。其理由有以下几点：当夫妻面对问题或困难时还有动机接受辅导，但是问题有点解决，困难有点解除，雨过天晴，夫妻往往就不一定想继续接受辅导。特别是丈夫常有这样的趋势，不太喜欢长期来接受辅导，讨论心理的事情。从开头就计划给予短期的心理辅导，可以让夫妻感到不用花费太长的时间来接受辅导，因此，愿意开始接受辅导。同时这样也会让辅导者积极的给予辅导，希望能在短期内完成辅导的功效。

所谓短期心理治疗通常指的是给予五次到十次左右的辅导会谈，在两个月左右的期间里结束其治疗的过程。这种短期的心理治疗，通常以认定的、局部性的目标而给予治疗，重要在协助处理遭遇急性应激、困难的情况。长期心理治疗（long-term psychotherapy）指的是比较长期性的辅导，通常要给予十次以上的会谈治疗，甚至是数十次，在三四个月以上的时间进行辅导，有时是半年或一年以上。这样的辅导工作，容易以个人心理治疗的模式进行，主要注重个人的性格与特别的心理情结为辅导的目标。

一般说来应当夫妻一起来参加婚姻辅导。当其开始时，建议每周来接受辅导会谈一次，每次会谈约定为一个小时半（必要时，就两个小时）。这样比较有充足时间进行必要的探讨，审查，并且

第十章　婚姻治疗的程序、困难与疗效

开始治疗上的建议。如此，每周一次会谈而进行两三次，最多五六次的会谈，进行初期性的辅导，完成诊断与初步治疗的工作。如此，经历大约一个月（或顶多两个月）的辅导时间，进行中期性的辅导阶段后，就考虑是否改为每两周来会谈一次，逐渐进入末期的辅导阶段，准备结束。辅导结束后，可以请夫妻于一个月后回来做追踪性的会谈一两次，就可以停止其辅导的过程。除非有新的问题，就不再回来会谈。

总之，要以短期心理辅导的模式，积极且尽快地进行辅导工作，不宜拖拖拉拉的，无限期的给予辅导，否则功效不大。况且接受婚姻辅导的夫妻，往往在外有工作，不容易经常请假来接受辅导。因此，这也是推行短期婚姻辅导的另一现实上的理由。

第二节　婚姻治疗的程序

大家都知道，任何心理治疗的施行都要逐步进展，并且经历各个阶段，有先后的过程；婚姻治疗也不例外，要以阶段性的观念给予辅导（Butler & Joyce, 1998, Cohen, 1999）。在此让我们按治疗的初期、中期、终期而逐项说明。

一、治疗的开始与初期

（一）听取申诉与澄清治疗的目的

当夫妻共同接受辅导时，要听取他们各自要申诉的问题是什么，他们彼此对辅导的期待，以及他们对自己夫妻关系将来的期望。夫妻要申诉他们的问题时，要考虑让谁先开始。一方面是要看他们夫妻是谁做主，谁比较急于提出问题；另一方面是看看当着配偶的面是如何叙述困难的本质。当然也要考虑并遵从社会与文化上的习惯。假如是比较传统的社会，大家习惯上认为需要注重："丈夫主外，妻子主内"的习惯，在观念与习惯上很强调夫妻间的高低阶层与权利分配的话，那么就要尊重他们遵守的作风，先让丈夫先开口，开始表达他做一家之主的看法。否则，让太太先开头讲话，把"家丑外扬"的话，就会得罪丈夫的尊严与考虑，得不到先生的合作，破坏辅导的开始。

特别要注意的是夫妻单独跟辅导者谈时所提的问题，跟在配偶面前所提出的可能会有差别，表示有所顾虑。辅导者要考虑这种顾虑，不要当场揭发，搞坏夫妻的关系，应等辅导进展顺利，夫妻对辅导发生信赖以后，再逐渐提醒他们还关心的问题，逐渐往各自所关心的核心去做辅导的工作。

有些时候夫妻所提出的问题不会一模一样，会有不同，表示夫妻有各自的看法，提出的问题也有所不同。辅导者要帮助他们去把不同的问题联系起来，澄清辅导的共同方向。

（二）说明辅导的原则，并协商遵守的规约

辅导开始后，最好从头就能向夫妻解释说明夫妻辅导要遵循的基本原则，建议夫妻要能从头至尾都能共同参加辅导的会谈，尽量少缺席，以发挥辅导的效果。也要说明辅导过程中可能面对的困难，包括夫妻无法同步调地共同改善，而需要相互协调合作。特别要说明辅导者的职责，不是在评审判断夫妻哪方的错与对，因此要避免相互急着向辅导者"告"对方。辅导者也要澄清辅导者的职责不是替夫妻做重大事情的决定，只是辅助他们自己去改善他们相处的方式，间接的解决他们所遭遇的困难。顺便说明辅导者不会袒护哪一方，尽量保持中立，但是随时会协调夫妻俩人间的不平衡，督促双方的共同参与。必要时，也说明对隐私的处理原则，并鼓励夫妻彼此能公开谈论，经过沟通来改善相处的关系。

（三）供给所需的支持

来接受辅导的夫妇通常已经闹着情绪，或者受困难的困扰而情绪低落，辅导者要给予安慰与支持，希望经过辅导来改善他们的问题，减轻他们的困难，让他们对将来抱着一点希望。由于夫妻的私人关系很难做预测，辅导者千万不能向夫妇预料他们的将来一定会如何，也不能事先保证一定可以解决他们的问题，以免提供不确定的保证与希望。

（四）对问题本质的初步判断，并计划大致的治疗方向

辅导开始后，希望治疗者能在两三次的会谈里就能画出一个轮廓，了解夫妻所处的问题的大概，对他们所遭遇的困难本质有基本上的把握。基于初步的临床分析与判断，接着就要能规划出治疗的方向与想采取的步骤如何，并开始进行尝试。

二、治疗的中期与进行

（一）逐步改善问题

不管是怎样的婚姻问题，决定辅导的方针与策略以后，就逐步进行辅导的工作，督促夫妻间的行为改善。包括：沟通交流的改善；了解彼此行为的动机与理由，进而增加彼此的谅解，培养情感；相互的提高同理心的能力，能体会对方；调整所扮演的角色，发挥夫妇相处的功效；改善对外的人际关系，保护夫妻的联盟等等。

（二）善用各种辅导技术，督促改善

辅导的进行可有不同的模式与技术，要考虑夫妻问题的性质而适当的选择使用。也要考虑辅导过程的进展，进行适当的调节。大致上说来，在早期要注重让夫妻能跟辅导者建立良好并信赖的关系，了解辅导的进行要领。通过分析的技巧了解夫妻关系上的问题与情结后，就要在认知、情感、行为的各个层次去进行辅导工作。最主要的不是只是脑子的了解，而要实际行为上的更改。

（三）处理可能发生的各种阻抗

虽然夫妇俩人同意去接受辅导，并共同来改善他们的行为与关系，可是实际上事情往往不会那么单纯简单，会遭遇系统性阻抗与个人的心理阻抗。所谓"系统性阻抗"（system resistance）指的是由夫妻合成的系统单位所表现的阻抗。任何已经带有惯性的系统被要求更改时，会发生系统上不容易变化的阻抗，不让新的系

统形成。也就是说夫妻的关系，即使是非适应的不良关系，但是已经形成习惯也就不容易更改，要变成是适应性的行为，需要经过一段时间去改变，要下工夫去努力更改，才能建立起新的行为系统。

至于"个人心理阻抗"（individual resistance）指的是夫妻个人所发生的个人性心理上阻抗，经过潜意识的心理，不愿意更改而发生阻挡。譬如，向来是很霸道的丈夫，虽然体会到他的强权行为让妻子受不了，需要改变，否则会毁坏婚姻的美满，可是潜意识里却不肯放弃霸道的行为，需要靠强权霸道的行为来维持内心的满意。因此，经过辅导而鼓励他变成温柔不霸道时他会潜意识的不赞成，找各种理由来违抗，不愿意更改；再勉强他时，他就干脆不来会诊退出辅导。反过来，一直诉苦丈夫太不讲理，总是用权利压迫自己的妻子，经过辅导而被鼓励要自己拿出勇气，坚持自己的意见，对抗丈夫的霸道时，内心却会害怕，唯恐会得罪强权的男人，或者内心喜欢被压迫而潜意识的不肯合作，迟迟不改变作风；过分督促时就会找理由或发生身体不适的现象来阻碍辅导的进行。

这两者不同来源的"阻抗"（resistance），即集体系统跟个人的阻抗，可以同时发生，变本加厉地阻碍治疗的成效。由于配偶一方不来参加辅导或者常缺席，难于顺利进行辅导的工作。作为治疗者要敏锐的观察并且适当的处理，特别是把督促更改行为的速度做适当的调节，减少这些阻抗作用的强烈发生。治疗者要了解夫妻俩人有不同的个性，有不同的动机，夫妻要改变的步伐常会不相同，如何保持夫妻俩人的进展速度，能协调是治疗上的一项要领。跟女人比较起来，男人通常对于接受辅导不会那么积极；因此，如何能让先生继续有兴趣与动机跟妻子一起来接受辅导而不会中途而退出，是治疗上要特别注意的要点。假如能做到这一点，辅导已经是成功一半了。

（四）探讨治疗进行的情况

为了避免各种意想不到的并发作用，特别是夫妻俩人步调不协调的问题，辅导者要时时跟夫妻共同讨论并探讨辅导进行的方向如何，改变行为的速度要求如何，了解辅导进行的情况如何。必要时，随时做必要的调节或更改辅导工作的进展要求，让夫妻俩人能同步骤进行行为的改变。

三、治疗的末期与结束

当辅导工作进行得还可以，有相当的成就，决定要结束以前，最好能再考虑到下列一些事情，以便求得事情结束得完善些。

（一）稳定并维持新建立的适应状态

由经过辅导的督促而改善的适应性行为，是新学习到的、刚建立的行为方式，还不稳定，需要经过一段时间重复实行后才能稳定下来，形成新的惯性行为（或者说是成立为新的反应系统）。因此，最好不要草率的就结束辅导工作，需追踪观察一段时期，而逐渐结束辅导。通常可以把辅导会谈的间隔逐渐地拉远，把次数渐渐地减少，最后才结束。

（二）练习夫妻自行改善

在治疗的末期，辅导者要开始逐渐采取不是那么积极的姿态，不要时时都给予意见、提议，而开始要让夫妻自己练习观察问题如何发生，如何去解决，如何采取行动自行处理，以便辅导停止后夫妻还能有办法自行应付他们的问题。即由他们自己担任辅导者的职责而进行自我辅导。

（三）结束治疗，并考虑追踪会谈

如同其他辅导工作一样，婚姻治疗结束之前，辅导者要能总结性的说明他们夫妻原来的问题的本质，是靠何种因素与方法来解决；同时也让夫妻知道他们的好处在哪里，潜在能力是什么，将来的重点要放在哪里。特别要提出将来要如何预防问题的再发生，需要注意何种婚姻的卫生。并且建议，万一有何重大的困难发生，要及早来接受辅导，把大事化成小事。

第三节 婚姻辅导可遭遇的各种治疗上的困难

一、不确实或不坚持的动机

这是常会面对的困难之一,即夫妻双方来接受辅导,但并不见得双方都有浓厚的动机想改善他们的婚姻问题。最常见的是妻子很想改善夫妻关系而去保持婚姻,但丈夫却并不那么关心,不热心想维持他们碰上困难的婚姻关系。有时丈夫只是敷衍的随从妻子来接受辅导,但没有内心里想改善的动机。有时是自己或向他人找个借口,说是尝试了婚姻辅导但没有效果,好有个充足的理由而提出离婚的建议。有些丈夫背后已经有其他心上人,早就想离婚,只是不好意思提出离婚,而靠婚姻辅导不成功的事实而来要求离婚的。这些都是治疗上注定要失败的原因,辅导者要小心去审查,早期发现并尝试去处理。

二、不平衡的进步与改善

针对一个人而给予的个人心理治疗,我们往往可以发觉在一个人的内心里,有部分会很快的改善,而另一部分则比较迟慢,甚至有阻碍。譬如,脑子里很清楚自己需要戒烟,以免妨害自己的健康,可是自己的欲望却难以控制,看到香烟就要动手去抽,是认知上的领悟与情欲上的控制还没得到协调一致的情形。或者对某人有时感到很气愤,但有时又很喜爱,爱恨交加,发生感情矛盾的情况。尽管这些不平衡的状态,发生在同一个身上,在辅导上要注意其平衡性的改善,不会有太大的问题。

但是在婚姻的辅导工作里就不那么简单。因为夫妻双方有各自不同的进展,以不同的步伐更改自己的情欲与行为,不见得会很协调,同步进行改善。有时,男女双方接受辅导与治疗以后,一方比较迅速地改善,变得比较成熟,而另一方配偶却不见得如此。

结果，变得比较成熟的配偶，对迟迟还不变得成熟（或者根本就无法成熟）的另一配偶就发生不欣赏的情况，导致对婚姻关系的不满意。严重时，由于发现夫妻间的差距变得大而无法靠拢，也就考虑分开。换句话说婚姻辅导的实施，导致了离婚的结果。因此，如何保持两方平衡地同时改善，是辅导上要去思考的问题与课题。

三、其他阻力与困难

有时夫妻双方来接受辅导，只是为了其他理由而来尝试辅导。最常见的是，为了孩子的缘故想保持婚姻关系，但内心里并没有想改善夫妻间的情感与关系。有时是为了离婚后孩子的安排与归属的问题或财产的分配，受律师的建议而来接受一下婚姻辅导，将利用其尝试接受辅导的事实运用在法院里为其辩护与争利而来辅导的。假如有这样预先安排的动机，对辅导就没有兴趣，只是来做作而已，浪费辅导者的用心与精力。因此，从开始就要去探明其接受辅导的实际目的。

第四节 婚姻治疗的效果

一、影响辅导效果的各种因素

作为辅导者也好，被接受辅导的夫妻也好，都想知道面对困难的夫妻，假如他们接受治疗以后其效果将会如何。针对这个问题，我们应当了解婚姻治疗的效果，受若干因素的综合影响，最主要的是婚姻问题本身的性质与严重性。一般说来，婚外情的发生属于严重的问题，而相对的夫妻间的相互适应问题是较轻而容易改善的问题。接着要考虑的是婚姻问题发生的时间，是属于急性或一时性的困难；或者是长年累积下来的慢性问题。就算是夫妻闹情绪，是闹得很厉害的初期，或是已经连闹都不想闹的慢性阶段，都会有不同的预后。越是急性的越是容易改善;而慢性的问题就要靠许多努力才有希望。

影响辅导结果的其他显著因素是:夫妻想改善问题的动机与欲望,以及夫妻各自的性格与适应能力。除了这些心理因素,还要看家庭、环境等客观因素,才能做整体的评估与预测。

二、婚姻治疗效果的评价

一般说来,问题已经很严重的夫妇,很少会想来接受辅导;而夫妻双方想来接受治疗的表示有希望,可以说问题已经不大才肯来接受辅导。肯来接受辅导的就可以受惠辅导的功效,改善他们的夫妻关系,对将来的婚姻生活会有好处。因此,发现有婚姻上的困难,经过夫妻自行解决而不太有起色时,就要考虑接受专业者的协助。

临床上的经验与研究显示,夫妻接受辅导后,其疗效并不那么很乐观。根据美国学者的研究(Gottman, 1991. 3 - 30),接受婚姻辅导的夫妻,大约三分之一会改善其夫妻关系。但是经过一年后的追踪调查,却发现这些当时改善了夫妻关系的夫妇,只有三分之一还保持着他们的婚姻生活。换句话说,接受婚姻辅导的夫妻,只有30%的夫妇还能在一年后仍保持他们的婚姻关系,而其余的却离婚了。当然,我们要考虑这是发生在离婚率高的美国社会,根据一般统计,婚后40年期间里50%~60%的夫妻会离婚。可是在比较保守的东方社会里,婚姻辅导的效果如何,就还没有好的科研资料做参考。

谈到婚姻辅导的疗效,问题是要以什么凭证与标准来衡量辅导的效果。假如以夫妻能否继续维持他们的婚姻的角度来衡量的话,那就太具体而简单。要看夫妻间的情感如何,相处关系及其品质如何,就比较是精细的探讨。

根据学者的研究,随着辅导模式而探讨辅导效果的报告很多,包括注重情感婚姻辅导,或分析性婚姻辅导等,而各个辅导者都提出他们所采用的辅导模式有良好的效果。可是有人认为传统行为辅导模式是比较有效果的辅导模式。美国的心理学会也公认这样的婚姻辅导相当有效。可是即使是这样比较有效的辅导模式，经过科研发现只有半数的夫妻接受辅导后能维持和好相处的长久性效果（Lawrence et al.，1999）。

值得安慰的是：接受婚姻辅导的夫妻，他们的婚姻情况总比有婚姻问题而没有接受辅导的夫妻要好些。因此，还是值得尝试婚姻的辅导。一般说来，比较年轻的夫妻、情感上矛盾比较浓厚的、面对比较急性问题或一过性的困难的，对辅导的效果比较好。

总之，面对有困难的夫妻，还是鼓励他们尝试接受辅导。但不要轻易地答应辅导后其婚姻问题一定会改善或根除。更不要保证他们会维持他们的婚姻。要比较保守性的推定其辅导效果才好。

参考文献

1. Butler C & Joyce V. Counseling couples in relationships: an introduction to the relate approach. Chicheser, John Wiley & Sons, 1998.
2. Cohen P. Psychoanalytically informed short-term couple therapy. In J. M. Donovan (Ed): Short-term couple therapy (pp. 152-169). New York: Guilford Press, 1991.
3. Donovan JM. (Ed): Short-term couple therapy. New York: Guilford Press, 1991.
4. Gottman JM. The marriage clinic: A scientifically based marital therapy. New York: W. W. Norton $ Company, 1991.
5. Lawrence E. Eldridge K. Christensen A. Jacobson, NS. Integrative couple therapy: The dyadic relationship of acceptance and change. In J. M. Donovan (Ed): Short-term couple therapy (pp. 226-228). New York: Guilford Press, 1999.

第四部
婚姻的各种问题与辅导

在这部分我们将分章就各种婚姻问题分别讨论如何给予辅导与治疗。在每章开头首先简单说明其问题的性质、病理的来源，接着说明针对其问题如何辅导，包括治疗的方向与要领，然后列举若干临床上实际的例案，仔细说明其病情或问题的发生，辅导的要点与技术以及可能面对的困难。这些可以说是辅导的实际运用与讨论，提供临床上实际使用的要点。

虽然这部分为了方便就各种问题分章书写与讨论，但有一点要说明的是婚姻问题并不是那么单纯，只按某种问题而发生，而往往是几个问题综合性的发生，是比较复杂性的。因此，我们要了解这一点。至于针对多种问题的夫妻，给予辅导时要有策略性的考虑，哪些困难是要先去处理，而哪些问题是要等到后来才去解决，按辅导阶段而有先后的顺序与策略去进行辅导。

第十一章　不健康的婚姻动机

第一节　结婚动机的探讨

　　一对夫妻结婚后所经营的婚姻生活是否美满顺利，要从他们夫妻当初如何决定结婚而去探讨。是在怎样的情况下决定结婚的，是婚姻辅导时需要了解的第一课题。假如他们想结婚的动机是健康的，决定结婚的过程是正常且顺利的，那么只要他们婚后能培养彼此的感情、相互学习如何相处，这样去经营他们俩的夫妻生活就很顺利。假如他们当初结婚的动机与理由是不健康，有毛病的，或者是所谓神经质性的动机（neurotic motivation）而结婚的话，他们的婚姻就容易搁浅，不容易顺利。

　　至于想跟某对象结婚，其考虑的理由往往不仅是意识性的了解与决定（如考虑情感的因素、彼此的背景等），而常常是潜意识性的因素所决定，是本人都不太意识或了解的内心理由（特别是牵涉到神经质性的心理动机）。因此，辅导者不仅只是探问夫妻当事人他们当时是如何想和如何决定的，还得从他们个人的整个的心理资料与过去史去推测属于潜意识性质的动机，要从多层次加以综合考虑和探讨。

第二节　各种不健康的婚姻动机

　　婚姻不美满首先要考虑的是这对夫妻他们当初想结婚的动机何在，是否健康。因为，基于不健全或不适当的理由而结了婚，婚后会容易一直不幸福的。现代的婚姻，其主要动机是男女双方喜欢、相爱，希望经过公开的结合，共同生活，经营俩人的生涯。可是有些人其主要目的却不是如此，有偏差。让我们就几种可能性来分类讨论与说明。

为了现实的利益、金钱上的目的而结婚：这是偶尔可见的情况。为了对方很有权力，或者很富有，想跟这样有钱有势的对象结婚后可以享受经济上的好处，或者工作上可以被提拔，是基于现实的利益而想结婚。比较常见的是女人特别想跟富家子弟结婚，甚至是跟年龄大而已有事业成就的男人结婚。有时也会是一些男人追有钱人家的女儿，想得到金钱上的好处。

受家庭父母的压力而被迫结婚：过去常见的是被父母安排对象，只为父母考虑的理由（譬如门当户对）而非结婚不可，一点儿都没有感情，可是受父母的压力而结婚。有时是为了拉近两族的关系，或者财团的合作，被迫安排跟某对象结婚，有特别的目的。

想逃离不幸福的原本家庭而结婚：例如：受不了父母（或继父母）的虐待而离家，草率找对象结婚。常见的是一些年龄还不大的女儿，受不了原本家庭里的虐待，而赶紧随便找个对象结婚，好离开父母。

年龄大了，就随便找对象结婚：由于感到自己年龄已经大了，超越适婚的年龄，也就赶紧随便找个对象而结婚。这多见于女人，但男人也不少。

因已经怀孕而不得已结婚：即"奉子女之命"而结婚：即明知是不适当的结婚对象，但一时冲动发生了关系，甚至已怀孕了，就只好结婚。

这些都是为了"非婚姻"的目的而结婚；婚姻只是解决困难的手段而非其目的，因此夫妻俩人结合的动机与条件从头就有问题。除非婚后，夫妻俩人能逐渐发生健全的感情，建立适当的夫妻关系，进入普通的婚姻状态，否则会出现婚姻问题。

有时不健全的婚姻动机不是客观的因素与问题，而是心理上的差错。比如：

对某种异性对象有不实在的幻想与期待：最常见的是对不同民族的异性对象怀有特别的想象与期待。譬如，东方的女人认为西方的男人会比较体贴，尊敬女性；或者，西方的男人认为东方的女人比较顺从，会服侍男人。结婚后，才发现并非如此，只是个跨民族的梦想而已，实际情况并非完全如此。

这种对异性对象的幻想，并不一定发生在跨民族的情况，而也可发生在普通的情况，即认为自己的上司如何（办事）能干、聪慧、有能力，受其吸引而结婚，但婚后却发现这样能干、聪慧、有能力的"领导"，却并不等于是很适当的、有情感、会体贴的"丈夫"而失望。

为了弥补心理空虚而结婚：即受不了单人生活的孤单，随便找伴侣结婚。特别是丧失了自己心爱的父母，没有亲人可依靠，需要有人来弥补心理上的空虚而结婚。特别自己身处异乡，周围没有亲近的朋友感到寂寞时，很容易就找个伴来充实其空虚的心情。

失恋后"反作用"而马上找对象结婚：这是常见的情况，即：当一个人失恋后心里很难受，就"反弹性"的随便找个对象结婚，想如此弥补自己心情上的创伤。

悯怜对方，想"拯救"对方而结婚：即：同情或可怜对方，想靠结婚来提供给对方幸福；或者明知道对方有缺点或毛病，却抱着想改造或营救对方的心理而结婚。这是想满足自己内心里神经质性的心理需要而发生，而忽略了跟异性对象结婚是需要配偶双方平行性的发展，相互帮助而成长的配对关系。

希望找到跟自己（有问题）的父母相似的对象而结婚：这是特殊的心理因素。自己幼小时总是习惯看经常喝酒或会虐待配偶或子女的父亲，而长大后却找同样会酗酒也会虐待女人（而有问题）的男人结婚，重复幼小时的经验，继续被虐待受其罪。是属于很病态性的、神经质性的心理因素的结果。

总是想找已婚的异性对象：潜意识的很喜欢已结婚的异性对

象,特别是已经有孩子的异性,想抢夺别人的配偶从而感到内心里的满意。可说是受了未曾解决的亲子三角关系情结的影响而发生的神经质性的行为,也是不健康的婚姻结果。

总之,不合适的结婚动机可能有好几种,而且可能是几个原因综合发生,不会只是单纯的理由。譬如,自己年龄已经大了而又刚好失恋,心情不好,就赶紧跟本来认为不太理想的对象草率结婚。这些不健康的心理动机,可能是意识层次所知道的,但有时是潜意识的,可以相互影响。这些以不合适的理由而结婚的,都容易导致不健全而没有幸福的婚姻,往往带来失望或后悔。婚后难于解决也不容易经过辅导改善,最好事先就接受婚前的辅导才能避免。

第三节 辅导的方向与要领

对整个婚姻的将来做个重新的评估与考虑而做决定——基于不健康的动机而结婚的对象,特别是由于显著病态性的理由而凑合的婚姻,很不容易顺利圆满,总是会发生问题的。辅导上首先要做的工作就是去了解婚姻的动机是否健康,是否有毛病,同时考虑是否有希望可以改善,或者最后趁早结束其病态性的婚姻结合,重新而来。

弥补建立婚姻里所需要的健康动机——要马上去考虑,是否有可能性去弥补建立比较健康的动机,是否还有好的理由而去维持其婚姻关系。所谓健康的婚姻动机是:一对男女异性想结合而共同生活,培养感情,适当地去相处,养育子女,经营夫妻的婚姻生活。假如他们还有这样的期待与愿望,那还有希望可以维持其婚姻关系,并努力去尝试健康的婚姻关系。

督促并弥补夫妻关系里所需要的情感——在婚姻当初可能没有基本的、健康的情感关系,但研究是否有可能去尝试与培养,是否有可能发展出比较通常的正常而健康的感情,基于此男女的感情而建立他们的婚姻生活。

第四节 个案说明

由于不健全的动机而结婚婚后发生婚姻问题的情况，我们将列举两例。第一例是根据不健全的理由与想法而找对象，婚后才发现不对的情况；第二例是根据自己内心里的情结问题，神经质性的找不合适的异民族对象，想靠外婚而解决跟父亲情结问题的情形。这样，把当初结婚的动机与理由是不健康，或者是有毛病，而婚后搁浅的例子列举出来，表示婚姻的动机要如何健康与适当才可以。

一、因"儿子孝顺母亲"而决定嫁给丈夫的妻子

刘先生（假名）30 岁，在某单位做事，已婚，快一年。由于最近一个月来情绪低落，由妻子陪同来看病。刘先生是寡语温顺的男人。他上面有三个年纪比他大得多的姐姐；他是父母晚生的老幺又是唯一的男孩，从小受母亲宠爱。再加上他从小常生病，母亲细心照顾。刘先生不到 10 岁，父亲生病去世，母亲伤心之余，更把全部精神寄放在老幺男孩身上。由于上面三个姐姐都已长大，先后出嫁，家里只剩下刘先生与守寡的母亲，母子俩人相依为命，共同生活，感情也特别深。

由于刘先生年龄已快 30 而仍迟迟未结婚，去年母亲乃托人做媒，让刘先生会面了目前的刘太太。刘太太年纪比刘先生大三岁，个性外向大方，喜欢讲话，很主动，其语言举动有点像大姐似的。刘先生认为娶了她为妻子，准可照顾年老身体渐衰的母亲。至于刘太太，当时在她的眼光里，刘先生个子小又少讲话，看来没什么个性，有点像小弟似的，心里并不是很满意。可是由于想想自己过去忙于工作，一直没找好对象，拖延到现在，年龄已三十几，婚龄期早就过了，不该再挑剔。况且心里想，刘先生那么孝顺母

亲或许会对妻子好,而且刘先生的家,被大家认定是"好家庭"(贫苦的农家,当时被认为是社会里的模范家庭),也勉强答应婚事了。

结婚没多久,刘太太就发现婚姻生活有问题,常与先生闹脾气。刘太太认为自己的丈夫不像丈夫,心里只有母亲没有妻子。譬如:在家烧了好吃的菜,丈夫只会夹给母亲,买了好吃的水果,只想请母亲尝,从来不会想叫妻子吃。妻子批评了,丈夫就说:给母亲夹菜只是略表孝顺;妻子是自己人何必还要夹菜。更糟糕的是在家里虽然有了媳妇,婆婆仍要自己去关心儿子,不要媳妇的服侍,嫌媳妇粗手粗脚的不够体贴。无形中妻子觉得自己不像是妻子,也不算是媳妇,好像是夹在母子间的多余人。

在这种情况下,家庭气氛越来越紧张。刘太太想整理一下客厅的家具,使得好看些,婆婆就嫌把客厅变得不像样子;刘太太把厨房改造一下,方便烧饭,婆婆就批评把厨房改得不方便,使刘太太气得跟婆婆吵起嘴来。刘先生看了自己的妻子受婆婆的气,气得哭泣,也不知如何去安慰她,只会说老母亲在世也没多久,多忍耐,对老人家好些,不要唠叨,不孝顺。

一个月前,因是母亲生日,刘先生的三个姐姐也回家给母亲祝寿。本来家人能欢聚一堂是喜事,是令人高兴的场合,哪知母亲趁机会向自己女儿告了状,说媳妇不孝顺,离间母子关系,把一个好好的家搞得不像个家,让老人家也住不下去了。当三个大姑向刘太太兴师问罪的时候,丈夫不但没保护自己的妻子,还当着姐姐们的面也随着骂妻子。这一下,刘太太真是伤心了,她认为丈夫只能做母亲的儿子,姐姐们的弟弟,但不会做妻子的丈夫,生气跑回娘家去,不肯回来。

刘先生眼看自己的妻子跑回娘家不要他,心里很难过,开始情绪不好。白天没精神上班,三餐也没胃口吃饭。到了晚上一人睡在卧室冷清清的,更是不能入睡。妻子听说丈夫生病了,才从娘家回来陪丈夫来看病。

第十一章　不健康的婚姻动机

刘先生夫妻的婚姻问题，隐藏着几种婚姻心理上的问题。首先从他们俩人的择偶情况及婚姻动机看来，早就伏下婚后的问题。即：当他们俩人经媒人介绍认识时，刘太太对未来的丈夫（即刘先生）并不满意，看得出他没个性，好像是小弟弟似的。但因自己年纪已大，为了赶着"结婚"，也就不太选择；虽然对象不算是满意，也就答应结婚。至于刘先生的婚姻动机，并非完全是想娶妻子，而是想娶个（大姐似的）女人来照顾自己及侍候自己年老的母亲。因此，此两人择偶与结婚的动机，基本上就不健全，有问题的（曾与徐，1994/2008）。

最值得提的是，刘太太认为："自己未来的丈夫（刘先生）做儿子那么孝顺母亲，或许会对妻子好"的想法是错误的看法，也是婚后发生问题的主要根源。所谓孩子孝顺父母，通常说来是很好的事情，可是儿子从小与寡母过分的接近并长年的依赖却是个毛病，是性格上的问题；结婚后做丈夫的不容易跟自己的母亲逐渐疏远而跟自己妻子亲近，树立夫妻间应有的凝结与联盟关系。这是婚姻问题的主要核心问题。当然，父亲早年去世，没有可模仿的男人，而且家里有三个大姐。结婚后，刘先生与太太所扮演的是"弟弟"与"姐姐"的角色，没有变成是夫妻相对的角色表现。换句话说，刘先生本身有性格上不成熟的问题。因此，医疗上可以症状性的医治被妻子遗弃而发生抑郁症的刘先生，但是否可以改善他们的夫妻关系，却有所疑问与保留。

二、经"外婚"想解决父女情结的女性

柳春月（假名）是29岁，移居美国居住的华人，已婚两次的女性。头一次，移居美国没多久，当她刚满20岁时结婚，对象是黑人。在舞厅认识后，闪电式的结了婚，婚后不到三个月就离了婚。离婚后不到半年，碰到目前的丈夫，又是黑人，交往不久就怀了孕，就强迫男的结婚。春月的父亲对于两次的婚姻都非常强烈的反对。特别是反对跟黑人结婚。甚至威胁要断离亲子关系，

可是都没法阻止春月要结婚的决定。事实上，父亲越反对春月就越不想听，以反叛父亲的心理，更驱使她跟异族的黑人结婚。

不用说，婚后春月的父亲仍不接受她已婚的事实，拒绝春月跟她的丈夫（贾克）回娘家。因此，春月与贾克所生的女儿（玛丽）也未曾见过自己的外祖父。

春月与贾克的异族婚姻并不很幸福，事实上很惨。做丈夫的贾克教育水平不高，找不到好工作，常常没有职业。就算是找到临时性的工作，领到薪水也只肯拿一半给春月当家用，其余的一半留给自己去喝酒玩乐用。为了维持家计，春月只好自己到外面去工作，赚些钱。可是贾克就怀疑春月是否在外找男人，常打春月。特别是喝醉了酒，就向春月给予暴力。春月心里想离婚了好几次，但想到自己带着半黑半黄的混血女儿，不容易再嫁；为了自己的女儿，只好一天过一天，过着如此糟糕的异族外婚。

仔细探讨春月的个人史而得知：她原来出生于很好的家庭，经济上父亲很有成就。可是为什么她会选择与自己不相同的异族对象结婚而过凄惨的婚姻生活呢？原来春月的父亲是事业很有成就的商人。家里只生了春月是独生女，父母都很疼爱春月。可是不幸的是，当春月还是五岁多时，母亲生病去世。父亲因深爱母亲，一直没想再结婚。在家里，父女俩人一起生活，关系变得很密切，情感也很深厚。哪知春月到了18岁时，父亲跟公司里的年轻女秘书要好起来，并谈起婚嫁事。这对一直很心爱父亲的春月是一件难于接受的变化。她内心里一直暗想，在这世界里，自己的父亲是唯一心爱的男人。哪知，现在将被另外女人占为丈夫。因此，她就大大的反对，并暗地里加以阻挡。可是父亲却不顾春月的心理反应决定再婚。

当春月面对此心理上"丧失心爱的父亲"的打击时，突然改变了自己的行为。开始跟朋友乱跑，终于决定自己到遥远的美国来，并开始上舞厅，随便跟男人亲近交往。特别是想跟黑人来往，以便气自己的父亲。因为，春月的父亲在过去曾常说，黑人是"最下等"的人。春月对父亲轻视异民族的看法不赞同。现在潜意识里想,跟父亲最反对的男人接近,可以向背叛了她的父亲反叛,让父亲去生气。在这种病态的报复心理之下,春月也就连续跟黑人丈夫结婚了(曾与徐,1995)。

参考与引用文献

1. 曾文星,徐静. 心理治疗:理论与分析. 第十七章:从个人心理到人际关系:个案分析:(3)妈妈的"儿子",不是妻子的"丈夫"(271-275). 北京:北京大学医学出版社,1994/2008.
2. 曾文星,徐静. 婚姻的心理卫生. 第七章:婚姻问题的个案分析:(6)经"外婚"想解决心理情结的夫妻(109-111). 台北:水牛出版社,1995.

第十二章　夫妻的个人性格与心理问题

第一节　影响婚姻的各种"个人性"的心理问题

夫妻的问题可有各种原因，而有时是显著地来自丈夫或妻子个人的本身问题，影响到整个夫妻关系上来。最常见的是配偶本身的知识水平、人格的成熟与否、性格的模型、特殊的心理症结等，让我们就几个情况而大略说明。

一、人格幼稚不成熟

所谓人格的成熟是抽象的观念，跟躯体的成熟比较起来不容易具体测量。心理上的成熟，观念上包含着诸多因素可衡量，如：对挫折的忍受力、对应激的处理方式、"同解心"（即能替人设想、理会的心态）的强弱、能对长期后果的设想与考虑、对自己及他人能负责等。有些人虽然长着六尺高大的成人躯体，可是人格上仍是青少年的水平。有的年纪还轻，却已经有相当成熟的心理状态。假如一个人的人格幼稚不成熟，不能替人设想，只考虑现在，不管将来后果，对困难的考验能力低，情感太冲动，不会驾驭控制，跟这样的人一辈子生活在一起，就不容易过美满的婚姻生活。

一般说来，自己的精神年龄要跟自己的生物年龄相当。假如二十岁的大人，其心理状态与行为，还是保持十五岁左右的心态，喜欢空幻想，沉迷于玩电脑游戏，对自己的将来还不会关心与担忧，是精神年龄幼稚的表现。假如是四十岁的成人，可是还是跟十多岁的青少年一样的，总是迷恋驾驶摩托车，在街上大声放音乐，显其威风，还是保持青少年的穿着与打扮，好似是永远长不大的年轻人,也是人格不成熟的例子。

一个人假如从小就被父母娇惯,很少有受挫折或困难的经验,没有学习到如何去面对与处理问题,或者对应激(或心理压力)的承担力量不够。假如是在比较特殊的环境长大,在过分优越的处境生活且生长,少跟外界的现实世界有实际上的接触与体验,缺乏跟现实生活里奋斗的经验与毅力,也就不容易达到人格成熟的境界。有时小时候就受过头部的创伤、患过严重的躯体疾病,性格上可能会发生若干程度的缺陷,也是人格比较不成熟的可能性原因。

二、缺乏人际关系上的社会经验与能力

我们一般人都熟悉心理学家所使用的"智商"(intelligence quotation)的观念,就是用来衡量知识能力上多聪明或不聪明的情况。可是相对的,心理学家最近也使用"情商"(emotional quotation)这个措辞与观念来讨论并衡量一个人的情绪发育的适当性、成熟性的程度与有关问题。同样的,我们也可以使用"社商"(social quotation)这个观念,来表达一个人对社会人际关系上的经验、能力与技巧方面的高低的程度。换句话说,一个人的性格里,最起码有三个方向的要素,各自不一定以相同的水平而发展与成熟。

有一些人在智能方面很好,可说智商很高,可以念书、应付考试,也可以工作,甚至有好的职业上的表现(特别是属于机械性、技术性的工作,或其他少牵涉到人际关系的职业);而且对事情也能很负责,甚至有好的表现。可是并不见得有适当的情感方面的成熟,比如,懂得适当地在人与人之间(特别是跟异性对象)表达自己的感情,表现对他人的关心与体贴,有适当的同解心,可以体会他人的深层情感。情商不好的人,其理由有种种,除了生性的气质以外,最多的理由是,少受父母关于这方面的培养与训练,父母只关心学业的成就,不提供学习日常生活里所需的情感上的来往与表达,或者没有提供好的学习榜样。因此,跟这样情商发展不够理想的人结婚的话，容易感到情感生活里有说不出的缺陷或不满足。

跟这种情况很接近的，有些人对社会性的人际来往比较差，缺少经验与能力，比较不懂得如何理解他人的内心，也没有适当的技巧跟他人交往与沟通，建立轻松而友好的关系，更谈不上跟异性对象如何适当地相处。可说是社商比较低的情况。这主要的理由是，从小缺少跟同伴朋友交往，缺乏在群体生活里练习社会习惯、风俗、交往相处的要领。因此，社交能力比较缺乏。特别是跟异性朋友相处的机会少，或者被过分禁止，就缺乏这方面的经验。跟这样的人结婚，常会觉得跟这样的对象无法建立比较有意思的人际关系，包括异性间的来往相处，罗曼蒂克的情调少，没有情趣。这种情况多少跟本来的性格与气质有关，只能依靠努力练习与补救，而求得有些后天性的改善或进步，但很难能求得根本上的变化。

三、受原本家庭显著的影响而造成的心理困难

除了这些气质上的问题以外，有时是属于个人心理上的问题，而多半跟原本家庭有关的心理困难。换句话说，是婚前就可观察到的个人性的心理问题。其中最常见的是，跟自己原本家庭（即自己的父母）过分亲密依赖，而难于自己自主独立生活的情况。结婚后，仍时时要依赖自己的父母而无法逐渐脱离，无法跟配偶建立自己的家。这种情况可能与父母的个性与心理有关，但也跟原本家庭的情况与条件有关。譬如，早期丧失父亲的儿子跟寡母相依为命，容易养成过分依赖的心理。同样早年丧失母亲，可能过分依靠父亲而生活，有心理上很依赖父亲的趋势。父母总是不和、分居或者甚至离婚，都会影响子女的心理，缺少良好的男女的相处关系及夫妻共同生活的榜样，从而间接地影响他们子女婚后的夫妻生活。找对象时考虑对方父母的婚姻情况，是值得注意的项目之一。

四、心性违常的问题

这是完全不同性质的问题。即个人本身生下来就具有心性违常的趋势，而结婚后就呈现性生活方面的困难。譬如，自己有同性恋（或双性恋）的趋势，结婚后就无法享受并经营异性间的性生活。有的在婚前就知道自己的毛病，以为结婚后跟异性对象生活在一起或许就可解决其问题，可是婚后却发觉事情并不因结了婚就解决反而感到痛苦。有时是不很清楚知道自己心性方面的违常，等到结婚后才发觉，但是无法适应而感到烦恼。过去许多同性恋者，经过父母的安排而勉强结婚，而结婚后就不愉快，给自己和配偶都带来无法更改的性生活方面的问题。有些人跟具有性虐待症的对象结婚后，就会感到问题的严重而无法适应。喜欢扮异性穿着的人也是同样的毛病。

有些所患的并不是心性违常的问题，而是生理性的性能力问题，如男性的阳痿或女性的性冷淡等。而这种阳痿或性冷淡，可能是躯体性因素而来，而有时是心理因素的原因，有的可以医治，但有的效果有限，要看情形而说，不能一概而论。

五、个人的特殊心理创伤或症结

有时问题发生在配偶之中，一方有个人的特殊心理症结，影响俩人的相处。比如，对心性发展上的情结，对人待物的不寻常看法与态度等，会影响夫妻俩人的共同生活。最好的例子是男的有强烈的占有欲，看不惯自己的妻子跟任何男人交往，嫉妒心很强；或者女的对异性关系曾受过一连串的打击，不能或不容易发生对性的充足反应等。就如上面所说的，假如一方是潜在性的同性恋者，也会影响婚姻生活的本质，左右夫妻对感情与性方面的满足感。

第二节　辅导的原则与方向

一、提供婚前辅导，早发现问题的存在

这是最理想的情况，即当一对男女在结交的时候，发现对方有某种个人性的问题时就来接受辅导，并且跟辅导者一起探讨其问题的性质，包括其重要性、严重性如何，并决定是否要继续交往，甚至考虑是否结婚，或者趁早终止结交来往，另找对象等。最主要的是去探讨问题的性质是什么，是否有可能性更改，甚至改善，或者没有其可能性，而需要早有所悟。譬如是很幼稚的人格，很难期望能在一两年内里变得成熟；有心性违常者或许一辈子难改变。不要考虑或抱着希望，想靠结婚而改善或更改对方。假如是智力很高，基本性格还好，只是缺少社会经验的经过数年的适当努力，或许可有客观性的改善与进步。靠这些专业性的知识，可以帮助当事人做参考，做自己有关一生的重大决定，是发挥婚前辅导的功效之一。

二、主要考虑个人心理治疗

假如是已经结了婚的夫妻，假如发现其中一方有显著而清楚的个人性心理上的问题时，可以提议接受个人的心理辅导，尝试给予补救。希望通过个人心理治疗而改善其问题。特别是缺乏知识与经验如何跟异性结交、表达感情，让对方感到情感上的需要，都可以通过心理辅导而尝试改善。跟自己原本家庭有过分亲密而依赖性质关系的，可以经过个人心理治疗而求其纠正与改善，或许还有点希望。可是有些问题是难于提供有效的帮助，而在短期内有所收获的。譬如，人格的幼稚性、智力的偏低、心性的违常等，其辅导的作用与效果很有限。

三、配合补佐性婚姻辅导

在针对夫妻一方进行个人心理治疗时，随着情况的需要，可以随时进行夫妻共同的会谈，进行补佐性的婚姻会谈，好协助另外的对象帮助有个人心理困难的对象去应付困难，改善自己的毛病。毕竟夫妻俩人在家一起生活，配偶是最有帮助与影响的"一半"。要好好善用配偶而协助有个人困难的配偶去改善问题。换句话说，有时要训练患者的配偶如何扮演并执行"共同辅导者"的角色，在家里随时提供适当的帮助。

第三节 个案说明

有些夫妻的婚姻问题主要是根源于配偶之一的个人性的心理问题或性格上的因素而来的。在这里我们列举了比较显著的两例来做说明。第一例是先生有莫名其妙的心理问题（定期计划自杀），而另一例是丈夫的性格与心理上的因素（喜欢教导妻子）而引来的夫妻关系与婚姻问题。

一、定期企图自杀的丈夫与抱怨几乎被遗弃的妻子

个案简介

这是发生在夏威夷的实际个案，是在外科病房住院的日本男人，因为前几天在家突然采取行动企图自杀，把自己的两手、脖子与胸部到处割伤，结果被妻子发现而送来急症处，然后住进外科病房医疗的例子。虽然伤口已经快好，但由于是企图自杀的患者，按医院的规矩被安排接受精神科会诊，决定患者是否可以出院，是否需要精神科的门诊治疗。

担任精神科会诊的是一位住院医师，是美国（欧裔）白人、女性。由于她发觉日本患者不太会讲英文，只有妻子还可以说些简

单的英文，就请会说日文而且懂得日本文化的精神科教授一起会诊。会诊的目的是要了解患者企图自杀的动机，检查精神状态并且提供日后的建议。

由于会诊中发现患者并没有精神方面的异常，特别没有抑郁的情况，而是自己有计划去计划自杀，而妻子对丈夫的行为很惊讶，不知如何去面对，因此会谈的目的也就在给予急诊式的夫妻辅导。由于住院医师是跟教授一起进行辅导会谈，可说是进行了共同会谈与治疗的模式。可是由于跟患者与患者妻子所进行的会谈，主要是用日文，由教授简单跟住院医师做翻译与解释，因此教授扮演的角色是会诊医师、共同治疗者兼专业翻译者。

住院医师首先报告：这是很奇异的个案，不仅是语言上的沟通有困难，对此患者所采取的行为不太容易了解，可能需要通过文化上的层次去体会，因此很想请教授帮忙。接着说：这位患者是从日本移居来夏威夷工作的日本商人，姓田中（假名）。今年54岁，已婚，但没有子女。患者在日本曾经跟前妻结婚10年，离婚后，跟目前的妻子认识而再婚，并且移居到夏威夷，从事贸易事业，经济情况还好。目前的妻子比较年轻，大概是30多岁。患者从没有看过精神科的医师，没有患过抑郁症。听说精神状况一向很好；连妻子都并没有注意到什么异样。

这次事情的发生是回家的妻子发现丈夫躺在浴室里，满处都是血，赶紧报警，叫救护车送来急诊处的。在急症处发现患者身体到处都有刀伤，两手、脖子、连胸部都有相当深的刀伤，给予外科医疗后住院到外科病房。目前伤口都基本痊愈，请精神科会诊，决定是否可以出院。

住院医师去看患者时，患者看来还好。患者会念也会写简单的英文，但不太会英文的会话，只能听得懂一部分，因此很难彻底了解他的自杀动机。听说妻子在导游公司做事，主要负责日本来（夏威夷）的游览旅客；英文能力还不错。住院医师已经打手机联络，请她会诊前赶来病房接受会谈。

会诊与夫妻辅导

会诊时，患者在病房里，躺在床上。脖子、两手到处都有绷带。妻子原来坐在床旁边的沙发上，看到医师进来，赶紧站起来，并且鞠了个大躬，表情很严肃。整个会谈大部分是用日文进行，偶尔由教授给住院医师用英文小声做简要的翻译或讨论。患者知道来会诊的是教授，会讲日文，赶紧在床上坐好，鞠个躬，用日文向教授打招呼。虽然患者的妻子懂英文，但为了方便，还是主要以日文进行会谈，由教授主持，但住院医师也偶尔使用英文参加询问。

医师首先向妻子问：这次是如何发现丈夫企图自杀的。妻子回答说："事情发生那天，下午我照常从外面上班回来。平常我丈夫都是比我早回来家，可是我没看到他，但是注意到在客厅的桌子上好好的摆着两套文件，一套是英文的，是写给警察局的；另外一套是日文的，是写给我的，我发现是自杀遗书，忽然变得很紧张，跑到浴室里去，发现我丈夫穿着内衣，满身都是血，昏迷倒在浴缸里，我就赶紧打电话……（哭泣起来）"。住院医师赶紧拿卫生纸给妻子擦眼泪。

教授就乘机转向患者而问：你们结婚多久了？你们夫妻关系还好吗？最近有什么问题发生吗？患者回答，他们结婚快三年，夫妻关系还好，向来没有问题。妻子在旁插嘴说：他们的婚姻还可以，夫妻有事情可以相互沟通。可是她这次完全不知道他有轻生的意图。让她很惊愕……

教授就继续跟患者问：你自己为什么想自杀的呢？患者回答说：这是我几个月来的计划。因为我从年轻的时候，我就决定这一辈子不要活过 55 岁。所以老早就计划今年我生日（今年是 55 岁）前一天就要自杀，离开这个世界。住院医师问：为什么不要活过 55 岁？有什么特别的原因吗？患者回答说：并没有，但认为一个人不用活得太老，活到 55 岁就很好。教授问：你的个人愿望不很寻常。有些人患了抑郁症可能会有厌世的意念；过去你有没有患过抑郁的情况？包括最近的情形？患者回答：从来没有。住院医师：（朝向太太问）你看如何？妻子证实：他一直很好的。虽然最近社会经济景气不太好，但不要紧，没有经济上的困难。

  教授就继续探问：你说你准备自杀已经有好几个月，是怎样准备的？患者说明：我开始书写我的遗嘱，好有个交代。写了两份遗嘱。一套是用英文写的信，是写给警察局，表白我是自杀，不会牵连到妻子。另外一套是日文的，是写给我太太，详细说明我们的财产，如何遗交给她，吩咐她如何使用，让她日后还可以好好生活，没有经济上的困难。

  教授听了就说：看来你是对太太很照顾的。可是太太会怎样想的？（转身故意问妻子：）"田中太太，你对先生这样仔细的安排财产问题，替你考虑你日后的生活，你是怎样感觉？是否很感谢？"妻子说："一点儿都没感谢！他人走了，把我丢弃了，钱留给我，有什么用？"教授听了，（特意要妻子向丈夫表达她对丈夫企图自杀行为的心情反应）就叫妻子跟丈夫（用日文）重复再说一次。妻子就一边哭泣，一边很生气地说："把我丢了，把我变成寡妇，留给我很多钱都没有用！"教授就帮助妻子再度说明一次："太太要的是你先生，不是钱"。这时，妻子就放声哭泣起来。患者听了也流出眼泪哭泣。

  等了一会儿，教授就利用机会问患者：你有这么好的妻子，你却作出很笨的行为，让她着急了，你该怎么说？患者就边哭泣，边向妻子说：我很对你不起，很抱歉。教授就接着说：你能很勇敢地向自己的太太抱歉，是很有大丈夫气概的男人，也是很好的先生。相信会得到你的好太太的原谅的。可是从今后就要放弃自杀轻生的意念，要计划如何好好跟妻子过一辈子，千万不要再让太太失望与难过。今天大家能坦诚布公的表露彼此的感情与想法，非常好。太太也放心，医师也放心。我看先生没有精神上的毛病，因此我们会跟外科医师建议，伤口好了以后，随时可以出院。可是出院以后，最好找精神科医师，在门诊继续接受辅导一段时期。患者跟妻子听了马上鞠躬，并说非常感谢教授。

总结评论

本个案提供了一个很特殊的临床例子。通常说来，患抑郁症的患者容易发生自杀的念头，并采取轻生的行为；但是反过来，企图自杀的人，并不一定都患有抑郁的情绪问题。根据文化精神医学的知识，我们知道采取自杀行为跟社会的文化背景与观念常有密切的关系。一般说来，日本的社会通常人对自杀比较熟悉而且习惯上常采用自杀来处理困难问题。因此，才会出现这样特异的个案例子。可是无论如何，此先生的特殊想法与企图，几乎把他们的婚姻破坏了。还好经过急诊式的夫妻辅导，帮助他们去维持他们的婚姻关系（曾，2008）。

二、先生总是唠叨指导而妻子常紧张发作

个案简介

辛太太（假名）是四十岁左右的妻子，跟辛先生结婚已经有十多年，也有一个十岁多的男孩子。他们的婚姻生活大致上还可以，没有发生过什么大风波。辛先生在某单位工作，是总务主任，做事认真负责，很可靠，在单位里评价尚好。辛太太原来也在某单位做事，可是由于她向来喜欢手工艺，两年前就离开单位，在家附近自己开了手工艺的小店铺。但是，从那时起却患了心身疾病，一会儿紧张，一会儿害怕，并且手凉、脚软，特别是黄昏时候容易发作。她去看了许多医生，也做了各种检查，怎么也查不出原因，被建议来看精神科医生。

看精神科医生后，医师发现原来是先生对她自己开小店铺经营生意这件事很不放心，唯恐她赔钱，总是向她叮咛唠叨，唠叨过多，让她产生紧张、害怕的心理。特别是下午先生快下班时，想

到先生要回家就开始紧张。基于此,医生建议请先生一起来看医师,说是要先生来帮忙治疗妻子的毛病,事实上是做夫妻治疗。

夫妻会谈

按约定夫妻一起来会谈。辛先生是很有礼貌的男人,也很关心妻子的毛病,很愿意跟妻子一起来看医师。当辛太太谈到自从开小店铺以后,先生变得很唠叨,总是怕她赔钱,常警告、吓唬她,说她做得不对,害得让她心惊胆跳时,辛先生马上插嘴更正,说批评他"唠叨"是不对,他供给的是"指导性建议"。他开始大声讲话,说明做买卖不是靠"热情"而是要机动的,要懂得经营也要能投机。他直截了当地说,妻子对经营管理方面较弱一点,而他以长年当总务主任的经验来教她。他强调要"用最大的力量"来发挥"最大的效果"。他认为"考虑不周、手段不健全、管理措施不当"的话会产生损失。"她自己没想到,但我可以看到,我有责任指导她、教她"。

医师向辛先生提醒"爱人"不是"同事",妻子要的是"丈夫",不是"经理"。可是辛先生仍一味儿的强调他提供的是合理的意见,是协商,明知妻子会错,就不该让她做错。

医师探问辛先生的过去史,得知他自己的父亲很有个性,有家长作风,他说对就是对。母亲受不了,终于离了婚。父母离婚后姐姐跟妈妈,辛先生却跟父亲,由奶奶抚养长大。由于自小缺少安全感,从小就养成习惯,什么事都由自己做,努力干,小心做,不求人。也是靠他这个脾气,事业上总算还有点成就。医师问他小时有没有看到父母如何相处,有没有夫妇亲热的行为,他回答只记得父母偶尔吵架的事,及父亲常训母亲的情景。

分析与评论

很清楚,此对夫妻目前所处的问题是夫妇如何相处、接待及扮演适当角色的问题,而问题是根源于丈夫的性格上问题。丈夫所扮演的是"上司"或"经理"的角色来恐吓、威胁、指导、批评妻子，让妻子变成"没经验的下属""肯定会失败的同事"而不安，发生焦虑及心身不适的结果。丈夫不懂得或不会以"丈夫"、"配偶"的角色来支持妻子的新职业，鼓励妻子的事业心。所以才搞成这样的局面。

有几点值得提出的，是他们从结婚到最近，婚姻生活过得还可以，只是到了这个阶段，妻子想独立经营她的事业时，才打破夫妻原来平衡相处的局面。因此，也可说是婚姻发展阶段性的问题。可能妻子想独立创业给丈夫带来象征性的提示性威胁，暗示妻子可能不要他而要离开他（好比自己的母亲不要父亲而离开似的），引发幼年时留印下来的被遗弃的恐惧感，激发先生的强烈心理反应。或者是妻子想自己独立创业，不要依赖丈夫，可能威胁到他认为男人该有的家长威风。因此，拼命去批评、打击妻子，以便保护自己大丈夫的威信。还有个可能性是，"拼命指导与教训"妻子是他唯一知道的对待配偶的方法，是"表现关心"的方式，因从小没目睹学习父母之间如何以丈夫与妻子配偶的关系表达情感的缘故。特别是从小没有安全感，对开店投资感到不安，只好拼命地去教导、教导，免得有出差、亏本。

无论如何丈夫的"指导"行为妻子受不了，产生了情绪上的毛病，要靠婚姻治疗来更改他们的负性对待与相处方式。

夫妻辅导的重心要放在如何帮他们去更改他们目前相处的方式。至于妻子的开店是否引发丈夫内心的被遗弃的恐惧感，或者是激发对先生的男人威信等个人性的心理问题不用、也不要去追究探讨与分析。治疗的焦点主要在帮丈夫了解妻子自己刚开始开小店，心理不安时，要的是丈夫"情感上"的安慰与支持，而非是"理论与技巧"方面的指导。

对于这样的先生，单靠一两次的提醒与解释还不够。因这是他过去累积下来的处理问题的方式，是所知道的对待配偶的唯一方式。因此，治疗要接着运用行为治疗的原则，让他在会诊时间当场学习如何去更改，并给予适当的鼓励与纠正。可能的话，还可采用角色扮演的方式，由治疗者扮演"健康的"丈夫的行为方式，让他能学习与模仿。譬如，治疗者可以当场扮演普通的丈夫下班回家时，看到妻子是如何谈话。如："今天好不好？累了没有？有多少顾客来买东西？不多？没关系，刚开始开店，不要着急，只要你有兴趣去做就好，就算是亏了一点，你心情好，也就值得了。"至于妻子方面，要教她先生跟她"指导"时就平静地去听一下，不要急于跟他顶嘴；因为越是跟他顶嘴，他就更想纠正你。但是，假如先生改成以支持性的方式对待妻子，做妻子的要赶快给正性的反应，表示感谢，这样才能继续鼓励他往新的行为去更改。总之，治疗的进行要全部注重在如何帮他们夫妻去更改且减少他们目前非适应的行为模式，建立并更换较健康且适应性的相互交往行为。至于妻子的焦虑发作或心身疾患，将会随着婚姻关系的改善而自然地随之消失（曾/吕，2001）。

参考与引用文献

1. 曾文星．心理治疗：督导与运用．第十二章：婚姻治疗的督导：个案二：订期企图自杀的丈夫与抱怨几乎被遗弃的妻子（315-322）．北京：北京大学医学出版社，2008．
2. 曾文星．夫妻的关系与婚姻治疗．夫妻俩人间的适应问题：个案六：先生总是唠叨指导而妻子常紧张发作的夫妻（吕秋云）（167-170）．北京：北京医科大学出版社，2001．

第十三章　夫妻俩相处与关系上的问题

第一节　相处与关系上的困难

婚姻问题的发生，并非是婚姻的动机本身有问题，也不是夫妻一方有个人的心理问题而来，而常是夫妻双方相处间的困难而来。我们都知道，夫妻并不是两个"单人"生活在一起，而是"双人"相互反应，经过沟通而发生感情，扮演夫与妻的角色，过亲密生活而经营婚姻的相互关系。这种俩人的"人际相互关系"，有时可以发生问题，而我们可以从：俩人间的感情、沟通、角色扮演、结合、联盟、对外界限的维持与应对等几个角度来了解与分析。夫妻俩人相处与关系上的问题，通常说来经过婚姻辅导是可以改善的问题。

一、夫妻彼此间的情感问题

所谓情感（affection），指的是两个人间所发生的喜爱、欢乐、讨厌、气恨或嫉妒等的感情。普通说来，跟亲子间的情感、朋友间的情感比较起来，男女间的情感（特别是夫妻间的情感）是特殊的，有其特别且不同的性质。夫妇间的情感是强烈的，跟性关系配合起来是亲密而私人性的情感；夫妻常年生活在一起是发展性而且是稳定、牢固的情感。假如两个人间的关系受到什么挫折，譬如，被强迫分离，就会苦闷、痛苦、发生思念的情感。万一有第三者的介入，就会嫉妒、强烈生气的情感。这种男女间的情感是逐渐发展，变成浓厚而终于要求占有、专一的情感。但是这种夫妻间的情感是可以发生波折与问题。可因各种理由发生。

（一）情感不浓厚的问题

一对男女在一起，不见得都会相互喜欢的。假如彼此的外貌身姿不合适，就不发生喜爱的感情；假如性格与脾气不合适，文化水平不同而讲话不投机，也不会培养起感情来的。假如夫妻俩人从头就不喜欢，是被父母包办而勉强被迫结婚；或是一时的性冲动而怀孕，不得已而结婚；或为了钱财或现实的利益而结婚；是因为失恋，反弹性或逆反性的随便找个对象而结婚，以充实其空虚感。如此以不健康的动机而结婚，俩人之间从开始就不相互喜爱，就会产生问题。假如对方是潜伏性的同性恋者，无法经营异性的性生活，也是无法建立异性间的亲密情感的，也是个问题。这种性质的情感问题，经过辅导也难有所帮助。

（二）情感被忽视而变淡的问题

夫妻间的情感并非是长期不变的。通常说来，在开始恋爱时是比较强烈而且可能是富于冲动性的。婚后时间一久，就逐渐平静些，也稳定些。有时女的生了孩子，或者男的工作忙起来，就比较不注重夫妻间的男女情感，不费心去培养，情感就会变淡起来。这常是女人最常申述的问题，认为自己的丈夫不像恋爱阶段那么热情与富于情调。一般东方人认为男女结婚了，就是一辈子在一起，以为是终生的契约，很少想去继续培养并保护夫妻的感情，容易让夫妻间的情感不会继续滋长，是值得注意而需要辅导的课题。

（三）缺乏表达情感的技巧

这是比较常见的夫妻间相处的问题，也是婚姻辅导上可帮助改善的课题。即，夫妻间缺乏情感上的表达，不通过口头上的沟通也缺乏向对方表示喜爱的行为，经过相互的关怀、喜爱而培养并保持夫妻间的情感。这是东方社会里比较多的情况。因为随着文化上的习俗，男女间缺少相互表达情感的习惯，也少有其技巧。特别是认为夫妻是"自己人"，还得那么需要"肉麻"地表现喜爱的情感，只要心里明白就好了。哪知，夫妻之间是需要时时表现并维持情感的。

男女之间对情感的表现与要求，可能有些差异。一般说来，女的比较细腻，喜欢被表示有情感，注重情调；而男的比较粗鲁，表面上常表现不在乎情感。因此，许多女人都因为自己的丈夫不会表达情感而感到被忽略或不被喜爱，而发生婚姻上的问题。

（四）情感不专的问题

这是比较严重的问题，即夫妻间的情感不专一，跟第三者发生了关系，造成婚外情的问题。这种问题，假如是一过性的错误，还有希望解决，但是长期性的，或者是重复性的，其解救的可能性就少。

二、夫妻间的相互沟通

所谓沟通（communication）指的是俩人间经过语言的谈话与交流，以及非语言的传达信息，而传达彼此所有的消息，表达自己的思维、意见、态度与情感，让对方知道你所思所想的情况，不但了解你，还可以一起采取行动的情况。是人际生活上很重要的心理与社会性功能。换句话说，任何两个人要相处，就要能相互沟通、表达思维与意见，维持适当的关系。日日生活在一起，要经营婚姻生活的夫妻更也不例外。事实上，夫妻之间能否畅通沟通，是婚姻顺利美满与否的一项重要指针。特别是从女方说来特别注重情感如何表达。

夫妻间沟通的目的不仅是可以相互表达彼此的意思，协商讨论并决定共同采取的步骤与方向，最主要的还是让彼此感觉他们两的心是在一起，有一体的结合，能相互的感到彼此的所需，加强俩人间的关系，并且能联盟起来去共同处理所需完成的课题，应付困难。当然，有许多事情可以单从眼色、音调与态度来体会对方是否喜欢或不赞成；但是有些事情与思维的道理是需要经过语言来仔细说明的。

比如：家里最近的经济情况如何，如何平衡收入与开支；孩子长大了如何去管教；假期到了，想到哪里去游玩；最近要出差，是被单位安排跟异性同事一起出差的，不知配偶如何感觉，赞成不赞成；最近自己长胖不好看了，是否影响对方的观感；对家里将来的各种计划等，都是要花费精神与时间去仔细沟通的事。不但要表达自己的意思，更要了解对方的内心感觉，要研究能否妥协，会不会达到共同的认识。这些都是要靠谈话去沟通的。可是有些夫妻在这方面却有困难。其毛病的来源或性质有各种：

(一) 没有夫妻需要沟通的观念

这是东方社会里的夫妻常有的特点，也是个毛病，认为夫妻俩人天天生活在一起，什么小事都知道，干嘛还要讲究什么沟通，结果不注意彼此去讲话、沟通交流。特别是自己的父母没有这样的榜样，子女婚后也就不会注意，也没有感到沟通的重要性。文化水平低的常有这样观念而不太去注意。

(二) 缺乏沟通交流的经验与技巧

沟通并不是随时开口讲话就可以，还要有交流的技术，包括考虑沟通的适当场所与适合的机会，也要注意谈话时的气氛。假如一对夫妻是跟自己的父母住在一起，要想办法去找能私自谈心的场所与机会；有孩子的也要考虑在孩子面前可谈或不能谈的，做适当地判断。假如是要私自谈的，就要叫孩子走开，或等夫妻俩人私自在一起时才谈。否则在自己的父母、朋友、孩子面前谈到一些事情，会有不妥当的结果。

不但是场合的问题，还要考虑谈话沟通的时机。譬如，夫妻要尽量避免刚下班疲倦，还没吃晚饭而空腹时，提出不愉快的话题；要等到大家吃过饭后，比较轻松时，再谈要紧的事。夜晚上床后，最好不要谈严重的事，影响夫妻亲热的情况。

谈话也要考虑技巧，如何说才会让对方听得顺耳，才会有正性的反应，发生效果。通常的原则是，要谈到严重的事情时，要先让对方知道要慎重讨论严肃的事情，在彼此精神都很注重且专心之下，好好沟通谈话。比较开心的事，可以比较不拘束的谈。轻松的谈，包括开玩笑的谈，可以帮助日常生活的愉快。可是不适当的开玩笑可能不被对方接受的。

（三）缺乏夸奖对方、鼓励对方的习惯

任何俩人间的谈话，最好是谈比较正性的话题，而少谈负性的事情。少批评，多提建设性的建议。夫妻间更是如此。有机会就去夸奖对方，表示感谢的话，好让对方高兴，有信心。可是东方的夫妻，常不习惯开口去说配偶的好话，去夸奖对方，认为这样夸奖自己的配偶是尴尬的事。可是哪知，就是天天生活在一起的夫妇仍需要交谈和沟通，也应适当的说好话。适当的夸奖与表现谢意，可让对方感到高兴，是夫妻间非常需要的营养剂，可以培养彼此的情感。特别是东方的男性需要多多地学习夸奖自己的妻子的习惯，才能符合现代社会里婚姻生活的要求。

（四）比较少谈好事，总是谈不好的事情

我们已经提过：经过心理卫生的研究结果看来，夫妻间的谈话内容，假如是正性的内容较多的，多属快乐的夫妻。假如是负性内容多的，常是适应欠佳的夫妇。所谓"正性"是指谈愉快的事，谈风趣的事，讨论建设性的计划，属于夸奖性或富于谢意的语句，是充满希望的语调。至于"负性"的，指的是相互批评或指责，批评他人的话，谈起埋怨或后悔的事情，是带气愤或讽刺性的语调，是没有出路与结果的谈话。

婚姻辅导的课题之一，就是去研究被辅导的夫妻在家里通常是怎样沟通的，谈哪些话题为多。当然我们不知道到底是因为夫妻关系幸福，所以谈话就充满正性的话题；还是夫妻关系有问题才常谈不高兴的事情；或者是夫妻常常谈比较积极而有希望的话题，才变成快乐的夫妻；而常谈消极不愉快的负性话题而影响了夫妻的生活内容。但是我们却知道，从治疗的经验得知，假如能把负性的沟通方式改为正性的谈话方式，夫妻间的关系也会无形中可以随之改善的。

（五）不敢沟通，想保留秘密

这是比较有问题的沟通，也是东方社会里常见的问题。即：夫妻间保持有若干秘密的事情，不敢或不愿意沟通；同时背后做些事情，不让自己的配偶知道。最常见的例子是，自己私自的给自己的父母或亲友一些钱，而不敢让自己配偶知道。有些是因为自己的配偶意见很强，不肯答应，而采取这样的行为。比较严重的，自己被单位安排跟异性同事一起去出差开会，而没告诉自己配偶这样的事情。等到事情偶然被发现，配偶极端的不高兴，发生情感上的暴风雨，是偶尔可见到的例子。

当然，夫妻间最好常沟通，保持彼此的透明性是很好的，但也可以保持若干私人性的事情，并不一定要让配偶知道在生活上所发生的所有事情。换句话说，即使是亲密的夫妻，也可以保持若干程度的个人界限，有内在精神的（自由）境界。夫妻要做适当的判断，哪些事情最好要让配偶及时知道，才能让配偶放心，而不会事后发生夫妻间的误会或不信任的问题。千万不要做出一些事情是会让配偶发觉而会很不高兴的事情，这会损伤夫妻的感情。

三、夫妻间的相配情况

我们也谈过：两个人相处在一起时，理论上可以就不同的关系模式而相处，包括夫妻间的关系。这种相配的关系，总体说来，基本上可有两种，包括："相配性关系"（compliment relation）的模式。这也称是"非对称关系"（asymmetrical relation）。指的是两个人以不同而相补相配的方式相处。如：以上下的纵关系或者阴与阳似的相补关系而相处。

另外一种是"平行性关系"（parallel relation）的模式，也称是"对称关系"（symmetrical relation）。即以相似，甚至是相同的关系而对照性的相处，没有上下或相补的性质。这种平行性的，假如两方的个性都很强，就容易造成矛盾相对的关系，若是两方都很被动就不容易发挥功能。夫妻俩人之间，到底是相配性的还是平行性的关系，也就会形成且表现各种不同的夫妇相处关系，树立不同的婚姻生活模式。当然，这种相处的模式，并非是固定不变

第十三章　夫妻俩相处与关系上的问题

的，往往随着情况而更改，但是总是可以看得出，主要是依据何种模式而发生并维持俩人的关系，会决定夫妻相处的情形，包括俩人相处上所发生问题的理由。

夫妻间这些相处与相配的问题，可由不同的因素而发生：如俩人的文化水平、性格、志向等，我们已经在第三章提过。在此，我们再仔细讨论一些在临床上需要特别考虑的若干配对问题，是跟性格及性欲望等因素有关的配对问题。

（一）性格模式的相配

我们说过：所谓"性格"，指的是一个人对刺激反应的特点及处理事情的方式。有人习于慢慢思考，沉着反应；有的善于随机立刻判断，喜欢快速处理问题。有的喜欢本着直觉与本能去做判断与反应；有的要长时思索与探讨，做理智性的决定。这些都是不同性格的例子。每个人有各种各样的脾气与气质，综合起来表现其性格。这种气质或性格，大都是先天性的决定，然后受后天的陶冶，形成个人的特点。夫妻俩人生活在一起，要注意是俩人的脾气与气质如何，性格是否相配。

从临床上的观察与经验，我们得知：某种性格的人常对另一种性格有特别的吸引性，会不知不觉地结合在一起。最常见的例子是：性格比较理智性、感情比较冷静、思考比较多（即强迫型性格）的男人，常对于比较富于情感、善于表达情绪、而且习于运用直觉而判断事情（即带有癔症性格）的女人相互吸引。他们结婚后达成"相配性"的一对男女与夫妻，大致上可以相处得很好，有相互补助的功用。可是，假如俩人的性格都很比较极端或过分（即很强迫症性或癔症性程度的情况），男的会嫌女的情绪善变而不稳定；而女的感到男的太冷静，缺乏情感的表现，不够温柔，变成是相配上有困难的一对。

有兴趣的是，假如男女的性格反过来，即：男的富与情绪、专靠直觉做决定，并且喜爱变化与刺激；而女的很理智、冷静、喜欢保守规则，就融洽得不很顺利。换句话说，带有癔症性格的丈夫及强迫型性格的妻子，不好相配。因此，还要考虑谁有怎样的性格模式，因为可能结果会不一样。

反过来，假如两个人的性格与气质都相同，就形成"平行性"的相配。假如两个人都喜欢理智，喜欢冷静，就形成很冷静而讲道理的夫妻。假如两个人都富于情感又善于表达，就形成一对富于情感而喜欢表达情绪的夫妇。由于其对称性或平行性的配对，少了相补的功能与效果，有时就不太好。比较显著的例子是，俩人都喜欢注重理智并讲道理，而彼此都个性强，没人愿意放松，就容易形成相互争论、不让而吵闹不休的夫妻。如果是俩人都少有意见，就使得双双是比较被动的夫妻，影响他们夫妻的综合表现。

（二）男女性气质的相配

我们也说明过：跟一般的性格模式很接近的另外一点，便是男性气质与女性气质的问题。所谓"男性"气质（心理或趋向）包含有些特点，即：对事情喜欢积极去处理，必要时可以动武，靠行动来解决；跟异性的关系里喜欢采取主动，想保护对方，以征服的心态去追求，带有点虐待的欲望。反过来，"女性"气质（心理或趋向）其特点是对事情保持稳定且保守的态度，注重细腻的情绪，不喜欢动武行动；跟异性的关系里喜欢被动，被保护与照顾，喜爱被对方追求，并带有点被虐待的兴趣。这种所谓男性或女性气质，并不一定跟"生理"上的性别有绝对的直接关系。并不是说生理上是男的，就百分之百就有男性气质与心理。反过来说，生下来是女的，并不见得就会有百分之百的具有女性心理与气质。通常说来，男的主要表现男的气质与心理较多，但也可有一点女性的气质。所以一方面可以在战场上施展武工，但必要时也可在家里细心照顾幼小的孩子。至于女的除了女性的气质与心理以外，也可带一点男性的气质。因此，通常可表现温柔、被动，但必要时可以发挥"花木兰"的精神去处理困难。

关键在于一对夫妻各自的男性与女性气质成分的多少，而且如何分布的问题。假如两方的男性与女性的心理会相配，就很好；否则就容易出差。比如说，丈夫的男性气质较少，而妻子的男性气质过多，就容易发生阴与阳颠倒的情况，妻子牵着丈夫的鼻子走路也说不定。这是婚姻辅导上要去了解，并且提供辅导的一个课题。

夫妻的男性与女性趋向并不是固定不变的。通常说来，随着年龄的增加，配合婚姻的发展，而有逐渐的变化。即到了中年后，先生的男性趋向通常会逐渐减少，女性趋向会多少增加；而相对的太太的男性趋向会逐渐增多。结果，夫妻双双都逐渐趋向中立性的状态，适合老年阶段的适应。

（三）性欲望与行为的相配与调节

跟性格模式与气质以外，一对夫妻生活在一起，要考虑他们针对性欲望的调节如何，如何经营他们的性生活。性生活的经营是生理上的满足，也是心理上的需要。可是到底夫妻各自对性的兴趣、性的欲望与要求如何，是否彼此相配，在婚姻辅导的过程里，也是要探讨的课题。要探讨的方向有几个层次。即：

性行为的表现——就一般说来，男人对性的活动比较采取主动的角色，女人采取比较被动的情况；男人比较注重生物性欲望的满足，而女性还注重气氛，要求情绪上的满足。因此，夫妇俩人之间对性生活的要求如何，如何表达信息，如何发生，是否彼此都满意，都是在辅导上需要去探问的事情。

女人的性欲望会随月经而有周期性的变化，而男人的周期性变化比较不显著。再者，一般说来，男人对性欲的发动比较冲动而快，而女人比较缓慢，要慢慢发生。而且比较重要的一点是，男的只注意生理上的发泄，而女的比较注重气氛、喜欢情调。因此，男女是否调节得好，是性生活上的技术与要领。

性欲望的周期——从一生的角度说来，男的性欲在 20 岁左右达到高峰，然后逐渐降低。但是女的发展情况有点不同，比较迟慢，要 30 多岁，特别是生育孩子以后，才逐渐到达其高峰。因此，在生理发展的层次说来，男女有其若干差距。如何调配并适应其生理上的差异是夫妻间的适应课题。

总之，如何调配夫妻间对性的兴趣、欲望，而维持适当而满足的性生活，是夫妻经营婚姻的课题之一。在婚姻辅导的过程里，也是需要探讨、关心并讨论的项目。必要时要提供所需的性知识的教育，并辅导适应的要领。

四、夫妻间的角色扮演

从婚姻辅导的立场来说，我们要了解，什么是丈夫或妻子常扮演并执行的典型角色，到底适当与否，是否有好的功效等。一般说来，妻子总是期待自己的丈夫能主动，能有魄力地去执行家里内外的事情。必要时能对妻子及子女表现体贴与关心的态度，对外能敢讲话，替妻子及家人争口气。反过来，做丈夫的总是期待自己的妻子能扮演慈母贤妻的角色，负责家里的杂事，对丈夫能体贴、辅助的贤惠妻子。做丈夫的内心里总是希望自己的太太能扮演富于情感的情人；可是，对外要能守贞洁，不会跟别人随便轻浮地往来。

一般说来，健康的夫妻大致上都有清楚而适当的角色扮演。但是，假如夫妻间的角色扮演有明显的病态情况，就需要通过辅导去帮助他们纠正。有关角色扮演的问题，通常发生在复杂的家庭处境里，因需同时去扮演不同的角色，而会发生执行上的困难。例如，在家里，丈夫的母亲与妻子双双在场的情况里，丈夫想扮演孝顺且听话的"儿子"，而也想扮演能替妻子说话，保护内人的"丈夫"，是微妙而不简单的情况，有时会发生问题。要能平衡且恰如其分，是要靠技术与经验的。假如只顾一方而失掉另一方的角色，就有问题，是发生家庭问题与矛盾的来源。

五、夫妻的结合与联盟

跟感情有点不同的心理现象是"结合"（bond）的情况。所谓结合，指的是两个人，不管是朋友或兄弟姐妹，经过长期的相处，自然而然的产生情感，而接着会建立某种要好的结合力，保持俩人的关系。靠这种结合力量，能合作，处理问题，而一旦遭遇外来的困难时，能两人"联盟"（alliance）起来，共同应付外来的问题。

夫妻之结合，并不是说变成完全融合为一体，而是要能彼此尊敬，让彼此仍能保持若干自己的天地的状态。换句话说，大部分的事情，俩人要共享共有，最好常在一起共同行为。但是也可容许有点自己个人的空间与天地，从事于自己个人喜欢的事。这样才能保持夫妻的结合，但也能维持自己的心理世界。

至于夫妻遇到共同的外来问题时，要能联盟起来，相互合作，共同去处理困难。最常见的例子是：孩子不听父亲或母亲的话时，做父母的能俩人联合起来，以同一态度，合力去管教子女，发挥父母合作的力量。或者，自己的妻子被亲戚批评时，做丈夫的能挺身出来替妻子讲话；或者自己的丈夫被人误解时，妻子能替丈夫说话，解释事情的来龙去脉，化解误会，都是夫妻联盟行动的现象。

可是有些夫妻，由于种种原因，往往却没法建立起强烈的结合力，无法表现联合的现象而发挥应有的功能。婚姻辅导的课题就是去探讨其阻碍的理由，并帮助建立应有的结合能力，并在适当的时候能树立联盟的关系去共同处理问题。

六、夫妻对外的界限与区分

所谓健康的夫妻，他们俩不但要建立彼此俩人间的结合，而且能与外人保持某种界限，有所区别，能保护他们俩人的私人性共同世界。比如，自己的共有财产，不能随便给外人拿去使用，要有所保护。俩人间的私人性情报，不随便透露给外人。比如：夫妻之间的性生活如何，房事多少，顶多只能要告诉医师，但不用给自己的父母或兄弟姐妹知道。假如，丈夫没经过妻子的同意，就把夫妻两人所存的存款数目告诉同事，并且答应借给对方，是忽视了夫妻间的结合，没守住夫妻对外界限的情况。假如做妻子的，向单位的男同事叙述他们夫妻是如何闹情感危机的，更是明显的例子，超越夫妻自己该保住的心理界限，对自己夫妻的结合与界限保护的要求发生了背叛的情况。夫妻要能如何维持俩人间的结合，并与外界保持适当的界限，是婚姻心理卫生上很重要的一课题，也是婚姻辅导上要进行的辅导工作。

总之，夫妻两人相处时，要如何培养感情、如何相处、如何扮演适当的关系，如何建立结合的力量，如何联盟而保护自己俩人的世界，都是各个不同的心理课题。假如有了这些夫妻两人相处方面的困难，是可以依靠辅导而多少会改善他们的困难。

第二节　辅导的方向与要领

辅导者的首要课题是，去判断一对夫妻所面对的问题，是否是他们俩人间相处上有关的困难。并且了解是哪种性质的相处问题，而决定是否可以给予辅导。假如是由于不健康的动机而结婚，从头就没有情感，而时间过了一段时期，仍没有培养其基本的男女感情的话，再经过辅导也不容易改善。假如夫妻两人的性格都很极端或过分，达到强迫症性或癔症性程度的性格上的问题，而且是这样的性格相配方面发生了困难，如：男的嫌女的情绪善变而不稳定；而女的感到男的太冷静，缺乏情感的表现，而且毫无温柔等，就算是努力辅导，其效果也不会太佳。假如是：缺乏表达情感的问题；缺乏沟通交流的经验与技巧；缺乏夸奖对方、鼓励对方的沟通方面的习惯；夫妻间的角色扮演、联盟的形成或界限的确立的问题的话，婚姻辅导多少可以发挥其辅导的效果。

把问题的要点弄清楚了以后，接着就是要帮助夫妻他们去了解并认识他们需要更改的地方，并提供改善的建议。可是单是这样是不够的，还得培养其改善的动机与决心，而且最重要的还得督促其练习，逐渐养成健康的相处关系。不用说，要举行夫妻双双都参与的会谈，帮助他们在会谈的场合里，试着去修改其所需改善的行为，包括沟通的方式、扮演的角色、联盟的形成等。必要时要由辅导者给予榜样，或经过角色扮演的实际情况而具体的练习。经过认知的层次而到行为的层次，逐渐建立新的行为方式，改善所需要的问题。总之，要以认知治疗及行为治疗的原则提供辅导的作用。

第三节　个案说明

所谓夫妻俩本身的相处与关系问题，狭义的指：夫妻俩人在其彼此间所产生的"人际相互关系"有关的问题。广泛说来，可以包括夫妻俩人间的感情、沟通、角色扮演、结合、联盟、对外界限的维持与应对等层次。我们在此列举三例，即：夫妻的性格因对称性的相同而来的问题；夫妻性格与气质的不同与配对的情况不适当而来的困难；以及夫妻所扮演的角色混乱而带来的矛盾等，表示各种不同性质的夫妻相处问题。

一、时时争吵不相让的年轻夫妇

个案说明

曹夫妇（假姓）结婚已经一年多，可是从结婚一开始，他们就常常吵架，相互不让；经过他们的朋友的建议，来看婚姻辅导者，希望能解决他们的婚姻问题。

曹夫妇说，从他们交朋友的时候，他们就容易争执，不相让也不肯妥协。男的说东，女的就主张西。可是，他们还是彼此喜欢，也就结婚了。其实，要结婚时，他们也吵闹争执了很多事。譬如，新郎提议要用什么方式来举行婚礼，可是新娘却另有一套不同的构想，争执了几个月，最后还是由双方父母做主决定。

据他们说，他们情感还好，两个人在一起，还喜欢亲热。可是一谈到一些事情，需要做决定时麻烦就来。因为他们不仅意见不同，彼此还坚持自己的意见而不肯让步。有时还提高嗓子争论，不肯罢休。就算是在别人面前也是如此，为了一点小事，就争论己见。譬如，上一次，几位朋友来家里聊天时，曹先生偶尔谈起男人对方向感比较好，走路会靠方向感来走，不会迷路。结果，曹太太一听，就表示不同意，指出上一次他们（夫妇）一起去朋友家时，在小巷里迷失，还是靠她（女人）记得巷名才找到朋友的家。曹先生一听，心里就有点冒火，又提出男人不怕老鼠，不会像女人一样，看到什么蟑螂或小虫就怕得尖叫。曹太太也就不认输，马上又回敬似的提醒上次在逛动物园时，是谁（先生）听到老虎的吼声而害怕后退，而谁（太太）却不在乎。如此，他们夫妇就喜欢这样一比一斗，相互较劲，连朋友都觉得不好意思，劝他们停止，并且半开玩笑的提议他们应该找机会看婚姻的辅导专家，研究研究到底是怎么一回事。

这次让曹夫妇感到需要来看辅导者，其主要理由是最近他们闹了一件大事，几乎吵着要离婚。原来他们计划最近将搬到新的公寓去住；为了布置他们的新居，他们有了明显的不同意见。曹先生喜欢颜色古色古香、传统形式的家具，而曹太太却喜爱颜色明亮、摩登的家具。他们争执坚持彼此的意见而不相让。不仅是选择家具，就连要摆在哪里也有不同的建议，也不肯相让。最后的导火线是发生在厨房的用具。太太本来有她一套的计划，可是先生提出不同的意见，太太就大发脾气起来，骂先生娘娘腔，一个大丈夫还要出意见管厨房的事。曹先生听了，觉得太太是讽刺他没有大丈夫的气概，就很生气，就还骂太太不像女人，家里大小事都要做主。就这样东吵、西吵，吵得没有结论，不但不想搬家了，也吵到干脆分居好了。经双方父母劝解后，情绪平稳些。想到朋友曾经的提议，来找婚姻咨询专家解决问题。

辅导经过

会谈一开始,辅导者首先向他们夫妻澄清了一件事,就是:他们夫妻在他们自己的各个工作岗位上,并没有跟同事容易争吵的现象,而只是他们夫妇在一起时,才会发生的现象。其次,发觉他们的个人家庭背景里有些因素影响他们的目前行为。原来,曹先生是老三,上面有两个姐姐,比他大好几岁。从小他的两个大姐姐都很喜欢管他,而曹先生养成一种心理与习惯,不肯向他们娘子军服输,而总要反驳与抵抗,不受姐姐们的欺负与蔑视。至于曹太太则相反。她是老大有个小弟弟,而从小她就习惯于管弟弟,并且常常以大姐姐的身份要求弟弟的服从。换句话说,他们小时候同胞间的上下关系,无形中奠定了他们对异性亲人的相处关系。现在表现在夫妻关系里,就发生了矛盾。

经过辅导,慢慢得知,曹先生总是认为自己的妻子跟过去自己的大姐们似的,总是要压迫、欺负他。因此,他内心里总是要表示不服输。自己的太太说什么,不管是说什么,总想反对一下,表示自己有自己的成见。至于曹太太还是以过去对待自己小弟弟似的,对待自己的丈夫,想保持自己的威严,不肯顺从。由于他们这样,俩人一合,就刚好凑出相互打击的局面,彼此坚持不相让的困难。从专业的观念说来,他们彼此都受了个人的转移关系(transference)的影响,把他们小时跟他们同胞的关系,转移到夫妻配偶上来了。

因此,辅导的重心就是要帮他们去认识体会,他们已经是夫妻,要以夫妻的关系来跟配偶相处,而不能(也不要)以过去跟自己与姐姐或弟弟的相处关系继续表现在夫妇的男女关系上来。夫妻的关系要摆脱"上下"的(同胞)关系,而要以"同等"的关系及"相补"的本质来相处。换句话说,他们婚后要学习如何抛弃过去的"同胞"的关系模式,而要以"夫妻"的模式来跟自己的配偶相处。并且强调夫妇是以"相补"为贵,"相斗"为贱,要彼此发挥彼此的长处来帮助整体的夫妇。辅导者具体地提出，他们俩人去找朋友家时，一人（丈夫）能善用方向感，而另一人（妻子）能应用对街名记忆的长处，配合起来共同使用，就能发挥最好的效果，而不用去争执是谁能干。夫妇就好像是一个人的双手；不用去争取到底是左手强或者是右手厉害。最重要的是左右手能否一起合作协调去动作，完成双手的任务。夫妻要能时时扮演不同的角色，"协助"是很重要的。

关于新公寓的布置，假如俩人能以这样的夫妻精神来妥协，就有希望。辅导者特别向先生提醒，关于居住地方的布置，丈夫当然可以提供一些意见，因为毕竟是俩人要天天居住生活的地方。可是按一般的习惯与观念，"家里内"的事，最好由妻子来做主决定，特别是厨房是女人的天下，由太太全权决定采用何种用具。至于"家里外"的事，由先生多出点意见。这样夫妻有分别的职责与权限，就少有争执。对于辅导者这样的建议，夫妻都觉得有道理，彼此都决定和好，解决公寓的布置问题，并且重新开始练习如何相补性的去相处。

有一点值得要讨论的是，假如是家里做哥哥的男人跟家里习惯做妹妹的女人结婚后，他们夫妻彼此的相处会从头就比较容易。因为，随着他们过去的"兄妹"的同胞关系背景而丈夫习惯于保护、照顾且让妹妹似的对待自己的妻子；而妻子也喜欢被哥哥照顾似的，被丈夫体贴、关怀、让步，毫无问题地享受女人的角色。由于曹先生这对夫妇各个的自己同胞关系却是相反，是"弟弟跟姐姐"的背景，把关系颠倒而发生不容易配合的结果。希望经过辅导能逐渐地转移到"夫与妻"的关系来。

最后要说明的，曹夫妇的相处问题，并不是很单纯的源之于同胞背景的关系，而是他们的个人发展历程里还加上了别的因素，扭曲了他们对男女间相处的经验与观念。也就是说对象的选择，不能那么只考虑对象的同胞背景因素而单纯的做决定。还要顾虑实际上俩人在各方面是如何相处的。对这对夫妻来说，做这样的解释，除了有相当的理由之外，还有容易做解释的功效的关系，辅导者可做如此的解释与提议，督促他们需要去改善适应的方向（曾，2001-a）。

二、妻子喜爱整齐、丈夫却喜欢随便而不协调的夫妇

个案介绍

梁先生（假姓）三十多岁，在某出版社工作。从小喜欢绘画，现在为出版社画漫画，已经有数年。经家里的介绍，数年前跟远亲的表妹结婚。由于表妹是小时曾经认识过的，从前就相貌美、人又很聪慧的印象；而女的也觉得男的潇洒、幽默，因此，没交往多久就经过双方父母的催促下，决定结婚。婚前，妻子已经在某单位担任会计，还算很胜任工作，被主管赏识，最近还升职等。

俩人结婚以后，起初还蛮要好，在别人看来夫妻还很恩爱。可是夫妇生活在一起，不久就逐渐感到相处不很协调。譬如，梁先生有艺术家的脾气，很注重思潮；一旦有什么灵感来临，半夜也起来作画。就是跟太太一起在看电视，也就忽然离开，到自己的工作房去绘画。梁太太对丈夫这些行为还不太在乎，可是，很受不了丈夫把家里的东西东摆西放的，不保持家里的整齐。太太好容易把每月订阅的几本杂志好好按月份排放在书架上，转个头，丈夫已经拿走，看完后，就乱丢在地上，毫无所谓。吃完饭后洗碗，太太喜欢把碗盘按大小与用途依一定方式摆放在碗柜里，可是先生却是东摆西放，根本不管太太原来是如何费心摆放的。

由于他们的脾气与生活方式犹如南北差别或天地的不同，而天天生活在一起，逐渐感到受不了。梁先生认为家里应是舒适生活的窝巢，随便一点才好。他怀念自己的母亲那么放任；开始后悔跟这样过分拘束的妻子生活在一起，还不如回到从前单身生活那么自由自在的好。至于梁太太却认为家里要保持整齐、干净，不能像个乱杂杂的仓库，否则感觉上觉得没有办法生活下去。她也

想念自己的父亲,认为父亲做事总有规矩不乱;并后悔当初没好好考虑自己先生的脾气是这样的,否则也不会听父母的话就决定跟他结婚了。

这样,日子一久,太太看先生对家里的支出毫无关心,也从不去计划,对每周的生活也没有清楚的筹划,心里很不满。结果一看到丈夫不把东西放好,就趁机向先生啰嗦、发脾气,并且索性严格规定家里每样东西要摆放在那里,写在纸上,贴在墙壁上,要丈夫看着去遵守。可是梁先生很不赞成这样强迫性的规划,受不了这样监牢似的生活,开始常常头疼,心情不好,终于来门诊看病,要求给他开点帮精神轻松的药。

辅导情形

经过医师的仔细探讨,发觉是夫妻生活方式不配合而烦恼引起来的,就请梁先生邀请妻子一起来,看看有什么方法面对这个问题。

梁先生夫妇果然按医师的建议一起来看辅导者。他们在一起还蛮要好的,坐得很靠近,也能相互交流,开口谈话。他们承认俩人间有性格上的差异,也为了这样彼此的不同生活方式而觉得格格不入,感到婚姻生活的紧张。辅导者对于他们的问题首先指出,每个人有不同的性格,也有不同的喜爱的生活习惯;并没有什么对不对或好坏的区别,只是如何相处生活在一起的问题。假如他们婚前就能发觉彼此的差异,考虑能否相互适应,甚至练习相处一段时间以后才决定是否结婚,那更好。可是现在既然已经结了婚,就研究今后如何相处生活在一起。

从他们的交谈中得知,梁先生的父母向来很随便,对孩子毫无拘束;梁先生从小能在自己的房间里随便摆布,东西乱放也没有人会去管束他。至于梁太太叙说她的父母很严,从小就要求把家里的东西摆得好好的,要维持家里很干净,事事有规划。基于此,她自小也就养成这样的习惯。况且,她所从事的工作是管会计的,所有的账目要整理得很整齐、确实，不能混乱，于是更加强她的做事作风。

辅导者提议他们要考虑把自己家划分，分成一部分是属于丈夫的，由丈夫自由自在的管理，太太不用去管；一部分是太太的，由妻子负责整理，丈夫不可随意闯入并给予扰乱。至于另一部分是俩人的共同生活地点，俩人共同协调，共同来整理。这样把家里分成三部分，一方面保有私自的天地，同时也有夫妻共同的生活空间，看看结果会如何。

辅导者发现，另外一种常让他们夫妻吵闹的事情并不是如何整理东西，而是家里的事如何去执行。譬如，由谁来负责家里的支出计划，谁要做家里的打扫，什么时间是用来干什么的。辅导者提议他们最好能协商，订出一个计划，试行看看，然后再检查；检查后有必要时，再更改。结果，他们商量决定由太太来管家里的账，夫妻每周轮流打扫；每周晚上各自做自己喜欢的事，可是周末要用一天的时间做夫妻一起要做的娱乐或社交活动，由先生主动做计划。

辅导者说明，夫妻开始生活在一起，每个人都要对配偶迁就一些，这样才能开始"俩人"的共同生活。假如每个人都还要坚持自己过去的单人生活方式，就难于经营新家庭的生活。辅导者最后指出，他们夫妻虽然有显著的生活方式的差异，可是基本上情感还好，没有别的婚姻上的困难，希望能随时间的进展去协调他们共同生活的方式。这对夫妇终于答应回去尝试，并且数周后回来报道他们尝试后的结果如何。

像这样夫妻俩人之间相处与适应的问题，常发生在婚姻初期；有时是迟到婚姻后期，甚至等到俩人都退休以后才出现。由于自己都很习惯于婚前的个人生活习惯，现在夫妻俩人要生活在一起，就觉得有点不容易相处。可是，夫妻要知道不能继续去怀念从前的家庭生活方式，为了他们夫妻俩人的新家庭生活，就得相互谦让与适应。由于这对夫妻的差异很大，特别吃力些，需要长久的过渡阶段，慢慢去适应。辅导者只是以支持性辅导的模式，供给提议，帮他们建立适应的"过渡阶段"，缓慢相互适应的过程，减轻彼此的压力与紧张。

有一点要值得提出的是，夫妻之间，有些事情是"对称性关系"，而有的是"非对称性关系"。一般说来，男的比较有计划，做事较注重规律，有所谓强迫型性格的特性，而喜欢与做事比较随便，注重情感而不太在乎规则，喜欢变化的女性配合结婚。可是这对夫妻则刚刚相反，是颠倒过来，所以比较有困难。这样脾气很不同的夫妻，要看他们差异的多少，彼此性格的伸缩性的多少，再加上俩人间的基本感情如何，而决定他们适应的结果会如何（曾，2001－b）。

三、夫妻都是律师，在同一业务所工作而角色扮演有问题的夫妻

个案简介

这是在夏威夷辅导的个案。米先生是白人，娶了当地日裔的妻子，妻子原姓山田（假名）。他们已经结婚将近十年，有个九岁的女儿。他们夫妻俩原来都学法律是律师；在同一个法律业务所做事。实际上业务所是丈夫的，他雇用几个律师，包括自己的妻子，是规模不小的法律业务所。

开头找医师来看病的是妻子。主诉抑郁与焦虑。因为她觉得走到绝路，无法再应对她的先生，已经冲动到想离婚了……她觉得自己失去了对先生原有的尊敬和爱。她说：先生以前很幽默和外向，敢言敢说，有风趣、很坚强，而这些特征都是她向往而跟他结婚的。他过去常带她旅行，享受人生乐趣……可是现在情形变了……

患者叙说：她是夏威夷出生的第三代日本人。父亲在2岁时跟母亲关系不好，闹离婚而离开了。结果，母亲一人抚养她成人。她对自己父亲毫无记忆与印象。她小时被母亲安排，进了天主教

第十三章 夫妻俩相处与关系上的问题

学校,受严格教育。大学进入常春藤大学,接着念了法学院。在学期间,她遵守母亲的指示,非常认真念书,从未交男友。

毕业后,进入一家法律业务所工作。先生是那里的主管。她一位同事鼓励她与先生约会。因为先生是白人,而且年龄比她大些,她的母亲开头就反对,很不赞成。患者只好离家去跟先生同居,公证结婚;几年后,在姨妈安排下的感恩节聚餐上,才跟先生一起与母亲碰面,恢复关系。

平时,他们夫妻在早上就一起开车去上班,下午就一起回来。说起来,夫妻一起上下班工作,表面上是很好的事情。可是却有问题。因为上班时,先生就坐在主管的办公室,而妻子就在同一房间角落的桌子工作,当先生的副手。她说:虽然夫妻俩人都是律师,而患者自身还出身名校,但因她年龄较轻,经历少,在整个的业务所里,地位比其他合营的几位律师们还低。为了工作上关系,先生常呼唤妻子来他自己的办公桌,嘱咐做些工作。不管妻子当时在做什么,就得以下属的姿态去应对上司的先生。由于她本来的性格低调,顺从为命,所以先生对她总是指挥,而她也就随命随从。虽然这是夫妻双方不平等的关系,但几年来也就将就了。

可是,最近夫妻关系却变得很紧张,患者内心里一直怕会闹离婚,失去先生,会变成和母亲一样,以离婚结局。这次情形变得严重的主要原因是:因为先生在一个案件里被告了,心情很坏。他整天不停地抱怨不平、担心、怨天尤人,愤怒;上班如此,下班也如此。因为夫妻俩人是在同一业务所上班,而患者又是先生的副手,桌子就在先生办公室的一角落;先生还不停地对她讲话与抱怨,看在同事们的面上,她也不敢反应与应对。过了一阵子,受不了,她就忍不住,脸色不好,语调不对,先生就不高兴,对她指责,她就更不能忍受了。

会谈经过

医师听了这样的情形,就建议下次请先生一起来参加夫妻会谈。先生果然接受建议，下次就跟妻子一起来。在会谈里，先生一坐下，就开口滔滔不绝地诉说俩人的情况，还分析患者为何担忧及脾气不好；完全不提他自己的事情，不谈他自己的问题，包括他最近被告的事。而会谈中，患者就坐在一边，沉默不语，不敢发言。

看了这样情形，医师就鼓励患者发言，同时帮助先生不打断她。这样，慢慢地让患者能与先生可以相互的交谈，达到两方都能满意沟通的情况。

在这样鼓励之下，患者说出平时对先生的不满与失望。她希望先生能自己坚强些，不但能应付世上艰难，还能保护她，同时也支持她，鼓励她变成能言善语，有自信心的人。谁知，先生向来只会反而将她当下人看待，自己高高在上，使她很自卑。特别是最近闹被告的事件发生后，先生的脾气变了，更是对她不好，变本加厉，让她变得抑郁。

她说，过去她虽然不满，但仍忍受。一方面觉得自己的确是（专业工作）能力不强，（法律上的事务）仍有学习余地，希望先生给她指导，会进步些。另一方面他们夫妻有了个女儿，她很担心如果她不好好与先生相处，先生会像她的父亲一样，哪一天就忽然离家他去，她自己会变成单身母亲，就像她母亲似的；而她的女儿会变成无父孤女，跟她自己小时一样，受苦。她说自己的母亲向来只会要求努力学习与工作，严肃、呆板、毫无风趣，而且总是抱怨他人，也怨恨人生。她很担心自己会变成是像母亲那样，就特别喜欢找有风趣的人，嫁给了幽默的先生。但是，他的先生从被告的事情发生后，就变成为另外一个人，毫无情趣，只会抱怨；失去了信心，认为世界不公平，而人心多诡诈。这种感觉就加强了她自己的担忧和绝望，也失去了对先生的向来的尊敬和期待。她说："有时我觉得他（丈夫）变成了我母亲"，而失声痛哭。

至于米先生，他说，他也有同样的感觉，即觉得自己的妻子像变了一个人一样：不再像从前那样地体贴、顺从；变得冷淡，总是焦虑并发脾气。他担心搞得不好，将会闹离婚的。

根据这样的了解，医师就向他们解释：他们夫妻过去为了工作上的关系，向来对夫妻角色的扮演有问题，即：无法把工作生活与家庭私人生活分开；在职业上保持上下同事的职业关系与角色，而跟在家里扮演丈夫与妻子的夫妻私人性角色混乱。但最近发生相互的矛盾，主要是由于外来因素而来的，是先生遭遇了工作上的困难，而把俩人的情绪都搞坏，也把夫妻间相互对待的情况也变化，让彼此都不满意。目前，他们夫妻最主要的是要如何合作去面对被告的事情，能相互鼓励、体贴、支持，去渡过这个难关；要避免相互的抱怨与发脾气，表现负性的反应。

医师还特别向患者指出：先生仍是跟她结婚时同一样的男人；只是目前在"强大的外来压力下"才有失常的表现。是特别需要她去支持他的时候。医师也向米先生说明：他的妻子并不是不要他了，想离婚，趁机跟他分家产等；只是对他们最近的关系及他近来的行为失望，发生挫折，但又不知如何应付。医师特别强调，这是他们夫妻一时性的、过渡性的问题。他们都要保持希望；只要俩人能彼此了解与支持，共同去渡过难关，他们的婚姻还是可以维持与改善的。

具体方面，医师提议：当一方配偶情绪不好而抱怨、发脾气的时候，另一方要特别冷静，避免冲突。譬如：先生唠叨过多，妻子可以找借口到厨房，给先生泡茶，服侍一下先生，打断其紧张的气氛。妻子最好避免用语言来回应先生的抱怨，更不要向先生提出工作上的建议，让先生觉得他无能，而犯了什么过错，还得靠妻子来教训他似的。至于先生，要少跟妻子抱怨、发牢骚，让妻子情绪更不好。在家多谈些比较可以让彼此高兴的事情，包括他们过去如何享乐婚姻生活的事情及一起欢乐的记忆，保持正性的沟通与交流。

经过这样的初次夫妻会谈，他们俩都比较冷静下来，而且在实际生活中改善了他们目前紧张的气氛与关系。在下面几次的夫妻会谈里，把会谈重心放在检讨他们的夫妻角色关系上的问题。医师指出，他们过的生活比较特殊，他们俩在工作场合里所扮演的是"主管对副手的角色"，维持的是上司与下司的"纵的关系"；而在家，需要的是去扮演"丈夫与妻子"的角色，需要维持的是夫妻平等对待的"横的关系"。由于这是不同性质的关系，把它混合在一起，影响了夫妻的日常生活。医师建议，在工作场合里，先生不要把妻子当做是自己的妻子而随便的谈话与吩咐工作，更不该对待自己家人似的随意批评与训话；而要当做是一起工作的"同事"，要有职业性的礼貌与态度来对待。至于回家后，就恢复私人性的夫妻关系，可以撒娇、可以发牢骚，但也要相互体贴与照顾，像是亲密的夫妻似的。

分析与评论

从病情的解析里，虽然医师比较有深度地了解到：患者把对自己失去的父亲的感情与需要转移到有经验且能干的工作主管（即丈夫）身上来，期待他能以"父亲"角色来保护她、指导她；而目前感到心里认为那么权威而坚强的丈夫因外来一时的打击而失去了其坚强性、自信心，而潜意识地感到：好似将失掉可靠的"父亲"似的，而心情慌张。换句话说，这是患者的个人性的"转移关系"（transference）与父女情结的问题表现。可是，从辅导的技术上，医师并没有那么仔细且深度性的做"指点"（interpretation），只是简单提示并说明：做丈夫的男人并不是永远很坚强的，也有颓丧或失去信心的时候，是要妻子特别去照顾的时候。

还有，先生一直以上司的姿态对待妻子，也始终期望妻子对他要服从、体贴、服侍，除了先生本人的个人性格以外，很可能的，是他以白人身份，对东方妇女的心理期待，也是娶东方女性的原本动机；而妻子向来很被动且服侍性的遵从丈夫，除了她本来的性格以外，还受了一般东方妇女对西方白人男性的心理态度与观点,都是因"民族转移关系"(ethnic transference)而来的情况。现在面对家里的危机,妻子的心情受了打击,一时性地放弃了原来唯唯是从而体贴的角色,变成向他述怨并批评的妻子,先生就受不了。

总之,这些个人与民族转移关系的因素,再加上夫妻间的角色问题,而复杂性地带来他们夫妻的困难。经过及时且适当的夫妻辅导,就能帮助他们渡过他们的婚姻难关了。

日后的情况

后来,米先生被告的事情解决,他就决定不再经营他自己的法律业务所,转让给同行,自己退休后,他们的夫妻关系与角色又有了转变。患者在工作场合能比较独立自主的发展她的事业,与同行的平等相处;在家却要对待并照顾已经过了中年而退休的丈夫,有点颠倒夫妻男女本来的关系与角色。

至于妻子一人独住的母亲,现在已经快进入老年的阶段,心身开始衰退,需要由她特别去照顾她老人家时,如何说服白人丈夫,让他知道抚养年老父母是东方人的孝顺与职责,也是个夫妻关系上的处理课题。

这些一连串的事情,经过后来持续进行的数年的个人辅导,继续帮助此患者,让她能随着她的婚姻阶段,去适应她个人的发展阶段,以及职业上的发展。最重要的是保持她的婚姻,也避免了让她自己的女儿丧失亲生父亲的担忧了。

参考与引用文献

1. 曾文星. 夫妻的关系与婚姻治疗. 夫妻俩人间的适应问题. 个案五：时时争吵不相让的年轻夫妇（164-167）. 北京：北京医科大学出版社，2001-a.
2. 曾文星. 夫妻的关系与婚姻治疗. 夫妻俩人间的适应问题。个案四：妻子喜欢整齐，丈夫喜欢随便而不协调的夫妇（160-167）. 北京：北京医科大学出版社，2001-b.

第十四章　婚姻发展阶段的适应问题

第一节　婚姻的发展阶段

我们已经说明过（第四章），婚姻关系并不是静态且不变的，而是依循时间的经历及需面对的各种变化去要处理的课题而随阶段进展的。婚姻的发展，从婚前的对象选择与交往的初级阶段开始，进入各方都需要适应的结婚初期，逐渐进入生育及养育子女的中期。接着，随着孩子的成长而进入管教及辅助子女成长的过程，直到子女结婚离家而父母开始过"空巢期"的阶段。然后，夫妻先后退休及双双逐渐进入中老的后期。最后一方夫妇去世，丧失配偶的另一方独自生活，结束俩人一起过婚姻生活的最后阶段。我们也说过，在婚姻的每个发展阶段，都有其各个必须完成的课题，也有每个阶段比较容易遭遇的心理问题。

第二节　与婚姻发展有关的问题

问题的基本性质——所谓阶段发展性的问题是指要到达某阶段才容易出现的困难。事先往往不会预料到，但进入新的阶段以后，才发觉需要去克服的课题与困难。但是特别的阶段过了以后，该阶段所面对的特别困难很可能就随时间与情况而消失。因此，遇到的问题往往是时间性的。可是有些问题当时没有好好处理、适应或解决，很可能就一直遗留到以后的阶段，继续遭遇其当初的问题。

譬如，亲子的三角冲突性的矛盾，在孩子刚刚出生的口欲期，即主要养育子女的阶段是不会发生，也不容易去预料数年后可能需要面对的困难。到了孩子进入性蕾期的孩童阶段，就随着其认知的发展而逐渐发生，双方父母都得好好应付此阶段性的心理情结。假如没有好好处理，这种亲子三角情结会继续困扰他们，到日后的阶段仍是如此。

至于退休以后可发生的夫妻适应问题，可能事先就多少可以预料到，但是有些夫妻却并不太去注意并准备其来临。因为夫妻在他们的中年阶段都单靠工作来维持他们各个的精神生活，夫妻的情感关系并不是他们婚姻生活的重心，到了俩人从工作岗位退下来以后的婚姻后期阶段，就可能会碰到困难。这种情况要真的等到退休以后才会确实地体会到。

丧偶以后，留下的配偶会如何去适应，我们多少可以预知或推测。可是到时候会如何，就难给予预测。主要还得看看遗留下来的寡妇或丈夫是否有独自生活的能力与习惯，是否有充足的社交网及各种的乐趣，再加上对年老的人生态度等因素来做综合性的判断；只有在那时才能了解实际的适应情况。

阶段性的课题与挑战——这些阶段性的问题，有的是短暂性的，时过境迁，问题就消失，不会再来。比如：结婚初期的性行为的相互适应与配合问题，经过屡次的尝试与经验，会逐渐达到能相互配合而满足的阶段；子女管教期发生的亲子三角关系冲突，等到孩子长大以后，这种紧张可能就随子女年龄的增长而消失。

但是有些婚姻问题带有其严重性，会很伤害情感，不容易恢复，继续拖连到下阶段。譬如，年轻时一时冲动而让第三者介入婚姻的问题，会拖延下去，就算是到了婚姻后期，其情感上的痕迹仍不容易消失。还有，有些问题是性格上的毛病，或是心理上的特殊困难，是长期的问题，会重复且继续出现在各个发展阶段，不容易更改。因此有不同的预后，在辅导上要有所考虑并作出不同的期待。

动态性适应的需要——由于每个阶段会面对的心理课题与挑战是随阶段而各不相同，每对夫妻都要随着阶段的进行而时时去应对与适应。一般说来，假如夫妻的情感基本上很好，关系也不错，有稳固的结合力,有动态性的性格,再加上能随时沟通,共同去处理,问题就可以随时解决。假如,夫妻本身的关系不很好,少沟通,缺乏一起去处理的能力,问题就比较多。

第三节　婚姻各个阶段的问题

一、婚前期（交往阶段）的问题

一对男女,经过自己认识或通过他人的介绍而开始来往,可说是男女交往的阶段,其主要面对的课题是去探讨俩人是否合适,是否喜爱,是否会相爱而决定终生生活在一起。在交往的过程里,要试探性格是否合得来,相处是否愉快且和谐。同时也要考虑男女交往要保持何种深度的问题,即:是否让对方仍跟别的异性朋友结交;或者要求专一,只跟你来往,固定俩人的关系;两个人的关系是否要开始公开化,让双方的父母、亲戚、朋友知晓你们的特殊关系。连带的一件重要事情就是要决定俩人的肉体亲热关系要让它发展到何种程度。

有些年轻人缺少与异性交往的知识与经验,不懂得如何交男女朋友,也不会好好选择适当的异性朋友,更不知是否该固定异性朋友的关系,结果,交往不持久或总是告吹,在这早期的阶段就表现许多困难,包括误会,闹情绪上的问题。

一般说来,最常见的问题是不等情感的实际发展,就提早发生两性关系,或者只为着好奇或性的欲望,就发生男女的关系。年轻人假如没有避孕的知识与经验,容易碰到怀孕的问题。等到怀孕了或者得了性病,才不知所措。

因此,如何帮助年轻人早点练习跟异性交往的社交经验,是很重要的。如何能跟自己的父母沟通与学习,从有关的长辈们听取建议,都是很重要的事情。假如问题比较严重,而能早点接受婚前的辅导,也是好的习惯,能得到专家的指导。

就算一对男女结交顺利进展，终于决定要结婚，也还得面对许多课题。如何得到双方家庭的同意，如何筹备与安排结婚都是新的课题。选择何种结婚的方式，安排在哪里举行，以如何方式举行，要邀请哪些亲友，如何满足男女当事人的愿望与喜爱，又符合两方家人的期待与肯定，都不是简单的心理与社会课题。俩人认识不久，对彼此的心态与脾气还没摸索清楚时，常常是一件很费心思去相互讨论，并应付的事。处理得不好，难免会闹不愉快、误解。特别是社会习俗繁多且很讲究时，两家的意见与要求又很多，并且互不相让时，问题会更严重。男家要给多少礼金，女方要赔多少嫁妆，都是可以引起争执的导火线，是年轻人没预料到的现实生活里的课题。最重要的关键问题是，两方要能相互沟通，了解彼此的需要，找到大家都认为合适的解决办法是这个阶段的要领。

二、初婚期常见的问题

刚刚结婚的一对夫妻，除了在喜乐高兴的情绪里开始结交为夫妇，同时要开始他们新生活的适应及夫妻关系的建立。除了继续发展他们俩人的男女亲密情感以外，要开始尝试调整与建立夫妻间的关系，包括如何维持情感、相互沟通、彼此相配、扮演适当的角色、树立彼此的结合力等等。假如是以不健全的动机而结婚的，或者婚前没有好好交往，还不熟悉对方的心理与性格的，在这刚刚结婚的初期，就会开始呈现婚姻适应的困难，随着问题的本质可能会导致或轻或重的结果。

假如一对夫妇婚后是决定跟一方父母一起居住的话，就要开始跟父母辈的适应，学习如何一起生活。就算是俩人独自生活，不跟父母同住，丈夫也得学习跟岳父母如何来往及孝顺，妻子也得练习如何接待服侍公公与婆婆。年轻的夫妻要学习孝顺公公婆婆，也要跟兄嫂、弟媳们来往接触，相互学习如何维持大家庭的和谐与合作。

假如年轻人向来有被娇惯的习惯，很少吃过苦，行为比较自私的,缺少体贴心理的,不懂与别人相处的,特别是没学好服侍长辈的,对新的家庭环境的适应就容易发生困难。

假如从小跟自己父母过分亲近,缺少独立习惯的,就无法开始跟自己的父母逐渐分离,保持若干的心理距离,以便能跟自己的配偶更接近,建立夫妻间的结合力。比如,做妻子的遇到烦恼的事,就随时跑回娘家去向自己的父母诉苦,而不会跟自己的丈夫商量,可以说是跟自己的丈夫还有点心理上的距离。反过来,假如做丈夫的一心一意只会袒护自己的父母,替他们设想,而对自己的妻子没有同情与体贴的表现,那么可以说做丈夫的对自己的父母过分亲近,对自己的配偶还没有结合的趋向。

健康的夫妻要逐渐建立他们两人间的结合,而相对的跟其他家人或亲友逐渐疏远,保持若干的心理距离。换句话说,要把夫妻的关系变成是最重要的人际关系,而其他的人际关系,包括对自己的父母、自己的子女、自己的同胞或亲友,都应该变成是次要的。

一般说来假如一个人从小就过分依赖父母,缺少独立精神与经验,就不容易与自己原本家人逐渐分离,仍是粘在一起继续依赖,不会逐渐转移重心,和自己的配偶结合,会发生婚姻发展阶段上弛缓发展的现象。

婚后的夫妻要过性的生活。可是有关性的欲望、期待、要求与行为,男女有所差异,夫妻有所不尽相同的地方,婚后的夫妻要相互去尝试,练习配合,否则会发生夫妻间有关性的问题。如夫妻要实行何种的避孕方法,要怎样做家庭计划,妻子要什么时候怀孕准备生育下一代,都是一连串的生活课题,是现代夫妇婚后就要去面对与处理的事;甚至于是婚前就可先讨论与计划的事情。有些夫妻就缺少这方面的长期性计划,一切听从自然,结婚就发生房事,婚后不久就怀孕,怀孕几次都不管,毫无考虑与计划,是性格比较不成熟的现象。

三、婚姻早期(生育期)的通常问题

就一般情况来说大部分的夫妻结了婚,经历一段夫妻俩人的婚

姻生活以后，就希望能生育子女，建立他们的新家庭。但是在婚姻早期，一对夫妻将需要面对的课题是如何把生育、工作与生活综合起来，一起适应。这是很大的责任与负担，要三方面同时去进行。因为婚后的夫妻要双双工作，从事自己的职业，建立自己的工作生涯；还想过夫妻生活，享受乐趣，培养兴趣，增加俩人的生活内容；另外又要生育子女，可以说是样样都要花费很多精神与时间的事。如何共同去追求并同时完成这三样课题是很不容易的事。还好，年轻人身体强壮，精力十足，靠父母的帮忙，或许会应付得过去。若是必要，夫妻可以暂时调节工作的性质或分量，甚至拿长期的产假或暂时离开工作，腾出时间来专心养育的工作，等到孩子稍大些再重复原来的工作，继续职业上的发展。

假如夫妻一方或两方有性格上不成熟的现象，不能接受太多的负担与挫折，就无法承当这个阶段的繁忙任务，会很早就表现出婚姻的适应问题。假如丈夫常需要出差，或者甚至要短期出国，把责任放在妻子一人身上是很困难的情形。因此，何时怀孕比较好，是否可以得到父母的帮助，都是要事先就考虑好的事情。

婴儿生下来以后，要懂得如何去喂养与照顾，担任做父母的任务。夫妻俩人需要分担责任与工作，如半夜起来喂奶、换尿布，哄娃娃，都是一连串的新课题，是每对夫妻都要去练习与面对的。万一心理上还没有准备，或者不愿意去承当时就会发生困难。

结婚后随着时间的变化，夫妻的生活内容会继续扩大，各种职责会增加。除了要忙于工作，建立经济上的基础，还得维持社交与娱乐活动，满足生活上的乐趣。子女出生后还得养育，更是增加负担。如何维持有了子女的家庭生活是个新的考验，是跟当初多半是情感的恋爱阶段有所不同，是进入现实生活里的婚姻关系。在这个婚姻初期，夫妻要能相互地适应，不仅是继续培养彼此的感情，变得稳定以外，还要学习随时相互协助，弥补各自的不足，能相互鼓励，扮演不同的角色，同时加强彼此的结合力，不轻易受外在因素的动摇。假如从结婚以来，没有这样逐渐进展的迹象，甚至还有倒退的情况，那值得探讨到底是怎么一回事。必要时要靠专业人员的协助，趁早解决问题。经济的不稳定，家人或外来人的干扰，都可增加困难，但夫妻个人的性格是否够坚强、成熟与否，俩人是否能相互妥协与合作，都是是否能适应此阶段的关键。

四、婚姻中期（养育期）会遭遇的问题

随着子女年龄的长大，养育子女的辛苦可以逐渐减轻，但是接着而来的问题是，如何去管教子女的新课题。子女的养育与管教要能随孩子的年龄增长而去调整。一般说来大多的父母有足够的常识与经验去从事教育与调整；但有的却缺少这方面的知识与判断。最常见的是只会生育，照顾幼小的婴孩，而不懂如何随孩子年龄与认知的发展而给予养育与管教。当孩子小时候父母可能懂得如何去养育，去体贴并喜爱孩子，可是孩子长大后却不太懂如何给予适当的知识教育、生活教育，必要时还得管教，而这些都是父母管教孩子的责任。有些夫妻只会继续娇惯孩子，跟孩子黏密，而不懂得如何让孩子逐渐的独立自主，这也是管教上的问题。

对于孩子的管教，假如夫妻有不同的看法与态度，有时就不协调，容易发生夫妻间的矛盾。对子女管教不一致、不协调、不持久的各种问题，有时是来自于夫妻间少沟通与商讨，有时是没有建立起夫妻间良好的联盟关系的缘故。有时是家里有祖父母，上一辈的有不同的意见，常发生矛盾，需要大家去调节与统一，是管教上的问题。

关于跟子女的关系与管教问题，很巧妙的是有时是夫妻自己个人的心理情结而来的。即：当自己当了父母管教自己的子女时，往往会跟自己小时候如何被自己父母管教的情结有关，潜意识地表现出来。比如，自己小时曾被父母过分严格管教，心理上就反过来，要特别对自己的子女放松；或者自己小时少被父母体贴与照顾，就过分的对自己子女亲近与黏密不放，过分的矫正。或者自己的亲子三角情结还没处理与解决，就跟自己的配偶与孩子重

复陷入三角情结上的矛盾。这些与情结有关的问题，自己常没知觉，还得通过个人的心理辅导去分析与发觉，才能适当的纠正过来，这也是辅导上可以发挥作用的地方。

到了结婚中期，夫妻要在他们的共同生活里去继续应付如何去兼顾工作上的发展、家庭的和谐与自己的夫妻生活。一般说来，随着孩子年龄的长大，孩子进入幼儿园或小学以后，夫妻的负担会比较轻松，而容许夫妻把精力多半放在工作上，以及夫妻所需的婚姻生活。在这个阶段容易发生的矛盾，是如何分配时间与精力的问题。有不少先生为了职业的需要，把大部分的时间与精力都放在工作上，早出晚归，而相对较少花费时间在孩子身上，也较少注意妻子所需的情感上的生活。相反的有些妻子把全部精神都放在子女身上，很少有时间跟自己的丈夫在一起过夫妻生活，包括共同参加社会活动或娱乐活动等，少有机会继续维持并培养俩人的情感与乐趣，都不是很好的现象。将来孩子长大离开家独立时，夫妻再回头去照顾他们俩的夫妻生活有时就太迟了。

五、婚姻后期（空巢期）可能面对的问题

孩子长大以后，为了就职或结婚离开父母的家庭。这好比长大的小鸟飞离了鸟巢，被称是只剩下父母俩人的"空巢"（empty nest）阶段，是婚姻后期。就算是原来没有子女的家庭，快要步入退休的时期，也就被考虑是达到婚姻后期的阶段。即使子女长大结婚后，还跟父母同住，并没有实际"离巢"的情况，但也表示夫妻进入了新的阶段，要跟已婚的子女与他们的配偶如何相处，并共同经营主干家庭的时期，需要重整适应。

在这个阶段常面对的问题是如何跟自己的子女逐渐疏远与分离的课题。也就是说，作为父母的都要逐渐的去跟自己的子女逐渐发生心理上的分离，并保持若干的距离。不但不能像从前一样去管教他们，要他们听话；还要逐渐尊重成人子女的意见，也要让他们能自行独立，去管理他们自己。假如婚后的子女跟父母居住

在一起,除了保持若干的心理距离以外,还要练习如何划分两代间的职责、权限、角色与功能,能和谐相处,能跨代相补而没有混乱。特别要注意的是:年轻一代有新的看法,不同的要求,因此要时时沟通、协调。作为父母也好,作为成人子女也好,要认识世代隔阂(generational gap)的存在,能相互了解并保持适当的距离是适应上的要领。

除了跟成人的子女要逐渐分离以外,同时中老年人的夫妻间的关系与婚姻生活也需要做再次的调整。由于家庭少了子女,照理一对夫妻可以恢复当初俩人新婚早期的婚姻生活。可是实际上中老年的夫妻要从头来适应,过中年的婚姻生活。假如夫妻关系从头就要好,并且一直随各个阶段继续培植情感的夫妻,到了这个中年期,虽然性生活可能开始减退,但心理与情感上可以过黄金阶段似的夫妻生活。

假如夫妻的关系向来并不很稳定,过去是靠子女来维系婚姻关系的夫妻,失掉了子女的牵连,其夫妻间长久存在的分歧的痕迹就出现。因此,有些人到了中老年后就要离婚,其中的原因之一就是这个缘故。

我们要提醒的是到了中年以后的夫妻,其相互的夫妻关系会有微妙而逐渐地变化。譬如:丈夫会逐渐削减男性的脾气,变得柔软,并且会增多从事女性的家事。反过来妻子会逐渐个性增强,比较敢做敢说,表现男性的气质,逐渐地会采取行动,做些男人做的杂事等。因此,夫妻各自的男性与女性的气质差别逐渐减少,双方都逐渐中立化,甚至交叉更换。而在这样男女气质相互变化的过程里,常会发生适应上的不习惯,也可能增加夫妻间的矛盾。

在这个阶段的夫妻开始先后退休。夫妻离开工作回家休息,彼此都多了休闲的时间,可以享受生活。但是对一些夫妻说来倒是问题来临的阶段。譬如:一向都在工作单位忙碌,而缺少娱乐或别的生活活动的先生,现在忽然回到家,整天都待在小小的屋里,做妻子的可能会受不了,难免要发生矛盾。假如夫妻间感情向来不是很好，甚至是不太和谐的，现在天天在家见面，就觉得难受。有些夫妻退休后要闹离婚的，多半是这样的理由。因此，夫妻关系与情感要从早就要随时栽培，随时维护。夫妻要有共同享乐，有共同的乐趣。否则，到了离巢的阶段，许多问题就显露出来，出现婚姻后期适应困难的现象。

六、婚姻末期（丧偶期）常见的困难

每对夫妻到了某个阶段，都会迟早丧失自己长年一起生活的老伴，面对丧偶的情况。一般人丧失自己的亲人，要过两三个月的哀悼反应，会觉得伤心与难过，想念去世的亲人。然后逐渐恢复，从新开始原来的生活。可是有些人却会经历长久的哀悼时间，过了半年仍是无法恢复，呈现病态的哀悼反应，需考虑接受辅导或抗抑郁的药物治疗。特别是过去有依赖心理的人，丧偶的反应会过于严重或时间过长。反过来，假如过去就学会自己独立生活，懂得自己照顾的人，丧偶后的适应比较好。

通常说来女的向来就熟悉家务，常干家事，丧偶后容易自己生活下去；至于男的假如过去从来不进厨房，自己连烧饭、泡茶都不会，就不容易过寡人的生活。除了如何解决一日三餐的问题以外，假如平时就喜欢出外去活动，并结交朋友的，比较容易过充实的生活，不会感到孤独；反过来，素来就不喜欢社交活动也少乐趣的人，就比较困难。当然是否有子女在旁，是否跟他们有好的关系，都会左右以后的生活的适应。

第四节　辅导的要领与方向

一、首先判断是否是阶段性的问题

这是首要的课题，要能了解一对夫妻所面对的困难，是否是属于阶段性的心理困难。可以帮助判断的因素是：在过去的阶段里，并没有发生这类的心理上的矛盾或困难；而是随着进入新的婚姻阶段而产生的新性质的问题。而且，所面对的问题，是的确跟该婚姻阶段的心理课题有相关的关系与性质。比如，一对本来很要好的夫妻，婚后感情向来还蛮好的，如胶似漆；可是，等到妻子怀孕或等到孩子出生后，产后的妻子感到丈夫的关心与体贴不够（担心丈夫嫌她的身体不再苗条，缺少姿色）；或者丈夫觉得妻子只把全副精神放在照顾婴儿上，把丈夫忽略了。那很清楚这是进入养育子女阶段所面对的心理问题。

同样一对夫妻本来还可以，可是等到孩子到了青春期阶段，开始闹谁袒护哪个孩子，管教不协调，闹亲子三角上的矛盾，那也是儿子到了青春期以后，才发生的阶段性问题。

二、帮助夫妻了解问题的性质是阶段性的

接着就要帮助被辅导的夫妻了解，他们的矛盾与困难是阶段性的，体会他们所处的困难的性质是什么。譬如，说明本来的夫妻关系是很好的，只是孩子到了孩童阶段，喜欢离间父母，利用向一方讨好而得到好处时，才发生了夫妻为了孩子的偏袒而容易闹事情。只要夫妻能多沟通，如何采取一致的态度，并且联盟起来管教孩童阶段的子女，时间一过，孩子长大些，问题就容易消失。经过这样的解释与了解，夫妻才会知道他们所面对的问题的本质是什么，是他们对新来临的阶段有时间性的、一过性的矛盾与困难。对问题的性质有了认识与了解，就容易进一步的想如何去处理问题的。

三、检讨难于应付阶段性课题的理由

要协助夫妻去分析与探讨，他们在面临新的阶段会发生问题的理由何在。要他们去体会由于面对新的阶段以后，夫妻的职责会更改或增加，夫妻要扮演的角色也会变化，或者暴露了他们个人原先存在而潜伏的情结，导致夫妻要执行的功能面对了挑战。比

如，由于他们的子女都长大，离开家里去他住，家里只剩下老夫妻俩人；而最近先生又退休，整天呆在家里，没有别的乐趣或事情可干，让妻子感到家里的事情都受干扰而不高兴，是面对子女离巢与夫妻退休阶段常可遭遇的困难。有了这样的分析与了解，就容易去把握问题的真相，也就能随着考虑处理矛盾的方向。

四、商讨改变适应的方式

跟夫妻一起分析他们适应困难的方式，经过商讨而决定如何采用比较有积极性、合适性的办法去应付，更改他们适应的方法。譬如，面对婴儿的出生，夫妻都感到过分的忙碌，一方面上班工作，还要在家照顾婴儿，负担太重，可以讨论如何有效的分担照顾婴儿的工作。甚至短暂性的减少或放弃工作，可以专心于照顾婴儿的事情，等到婴儿长大些比较好照顾时，再逐渐恢复工作。或者针对青春期的子女的管教有困难时，做父母的如何去商讨与合作，采取联盟的方式，以一致的步伐与策略去管教难于管训的青春期子女，而少去相互的指责，推卸责任，批评对方的过错。

五、期待问题会随阶段的经历而改善与消失

面对遭遇阶段性困难的夫妻，还有一件很最重要并需要去向他们提醒的是：让他们知道他们所面对的问题是阶段性的困难，只要阶段进展，进入下个阶段就会自然消失的问题。让他们知道并不是他们婚姻本身有问题，而是只要去面对与适应该阶段的问题而已。这样，夫妻对自己的婚姻才会有信心，才会想努力去面对与改善他们一过性的问题而不会灰心。

第五节　个案说明

婚姻阶段的发展，常以子女的生育与养育作为准绳而划分，也包括夫妻是否工作或退休的情况。阶段性的问题其特点是婚姻本

第十四章 婚姻发展阶段的适应问题

来没有什么问题的,但是到了某阶段就面对该阶段比较特别的心理课题,而出现了过渡性的婚姻上的困难。在此我们举出四个例子,分别说明:夫妻生育婴孩、管教孩子、子女离巢以及夫妻从工作退休的各个阶段所面对的不同性质的婚姻问题;同时也说明辅导的情形。

一、妻子刚生了儿子,丈夫却搞上婚外关系

个案简介

有一对年轻夫妻,吵吵闹闹的已有数月,且因丈夫常发怒、动手打妻子,终于被人劝导来婚姻辅导所寻求辅导,协助他们解救他们的婚姻问题。当他们俩来会谈时,说不了几句话就相互吵起来。因此,辅导者得要求他们能平静下来,且一人先讲话,讲完了才能由另一方讲话,如此,才能进行谈话。并且要求万一有人很恼火时,就得暂时离开会谈室,不得动武,等心情平静了才能回来继续会谈。

原来这对夏威夷种族背景的夫妻结婚已经有六年。期间虽然偶尔有小波折,但总算还可以,夫妻俩人还满意他们的婚姻关系。唯一的遗憾是婚后好几年妻子一直没怀孕,可说是美中不足。特别是夏威夷人很注重有子孙,喜欢大家庭,而丈夫是独生子,大家都很希望妻子能怀孕并生个男孩。因此,他们偶尔去拜神求子,也看妇产科医生,希望妻子能怀孕。很幸运去年年底,妻子总算有喜,经过十个月的兴奋与期待,今年生下了个男孩。不用说,丈夫与妻子的高兴是无法形容的。特别是做新妈妈的,把全部精神放在这个心肝宝贝身上,时时刻刻都不分离的照顾婴儿。

哪知做丈夫的无形中感到自己被妻子忽略,觉得妻子一心一意只在新生的男孩身上,不知不觉的感到寂寞。刚好此时丈夫因工作上的关系,被调到外地出差几个星期。而在此短短的几个星期,丈夫居然在外地与女人混上了关系。丈夫回来以后,此女人居然

还打电话来找他,使妻子发现了此事。

不用说这件事的发现对妻子来说是晴天霹雳的事。自己好不容易给丈夫生了个盼望很久的男孩,大家还正高高兴的时候,自己的先生居然在外与女人混起来了。她不但不能理解也不能原谅,向丈夫大大发脾气。起初,丈夫还向自己妻子道歉,说自己做错了事。可是被妻子天天唠叨诉怨,渐渐受不了。终于有一天,忍不住脾气,居然动手打了妻子。这时妻子反应很大,大哭大闹,骂丈夫;先生一听更恼火,毫无控制的凶狠狠地打人,摔破家具。害得现在妻子虽然仍满腔不满,却不敢开口诉怨唯恐挨打。结果除了讲一两句简单话之外,都不敢多说话,但以不跟丈夫接近,不跟先生一起睡的办法,来应付气恨的丈夫;而丈夫也没办法只好天天睡沙发,无法跟自己妻子亲近,心里也很气。就这样他们夫妻一直不好,闹冷战僵持到现在。

辅导的重心

经过夫妻会谈了解他们所面对的困难的来源与性质后,辅导者就马上认为问题的关键是:从事情发生后,丈夫未曾好好向妻子道歉过;或者妻子还没让丈夫好好道歉。因为每次当他提起他不该闹婚外关系而尝试道歉时,妻子听了就马上发火并批评他,让他无法好好道歉。因此,无法把问题做个心理上的结束。基于以上考虑,辅导者建议利用夫妻会谈的机会,在辅导者监督之下,当场举行"道歉的仪式"。辅导者要求妻子不能插嘴,让先生好好说明,并能完成道歉的过程。结果丈夫有机会向妻子说明他发生婚外情的心理理由,觉得自己犯了大的错误并求妻子的原谅。辅导者夸奖妻子能忍耐,让先生说明与道歉;也夸奖先生很勇敢,能承认自己的错是个大丈夫。

接着辅导者指出,他们因彼此情绪不好,因此处理困难的行为不妥当。辅导者对妻子说明与建议:虽然她有理由发脾气,可是脾气发多了对丈夫不好,对夫妻关系没有好处,还会引来丈夫的

第十四章　婚姻发展阶段的适应问题

暴力行为，产生恶性循环的结果。因此提议妻子要尽量克制自己的脾气。至于先生，辅导者提议，假如妻子很啰嗦而让他很恼火时，就暂时离开免得发火，免得动手殴打妻子，把问题闹得更不好。换句话说就他们处理危机的行为反应方面做个改善，能有机会恢复夫妻彼此的心理创伤（曾与徐，1991）。

二、有了孩子却闹管教孩子不同意见的夫妇

问题的来龙去脉

赵先生（假名）跟赵太太结婚已经有8年，向来夫妻关系还好。可是最近却有点矛盾。特别是最近他们6岁的女儿（小春）开始上学以后，就为了如何管教女儿而发生了夫妻间的问题。

赵太太在某小学教书，因此很关心女儿的学习，每天晚上特别要督促小春做老师指定的作业，并且另外多加一点额外的作业，要到九点以后才能睡觉。赵太太觉得她自己幼年时，没有机会念好的学校，耽误了自己一辈子的发展，因此，特意让自己的女儿好好用功，希望将来能进重点学校。

赵先生在某单位做事。对太太那么严格管理督促女儿念书，并不是很赞成。他认为小春年纪还小，刚刚进小学，应该让她轻松些，有机会跟朋友游玩或看看电视，休息休息。他曾向太太说，太督促孩子念书，孩子会变成书呆子；周末应带她出去玩，或让她去跟邻居的孩子们玩，过过一般小孩的生活。可是赵太太却回答说："玉不琢，不成器"，而且还要趁年纪小时就养成好的念书习惯，将来才有成就。

问题发生在最近赵太太开始要求小春要每天早晨早一点起来，上电视节目里所教的英文课。小春不仅觉得所教的太难，没有兴趣学外语，特别觉得天天要被那么早叫起来，很吃不消。几个礼拜以前，有一天，小春有点不舒服，没按时间早起，被母亲叫醒，催她上电视课。小春不肯，被母亲骂了以后就哭起来。赵先生看

了心疼，就向太太说不要折磨女儿。结果赵太太就发脾气，对先生骂着说："你做爸爸的只会偏袒女儿，却不会替女儿的将来着想"。赵先生听了有点火就大声批评说："你根本不像是个妈妈，只像是个又严又凶的老师"。结果，夫妇两人就这样当着女儿面前吵起架来，把小春吓得没去上学。

这样的情形先后曾发生了几次，小春每次就闹情绪或身体不适，没办法上课。学校的老师注意到小春的行为表现有点异样，经过打听才知道家里父母为了她的事常闹意见，也影响小春的情绪。老师就请赵先生与太太来会面，了解真相后，建议他们去找学校的心理咨询专家会谈，去解决这样夫妻间对管教子女的矛盾。

辅导情况

辅导者首先弄清楚夫妇过去没有婚姻的困难，只是近来为了女儿的管教问题而发生夫妇间的冲突。辅导者指出，父母对子女的管教方式有点不同的意见是常见的事，可是为了孩子的管教而闹夫妻关系是不寻常。因此请他们夫妇说明他们各自对管孩子的看法，以及他们这样看法的来源。

经过辅导者的引导，赵太太首先说明她的情况。她说她小时家里有个弟弟。家里为了儿子能有所发展，就把全家的精力都摆在这个儿子身上，让他能接受好的教育。至于她做女儿的，虽然脑子好功课也好，在班上总是第一名，父母却没让她好好念书，总叫她帮忙做家务。赵太太心里原想进好的大学，将来干一番事业，可是家里却没有给她这个机会。结果，她后来只能当个小学老师，心里不是很高兴。特别是看到她过去班上的同学，虽然没有像她那么聪明，却一个一个都念好的学校，并且有成功的事业，心里就很不满。她认为她的父母亲看不起女孩，只想栽培男孩，心里不服气。她结婚后生了女儿，心里就发誓要好好让女儿念书，将来能出人头地，替她做母亲的出出气。

至于赵先生说，他家里的情况不一样，他是独生的。从小他的父母对他很轻松，他要念书或游玩，都是让他自由自在，并不督促。结果，他常有机会跟同学们游乐，享受孩童的乐趣。他认为那样的长大，对他目前的性格的豪爽与好交友的习惯有所影响，也帮助他现在能胜任他在单位的职业。他并不喜欢自己的孩子被过分管教、折磨，丧失了快乐成长的孩童时光。因此，很不赞成自己的太太对他们女儿的管教与过分期待的养育方式。他没想到对妻子的反对却引起夫妻间的冲突，也影响了女儿上学的情况。

辅导者就他们所叙述的情况指出，每个父母对孩子的管教方式，常常跟自己小时被管教的模式有关，也跟自己的内心情结有连带关系。最主要的不能为了自己的私人情结，而左右管教孩子的方式，要以孩子需要怎样的养育去考虑管教的方式；而且，需要随着孩子的发展阶段而作所需的调节。赵太太辅导者很干脆的点出：做父母的不应通过自己的孩子来弥补自己过去遗留下来的情结，更不可借子女来完成自己过去未完成的愿望。要把孩子的人生当做是他们自己的生涯，不是弥补父母愿望的代用品。

辅导者强调养育子女是父母俩人的共同职责，虽然父母可能有不同的管教的意见，要想办法能相互协商，有个共同的认识与了解，以共同的方针来进行。否则会给孩子带来混乱的感觉，不知所从，失掉效果或有不良的后果。至于父母实际的管教方式，不一定会完全一模一样，只要方针与原则一致就可。假如有若干差异，有互补的作用就可。假如是全然的不同，有如天与地，甚至是矛盾的情况，就得慎重检讨。

赵太太辅导者指出，假如夫妻之间发现有不同的意见，最好找夫妇的私人环境去相互讨论与协商，最好不要当着孩子面前跟配偶吵闹，影响孩子的心思与情绪。

补加说明

另外一点要提的是父亲、母亲与女儿所形成的三角亲子关系的问题。一对夫妻生育子女，在孩子早期的口欲期或肛门期对养育子女并没有太大的问题。可是当子女到了五六岁以后，进入了所谓性蕾期时发生了父母管教与相处方面的困难，就得考虑发展阶段上的因素。虽然没有具体的资料表示目前此对夫妻间的冲突，是否跟亲子三角关系情结有关，可是治疗者不得不小心，要加于考虑。换句话说，母亲对女儿严格要求，而父亲却过分的宠女儿，是亲子三角关系上的问题的表现，是随子女的年龄的增加而来的婚姻与家庭阶段性问题。因此，如何处理管教子女的问题，具体说来，不能把问题的来源单单推倒妻子的身上，而很单纯地帮助丈夫去说她，要求她更改错的行为。若是这样就会无形中加强三角关系的不平衡，增加妻子的阻抗作用（曾，2001-a）。

三、孩子长大离家，而夫妻发生不适应的问题

问题的说明

张家（假名）夫妻都是快五十的中老年人。他们经过父母安排而结婚。他们的婚姻可说是平平，并没有什么美满，但也没闹过什么特别的夫妻问题。他们有两个孩子，老大是男孩，数年前经过恋爱结婚已经成家，并随其工作住在外地；老二是女孩，数个月前才结婚成家，也要搬到先生工作的都市。张先生跟太太把两个孩子都养大，并且他们各自都结婚成家，照理可以轻松，并且开始过他们夫妇俩的夫妻生活，过所谓"空巢期"的阶段，或者说得好听些，就是去过他们再度的蜜婚阶段。可是不知怎的，张太太却提出要分居或离婚的意见，把先生吓坏了，赶紧找婚姻辅导者帮忙，看看是什么原因。

辅导者首先跟他们各自单独会谈。张先生说：他们结婚快二十多年，夫妻向来没有什么不好，只是偶尔闹小点矛盾，总算过了普通的婚姻生涯。他平常认真工作，领了薪水就交给妻子，总算是尽了丈夫的职责。他就不太了解为什么自己的妻子现在忽然提起要分居或离婚的事情。他说虽然这半年来，为了忙于女儿的婚

事，有点紧张，但并没有什么矛盾的事情。他说他跟妻子平常很少谈心，因此，不太了解妻子目前的心理是如何，让他很困惑。

　　辅导者跟张太太谈话时，得知她的性格比较温顺，不多讲话。但是要她说明事情缘由，表述得冷静而清楚。她说：当初她被父母安排跟先生结婚前，完全不认识他。只是结婚后才发觉自己的先生并不太理想。平时他们很少开口谈话，不但没有太多的交流，也没有共同的乐趣。每日过平淡且呆板的婚姻生活。由于结婚后不久，她就怀孕了，也就为了孩子默默地接受不是很理想的婚姻。平时她把全部精神都放在孩子的养育上，也就不那么在乎婚姻如何。她说有时看到亲戚或邻居的夫妻比较亲热，能沟通，有乐趣，就很羡慕，但也无法要求自己的先生有所改变。这样，一年过一年，孩子一个又一个的生了，要养育他们，她就把她的生活重心都放在自己的子女身上。这样，一晃也就过了二十年多，孩子都结婚成家了。

　　她说等到孩子一个一个离开了家，家里只剩下夫妻俩人时，她就特别感到夫妻关系的平淡和没乐趣。好似是跟一位不太亲近的人长年住在同一个屋里似的。因此，她就想或许趁养育子女的责任已经结束了，就可以跟这样的丈夫分居，或者就干脆离婚，免得日后还得过二三十年的呆板而没有生息的婚姻生活。

辅导的方向

　　辅导者了解了张先生与太太各个的心思以后，就跟他们夫妻一起会谈，并协助他们了解他们彼此的心理及所思考的事情。特别帮助张先生去了解太太内心里对夫妻生活的不满与失望。张先生听了就要求太太暂时不要再提分居或离婚的事。他表示从今以后，他决心要注意夫妻的生活，要跟妻子多聊天、沟通，并且多做些夫妻都喜欢的事情，来充实婚姻的生活。

　　在日后的辅导里，妻子报告说先生果然很用心去改善他们夫妻的生活，她也就没那么不满意了。按他们的决定，他们每周周末要一起出去到外面吃饭，先生也陪太太去采购东西，或者到可以游乐的地方去游览。而且，还周期性的去访问他们住在外地的儿子与媳妇，或者女儿与女婿；这样还能保持跟子女的关系，妻子感到心里高兴。妻子说虽然先生的个性不能全然改，但他从接受辅导以后，用心注意夫妻的生活，她也就比较满意，不再提分居或离婚的事情了。

四、双双退休后，关系变不好的夫妻

问题简介

孙先生跟孙太太（假名）都是五十多岁的人，他们结婚已经快三十年，有两个孩子。孩子们早就完成学业，做事，并且结婚，在外地分别过他们自己的小家庭生活。孙先生是高级科技人员，原来在某单位做事，最近刚退休不到半年。孙太太本身文化水平也很高，在大学担任教书工作，三年前就退休在家。最近半年来，自从先生退休后，两老夫妻在家，相处得不好，孙太太心情苦闷，睡眠不好，找医师看病。

孙太太长得很清秀，谈吐很有智慧的样子。虽然是以睡眠不好来看病，但是开门见山就说是因先生退休后搞得不好而来的毛病。她说三年前她自己退休后，不用天天去上学校教书，生活变得较轻松。她把家里重新整理一下，买了一个桌子，摆了一架电脑，有空时就看点书，写些稿子，打发白天的时间，天天过的还可以。先生是搞高级科技的，单位叫他多留数年，半年前才退休。一对老夫妻退休后可以共同过年老的生活，本来是很好的事，是大家都很盼望的事；可是却没想到事实上对他们夫妻全不是那么一回事。

原来孙先生是少言寡语的人。平常很认真工作，早出晚归，也因此被单位很重用，一直提升，担任高级的工作。平时很少与朋友交往，过去家事也全由太太负责。可是现在他退休后整天在家

第十四章　婚姻发展阶段的适应问题

里不知干什么好，时时缠着太太。问问家里的扫帚放在哪里，冰箱摆的是什么东西，好像家里多了一个大孩子似的，要太太的关心。孙太太本来想专心写一些文稿，赶期交给杂志社登载，却受不了先生这样的时时打岔。孙太太说家里的空间本来就不够大，从前孩子住的卧室没动，让他们偶尔回家时还有老卧室可用。因家里没有多余的房间，两个大人常坐在客厅，挤在一起却嫌太窄。从前还没退休时，只有周末俩人才同时在家，还无所谓；可是现在天天在一起，挤在同一个屋里，二十四小时都面对面相处就觉得受不了。况且俩人面碰面的相对坐，也没什么可聊的，就觉得家里多了一个"陌生人"，很难生活在一起。

孙太太把自己的丈夫形容是"陌生人"，有点过分也不应该，但她说这就是她目前所感受到的处境。过去三十年来，家里有小孩时可能很挤过，可是也不知不觉的过去。跟先生同屋住了好几十年，也没有这种苦闷与烦恼，不知现在如何而来，也不知如何是好。

她说上次女儿生了小孩时，需要有人帮忙，去女儿家住了一小段时间，帮助他们看新生的孙子，觉得蛮还好。虽然房间也不多，但并不觉得很挤或苦闷。可是不好意思给女婿与女儿添加麻烦与负担，数周后就回来。可是一回自己的家，跟老伴在一起，却又马上恢复觉得烦闷的感觉，不知如何是好。

对于这对夫妻所面临的困难，孙太太自己说明与分析得很清楚，是一对夫妻双双进入退休阶段以后才遭遇到的夫妻相处困难。也是婚姻的发展阶段上偶尔可见到的毛病。特别是有些夫妻对退休后的生活没有事先的准备，到时候就发生适应上的困难。从前需要生育、养育孩子时，忙于子女的事；有工作做时，可专心于职业上的任务，不用花大部分的时间让夫妇相处，一起过"夫妻俩人"的婚姻生活。可是小孩离家，也没有工作的需要时，要全部时间来过只有夫妻的生活，有些夫妻间的问题就暴露出来。再加上个人的心理发展角度说来，要从工作岗位退下来，过私人的生活，也是一件需要适应的事情。这样"个人"、"婚姻"与"家庭"三方面的发展阶段问题先后发生，累积起来是一个大变化，需要特别费精神去适应，是婚姻后期（或"空巢期"）常见的问题。

　　当然，大部分的人都能比较轻易地胜任这种一生必须经历的人生过程，可是少部分人却不容易。其理由有几个：最主要的是缺少心理上的了解，做事先的考虑与准备调节生活方式的变化。特别是过去专心于职业或养育孩子的，没有夫妻婚姻方面的基础可依靠，也没有过"夫妻"俩人的私人性及社会性生活的夫妇，不容易面对这种变异的阶段。当然，个人的性格也很有影响。性情上较保守、孤单、固定、不习于通融与变化的人，亲友少，社交来往不多，各种娱乐少，身体欠佳或有病，不善于走动参与各种户外活动的人，都会比较吃亏。辅导上希望能帮助夫妻去减少或克服这些短处，准备去适应人生的后段生活。

辅导情形

　　辅导上跟孙太太会谈一次以后，就建议请孙先生也一起来。孙先生脸上看来比他的实际年龄还老一些，好像受过生活上的折磨。果然，他叙说他在十岁时父母就先后离世，由叔叔养育。可是他不愿意给叔叔添加麻烦，十八岁就离开，在外做苦工，靠自己生活。经过自己的努力，总算念了大学，学了专业，并靠自己的勤奋，终于有点职业上的成就。由于这样的生长背景，他从小就没有享受何种娱乐，也少交朋友，更谈不上参加什么社交的活动。一辈子只靠努力工作度过五十年来的一生。他说他的一辈子就靠努力，也靠幸运，娶了一个贤惠的妻子，由妻子管家、养育子女。可是现在退休后不知如何过日子，看自己的妻子闷闷不乐，也觉得很难过，对不起妻子。看来孙先生也很懂事，也了解目前处境的问题。

　　辅导者首先安慰他们夫妻，说明这是有些夫妻会遇到的一过性问题，特别容易发生在一辈子努力做事知识水平比较高的夫妇。提醒他们以后还有二三十年的余生，要赶快练习适应，不要继续苦闷的年老阶段。

辅导者指出，有些人到了中年以后会感到需要自己的生活境界，不想被人打扰。就好像是青春期的年轻人曾经历的寻求自我独立的阶段，只是在中年以后又重复出现。特别是东方的女性，知识水平较高的，会感到这种心理上的需要。因此，中年以后的夫妻要让夫妇各个有点自己的生活上的空间与活动，做点自己喜欢做的事情，彼此不相干或打扰；同时，也要有些时间是夫妇"双双"要一起做的活动，一起参与的生活。两者的配合要多少，每对夫妻有所不同，但是其原则是一样的，要彼此协商决定。

辅导者更具体地指出，现在的孙太太希望在家能有点空间与时间能从事文稿的书写，弥补她过去教书时未曾做到的活动。在这种情况下夫妻要协商如何划分时间，内定生活的方式，当孙太太坐在她的桌前，专心于书写时，做丈夫的少去打扰她。孙太太同时感到需要的是俩人要有些话可谈，有些事俩人一起做，夫妻要练习这种夫妇的活动。

对孙先生说来，过去半辈子都只靠勤奋工作来过日，对退休后的生活毫没做准备。因此，利用会谈时间，探讨有哪些事情孙先生自己可以在退休后可以继续做的事。孙太太建议丈夫可以利用自己过去的兴趣与经验，到图书馆去念点书，特别是外来的杂志，翻译翻译，可提供国内读者使用。孙先生对此提议还感到有意思，他们决定也给孙先生买一台电脑由他专用，这样夫妻可分开从事自己用脑的消遣工作。辅导者听到他们家里还留有两个小孩过去使用的卧室，提议他们考虑可把这两间卧室改为夫妻各个的书房，彼此可以各个在自己的书房用功，不会彼此打扰。相信孩子们看到父母能把他们原来的卧室如此利用，过他们需要的老年生活，也一定会高兴的。至于客厅、厨房跟卧室就保留为他们夫妻共同相处与生活的天地。

当然，辅导者帮他们研究如何去充实他们彼此"个人"的生活以外，同时也鼓励他们增补他们"夫妇"俩的共同生活。比如，做丈夫的可以开始练习偶尔带妻子一起去找他们过去认识的同事或朋友们谈谈聊聊，有些社会性的活动。同时，他们夫妇也可以计划有时一起到外面去餐馆吃饭，到公园溜达溜达，或去看看电影，增加生活上的节目，不要整日待在家里，面对面而苦闷。当然，还可以偶尔去看看他们的儿子，去看他们女儿跟孙子，扩大他们的来往活动，充实俩人可以一起做而感到有兴趣的事。虽然到了中年，性格不能更改，但是生活方式可作若干地调节。辅导者提醒他们趁他们俩人身体还好，刚刚退休的机会，开始整顿他们的生活方式。将来时日方长，还有数十年，现在开始练习还不算太迟，对将来会很有帮助。经过这样的辅导指点，他们夫妻双双都觉得很满意，决定按期回来看辅导者，报告他们学习的经过如何。虽然这些建议都是基于常识性的经验，并不需专业的知识，可是需要别人的提醒与具体的建议；特别是年龄大的人，更改行为不容易，要靠别人的适当督促与鼓励，才能逐步适应而改善（曾，2001-b）。

参考与引用文献

1. 曾文星，徐静．婚姻与家庭的辅导．第七章：各种婚姻问题的辅导．（4）妻子生了儿子，而丈夫却发生婚外关系的夫妻（85-87）．台北：水牛出版社，1991．
2. 曾文星．夫妻的关系与婚姻治疗．与子女有关的婚姻：个案十一：管教孩子有不同意见的夫妇（186-190）．北京：北京医科大学出版社，2001-a．
3. 曾文星．夫妻的关系与婚姻治疗．婚姻发展阶段的适应问题：个案十七：退休后关系不好的老夫妻（208-212）．北京：北京医科大学出版社，2001-b．

第十五章　夫妻与自己父母所发生的矛盾或适应问题

在强调家庭的东方社会里，父母是很重要的，是必须被尊重的家长。父母到底是自己很亲近的家人，自小被养育，深受其影响很大。一对年轻的夫妻结婚以后，不管婚后是否跟自己的父母住在一起，心理上还是会继续受父母的影响的。假如婚后是跟父母生活在一起，组成主干家庭（stem family），那更会每日与父母有密切的关系，更会受他们直接的影响。

一般说来，父母对子女的婚姻有很多帮助，包括：可以帮年轻人如何去过夫妇的生活，可以协助年轻夫妇养育幼小的孩子等。万一年轻的夫妇闹不愉快，做父母的也可帮他们和解，消除误会。可是，父母也可能给年轻人的婚姻带来各种不同的问题，包括：过分干涉年轻人的夫妇生活，让年轻的夫妻生活缺乏隐私性；年老的父母，特别有躯体的毛病的，会增加年轻夫妇的心理与经济上的负担等等。

过去传统的观念里，大家认为："养子防老"，期待年老时，由年轻的子女来照顾与服侍年老的父母。可是随着社会的现代化、都市化、工业化，再加上文化观念的变化，许多年轻子女都不喜欢跟自己的父母住在一起，而是自己经营自己的婚姻生活。可是实际上，还得相互照顾的。特别是将来社会老化的趋向增加，年老的人越来越多，还得依靠年轻、成人的子女来照顾。因此，夫妻与父母间的关系，还得注意，不能完全忽略的。

第一节　夫妻跟父母间可能发生的各种问题

一对年轻的男女，从开始结交朋友到结婚，经营他们的婚姻生活，都可能跟他们的父母面对各种矛盾与问题的。可让我们就几个可能性讨论：

一、父母反对年轻人的婚姻

一对年轻的男女，在他们认识与结交的婚前阶段，可能遭遇的问题是一方或两方父母对婚姻的反对。父母不赞成子女的婚姻，通常是认为经过恋爱而找到的对象不理想而加与反对。父母可能考虑到对方的条件，包括家庭背景（门户不对的问题）、个人的健康、外貌、性格、文化水平、过去的不适当或不良行为（包括喝酒、赌博等问题，甚至是犯法或其他严重的问题）、经济条件或职业的不理想而极力反对。不管父母的看法对不对，假如做子女的忽略或不在乎，不顾父母的反对而结婚，这样的婚姻就容易隐藏隐患，从头就不顺利。年轻人不但受不到父母的协助，反而时时会遭遇困难的。

根据调查，父母干涉婚姻自由的多数是女方家长。主要嫌弃男方的属相不好、工种不好、长相不好、岁数太大等。家长干涉行为包括打骂、算经济账、不准迁户口等。结果使女儿产生逆反应，有的逃到男方家居住，反而造成非法同居、未婚先孕、破坏了婚姻法（皮，1991）。

作为父母对子女的婚姻不赞成，可能是考虑到许多客观而现实的因素；有时父母的反对是基于父母本身的个人心理情结，跟年轻人本身与所找的对象丝毫无关。譬如，父母对自己的孩子的关系向来很接近且黏密，情感很浓厚，依赖心很强，潜意识里会不高兴，也不容许被他人所占有，因此，任何对象都加以反对或批评。比例说，一辈子辛苦养育儿子的寡妇，就不会很高兴儿子喜欢上别的女性；或者很疼爱女儿的父亲都会看不惯自己的女儿将被别的男人占有，无形中加以阻挡。假如是这样性质的问题，除非父母的心理会更改，子女无论想跟哪个对象结婚，都会遭遇父母的反对，面对与父母的冲突。有些年轻子女，无法脱离父母情结的影响而很难找对象，或不容易跟自己的配偶亲近，建立跟自己配偶的凝聚关系；而有的就断然跟自己的父母对抗，坚持跟自己喜爱的对象结婚，而跟自己的父母关系紧张。

婚姻辅导时也需要跟父母个别会谈，了解父母反对的表面与潜在性的各种理由，并且从中想办法取得亲子间的相互了解与妥协，帮助父母一代为年轻子女的将来来考虑。

二、年轻夫妇与父母的相处问题

有些父母并没有上述的严重心理情结上的问题，而去正面的反对子女的婚姻，是由于上下两代间相处的问题而可能发生的摩擦与矛盾。我们都知道，亲子两代间的隔阂，或"代沟"（generational gap）是什么。也就是说，亲子两代由于经历不同的环境与次文化的背景，而产生了对事情不同的看法、观念与态度，会间接地影响亲子两代间的来往与相处，也容易发生矛盾。假如是比较稳定且保守的社会，文化与习惯没有太大的变迁，各种人际关系就有比较明显的规矩与习俗；可是在文化急速变化中的社会里就没有这些行为与礼貌上的规范可循，而上下两代却有不同的看法与价值观念，就容易发生误解、不愉快与矛盾。

让我们举例子。在过去传统的习惯里，结婚第二天早晨，媳妇一大早就该起来烧水泡茶，敬奉公婆，强调尊敬上一辈的关系。自己挑选媳妇的公婆，从头就想表现公婆的威风，要靠这样的规矩与习俗来表现上一辈的权威。可是，目前的现代社会里，并不那么强调下辈对上辈还得毕恭毕敬的习惯。况且，大家都流行自由恋爱，讲究年轻人本身的感情。刚结了婚即使没去过蜜月，也该让他们年轻人多亲热，结婚第二天是否该让他们多睡一会儿？

这些都是容易招来误解与麻烦的地方。再者，大家一起吃饭，丈夫给妻子夹菜，本来是夫妇间表示亲热的举动，可是在父母面前是否可以做，会不会引来父母的反感而受批评？是否该先夹菜给父母，再夹给自己的配偶？都是要小心去试探与适当处理的问题。否则会招来喜欢讲究权威的父母的不愉快。

　　这些父母与子女上下代间的微妙问题，并不是只发生在刚结婚的初期，也会继续发生在日后的婚姻各个阶段里。比如：媳妇刚生了婴孩，还在坐月子时，是由谁来烧饭、洗衣服；婆婆会不会或肯不肯替媳妇做这些家事，帮忙产后的特殊日子？或者孙子长大了，到了需要管教的阶段，是由谁来主要负责与执行；做公公或婆婆的，是否可以出意见？或是全由孩子的父母来管？这些都是一连串的问题，要一一去尝试、发现并寻求适当的解答。否则，就容易发生跟父母关系上的矛盾。

　　照理年轻人婚后，夫妻要逐渐树立他们俩的结合心，建立凝聚的关系，而跟原本父母要逐渐疏远，保持若干心理上的距离。这是很正常的事情。但是，如何适当地建立夫妇与父母间的界限是很需要小心且微妙地去调节的事。有些父母假如喜欢管年轻人的事，不懂得保持适当的距离，常插嘴提供意见或批评，过分干涉年轻夫妇的婚姻生活就会有麻烦。假如年轻的夫妇有点小事而闹情绪时，做父母的该不该去探听，并加与意见，或者让夫妇他们继续吵架，自行处理矛盾，都是亲子间如何树立与保持相互的职责与界限区分的课题。处理不妥当，会直接或间接地影响夫妻的感情与关系。

　　这些微妙的调节父母与年轻人的关系上的问题，可以经过婚姻辅导而改善。有时需要举行家庭会谈，相互讨论如何提高彼此的了解，经过谅解改善相处的关系，减少彼此间的矛盾与困难。

三、夫妻偏袒自己原本家庭的问题

　　在东方的社会里，年轻的夫妻常会面对的另外一种困难是：如何适当地对待夫妻两方的父母，而不发生偏袒不公平的问题。不管结了婚的年轻夫妻，是跟哪一方的父母一同居住，或者没有，而是年轻人自己居住也好，都要时时跟男女两方的原本家庭相处来往的。而如何对待丈夫与妻子的原本父母，不陷入偏袒的矛盾是很重要的。否则很容易导致夫妻间情感上的不悦，是矛盾的来源之一。

比如：过年过节的场合，要给哪一方送多少礼；或者有特别事情的时候（如有人生病了），要如何表示关心；有了喜事（如过生日），要如何替父母举办庆祝的事情等，都是具体且显著表现如何对待自己父母的情形。假如两方不平衡，就容易发生夫妻间的争执与不愉快。可是什么才是平衡，没有偏袒，这类事情是很难去衡量去处理的。

如何对待自己跟配偶的父母，如何才算是适当，常要接受主观上的判断，包括每对夫妻个人内心里的心理要求，以及两方父母的期待等因素。通常都难以具体的划分或决定。往往不容易满足两方面的要求，是夫妻间不容易处理的敏感问题。特别是一方配偶对自己的原本家庭有浓厚的情感，或者具有强烈的歉疚感；或者对于对方的家庭有不满意或被反对过的痛苦记忆时，会把对两方的衡量大大地更改与混乱，变成是很情感化的事，可变成富于火药味强烈的矛盾情况。

最主要的是：夫妻本身要能相互体贴，相互谅解，能沟通商量，适当地私下妥协，才能有技巧的处理对两方家庭的来往相处问题。否则可能变成是夫妻间闹情绪的因素。这也是婚姻辅导可以发生作用的课题。

四、父母与年轻夫妇发生不健康或甚至是病态的相处问题

父母与子女之间如何亲近而又保持正常的关系是很微妙的事。假如是自己亲生的子女，问题就不大，但是经过婚姻而加入的子女（即女婿或媳妇），就有点不同，有时可能会发生不寻常的病态

关系。过去最常见的是婆婆对媳妇的虐待。作为婆婆，自己年轻做媳妇时曾受到婆婆的折磨，辛苦了快二十多年；现在自己当婆婆，不但不会根据自己的过去辛苦经验而对自己媳妇好些，反而变本加厉的，对自己的媳妇更加折磨，以便出出过去曾受过的气。当然，在这样婆婆与媳妇的矛盾关系里，无可否认的还是牵涉到母亲、儿子、媳妇三人的三角关系上的情结问题。即：婆婆内心里不喜欢自己的儿子对媳妇好，就特别要欺负媳妇，基于嫉妒的心态而虐待儿子喜欢的媳妇。在这样的情况里，儿子越想偏袒自己的配偶，婆婆就越不高兴，更是虐待媳妇，形成恶循环的情况。只有儿子对母亲示好，才能多少相对地减轻婆婆对待媳妇的虐待情况，可说是很矛盾的情况。有些婆婆觉得自己的媳妇又有学问、又能干，受到威胁，就故意玩弄自己长辈的权威。也是虐待媳妇的理由。假如婆婆是这样子，自己心里没有自信，做了她的媳妇就倒霉。假如公公对媳妇好，也会让缺少信心的婆婆对自己的媳妇更加虐待，表现另外的三角关系上的矛盾。这些都是婆婆与媳妇之间容易发生的相处上的困难。

至于做公公的也可以发生毛病。譬如，对自己的媳妇表现好感，除了招来婆婆的嫉妒以外，也可以引来儿子的不高兴，形成另外的三角矛盾。虽然很少，但有时公公对年轻的媳妇产生非分之想，失掉控制而发生污媳的事件，严重破坏子女的婚姻。这是要很小心去避免的家庭问题。在平常的生活里，大家如何接触，如何保持适当的距离与关系而有分寸的相处，都是很重要的家庭心理卫生问题。

五、养育与照顾年老父母的负担

在现代社会随着卫生科技的发展，人们的寿命大大延长，而如何渡过老年的生活阶段是大家都很关心的事。假如年龄很大生活不方便，需要别人照顾时，是否能得到自己子女的照顾是很关键性的课题。假如自己的子女跟老人父母一起住，或者是居住在临近的地方，能时时提供照顾与服侍是最好的情况。可是，假如年老的父母行动不方便，脑子又有问题，无法自己照顾自己的基本生活，或者身体有特别的疾病或残废的问题，把许多负担都落在年轻的夫妇身上时，有时即使是很孝顺的子女也会感到很吃力。假如短时间还可以，若是长年的照顾，会增加年轻夫妇的许多负担，无形中会影响他们的夫妻本身生活。如何适当的去照顾需要照顾的年老父母，而又不过分影响年轻夫妇的婚姻生活，是需要仔细去考虑与平衡的问题。是否要把父母放在疗养院，是否有足够的经济来负担疗养院的负担；或者只好放在自己家里，这是许多年轻夫妇都要面对的生活课题，如何去应付是值得研究的。假如子女有同胞的话，是否可以轮流照顾年老的父母，分担服侍的责任，也是要相互讨论与决定的事情。自己的父母或者是配偶的父母都会发生不同的看法，也会有不同的意见，夫妻之间要平衡自己内心里的想法与配偶的意见而去决定的事情。

假如夫妻之间的感情与关系还稳定，彼此又能体谅，事情会比较简单些，可以找出可以妥协的方法。可是假如夫妻关系本来就不稳定，再加上要照顾年老父母的话，就容易扩大其矛盾。婚姻辅导的课题，便是帮助夫妻相互去协商，怎样才是比较适当的安排而又不伤害夫妻间的基本关系。

第二节　辅导的方式与注意事项

一、澄清什么是适当的亲子关系

这是首要的辅导工作，即要从社会、文化与临床上的角度去了解什么是适当的亲子关系，特别是子女长大成人结婚成家以后，应跟自己的父母如何相处的情况。因为，这种亲子间的来往相处，深受当地社会与文化上的期待与规范而有所不同。家家有家里的家规，每个社会有社会的规矩，要在这样的准绳上去做判断。还要运用临床上的知识而加于综合性的诊断与澄清才可以。

譬如：我们已经提过的，在结婚第二天早上，媳妇是否需要马上早起，烧开水、泡茶，去敬婆婆；吃饭时先生是否需要给妻子夹菜表示亲热，或者得先给自己的父母夹菜表示孝心等，这些都是没有很清楚且铁定的标准与规矩。是要看当地的一般习惯如何，家里的父母的要求与期待是什么，子女的了解又是什么，愿意不愿意这样做，而心理上有何特别的意义没有，这样才能综合地去了解与判断。

二、动态性地去了解亲子间发生矛盾的因素与真相

从临床上的角度说来，假如家里的成员有所不满，那就是发生问题的表现。假如作为儿子的只给自己父母夹菜，而没给自己妻子夹菜，而做妻子的认为自己的丈夫很孝顺而很满意，那就没有问题。反正丈夫在别的私自场合，会对妻子好，妻子知道自己的丈夫还是对自己体贴的，只要丈夫对自己的父母孝顺，公公婆婆心里高兴，对媳妇也好，家里平安无事就好。那么，这样的情况就没有心理上的矛盾与问题。可是假如夫妻的关系不稳定，缺少凝聚力量，做妻子的心里没自信，就可能认为自己的丈夫只给自己父母夹菜，而没有给她（妻子）夹，是看不起她的现象，而心里感到不愉快，就是发生了心里矛盾的现象。因此，夹不夹菜是个简单而具体的例子，表现家里成员间的相互行为。可是要从动态的眼光去了解整个的情况，从综合的角度去把握，并了解发生矛盾的主要关键是什么。即：是否父母总是对自己的媳妇不满意，总是批评媳妇不好，让媳妇内心里感到不安，没有信心的结果；或者是丈夫平时就不体贴妻子，让妻子感觉不到丈夫的照顾与爱心，给谁夹菜这样简单的事情就引起了内心里的不安与不满。总之，要有深度的去分析，综合性的判断，而不能只就一样小事情而做结论。

做媳妇的到底表现了什么行为，公公与婆婆如何感受，如何反

应；而做丈夫的如何处理，包括如何保护自己的妻子，或者袒护自己的父母等，都是一连串的心理反应，要能以动态的眼光去分析、了解与判断，才能得到比较适当的诊断，才能判断辅导的方向。

三、处理个人病态的心理问题

让我们就一个临床上的实际例子（曾与徐，1994/2008）来讨论辅导的方向。比如：一对年轻的夫妻结婚以后，其婆婆仍旧按过去养育儿子的习惯，习惯性地半夜里进儿子和儿媳的卧室，要替儿子盖被子照顾儿子，免得儿子着凉生病。原来，儿子从小被其寡母养育带大，而小时常生病，母亲就常半夜里替儿子盖被，免得受凉生病。可是现在儿子已经成人并且结婚了，当婆婆的还继续保持过去的习惯，而婆婆这样的举动让妻子很不高兴，但丈夫又不敢向自己母亲抗议，阻挡她这样侵犯儿子与媳妇隐私的行为。

很显然这个例子表现的是：从社会习俗上说来是非正常的举动，从文化上观点说来是属于不妥当的行为，而从临床上可说是明显有毛病的病态表现。我们可以了解一直被做寡妇的母亲养大的儿子，很依赖母亲，而母亲过分跟自己儿子亲近，无法让儿子跟自己分离，连儿子结了婚娶了媳妇，还要闯进他们的卧室。

从临床上我们可以说，早年失去了丈夫的婆婆，把全心精力都放在如何养育唯一的儿子，母子相依为命的生活。我们可以了解她很关心自己儿子。可是这样的母亲却忘掉了自己的儿子已经结了婚有了妻子，应该让媳妇去照顾她的先生；还是一味的继续她照顾儿子的老习惯，无法跟自己长大的儿子建立应有的距离与界限，是有毛病心态的母亲。

同样的我们也可以说作为儿子的虽然过去被母亲照顾且养大，要感谢母亲的养育之恩，要继续孝顺自己年老的母亲，可是，他却忘掉自己已经是结了婚的成人，现在有职责去保护自己的妻子，为自己的配偶着想，要建立夫妻的结合，要能跟自己的母亲树立若干适当的心理距离，也要保护自己夫妻的私人空间。可是这个丈夫却缺乏自我的独立性，没有成熟的男人风格与丈夫的气概，无法阻挡自己母亲侵犯他跟妻子的私人空间。因此，从临床上说来他也是心理上有毛病的丈夫。

至于作为妻子的为什么想嫁给这样没有男人气概的丈夫，是否有何个人的心理毛病，我们不去分析。但至少我们可以说，她没有足够的力量去影响自己的丈夫，让丈夫能比较有勇气地去保护他们夫妻的利益，也是她影响力不够的表现。换句话说，是：母亲、儿子、妻子三个人凑合起来才发生的怪现象，让母亲半夜里还闯进夫妻的卧室。

从辅导的立场说来，每个人都需要经过辅导来改善并纠正他们各自的心理毛病。但技巧上如何提供辅导，用什么方式而进行，辅导的结果又将如何，都是临床上要考虑的一连串的课题。

四、考虑是否采取包括父母的家庭会谈与辅导

针对上述的例子，辅导者要作临床上的判断与决定，即：是否针对母亲、丈夫、或妻子进行个别的个人心理辅导，针对夫妻给予的婚姻辅导，或者干脆举行包括母亲的家庭辅导等。各种辅导的途径都有各自的好处，但也有各自的难处与缺点，要慎重去考虑与选择。由于此例子实际上妻子不满意丈夫而要求离婚，而丈夫又不知道如何去处理这样的情况，变得抑郁，被妻子带来就诊。当然可以给予个人的治疗，包括药物治疗。但这样的治疗只是隔鞋搔痒，不会有效果的。

既然是先生被妻子带来看病，而且是婚姻的问题，顺水推舟地就给予婚姻辅导为宜。主要讨论夫妻如何能配合，共同维护他们的夫妻生活与感情，来抵抗母亲的过分侵犯。

可是问题是儿子结婚后，心里感到孤单的寡母，想保持跟儿子亲近的关系，才如此过分地跟儿子亲近，不懂得（或不能）跟自

己的儿子与媳妇建立应有的距离与界限（boundary），招来媳妇的不高兴，因而发生了家里三人的矛盾。因此也可以把母亲包括进来，进行包含母亲、儿子与媳妇三人的家庭会谈。

可是要请母亲也来参与家庭会谈，在技巧上要很注意，使用什么借口，用什么方式做解释，请母亲来参加辅导的工作。最要紧的是不要责怪长辈的不好或不对，而解释说是抑郁的儿子需要母亲的协助，要商讨如何改善家里的情况，帮助儿子成长，免得儿子无法处理而变得抑郁。这样，或许母亲会愿意来看辅导者，接受单独的会面，必要时也参加三人在一起的家庭会谈。

五、辅导夫妻如何跟父母相处与应对的要领

不管母亲是否愿意来见辅导者，是否愿意接受辅导，改变她的病态的心理与行为，有一点我们可以预料的是并不那么容易改变母亲的行为。因为，母亲已经是中老年的阶段，不容易更改行为。何况是过去数十年来累积的老习惯与心理上的需要。因此，辅导的重心要摆放在年轻的夫妻，看看他们是否有能力联合起来，建立共同的联盟（alliance）来对抗喜欢越界与侵犯的母亲。换句话说要从年轻的当事人，即夫妻俩人来着手进行辅导。假如夫妻能建立比较好的情感，愿意树立他们俩人的联盟，相互帮助与鼓励，听取对方的意见，体会配偶的心意，相互合作地对待自己的父母的话，就比较有希望。

针对父母的要领是要尊敬他们，体会父母有他们的心理需要，有他们的苦衷，有他们的心情上的需要，而去尽量符合他们的要求。同时也要协助父母了解，如何跟下一代的年轻人相处，如何保持适当的距离与界限。

六、协助亲子两代如何适应现代的观念与趋势

最后有一件事情要注意的是，要帮助上下两代都去了解亲子两代间的关系，是会随着社会与文化风气而随时更改的，并没有什么是对或错的道理。要注意时代的变迁，习俗与观念的改变，要适应现代的趋势才可以。过分的墨守成规，或过分的随便，都不是好的现象。要彼此讨论现代的观念与趋势如何，而他们两代认为怎样做才合适。有了充足的沟通与相互的了解，就可以减少彼此的误会与不满。

第三节　个案说明

夫妻与父母间的矛盾可由不同方式而产生。如：从开头父母反对年轻人的结婚；年轻人结婚后无法跟自己父母逐渐保持若干心理上的距离，而建立夫妻俩的凝聚与结合性关系；或者由于未曾解决的亲子情结，婚后跟公公婆婆或岳父母发生矛盾等。我们在此就各种情况而举例说明。

一、父母曾反对而遗留下来的困难

个案的说明

萧明雄跟李香梅（皆假名）交往恋爱时，就发生了波折，曾受到明雄母亲的大力反对与阻挠。虽然他们年轻人不顾父母的反对，终于结婚；可是婚后数年多，仍为了母亲当时曾反对过他们结合的事，偶尔困扰他们夫妻的心理，也时而影响他们夫妻的感情。

事情的发生原来是如此的。明雄的母亲在他出生前曾流产过数次。因此，当明雄出生后，母亲就特别欢喜且小心养育宝贝。尤其明雄从小就容易感冒，常患小病，母亲日夜时时不休地照顾，把自己的精神关注在自己的孩子身上。另外还有个理由就是，明雄的母亲小时就丧失自己的双亲，是孤儿被人养大的，心里一直很渴望有自己的骨肉。由于这样的情况，明雄的母亲也就把自己的全部心思都放在明雄一个人身上。

明雄是很聪慧且听话的孩子，平时对母亲也很孝顺，常帮忙母亲在厨房做事，也时时跟母亲一起洗衣服或打扫房子，母子很亲近。明雄也很用功，长大后考上重点大学，功课很好，母亲为此很骄傲。亲戚朋友看明雄是个很好的年轻人，将来又有好的前途，都屡次向明雄的母亲提起将来给明雄做媒找个很温顺又听话的女孩，给明雄做太太，也可做个好媳妇来服侍婆婆。明雄的母亲听了很高兴，心里也真的那么期望。

哪知，有一天，明雄的母亲发觉自己的儿子在大学已经跟一位女同学交往，就很惊讶，而且很不愉快，好像觉得自己的心肝背叛了她，对另外一个女性发生感情，心理反应很大。虽然明雄的父亲还有点理性，告诉妻子说，明雄交的女朋友还是个大学生，应该高兴。可是这种情况对没有受过高等教育的母亲说来，不算是个优点，只是个对她的威胁。经过亲戚的劝告，明雄的父母总算安排机会请明雄的女朋友来家里会面并一起吃饭。虽然明雄的女朋友（香梅）看来很文雅、大方，明雄的父亲还很喜欢，可是明雄的母亲却不是。她看到自己的儿子对香梅特别亲切、要好，就很受不了。特别是吃饭时，明雄给做客的香梅夹了菜，可是忘记给母亲夹。母亲就很不欢乐大闹情绪，说明雄被女妖精迷惑得都把自己的母亲都不要了。母亲公然要求他们不许继续交往，说香梅不配做她的媳妇，她要儿子娶个温顺、孝顺的女孩，不要受大学教育而自以为了不起的女人。

由于母亲这样的闹情绪又大加反对，把事情弄得一团糟。还好明雄跟香梅间的情感还好，他们继续他们的交往，不顾母亲的反对。母亲知道了还威胁要跟明雄断绝关系，不认他是自己的儿子。就这样的情况下，由于母亲的反对，无形中加强了他们年轻人之间的关系，变得更是要好，共同一心，联合起来应付他们所处的苦境。

由于明雄跟香梅彼此很要好，他们交往数年后终于结了婚。结婚时母亲总算勉强来参加他们的婚礼，可是心里还是不那么高兴。婚后明雄与香梅并没有跟公公与婆婆住在一起，分别居住。他们年轻人生活得还不错,双双也找到好的职业,也有工作上的表现。可是唯一的遗憾就是他们对明雄的母亲的关系。

香梅的心里一直无法忘却婆婆对她的反对,认为她自己没有什么不好的条件被这样的反对,一直对婆婆不很原谅。假如有什么过年过节的机会,也不很喜欢跟婆婆在一起,更谈不上跟她很亲近。至于做儿子的明雄,虽然也不高兴母亲对他们婚姻的反对,可是心里总是觉得自己的母亲还是母亲,想办法恢复良好的关系。

这次问题的发生是源于明雄在母亲的生日时,给母亲送了一笔钱。虽然香梅心里不是很高兴,还是同意先生给婆婆一笔庆祝大寿的礼金。可是毛病是出在所送的礼金的多少。明知太太不会愿意给婆婆大数目的礼金,明雄把自己的零用钱私自加上去,觉得这样才会令母亲高兴些。哪知,没想到经过亲戚的嘴里香梅偶然得知明雄所送的礼金总数是超越他们夫妻同意的数目,香梅就向先生大发脾气,认为丈夫背着她做不该做的事。香梅很生气不能原谅丈夫,而明雄也很不高兴,气妻子不许让他对自己的母亲表示一点孝顺。夫妻情感闹得很僵,好久都不相互开口讲话,最后决定来看辅导者,请求专业的帮忙。

辅导经过

辅导者听到他们的情况以后,要求他们能在平静不闹情况下彼此申述自己对这件事情发生的想法。香梅首先说出她这一辈子没做过什么错的事。可是被婆婆这样毫无理由地反对他们的婚姻,批评她不够资格做媳妇,心里一直很气,也影响她对自己做女人的信心。可是事情已经经过好几年,这次她还是克制她的情感,很大方地同意自己的丈夫送一笔礼金给婆婆做生日。哪知自己的先生背着她,做出偷偷摸摸的行为,她很受不了,也很伤心,特别是觉得自己本身条件还可以,可以嫁给许多过去曾追她的男朋友,而当时选择明雄就是觉得他还诚实;可是没想到现在他居然还背叛她,偷偷地去跟曾反对她的婆婆要好。

至于明雄说出，虽然他也觉得自己的母亲当时反对他们的婚姻，是没有道理的，是个错误，可是回想到小时十几年来母亲辛苦养育他，自己婚后都没法好好孝顺母亲，有点歉意。这次想利用机会回报母亲。他不想让妻子发现，这样做免得直接开口向妻子提议，而遭她的反对与否定。现在事情演变成这样，他很明白自己选择了不好的方法，没有获得妻子的事先谅解与同意，就把礼金的数目私自增加。他表示做了错事；发誓将来再也不会做这样伤害配偶的事情来。经过他们夫妻这样相互交流，坦承表白内心的想法与歉意以后，他们夫妻间的不愉快也就消失一半。

辅导者对他们解释，明雄的母亲会情绪上很依赖在儿子的身上，是有她个人的情结与心理上的需要，要体谅她。至于她对儿子与女朋友的反对是基于她个人的心里情结而来的，跟香梅的本身与条件无关。事实上，儿子的女朋友的条件越好（由于女的跟女的嫉妒）母亲反应会更大。母亲是怕儿子丢掉她（母亲）的感情而发生的反应，跟香梅本身没有直接的关系。换句话说，不管儿子交怎样的女朋友，这样的母亲都会大大反应与反对的。因此，香梅不要对婆婆那么生气，而且，假如可以的话，还可以用同情的心态来看待这件事。

至于明雄想对自己的母亲表示一点回报养育之恩，也是可以理解的常情。可是牺牲了对自己妻子的忠实（并且冒了个大危险）而私自向母亲表达好意，从婚姻的立场说来是不智的措施。夫妻要的是建立互信的关系，假如威胁到这个关系，就不要去冒险。

他们对辅导者这样的解释与说明还感到合理，并且希望他们能恢复得很好，继续他们的夫妻关系；尊重他们数年来已经建立的婚姻基础，继续他们的夫妻生活（曾，2001）。

二、妻子仍只还是父母的女儿，不是丈夫的妻子

一对夫妻来咨询，妻子年轻漂亮，一开始就述说对丈夫的不满，即：结婚已经一年，近来对夫妻性生活不满意，丈夫不能满

足自己,已经两个月没有过夫妻生活了,而且丈夫不愿陪她回娘家……

妻子25岁,独生女,父母都是高层职业者,向来希望女儿找一个各方面都很优秀又能照顾妻子的丈夫。丈夫30岁,是独生子,做普通工作,父母是一般的职员,住在外地。他们俩通过同学介绍而认识,交往两年后结婚。婚后在妻子要求下,夫妻经常利用周末回妻子的娘家住几天。可是,近几个月岳母对女婿不满并当面批评,丈夫就不愿陪妻子回娘家了,让妻子感到不满。

会谈时,丈夫表情忧郁,话少,说岳母说了很多不好听的话,自己不愿面对岳父母,更不想去她家了。说现在对婚姻没有安全感。他举例说:今年过30岁生日,妻子却说她要回娘家陪她的父母,不能陪他过生日,令他很伤心。过生日那天,让他想得很多:事业不顺、婚姻不安全,对自己的现状不满,都是不好的事,哭了一场……丈夫说:她要求我孝敬她父母,但我觉得不平衡;我也是独子,我们很少去看我自己的父母……

从婚姻的角度看来:他们夫妻虽然结婚了,但是妻子仍只还是父母的女儿,不是丈夫的妻子;妻子要求丈夫孝敬自己的父母,但不孝敬丈夫的父母。只想招个"上门女婿",没有做孝顺儿媳的思想准备。还有,妻子对丈夫的不满没有好好与丈夫沟通,而只是对自己的父母诉苦,造成父母对女婿的不满。她的母亲又是心直口快的人,就直接对女婿批评。妻子还把自己父母讲的(对女婿的批评的话)传给丈夫。难怪丈夫不愿见岳父母。这一对夫妻没有建立起夫妻联盟。

这个丈夫不自信,和岳父母没能搞好关系,凡事往坏处想,比较消极。如过生日不会要求妻子在家跟他一起过生日而只会哭泣。用回避和压抑来处理夫妻之间及与岳父母之间的矛盾。

总结说来,妻子仍依赖在自己的父母,没有跟自己的丈夫建立凝结性的关系,也没懂得去侍候丈夫的父母,对丈夫的要求不公平。丈夫自己的个性懦弱,无法管制自己妻子的行为与态度,也没有力量把妻子从原来的家里脱离，跟他建立新的家庭单位。辅导上，要注重他们两方的个性，要帮助他们建立自己家的界限与结合性，跟自己原本家庭逐渐分离。

三、婚后仍无法解脱与婆婆及丈夫三角关系困扰的妻子

有一对夫妇，因为家庭问题，经人介绍而来就诊。陪同来的还有妻子的两个哥哥。根据（治疗者）推测，患者的两个哥哥一起来可能要证明患者在娘家的地位很高（患者是家里唯一的女儿），在家备受两个哥哥的宠爱；两个哥哥是患者心理上的后盾，如果丈夫对自己不好，哥哥可能会出面帮助患者，取得社会支持。

会谈开始，妻子（没等丈夫）就自己先开口说话。她说：一年前生孩子后，在月子里公公和婆婆特地来跟他们夫妻一起住，帮忙照顾生产的她跟婴孩，可是就在此期间她跟公公就发生争执。争执是这样的发生的：有一天她想喝鲫鱼汤，让公公出去买鱼，公公有些不太愿意，结果出去后一会儿就回来了，说市场上没有卖鲫鱼的，这样她就很不高兴，说是如果不想照顾自己，就回老家算了，让自己的娘家来人照顾。公公觉得自己是长辈，被媳妇指着做事情，心里觉得委屈，两个人吵了几句。后来丈夫下班回来家以后，妻子就向丈夫表示对公公的不满，还跟丈夫大吵一顿，要求把公公赶走，让他回老家。最后丈夫只好听她的，做了妥协，把妈妈留下来，让爸爸回了老家。

把公公赶走以后，婆婆还继续留着，到目前为止，一家三个大人，即夫妻、婆婆跟孩子；孩子仍由婆婆带着。可是在家里婆婆总是护着她自己的儿子（即患者的丈夫），每次都是因为婆婆管他们夫妻的事情而发生争执。比如，昨天晚上妻子说想吃西瓜，丈夫说要出去买，这时婆婆就说可以吃家里现有的梨，意思是不想让自己的儿子还夜里辛苦出去买西瓜；可是儿子犹豫了一下，还是去了，但妻子就不高兴，并向婆婆开口说："不要管我们夫妻的事情，他要去给我买，你就不要管了"。这样，虽然向婆婆说了，

妻子心里还是很生气，并且要求丈夫对她（妻子）赔礼道歉，说没有按她的要求而马上出去，几乎就听了婆婆（他的母亲）的话而没听妻子的要求。

这时在旁的丈夫插话说，每次遇到这样类似的情景，妻子总是要求丈夫写检讨书，而且不能写短的，字数不得少于5千字；有时如果丈夫表现不好，写得不够痛悔，还会要求增加到1万字，表示悔改的意思。妻子说这样做主要是惩罚丈夫。现在问题是妻子总是不满意，经常为此苦恼。妻子说她自己在生气后两三天，就会出现胸腹部胀（心身症的躯体性症状），经丈夫给予按摩后，会放屁，然后就觉得好受了。

治疗师进一步详细问妻子，是哪些事情婆婆做得不好，让她生气。妻子回答说婆婆在家，生活各方面（帮忙烧饭、照顾孙子）做得都好，就是觉得她过于袒护她自己的儿子（即患者的丈夫）。妻子解释说，她和婆婆平时关系还可以，并且强调生气后也不记仇。又说如果当婆婆管自己和丈夫间的夫妻事情时，只要丈夫吵婆婆，管管婆婆，这样妻子就觉得没事。婆婆也多次表示不再管夫妻之间的事情，可是有时候会不自觉地插话。为此，妻子多次和丈夫发生争执，并且说如果丈夫不向着自己，威胁甚至想要跟丈夫离婚。妻子承认丈夫很爱她，对她很好；但是就是不能接受婆婆对丈夫的袒护，影响了他们夫妻的关系。

根据妻子的个人背景，我们得知：她是家里最小的孩子，上面两个哥哥，年龄差距也比较大，连小的哥哥还比患者大7岁。她自幼比较聪明，所以深受家里哥哥们和爸爸的宠爱。妈妈是一个个性强的女人，从小对患者管教甚严，经常唠叨患者的一些生活琐事，有时患者会和妈妈顶嘴。等患者到了中学阶段，开始回避喜欢管她的妈妈。有时候患者要买东西，如果妈妈不同意，患者可以不让妈妈知道，下点工夫跟爸爸或者哥哥们要，而他们就给患者钱。患者上大学后，经济支出主要是两个已经从事工作的哥哥们支付。因此，兄妹关系一直很好。患者自己认识她的男朋友

(目前的丈夫)。当时他们是同学，男的主动追求患者，并且恋爱期间特别对患者体贴和关照。万一有冲突的时候，男的就马上向患者屈服投降，争得患者的原谅。俩人结婚后，感情一直很好，就是这次有了孩子，公公婆婆来跟他们一起住以后，才发生冲突。

妻子承认她把公公一个人赶回老家不好，想到他一个人不怎么会做饭，生活可能会不方便，有点后悔。丈夫说自己夹在中间十分痛苦，一方面要照顾妻子，另一方面还要顾及老人的感受；特别是爸爸一个人回家，还是有些不放心。丈夫还说：妻子让他写检查书，就像小孩一样，明明知道没有道理，又故意取闹。可是，为了避免家庭矛盾，他说自己宁愿听从妻子的要求，付出牺牲。丈夫还说：最近因为经常在家里加班写检查，以至于上班时候精神萎靡不振。听到此妻子破涕为笑说："活该，谁让你惹我了，谁让你的父母对我不好？"经过辅导者的询问，妻子承认让丈夫花费时间去写检查书，不让他好好休息，是在惩罚他，是想让婆婆知道丈夫是自己的，不能听妈妈的话。妻子表白实际上不能惩罚妈妈，那样不符合伦理道德，也就改而惩罚自己的丈夫。

经过这些讨论，辅导者帮助他们夫妻了解，问题的核心是妻子、丈夫和婆婆三人之间的矛盾冲突引起的，妻子无法接受婆婆对儿子好，想占有丈夫而导致了家庭矛盾。辅导者建议妻子要能理解和接受婆婆以及公公，并给丈夫一些自由的空间。说明丈夫既可以爱妻子也可以爱父母；两者之间的完好结合才能够有一个健康和谐的家庭。辅导者特别指出，叫丈夫写检查书并不是好的办法，是幼稚性的要求，只在破坏夫妻的感情。在咨询快要结束的时候，在场的哥哥们说：他们的妹妹(即患者)有时也要求丈夫过分些，可能与从小在家娇惯有关。他们做哥哥的，总算说些比较公道的话，要自己的妹妹反省，改善。哥哥们这样的表态，使得患者知道自己要有理性且尊敬的对待公公与婆婆，也要改善对待丈夫的态度(曾/朱，2008)。

总结说来，这位妻子从小被宠而心理上有点自我为中心及幼稚性的性格。而其丈夫个性比较懦弱，向来只委屈性地去服侍与迎合妻子的个性，保持不平衡而偏倒一边的神经质性的夫妻关系。由于有了孩子公公婆婆来家帮忙，由于第三者的介入，打破了表面上看来还好的夫妻关系，衬托出妻子自爱性的毛病，并引发了跟他们上一代（即公公婆婆）相处的矛盾，显出来包含"母亲、丈夫、妻子"亲子两代的三角性竞争性的问题。辅导的要领是利用辅导者的权威及哥哥的力量，来要求妻子改善其自我中心的态度，加强丈夫的角色与分量，好好管束妻子的幼稚性，不继续过分宠爱和接受妻子自我中心的行为。在要求改善夫妻间的关系上的结构，间接改善跟上一代相处的态度。

参考与引用文献

1. 皮小明．156名城区妇女咨询分析．中国心理卫生杂志，1991，5（5），206-207．
2. 曾文星，徐静．心理治疗：理论与分析．第十七章：从个人心理到人际关系：个案分析：（3）妈妈的"儿子"，不是妻子的"丈夫"（271-275）．1994/2008．
3. 曾文星．夫妻的关系与婚姻治疗．跟父母有关的夫妻问题。个案八：父母反对婚姻而遗留下来的困难（174-178）．北京：北京医科大学出版社，2001．
4. 曾文星．心理治疗：解析与策略．第二十五章：婚后仍无法解脱与婆婆及丈夫三角关系困扰的妻子（朱金富）（381-394页）．北京：北京大学医学出版社，2008．

第十六章　夫妻与子女间的问题

第一节　夫妻因养育子女而可能发生的各种问题

生育及养育子女是夫妻结婚后要执行的主要课题之一。除了怀孕生孩子以外，夫妻还得养育子女，照顾婴孩，而随着子女的长大，父母还得继续管教并照顾，然后扶植变成为青少年的子女，一直到子女长大成人，结婚成家为止；而这些都是一连串的职责与工作。养育子女，有其乐趣，但也有其辛苦，也可能带来心理上的问题，影响夫妻的关系，要特别用心去处理与解决。孩子是随着其年龄而经历其心理上各个阶段的发展，而父母还得配合其性格发展阶段而维持适当的关系，并提供适当的养育与管教，否则容易跟子女发生各个阶段的困难（曾，2001 - a，b，c）。夫妻与子女间的问题，常见的有下列几种：

一、夫妻本身的个人性格不成熟，心理上无法负担与养育子女

夫妻一方或双方的个人性格幼稚不成熟，缺乏面对困难的自我能力，缺少社会性的经验，处理问题的方式幼稚，都会影响他们婚姻生活里的各种层次的功能，包括养育子女的职责。当一对男女在恋爱的阶段，事情比较简单，只要能谈情说爱就可以；不用担心如何实际地生活，如何负担现实里的职责。就算是结了婚，开始经营了俩人的婚姻生活，只要有地方住，有工作与收入，经济没有困难，能养家糊口，就还可以过夫妻双人的简单婚姻生活。可是等到妻子怀孕，事情就开始不同。妻子如何度过辛苦的怀孕期间，而丈夫需要特别关心与照顾孕妇，就开始有不同性质的心身课题。等到婴孩出生后，就得开始照顾幼小的婴儿，要喂奶、要换尿布、要抱着哄婴儿，特别是要夜晚起来，给婴儿喂奶换尿布，是很辛苦的事情。有些夫妻，没有耐心去执行这些当父母职责，会抱怨、会逃避，无法负担并执行养育子女的工作，直接或间接地影响夫妻的婚姻生活。严重时夫妻就相互抱怨，闹不愉快，也不好好照顾新生的婴儿，甚至虐待婴孩，是偶尔可见的情况。这些都是夫妻一方或双方的个人性格幼稚不成熟，配不上当父母和养育子女的结果。

二、子女的出生影响了夫妻的关系与婚姻生活

当一对夫妻还没生育孩子时，只要适应俩人的婚姻生活就可以。但是，随着孩子的来临夫妻就可能发生各种问题。除了上述的理由，即：由于养育孩子而增加负担，而夫妻没有健康与成熟的性格去负担其养育子女的辛苦职责以外，还可能有心理上的问题。也就是说，一方或夫妻两人，心理上无法接受孩子来临的事实。有的从心理上不喜欢孩子，认为孩子是讨厌的东西，而无法接受孩子的来临，严重时甚至仇恨孩子，或者虐待幼小的孩子。有的则相反，非常喜欢小孩，过分的跟孩子黏密甚至把自己的配偶忽略，让自己的配偶感到被遗弃而不高兴。这种情形多半是发生在丈夫，认为妻子把所有精神都灌注在出生的婴儿，而把丈夫忽略了。

有的由于自己幼小时，跟自己的父母的关系曾经不好，甚至是恶劣，因此，内心里就唯恐自己也会跟自己的孩子关系搞不好，而发生不必要的不安，无法跟自己的孩子自然且轻松地接触。结果也间接地影响了夫妻的感情生活。

基本上说来，有些夫妻可以过俩人的夫妻生活，但不习惯或无法接受孩子的来临，一起过三人的家庭生活。容易发生三角关系上的矛盾，不欢迎孩子的来临，影响了夫妻生活的平衡。

三、夫妻不能双方共同负责养育子女的问题

这是另外一种常见的问题。特别是做丈夫的，常为了工作很少在家，把养育子女的事几乎全部交给妻子去负担。有的是现实的理由，丈夫为了工作上的需要，常早出晚归，或者常出差，或者居住在他地工作，而养育子女的事就完全落在妻子一人担任。有时是心理上的理由。即：男人不喜欢照顾孩子，就以工作忙为理由，把责任都推给妻子。有时是社会的习俗或文化的看法，认为男人大丈夫应该在外做大事，家里的琐事不用管，由女人去处理。

可是从心理的立场说来，子女的成长与养育需要父母两方的关心，共同协助养育。这并不仅是分配劳力与精神的问题，而是需要父母共同协商，互相弥补功能，共同养育才可以。

当孩子还小时，还比较容易，从出生到一岁左右在"口欲期"（oral stage）的婴儿，只要给予充足的照顾与细心的抚养就可以。可是到了2岁以后的孩子，进入了所谓的肛门期（anal stage），喜欢到处跑动、到处碰，也需要练习排泄的习惯，而表现第一期反抗期的幼儿，就需要两个大人来一起相互或交替的去管并训练小孩的行为，要多费精神与劳力的。等到孩子逐渐长大，到了三四岁以后，进入所谓"性蕾期"的阶段，就需要同性与不同性的父母一起来处理在这个阶段开始出现的亲子三角关系上的情结。到了六七岁以后，进入"同性期"（homosexual stage）或者是"潜伏期"（latent stage）时，更需要有男女双方的父母一起带大，并给予管教，好帮助孩童能对性角色的认识与认同。也就是说，男孩要有爸爸，女孩要有妈妈，可以帮小孩学习如何变成男孩或女孩；否则，男孩带着女腔而躲躲藏藏的，女孩像淘气的男孩雄赳赳的，就不太对，没有性别上适当的成长。何况到了十多岁的"青春期"（puberty），女孩更需要有妈妈，而男孩要向爸爸来模仿学习，缺少一方父母都不太合适。换句话说，子女的养育，不仅是给饭吃，有地方睡就可以。不仅要注意"智商"（intelligence quotation，IQ）

的发育（好好上学，学习知识）还得帮助"情商"（emotional quotation, EQ）的发育，即懂得协助情绪与性格上的发展，建立适当的乐趣，能社会化，能跟上辈与同辈的适当的相处，保持良好的人际关系。这还得包括适当的心性发展（psychosexual development），父母双方需要密切协助。

可是有些家庭却因为客观条件，或者是心理上的借口，常由妻子一人来负担子女的养育。当孩子小时还看不出其不好的影响，可是到了孩子长大后，发现有不良后果时已经太迟，不容易弥补。假如是因为客观的现实要求，譬如，夫妻离了婚，变成单亲家庭；或者先生常年出差，没办法总是在家，那就没办法。但是即便如此，也应想办法弥补，避免或减少不良的影响。比如，常出差的父亲可以常写信或打电话联系，保持跟孩子的关系。假如是工作忙，也得忙里偷闲，想办法争取机会跟孩子接触，注重并完成夫妻双方养育子女的基本功能与职责。

四、夫妻对子女的管教不一致的问题

就算是夫妻双方有机会养育子女，也可能面对另外一种问题，就是夫妻对孩子的管教有不同的看法而不能协调。这也是家庭常见的问题。夫妻对孩子的管教不一致，基本上有两种原因。头一个原因比较单纯，是夫妻俩人的确有不同的看法；而这种不同的看法是源于他们个人过去长大背景及经验的不同。由于家庭背景的不同，每个人都经历不同的成长过程与经验；也被他们自己的父母以不同的方式养育与管教。受着这种个人的背景与经验，结婚后变成他（或她）养育与管教他们子女的准绳。由于个人过去的家教背景不同，就产生了不同的管教子女的看法与方法。假如再加上夫妻有显著的文化差异，包括教育、时代背景、民族文化的差异，那么这方面的差别也可能更显著而有所不同。譬如，一方管教孩子要严格一些，而另一方觉得放松些对孩子好些；一方相信用口头解释比较好，而对方却认为实际的行动较有效等。这

种因夫妻个人的背景与经验不同的管教差异,比较容易处理与协调。只要双方能用心解释彼此的看法与出发点,并且取得谅解与协商,订立一家共同采用的原则就好。

麻烦的是另外一种原因,跟父母与子女间的三角情结上有关的矛盾与冲突,是附带性的结果。由于做父母的潜意识里对孩子有特殊的情感,与自己的配偶形成无形的对抗与矛盾,为了孩子的管教而发生争执。假如是这种理由而发生的管教问题,就得用心讨论他们夫妻间存在的对孩子的情结,去处理他们情感上的问题,才能间接的解决管教上的矛盾。由于这种情况常是不知不觉地发生的,本人常不知所以然,需要专家来提示与辅导。

五、夫妻偏袒某子女的问题

这也是可能常发生的现象,是比较麻烦的问题。假如一家有两三个孩子,就容易看得出父母是否特别偏袒哪个孩子。假如是只是一个孩子,就只能看看父亲或母亲对他们的独生子是否过分关心或保护,极端时不让自己的配偶插手管教,发生过分偏袒的心理问题。

假如家里有性别不同的男女孩子,而母亲特别袒护儿子,或者父亲特别喜欢女儿,专业上就被称是发生了"跨代性别交叉联盟"(cross - generation and gender alliance)。由于这样的联盟,结果甚至还会跟自己的配偶发生(三角性的)冲突。即:母亲跟儿子联盟来对抗父亲;或父亲跟女儿联合排斥母亲。这种潜意识的亲子间的家庭关系的冲突或矛盾,可以说是基于亲子的三角情结而来的。

除了这种常见的父亲喜欢女儿,或者母亲宠爱男孩的潜意识情结以外,有时父母偏袒自己的孩子的理由是来自于祖父母的影响。特别是祖父母跟父母住在一起的主干家庭里,祖父或祖母(凭他们的意识或潜意识的心理)会特别喜欢哪个孙子,而由于这样的情况,父母就故意的相反,去喜欢没被祖父母喜欢的孩子,对抗祖父母偏袒孙子的情形。可以说是整个家族里的复杂而动态性的相互影响的结果。

六、发生亲子三角关系冲突的情结问题

我们已经重复地说明过，假如父母亲跟异性的子女特别接近，引起配偶的不高兴，就称是亲子间的三角情结或冲突。父母都喜欢自己的子女，不管是男孩或女孩都会很喜欢。可是精神分析学家发现除了这种基本的亲子情感之外，还有隐藏着另外一股潜意识的情感，就是父亲对女儿特别要好，而母亲对儿子有浓厚的感情。由于这种暗流的，或没意识到的亲子间的额外感情，会无形中左右父母与子女的来往关系，也常会引起三角性的冲突，影响基本的亲子关系，左右对子女的管教问题，发生偏袒孩子的心理问题。这都是要小心去审查与分析才可以发现的微妙心理。也是导致夫妻与子女间所发生的许多关系上问题的来源。这种亲子三角关系情结在孩子到了孩童时期就逐渐开始，等到孩子到了青春期，到达其高峰，可是日后还会继续存在，只是比较变得清淡些罢了。

七、夫妻因意外丧失子女的痛苦

假如很不幸自己的子女因意外而早去世，或者生病而死亡，都是让父母很痛心的事情。俗语说："白发人送黑发人"，是人生里最难过的事情。特别是靠子女的存在而勉强维持夫妻关系的夫妇，假如万一丧失了维持婚姻关系的子女，就直接影响到夫妻的感情与关系，有时还会因此而破裂了婚姻的关系。

就算是夫妻本来的情感与关系都很好，可是不幸自己的子女遭遇天灾人祸的灾难，或者发生车祸等事故而死亡，会严重打击父母的心情。有些父母甚至患了抑郁症，对生活感到没有兴趣或希望，勉强过日常的生活，间接地影响了夫妻的婚姻生活，也是可以见到的悲剧情况。假如这样的情形发生，要尽早治疗患了抑郁症的人，挽救并解除心情上的痛苦，避免影响到夫妻的婚姻生活。

八、夫妻难于让自己子女分离成长

这是东方社会里的父母常见的心理问题。即跟子女的关系过分紧密或"黏密"(attachment),无法让成长中的子女逐渐而适当地跟父母分离,过自己的独立生活。这种情况的发生,可基于种种原因。首先要提的是社会与文化上的观点。过去传统社会里,认为"养儿防老",跟自己的孩子生活在一起是理所当然的事情。跟孩子在一起,将来老了,就比较有把握被抚养与照顾。可是,现代的父母要知道,除了依靠下辈,还得依靠自己本身来照顾自己。特别是独生子多的社会里,一对夫妻还得照顾两方的父母是不简单,也不太可能很周到的。作为父母的,心理上要早做准备如何练习自己照顾自己,而不要感叹老了,子女不照顾老人家。

另外的心理原因是发生在父母本身的心理需要。特别是自己小时没有得到足够的父母的爱与照顾,心理常感到孤单的威胁,也就紧紧抓住自己的子女,来弥补自己内心里的空虚与不安,而忽略了子女长大需要独立自主的心理需要。假如夫妻常不在一起,或者甚至是失掉了配偶,做寡妇或鳏夫的,特别就依赖在孩子身上,不让孩子分离成长。换句话说,是夫妻自己的心理需要而拉住自己的孩子,不肯轻易地放手。

有时是孩子从小有身体或精神上的毛病,常生病或者有缺陷,需要父母的特别照顾,而习惯性的继续保持其细心抚养与照顾病儿的习惯,而忽略了需要随子女的年龄而要调整的需要。有时是因为夫妻关系不好,就靠跟自己子女亲密的关系而弥补心理上的空虚,是婚姻不好的结果而并不是其原因。

不管是哪种原因,做夫妻的要懂得随孩子的成长而保持适当的心理距离,要鼓励自己的孩子能逐渐独立自主。这样自己的孩子才能心理健康,长大后可以经营他们自己的生活。夫妻一方跟子女过分的黏密,不让分离,都会直接地影响到夫妻本身的关系与情感生活的,是辅导上要发挥其功能而去协助有这样趋势的夫妻。

第二节 辅导的要点

一、给夫妻适当的心理教育

这是首要的辅导工作,给接受辅导的夫妻提供适当的心理教育,让夫妻知道,有了孩子会影响夫妻的婚姻生活,从怀孕以前就应有心理上的准备。要夫妻了解,养育孩子要花费许多时间与精力,而且要以适当的方式来抚养、管教;需要夫妻双方都要负担其职责。特别要协助夫妻去知道,孩子是随年龄的增长其心理上也逐渐成长;需要配合孩子心理发展的阶段给予适当的养育与管教。

一对夫妻生孩子、养育孩子,看来是个很简单的事情。毕竟成千成万的男女都结婚、生孩子、养育孩子,大致上都没有问题,而且几千年来的历史证明,都是如此,没有太大的困难。可是关键是如何养育与管教孩子才是比较适当、比较健康的方式。这是现代生活比较高的要求。特别是现在的独生子女,父母都希望能好好养育我们的子女。在现代心理卫生的要求提高的现代社会里,单给孩子生、住、吃、穿是不够的,还需懂得如何去养育、管教、照顾和帮助孩子健康的成长,是现代父母的基本职责。可是许多夫妻却没有这方面的知识,需要经过辅导来提供这些知识与观念。

二、帮助夫妻学习如何适当地养育与管教子女

虽然脑子里知道要如何去养育与管教子女,可是实际上如何去做又是另外一回事。辅导者要仔细去探讨并了解夫妻如何养育与管教的实际情况,是如何操作,是否需要更改,都是辅导上的课题。

譬如:夫妻明明知道孩子到了周岁就该断奶,可是有些乡下的

妇女，还让自己的婴儿吃奶，虽然已经没有奶了，仍让婴儿随时高兴就来摸奶，沉迷于黏密的关系。虽然孩子已经三四岁，甚至是五六岁的孩童，还跟母亲同床而睡，没有让（已经进入需要训练独立自主阶段的）孩子能在自己的床睡，延长依赖父母的阶段。或者，已经到了七八岁的孩子，仍由母亲或祖母替男孩洗澡，或者由父亲替女儿洗澡，没有注意分男女不同的养育与跟不同性别的父母躯体接触的问题，这些都是需注意的养育方面的问题。

夫妻只注重孩子的念书，要成绩好，要进重点学校（将来才有出路），而忘记孩子还有很重要的事情，即：如何协助孩子性格上的成熟，能自己处理困难，能培养自己的兴趣，养成好的生活习惯，能跟大家相处，建立社会化的习惯与能力，将来才能成长为人格圆满而成熟的人，而不会是只会应付考试的书呆子，性格却很幼稚而不成熟。

夫妻没有很好地意识养育与管教子女的问题，有时会缺少这样的观念与知识。有时是夫妻个人的心理问题。必要时还得帮助夫妻去探讨他们的个人心理背景，了解他们对孩子的态度、经验与期待，想办法改善基本的态度与心理状况的。

三、协助夫妻如何跟自己子女保持适当的距离与相处关系

这是针对东方社会的夫妻而需要特别注意的事情。这是在夫妻的婚姻早期及中期要特别注意而去辅导的课题。我们已经大致说明过，当婴儿到了一两岁左右（进入肛门期），就要开始自主自立的趋势，希望自己来拿东西，自己来搬东西，自己吃饭。即使容易把东西摔破，把米饭到处丢，做父母的要让这个阶段的小孩有练习自己去动手的机会与习惯，好经过自主自立的阶段而建立自我的信心。到了三四五岁（进入性蕾期）的孩童，就要让他们学习如何穿自己的衣服，认识男孩跟女孩要穿不一样的衣服，协助性别上的认同；也要提供跟不同性别的父母分别相处。到了六岁到十岁多的少年（进入潜伏期或同性期），就要帮助男孩有机会跟

同性的父亲接近，而跟异性的母亲保持适当距离；女孩有机会跟同性的母亲比较接近，而跟异性的父亲保持适当距离，协助他们的性别认同，顺利经过心性发展的另一阶段。到了这个阶段，男孩子跟母亲过分接近；或者女孩子跟父亲太亲近，都是不太合适的情况，对他们的心性发展有不良的影响。担任父母的要注意这一点。要帮助这个阶段的少年跟同性的父母接近，而跟异性的父母要保持适当的心理距离。当孩子们到了十几岁（进入青春期）时，不管是男的或者是女的青少年，都开始渴望跟自己的父母逐渐保持若干距离，而跟同辈的朋友或同学保持比较亲密的关系。他们希望只跟他们的同辈青少年谈他们相互保守的秘密，而不愿意让自己的父母知道。而做父母的要懂得不侵犯他们的心理界限（不随便闯入他们的房间，不偷看他们的日记，也不要查他们是跟谁保持网络上的联系等）。这是夫妻担任父母的角色时需要注意的各样事情，即随时配合孩子长大的心理阶段，而调整跟子女的适当关系。

假如在辅导上发现担任父母的跟自己的孩子没有保持适当的心理距离，就要提醒他们。最重要的要协助夫妻去分析他们的个人心理，为何需要跟自己的孩子那么过分的黏密，或者排斥而不接近的心理问题。

四、考虑夫妻辅导或家庭辅导的可能性

这是辅导技术上的考虑与选择。当一对夫妻跟他们的子女间有关系上的困难与矛盾，或者其他不适当的相处关系时，是要单独跟夫妻接触，给予夫妻的辅导，帮助他们如何对待与抚养他们的孩子，或者是把孩子也包括进来一同参加家庭会谈，给予家庭辅导（陈，2009）。

一般说来孩子年龄还小，不到四五岁前，只提供夫妻的辅导，协助他们担任适当的父母去抚养他们幼小的孩子就可。假如孩子已经是五六岁以上，可以参加会谈，就可以考虑除夫妻的会谈以外，也可以给予包括孩子的家族会谈。至少在辅导过程的开始时来一两次，以便做诊断性的会谈，了解他们相处的情况。

假如亲子关系相处上的问题是主要的困难，而且孩子适合参加会谈的话，除了跟夫妻继续进行必要的辅导以外，也可以随时举行包括孩子的家族会谈。不但观察亲子相处的情况，还可以实际的去纠正他们相处的关系上的问题、角色扮演的问题，联盟有关的问题等，依靠家庭辅导的方式去积极地协助他们。

五、如何适当地让子女分离而保持夫妻自己的婚姻生活

这也是针对东方社会的夫妻需要特别注意与辅导的事情，是在夫妻的婚姻后期当子女到了成人的阶段，需要特别提供的辅导上的课题。我们已经说明过，根据过去"养子防老"的观念，许多夫妻到了中老年的阶段，仍认为要跟自己的子女很亲近。即使自己的子女已经长大成人，也成家了，还想跟自己的成人子女很接近，而少有观念要自己保持自己的婚姻生活，跟自己成家的成人子女保持适当的距离。除非有特别的事情的发生，需要相互照顾，平时还得维持若干程度的平淡的关系，自己尽量维持自己婚姻后期的生活，不要过分给自己的子女增加负担。这是观念上的问题也是态度上的课题。这是现代社会大家都要逐渐进入老化社会的基本要求。在辅导年老夫妻时，要协助他们去了解与接受的课题。

第三节　个案说明

夫妻跟孩子的关系是微妙的。夫妇要生育、养育子女；要跟子女亲近，但还得日后分离；要管教，但也得管教的适当。我们在此特别举两个例子。头一个是夫妻丧失了他们的孩子，心理受到严重创伤，变得抑郁，无法马上恢复而影响夫妻的生活。另外一个例子是，夫妻对青春期孩子的养育不适当，表现亲子三角性矛盾的现象，可以说是子女心理发展阶段上遭遇的常见心理的问题。

一、孩子去世后失掉重心的夫妻

个案简介

周夫妇（假名）是 40 出头的中年夫妻，有一个孩子。由于他们晚婚，孩子才 10 岁。可是不幸的是，一年多前他们的孩子得了血癌，虽然住院治疗数月，仍因治疗无效而去世。周夫妇面对这突来的心理创伤反应很大，心情变得很悲伤难过，特别是周太太常常哭泣有数月之久。到现在这个事故发生后也快一年了，周夫妇心情都一直没恢复。他们俩彼此几乎不谈话，也很少一起做事，更谈不上一起看电视、散散步或做点其他娱乐性的活动。白天各个出门去上自己的班，夜晚回家吃了晚饭后，各自看点书，然后分床睡觉。到了周末，周先生就打扫房子、修修家具，或者自己一人到外走走，至于周太太洗衣服、缝衣服，或者去买菜，就这样过日子。从前孩子还在时，他们还谈谈孩子的事，一起关心孩子的事，如要不要给孩子多买点书让他补习，要如何存点钱将来让孩子上好的大学等。孩子也会问这个问那个，逗父母讲话，一家三人交谈。有时夫妻还会一起带孩子去看电影或到动物园去玩，总算还有点乐趣。可是现在孩子走了，夫妻变得没有生活的乐趣，好像失掉重心似的。由于周太太夜晚常睡不好，又常头疼，终于来看精神科大夫，经医师发觉周太太患的是抑郁症，需要服药治疗。但其连带有关的问题是跟夫妻空虚的生活有关，乃提议跟先生一起来探讨并改善他们的婚姻生活。

会谈与分析

按医师的建议，周先生跟周太太一起来。他们两各自坐自己的椅子，很少相互看一看，也不太向对方交谈说话，只是跟医师谈。看起来也没有什么不好的感情或矛盾，不会去吵嘴或争论，只是情感平淡或麻木的一对夫妻。周先生说明他们俩当时是经人介绍

第十六章　夫妻与子女间的问题

而认识。由于俩人都快是三十多，没有好好交往就很快决定结婚。婚后生了孩子，还算有了生活的中心。特别是周太太，把自己的全副精神都放在孩子身上，也靠孩子来充满自己的心理生活，并不太在乎跟先生的情感。反正先生在外工作认真，所领的薪水都交给妻子关，也不喝酒、不乱来，做妻子也没有特别的苦恼。至于先生看妻子天天忙于烧饭、养育孩子，也没有话可说，自己就把精神多放在工作上。没想到去年孩子突然去世，家里好像失掉什么似的，没有什么活气。因为所发生的事太严重，也很令人伤心，他们夫妻很少去谈起失掉孩子的事，也没相互安慰，只是麻木地过日子。

很清楚由于过分的痛苦，这对夫妻情绪上未曾好好哀悼去世的孩子，从心理病理学的眼光说来，没有完成"丧失的心理过程"，所以双双都患有慢性忧郁。再者，这对夫妻从头开始就没有培养夫妇应有的感情，也没有建立起彼此之间巩固性的夫妻关系，婚后十年多只靠孩子来维持夫妻的关系。他们总算还可以度过子女的生育与养育阶段。可是现在忽然失掉孩子，没有"凝结"夫妻关系的因素，这对夫妻就"分离"，过着体连神分的生活，犹如只是共屋而住的男女住客而已。这样靠子女的"黏结剂"而维持下来有问题的夫妻，通常要到子女长大、离家独立时才会显露出夫妻间存在的关系问题；可说是"离巢期"阶段才会暴露他们潜在的困难。这对夫妻却因孩子的意外去世，早点进入没有孩子只剩下夫妻的空巢期，也就过早暴露这种阶段性的问题。

有一点要提的就是，这样的夫妻本身早就有婚姻的问题，不是夫妻间没有男女的吸引力，不太会培养夫妻的情感，便是对夫妻关系没有兴趣。因此，才会有这种潜在性的缺陷，到时就显露这样的问题出来。因此，辅导的工作要针对此基本问题而缓慢进行。

辅导的方向

首先要帮助这对夫妻去适当的结束丧失孩子的"哀悼反应"，

接着要帮他们重新建立夫妻应有的婚姻关系。从精神分析的临床经验说来,一个人假如丧失亲人而情绪上没有好好去哀悼、表露丧失的心情时,忧郁的情绪会沉入潜意识的境界,持久不会恢复原状。治疗上要帮助患者去好好哀悼,表露丧失的感情。这对夫妻由于不会相互安慰、鼓励,共同支持去面对且接受丧失的事实,因此也就把哀悼的情感埋没起来。治疗上要利用辅导的机会,在治疗者支持的情况下,让他们夫妻能相互诉说他们对丧失孩子的感觉,包括现在仍如何想念孩子,如何需要夫妻彼此鼓励与安慰来共同渡过他们的困难。譬如,让妻子谈谈她如何想念孩子,偶尔看到孩子遗留下来的东西或照片,就常常偷偷哭泣。也让先生叙说,男人心底还是很难过,看电视时碰巧看到父母跟孩子亲热的节目,就换节目不敢看,甚至把电视关掉,不再看等。最主要的是让他们夫妻了解难过的并不是单单他们自己,而是配偶双方都伤心,让他们体会夫妻需要相互支持与安慰。假如有亲人支持,就能去面对与接受痛苦,也能早一点处理、经历哀悼的心理过程。

接着,要把治疗的重心放在如何帮他们建立起婚后十几年来还没树立的夫妻关系。譬如,夫妻如何相互沟通,了解彼此的心情;如何表达对彼此的关心;如何养成习惯,夫妇一起做事、消遣、生活;共同讨论计划如何过"俩人"的生活等。具体来说,不要丈夫自己一人出去散步,要练习夫妻双方出门去游乐;商讨俩人如何一起过周末,做消遣,增加生活的内容与乐趣等。

总之,这对夫妇要从头开始"婚姻初期"的阶段,如何面对建立夫妻结合的心理课题。虽然以后添加孩子的可能性少,不会再重复养育子女的"婚姻中期",可是为了将来年老之前还有一段数十年的时光,要补上建立夫妻生活的课题,以便面对"婚姻后期"。辅导上要注意这对夫妻已经是进入中年的夫妇,许多习惯的更改要慢慢来,不宜太紧迫要求马上更改,要帮他们慢慢学习,适当地改善他们的夫妻生活,准备迎接日后还有二三十年的婚姻生涯(曾,2001-d)。

二、丈夫很气妻子袒护儿子的问题

问题简介

张先生与张太太（假名）都是文化水平高的一对夫妻。张先生从事于特殊的科技工作，曾经出国留学两年，回来后因工作上的需要，常出差到各地，一年里有好几个月不在家。张太太是很文雅、懂事的女性，在某单位就职。他们夫妻结婚已经快二十年。目前有一个十几岁的儿子。虽然他们夫妇婚后常因不能经常生活在一起而有点遗憾，但是他们夫妻之间一直还很恩爱，彼此的基本情感还不错。可是近来，为了他们青春期的儿子的管教问题而感到头痛，为了孩子的事，偶尔相互不悦，甚至闹意见。因此，想趁问题还没闹大之前，赶快来接受辅导。

夫妻会谈

夫妻双方来参加第一次的会谈。夫妻都穿着很好，对医师也很礼貌。会谈开始，就开门见山地谈他们所关心的问题，说他们夫妻对他们的儿子无法以一致的步伐管教，彼此都很烦恼。他们的儿子，叫立志已经是初中学生，可是还是很贪玩，不懂得自己用功念书，整天跟一群好玩的同学们出去。妈妈很担心儿子将来会考不上重点学校，更不用谈考什么大学。至于父亲很气立志在家不听话，没把父亲看在眼里，不做功课也不做家事。叫他吃饭后起码要洗他自己用过的碗，立志却偷懒，把自己用过的碗藏到柜子里没洗。张先生认为他一人来管教不够，不满意妻子不跟他一起管教，而且甚至暗地里袒护儿子。

张太太解释说，立志出生时张先生刚到国外进修。她一个人无法照顾刚出生的立志，曾托给婆婆养育有一段时间，结果奶奶特别宠爱孩子。张先生回国后，就把立志从婆婆那里接回来，一家三口一起生活。可是张先生看不惯被宠惯的儿子，常训骂他，害得儿子跟父亲不亲。做妈妈的觉得儿子刚从婆婆那里接回来,又被父亲凶,心里不忍,就难免保护偏心儿子。结果,立志觉得不用怕父亲,有母亲靠山,也敢向父亲顶嘴,让父亲很生气。

张先生说,他最气的是立志要看电视时常去坐他喜欢坐的沙发,他讲了还不肯让给他坐,简直没把他当做是一家之主。张先生说,小时候,小孩都很怕他们的父亲,谁也不敢去碰父亲坐的椅子,没想到自己的孩子一点没有尊敬长辈的观念。关于这一点,张太太说她自己的父亲并没有那样威风,也没有指定留给父亲坐的特别椅子,家里人都是随便找就近的椅子坐的。

治疗者向他们解释,做父母的常有不同的看法与态度来管教他们的子女,而且与他们自己小时候父母如何管教的方式与观念有关,父母按自己相信且习惯的模式来养育自己的孩子。夫妻管教子女不一致时,孩子容易产生混乱,无所适从,会失掉管教的效果。

治疗者向他们表示他们能发觉他们的问题,并且能早期来接受咨询是很好的,希望趁问题还不严重,尽早纠正。治疗者建议下次把立志也带来,可以一起会谈。

家庭会谈

下次会谈,张先生夫妇按所约定的时间跟他们的孩子一起来看治疗者。立志虽然是初中的学生,个子却长得很高,几乎跟父亲一样高了。立志坐在母亲旁边的椅子,跟父亲保持远一点。谈话没多久,治疗者就马上感觉到躯体上立志虽然快长大成人了,但是心理上却还幼稚。只知道他自己想要什么,缺少对别人的体谅。父亲谈话时他可以毫不客气地打断。谈到父亲叫他洗碗,他把碗藏到柜子里的事,他显得有点害羞,辩解这件事曾发生过一次,可是父亲却总是提出来难为他。关于父亲要坐他喜欢坐的沙发的事,他认为客厅里有那么多沙发,干吗偏偏要留一个特别的沙发给父亲坐。治疗者看着父亲说不出一个有力的说法,而母亲也没帮父亲讲什么话，治疗者就开口说，一个家庭要有个家长，家长可以选坐一个特殊的座位，表示他是主人，好让小孩尊敬他。治疗者询问立志平常是如何表示对父亲的尊敬；他想了一下想不起来。他倒是转了话题，诉说父亲总是管他、训他，让他很不高兴。父亲听了马上提高嗓门，说他一点都不替自己着急，不想将来只会偷懒不念书，让父母担心才要说他。这时治疗者发现张太太做个手势，不要张先生再说下去。

会谈的后半部谈到立志快长大成人，要开始练习自己关心自己的事，不用父母替他操心；也要学习如何体会别人，能了解大人的心意，这样才能"成熟"长大。也谈到青少年时期的男孩子不喜欢总被大人批评，希望被父母夸奖与鼓励。父亲认为立志样样事情都做不好，怎能夸奖；治疗者就指出，在会谈中立志一直很听话，了解大家所关心的事，也表示要学习成熟些，都是值得夸奖的。治疗者建议父亲就这些行为表现对立志夸奖一番；父亲有点难为情，但总算当场夸了立志，让立志很高兴。对于母亲，治疗者提议母亲要时时帮父亲讲话，跟父亲站在同一阵线上来管教孩子，这样才会有效果。

分析与评论

父母管教子女的方式不同是常见的事。一般夫妻会相互讨论妥协，逐渐采取统一步调来管教子女。可是有时却不那样简单，会导致夫妻间的矛盾。仔细分析起来，往往跟夫妻的潜在心理与情结有关。做母亲的常会无形中去偏心袒护儿子，唯恐丈夫对待儿子不好，过分惩罚甚至被虐待。可是由于妻子偏向儿子，无形中会激发丈夫的嫉妒与敌对心，更是对儿子不好。这样又让妻子觉得更要保护儿子，如此加强恶性的循环，终于形成三角关系的敌对。很妙的是，假如做妻子的能支持丈夫去管教儿子，丈夫就能较中立且客观地去管教儿子，不会过分动用情感，而且甚至跟儿子亲近要好。

同样的做父亲的内心里常潜意识的对女儿好，想特别保护女儿，而针对此情况，母亲也会内心里吃醋，会对女儿特别不好，也产生三角关系的冲突。假如做丈夫的，能跟妻子联合去管教他们的女儿，妻子就能不受情结的影响，对自己女儿亲近要好。

　　这是依精神分析的学理而看出来的微妙的亲子关系，跟我们幼小时在性蕾期所经历的亲子情结有关。无论如何，丈夫能跟妻子联合去管教子女的话，这种亲子间三角关系的冲突性情结就减轻。三角冲突而引来的火药味消失后，夫妻就比较能客观且成熟性的管教子女。

　　对张先生这一对夫妻的情况说来，由于儿子出生时父亲不在，母亲无形中把情感都放到儿子身上；而父亲回来后，看到儿子跟母亲过分依赖，就想把他管训得男孩子气点。母亲看到父亲对儿子凶，就想袒护，而母亲的袒护反而更引发父亲对男孩的敌对关系。所以，父亲常不在家，也无形中促进了这种矛盾。还好，这对夫妻能感到问题不对，尽早求专家的辅导。

　　至于日后的辅导，根据此病情的解析与了解，继续做夫妻的辅导。治疗者提醒妻子，丈夫对儿子管教时，虽然她没明显地阻挡丈夫，形成正面的冲突，但也没做公开表示去支持丈夫对儿子管教的举动，因此，减弱了丈夫的威信与权利。譬如在家庭会谈时，当丈夫在费心争取家长有权占有特殊的沙发时，做妻子的没做任何举动或反应来支持丈夫。假如能替丈夫说一句，如：从今以后，家里人都不要去坐父亲的特别沙发，要留给父亲坐的话，做孩子的就会体会父母亲对这件事是站在同一阵线上，也就会更服帖；而做父亲的，也就会因获得妻子的支持而得到信心，对儿子反而不会那么去唆嗦了。

　　治疗者运用家庭会谈所得的观察，向妻子指出，她只扮演"保护儿子"的角色，而少扮演"与丈夫共同管理儿子"的角色。勉励她能调节她日常所扮演的角色，加强"夫妻"间的结合，放松对儿子的"亲子"结合。对先生指出，虽然立志个子长大了，但是毕竟还是孩子，做父亲的不要好似兄弟似的以"同辈"的关系与角色去相争，要能以"长者"的身份与角色与之对待。

总之，治疗者这样指点解释夫妻应如何相处，共同管教子女。这对夫妻体会了解的能力高，改善行为的动机也好，治疗没多久就有好的改变，不但夫妻间的冲突消失，儿子的行为也大大改良（曾/吕，2001-e）。

参考与引用文献

1. 陈一心．儿童心理咨询与治疗．第六章：家庭治疗（102-128页）．北京：北京大学医学出版社，2009．
2. 曾文星．儿童的心理与辅导．北京：北京医科大学出版社，2001-a．
3. 曾文星．青少年的心理与治疗．北京：北京医科大学出版社，2001-b．
4. 曾文星．青年人的心理与治疗．北京：北京医科大学出版社，2001-c．
5. 曾文星．夫妻的关系与婚姻治疗．婚姻发展阶段的适应．个案十五：孩子去世后失掉重心的夫妻（200-203页）．北京：北京医科大学出版社，2001-d．
6. 曾文星．夫妻的关系与婚姻治疗．与子女有关的婚姻问题．个案十二：丈夫生气妻子袒护儿子的问题（吕秋云）（190-194页）．北京：北京医科大学出版社，2001-e．

第十七章　性生活的适应问题

第一节　夫妻的性生活

所谓夫妻的性生活，指的是：一对夫妻间所发生男女的性关系，以及与性有密切关系的心理、情调、行为与习惯等。性生活是婚姻生活里的一部分，有了满意的性生活，可以使婚姻美满；有了快乐的婚姻，可以发生满足的性生活，有其相互影响的循环性关系。可是反过来说，单单有满足的性关系，还不算建立了美好的婚姻，还要依靠其他的婚姻因素与条件（曾，2002-a）。

根据（在长沙市）离婚诉讼者的调查，可以发现，跟没有离婚诉讼的对照者比较起来，离婚诉讼者关于性生活总是不满的显著比较高，表示性的问题常跟离婚的理由有关（李与杨，1993）。但是，我们要小心去了解此调查资料的结果。到底是因性关系不满意而想离婚，还是基本的感情不好而连带地性生活也不好，要求离婚。到底是哪个是问题的出发点，要小心去判断与分析的。

一、性行为的本质

（一）对性本质的基本了解

大家都知道"食与性是（生物的）本性"，一对男女夫妻发生性的关系，经营性的生活是天经地义的自然现象。可是有一点要说明的是：人类的性生活跟动物的性行为有基本上的不同。即：高等动物都是在特别适合怀孕的期间，雌性动物才会发情，而且只有在发情时，才会雌雄交媾，发生性的关系，以便怀孕生育下一代；因此，对动物来讲，性交是纯粹的生物性行为，达到传宗接代的目的。至于人类却不相同，已经跳出生物性的层次。女性虽然随着月经的周期，仍有不太显著的发情阶段，但是男女的性关系却随时都可发生，与可怀孕的生理周期没有密切的关系。再者人类已经使用避孕的各种方法来回避怀孕，因此，性的行为与生育的功能可以不相干的发生，性变成是夫妻享受生理欲望与心理满足的行为。

(二) 男女性行为的若干差异

从生理的角度看来，性的行为男女有显然的差别。譬如，从心性发展的角度说来，女孩子比男孩早一年左右来临青春期，对异性的兴趣早一点发生。对性的欲望说来，在一生的过程里，男性在二十岁左右就达到其高峰，可是以后就开始逐渐减退，到老年而消失。女性则通常在生育孩子过后，三十多岁才逐渐到达高峰，停经以后才逐渐减退。因此在年龄方面有不同的发展与经过。至于对性的兴奋通常男性较快发生也早点结束；而女性较缓慢发生，经历久些，有不同的步调。因此，夫妻要能懂得协调。

除了生理方面的差异，有关性的心理男女也略有不同、甚至有相对的心态与相补的作用。即：男性喜欢采取主动，去追对方征服对方，并以略带虐待的性质来完成性的行为。反过来说，女性习于被动让对方追，被对方征服，并以稍微被虐待的性质来接受性关系的发生。精神分析学家指出，虽然性的行为是本能的表现，但是跟另一本能，即：攻击心很密切且接近地发生。因此，才会有攻击或被攻击（或虐待与被虐待）的成分包含在内。除非是过分或极端，是正常的现象。上述的男性、女性对性行为的气质，并非百分之百的分配且固定，分别呈现在男性与女性上，而只是基本的模式而已。有时，可以以不同的成分或暂时颠倒的方式表现。譬如，女的偶尔采取主动，而男的却以被动的方式去发生性的行为。这是通常可见的现象。只要夫妻懂得去相互协调与接受，不妨碍他们两方的乐趣就可以。

有一点要强调的是男性比较容易受具体的刺激而发生性的兴

趣,譬如,看到女性诱惑的身体,或听到刺激性的声音等,受五官的影响而即刻发生对性的反应。至于女性较受情调的影响,在乎气氛、情感的挑逗等,有不同的反应方式。男女都会受生理上的需要,但是男性较强,女性比较少。通常男性会为了性的需要而发生性的行为;女性却不只如此,只要跟自己喜欢的人,在有情调气氛时才会享受性的关系。换一句话说,男性容易受刺激而兴奋,可是女性却需要缓慢被挑逗,逐渐提高性的兴趣。因此,男的要懂得如何靠"前戏"来逐渐挑逗女性,然后才进行最后的性行为。

还有,性行为发生时男性容易达到生理上的兴奋,可说每次都会发生兴奋后随着发泄精液。除非是患了阳痿或其他功能障碍,从年轻到中老年时都是如此。可是,女性不见得次次都会达到所谓的"性高潮"(organism)。一般说来,在婚后数年,特别是怀孕过以后,较容易发生;可是到了中老年也就逐渐减少高潮的体验。就是没有生理上的高潮反应,女性仍会感到心理上的满足与快感。因此,夫妻要能考虑这些男女间的不同模式与需要而进行性的生活。

(三) 性行为受社会与文化的规约

由于与性有关的事情是比较私人性的,难有客观的资料。到底一般男女的性行为如何,已婚夫妻的性生活如何,少有大量且仔细的调查资料可做广泛的研究与分析。在美国,金塞博士曾进行了大规模的调查工作,让我们知道美国人的性行为如何。至于中国,针对已婚男女有若干的调查报告,让我们有点资料可做依据而推测华人的情形(何等,1990,1991)。

从文化人类学的角度说来,各地社会对性的看法、态度及所遵循的习俗有显著的差异。譬如比较重男轻女的回教社会里,认为女的不该过分沉醉于性的享受,在女孩幼小时就施行阉割的仪式,把女孩的阴核割除。女人长大后,不容许跟丈夫以外的男人接触,并且要求把(认为是表露性感的)头发用布包起来,不诱惑异性。

印度与中国的民俗里，相信男人过分的泄精对身体不好，也就有保精的想法与习惯。甚至有"缩阳"会致死的迷信。

在比较传统的社会里，要求女性要保持贞洁，婚前不得跟男人发生关系。假如被丈夫发现妻子并不是处女，就有理由离婚。可是，比较开放的现代社会里，就没有那么保守的看法。在比较讲究现代医学知识的社会里，年轻人都经过学校的性教育课程而接受有关性的一般知识，包括避孕的方法及正常的性行为。可是在许多国家却没有这样性教育的措施，让年轻男女自己摸索，缺乏性的知识。在我国就江西靖安乡村与上海奉贤农村的妇女做问卷调查性心理与知识时发现前者比后者的性卫生知识差，多婚妇女比例大，而且（为了谋求钱财等原因）还有婚外性生活，以致宫颈癌病率高（是全国最高的高发区）（汤等，1990）。

二、夫妻与性生活

（一）夫妻性生活的重要性

上面已经提过，性生活是夫妻生活的重要一环，可是却不是婚姻生活的全部。美满的婚姻还要靠夫妻间是否有好的感情、亲密的关系、相补协调的角色扮演、共同的生活目标等，是要有情感与心理方面的层次。过去的学者，特别是早期的精神分析学家曾误认为性是人生的重心，夫妻只要能满足性生理的要求，就可保住婚姻的美满。这种见解已经被家庭心理专家所推翻。一般认为，有满足的性关系，可以让婚姻生活容易美满；没有美满的夫妻关系，单靠性的满足也没有用。但是万一夫妻间有性方面的障碍，不能满足彼此对性的需要时，或者夫妻间的欲望与需要不能协调，往往会给夫妻生活打个折扣。这对于年轻的夫妇尤其如此。

夫妻间的性关系与整体的婚姻生活看来，可有不同的关系。我们可举一些例子来做说明。比如，一对年轻夫妻，虽然感情不是很好，白天可能常吵架，甚至闹离婚，可是到了晚上，一上床还是行房事，继续他们的性生活；夫妻的情感与肉体的性关系分别存在。另外有一对夫妻,夫妻间的关系有时好,有时很坏。要好时夫妻就有鱼水之欢,可是一吵架,妻子没办法应付丈夫的不讲理,就只好借口身体不适,靠拒绝房事来表示对抗与不满。因此,他们的性生活也就随婚姻状态的起伏而随着有所变化。有一对中年夫妻,虽然表面上不大吵闹,可是婚姻关系不美满已经好几年,在家夫妻分床睡,几年来都没有房事,可以说夫妻间的性生活随着婚姻问题而停顿。有对中老夫妻,丈夫最近因前列腺肥大而开刀,开刀后性功能发生障碍,没法行房事,可是他们夫妻照旧保持恩爱的夫妻关系,几乎不受生理功能的影响。由此可见,性生活对婚姻关系有各个不同的关系。

一般说来,随着夫妇一生对性的要求与欲望的变迁,性生活的重要性也会有起伏变化。在年轻的时候,性欲强时性生活的重要性较大;可是到了中老年阶段,随着生理要求的减退与淡化,性生活的重要性会逐渐减退,主要靠心情方面的满足。换句话说,到了中老年龄阶段,就更需要情感层次的婚姻生活了。

值得一提的是,目前的西方社会过分强调性的重要性,经过各种新闻媒体的传播,把这种信息传导到各地方。每个社会要懂得如何去应付这些文化传播(或侵入)的影响,判断什么是配合自己社会与文化的水准与情况,不宜盲目的追寻外来的想法与态度。这包括对性方面的宣传与强调倾向。

(二)夫妻常见的性生活

由于性生活是相当私人性的事情,不容易做调查与研究,因此,实际性生活是如何被知道的很少。美国学者曾经有过大规模的调查,但是已经是数十多年前的事,不知现在是怎样的情况,而且相信会随时代与社会背景会有所不同。关于东方社会的资料更少,只有零星的调查报告与临床的印象(何等,1990,1991)。跟西方人的资料比较起来,东方人的性生活比较少些。不知这是文化态度的不同,或者是生理要求的差异,目前还不太很清楚。不管是东方还是西方,共同的一点是,大家都相信个人对性生活的要求差别很大，而且每对夫妻也各自有所不同。因此，被报告的公众调查资料只能做一般性的说明，要小心去判断、衡量与接受。

通常说来年轻夫妇房事的次数较多，一周可能有数次；中年的夫妻可能减为一周一次左右，而年纪老的夫妇，就逐渐减少。当然女人来月经时，就想避免房事；怀孕初期也想节制些，会受这些生理现象的左右。夫妻一方身体生病了或者累了，甚至心情不好时，都会左右性的需要。

关于夫妻间的性生活最要紧的，不要以数目来衡量性生活的本质；要以本人的自觉反应来判断性质上的满足程度。有些人特别是男性，心里总希望自己能力强，性的功能比别人好，保持幼稚的竞争心理。反过来，心里暗地里却担心自己是否比别人差，自寻烦恼。从婚姻的心理卫生立场说来，假如夫妻双双都满意，就是正常的；不必跟别人去做比较自找烦恼。

（三）夫妻性生活受社会与文化的影响

夫妻的性生活，很显然地会受社会环境与文化背景的影响。比如，在主干家庭里，是跟自己父母（或岳父母）居住在一起的年轻夫妇，在他们父母辈面前就得比较有礼貌与客气，夫妻间不能有太多亲热的行为；跟小家庭的情况有所不同，只有夫妻俩人，可以比较自由地表示男女间的要好。社会经济条件比较差，只有卧室一间而得跟子女睡在一起时，夫妻间的性行为也得受限制，不能尽情地享受；经济好的可有几个房间，子女可睡在他们自己的卧室，夫妇就能有自己的私人空间。从文化观念与习俗说来，在比较保守重男轻女的文化环境里女性不能对异性过分招摇，连对自己的丈夫也不能过多地表示对性的兴趣。反过来在讲究性开放的社会里，夫妻还得时时注意自己是否对配偶还有诱惑力，性生活是否令配偶满意，唯恐被配偶嫌弃而弃他去。

（四）夫妻性生活的要领

性行为是生理的需要、情绪的满足，也是联系夫妻关系的一环。关于夫妻的性生活，有些要领可值得去考虑。对东方的夫妇说来，首先要注意的是夫妻之间能感到自在方便地沟通有关性生活的事。也就是说夫妻之间，要能样样事情都开口讨论，包括夫妻间的性生活。不要感到难为情、害羞，而不敢向配偶表达自己想说的事情。当然，夫妻的房事是很私人性的事，也是很敏感的话题，要小心使用适当文辞表达，以免引起误会或伤害对方的心理。也要在适当的场所与机会谈。譬如，那些地方特别让你喜欢，那样行为会提高彼此的兴趣与满足，假如能让配偶适当的知道，更能促进彼此对房事的要领与乐趣。什么时候有兴趣行房事，什么时候不方便，用怎样方法暗示或沟通让配偶知道，都是可以经过经验而慢慢沟通理会的事。假如有什么想法或意见，特别是困扰的事情，要能找适当的机会，在私自的环境里谈谈对房事有关的所关心的事。譬如，丈夫不喜欢妻子夜里把小孩带到夫妇的卧室里来陪伴睡觉，影响夫妻鱼水之欢；妻子不喜欢先生醉醺醺时行为粗鲁地向妻子作爱等。这样，能彼此建议改善夫妻间的性生活是很要紧的。特别要以善意的立场沟通，千万不能以批评或嘲笑的方式提出，伤害对方的感情。这种夫妻间的沟通对年轻的夫妇特别重要。因为初次开始夫妇的生活许多事要去协调，包括性生活。男人需要主动些，可是许多男性不见得有这方面的经验，也可能只有一些不确实的性的知识，要靠夫妻彼此帮忙，逐渐去发觉他们所喜欢的生活是什么。

　　有些人特别是男性，喜欢找刺激，连夫妇间风云之交也想变化，尝试新的刺激，包括性交的场合、姿势、前戏的方式等。有时受外来的文化或媒体的刺激性消息，甚至想尝试特异奇怪的性行为，永无止境；甚至到违常或病态的境地。但是，事情要能适可而止，不能想无穷尽地找刺激。譬如，以吃东西来比喻：平常吃家常饭，偶尔去馆子吃饭是个适当的变化与调节。可是假如天天上馆子，一直吃所谓的山珍海味或追求奇异的食物，不久就会厌烦，还是想念家里的清汤豆腐家常饭。这个道理也适用于性的生活。何况，夫妇的性生活还包括夫妻俩人的情感层次，而不是肉体或生理的满足而已。

　　换句话来说夫妻间的性生活也可偶尔来个适当的变化或调节，避免老调重弹，产生厌倦的问题。所谓变化并不是狭义的只指性关系的变化，也要包括与婚姻生活整体有关的调节。譬如，偶尔让孩子到亲戚或亲友家过夜，一方面让孩子有离家他住的生活经验，可帮助将来独立生活的习惯，另一方面让夫妻有俩人在家过私人生活的机会，增加夫妻的乐趣。或者，偶尔到外地去旅行数天，变变环境增加生活上的新鲜，间接对夫妻的生活有点刺激，包括性生活的变化。

　　关于夫妇的性生活还要注意很基本的环境的问题。过去由于住家的条件不是很理想，少有夫妻专用的卧室。有时让幼小的孩子跟夫妻睡在一起，无形中减少私人性的环境。假如是跟公公婆婆们或别的家人住在一起，还有许多考虑，牵涉到夫妇是否能有私人天地的问题，直接影响夫妻的性生活。这些都是应考虑的因素。再者，很多人认为卧室就是睡觉的地方，只要能躺下来睡就好，很少进一步考虑如何布置夫妻的卧室，变得比较有情调些。譬如，卧室的光线是否柔美，墙上有没有合适的色彩与布置，能不能放一点轻松幽雅的音乐来听，把卧室布置成为令人感到有情调的私人场所而不只是要呼呼大睡的地方。

　　从夫妻的关系与行为方面说来，值得提醒的是要时时注意夫妻的性关系是要包括情感的，而不是只是肉体的满足。千万不要把配偶当着是生理欲望排泄的对象，而是共同去享受与满足的夫妻搭档。也不要把房事拿来当成是一种控制对方的武器、诱惑品，或者是解决夫妻争执的工具而失掉性生活的本质。

　　总之，如何过适当的夫妻性生活，以便提高夫妇婚姻生活的整体品质，满足夫妻间的情感是很重要的婚姻生活的一环。

第二节　夫妻性生活的各种问题

一、性欲不协调

男女对性的欲望有个人的差异。假如夫妻之间有显著的差异，不能相配，或不能满足配偶对方的生理与心理需要时就可能给夫妇带来麻烦。一个人的胃口虽然有个人的差别，可是自己可以随自己的生理需要与胃口的不同，去吃自己的饭，调节自己的饭量。可是夫妻间的性关系原则上不能自我独行，要双方配合而发生。于是协不协调的问题就来了。所谓协调与否，不仅是量与次数的问题，要行房事多少的考虑，还牵涉到喜欢以何种方式行房事的问题。

单就每次发生的房事说来，一般来讲男的容易兴奋，也容易结束；女的缓慢反应，慢慢结束。因此如何配合男女不同的步骤是一种要领。

从一生的生涯说来，男女一生的性欲周期不同，即：男的年轻时最强，随年龄的增加而逐渐减低；可是女性要到婚后若干年龄，才逐渐上升，经过更年期后才减低与消失。所以从一生的角度说来，会有不同的变化。假如夫妻的年龄有很大的差距，更可能增加俩人间的不相同。从整体的立场来讲，男的对性的要求是全天候、持续性的；可是女的受月经来临的影响，受生孩子的影响，并不是长期性的。这些都是性生活不协调的因素，是男女双方都会感到不协调的问题。

假如夫妻能比较公开的交流，讨论他们的性生活商讨如何协调，就可减少这方面的问题。因此，辅导的目标就是协助夫妻能沟通了解，并寻找他们能协调的情况。

二、性生活缺乏情调

这是女性较容易申诉的问题。由于男女对于性的期待与态度略有差异，容易发生这种问题。基本上男人有关性的行为，主要受肉体与生理的支配，主要能满足肉体的欲望。当然，男的也希望能在有情调的情况进行性的行为，女性对性的反应易受情绪上与感情上的左右。总希望能跟喜欢的人，在有情调的情况下进行。由于这种男女对性的要求与期待的不同，就容易发生此类的不满。特别是有些丈夫很冲动也很粗鲁，不会做性前的挑逗，做妻子的就会不满意。

在辅导过程里就要向夫妻探讨他们性生活的情况，并请他们自己提建议，如何改善。这包括：他们卧室的布置（包括灯光的调节、配乐的设备等）、夫妻的穿着、如何注意睡前情调的培养及性前的调戏等。有些夫妻是没有关注，有的是没有知识，有的是客观条件的限制等而发生问题。假如夫妻俩人间的感情基本上还好，只要双方都注意就可以改善。

三、性功能障碍

假如一个人无法执行性的行为，就统称患了性功能上的毛病。譬如，男的发生阳痿或早泄，无法完成性交的行为；或者女的对性行为不发生兴趣或不兴奋，被称是性冷淡症，都是性功能障碍常见的例子。不用说这种毛病会影响夫妻的房事。有些障碍是根源于躯体性的原因，经过医学上的治疗或许多少可以改善。譬如，患了糖尿病的男人，其性欲能力会减退，阳具不容易勃起是糖尿病的附带症状之一。假如把糖尿病的病情控制好，性功能的障碍或许就会改善些。有些是药物的副反应，而会引起性功能的减退。比如，过去服用的降压药或当前使用的抗抑郁剂，常有这些副作用。假如发现是这样的理由可跟医师商谈，改用这类副作用比较少的药物，也可以改善情况。有些年老的男人由于前列腺的开刀而影响局部的神经系统，手术后容易导致性无能的现象，这种情况不容易恢复。因此，可以考虑是否有别的治疗方式与否。

有时性功能的障碍是由于心理因素而发生。比如，男人从小受到对异性的性的兴趣是不好或不对的创伤经验以后，跟自己的情人甚至是已婚的妻子，仍没有性欲的表现。或者女性曾受过被他人强暴的创伤，对性行为感到恐惧或讨厌时，就要考虑经过个人的心理辅导而改善其心理症结。必要时给予补佐性的夫妻辅导。

四、性违常的问题

由于特殊的原因有些人患有性违常的现象，直接或间接地严重影响夫妻间的性生活。所谓"性违常"是广泛的指一个人对性的欲望与行为跟常人有所不同。包括：对性对象的选择，如：有同性恋（只对同性的人发生性的兴趣与欲望，对异性则不会）或者恋童症（没有自信跟成人女性有性关系，只喜欢跟年幼女孩发生性关系）；性欲望满足的方式，如：性虐待（对异性给予虐待的行为才会发生性的兴奋）、窥视症（男性喜欢偷看女性的肉体或他人的性行为，但不敢自己从事性的行为）等各种性心理与行为的异常。

由于比较保守的社会里对同性恋的情况不太了解，而且加于负性的态度对待，社会里有许多有同性恋倾向的男女年轻人都不敢向他人表白自己的性取向。这种隐蔽倾向包括对自己的父母。有些父母不知情或者心里以为结了婚就会解决，就强迫他们的子女结婚。哪知这种生下来的违常的趋势是不会更改的。结婚后就会因不能跟自己配偶行性关系，而产生婚姻关系上的矛盾。

第三节　辅导的要领

一对夫妻是否有性方面的问题，并不会那么轻易地被提出来要经历比较长的时间。一些比较私人性的问题要等到被辅导的人跟辅导者能建立良好关系后，经过辅导者的诱导才能逐渐透露出来的。譬如，就临床上的研究报告（钟等，1988）表明，针对正在申请离婚或刚离婚的门诊患者给予临床治疗时，在辅导初期，这些患者所申诉的离婚原因是以：夫妻性格合不来为最多，第三者的插入及婆媳不和为其次。但是经过一段治疗跟辅导者逐渐熟悉并且产生信任后，患者才透露他们离婚的最主要的原因是性生活不和谐。可见性生活的不和谐是很重要的离婚原因。可是在初期的调查里只有少数才提出这个原因，只提出一些社会上比较能接受的表面理由。从咨询的经验看来，许多中年妇女，因性问题来咨询的不但难于启齿，对性知识也非常缺乏，对性的话题也感到很害羞，很少对性爱话题做交流，间接地引起婚姻的不幸（皮，1991）。

因此，辅导上的首件要领是要帮助被辅导者能感到容易叙述并讨论他们的性的问题，并透露烦扰他们的性问题的情况。从辅导的立场来说，接着要去了解是哪种性质与原因产生的性生活的问题，才能判断是否容易经过辅导而给予协助。然后要考虑是否经过个人心理治疗给予辅导，或者进行夫妻双方参与的夫妻会谈来进行的婚姻辅导。原则上，问题的根源是与个人的过去史有关的问题而发生的，最好采取个人的心理辅导，包括医学上的检查与所需的药物治疗。最好的例子是因患了糖尿病时除各种躯体症状以外，也发生了阳痿的问题。治疗的主要方向是如何去控制糖尿病的情况，希望间接地多少改善阳痿的症状。假如是男女个人的过去养育情况或性创伤事件而带来的问题，就要采取个人辅导的方式来试图协助他们改善。

假如是牵涉到夫妻俩人间对性生活的协调有困难，或者性生活的方式有毛病，就可以考虑婚姻辅导，通过跟夫妻俩人当面一起讨论如何改善夫妻双方对性的看法和与性有关的行为来共同改善问题。

第四节　个案说明

我们已经说明过，夫妻男女俩人间的性生活问题各种各样。有的是配偶本人对性的反应有生理上或心理上的障碍，有的是性取向本身有违常，有的是夫妻间如何调情与参与性行为上的问题。我们在此各个举一例来说明，并讨论是否可以经过辅导而提供帮助。

一、从来没性兴奋的妻子

问题的来龙去脉与分析

梁某某（假名）是三十几的妻子，跟先生结婚已经五年了，但是夫妻关系向来不好也没生孩子。她在大学时曾经跟男朋友交往过但没结果。大学毕业后在某单位做事，认识了比自己大十岁多的同事。交往时并没那么喜欢，但有一天被这位男同事强暴发生关系，并且被拿着刀子比着脖子强迫答应跟他结婚。婚后，俩人关系并没要好产生感情，而且房事时妻子从来没兴奋过。从前年起先生也发生阳痿，因此夫妻再也没有性的关系。妻子虽然口头上要求离婚，但是心里却不知如何是好。心里烦终于找精神科医师商量。

患者叙说她从小就遭遇过许多事情，让她对男女关系的看法与态度连续发生不良的影响。她记得六岁左右，有一次跟邻居的男孩子玩"男女儿戏"时，被一群孩子们发现，被大家嘲笑，觉得很害羞。也是那个年龄，有一次邻居孩子们来家里玩，结果被父亲无缘无故的大骂并且把大家赶出门，让她觉得很难为情，好似干了什么坏事似的，一直惦记在心里。她还记得十岁时，有一次在家蹲马桶，哥哥从外面回来，一句话没说就用脚踢她的小腹。而且，有一次被哥哥载自行车时，哥哥车子没骑好车倒了，他自己跳离车子，让她随车子摔倒地上，让她觉得哥哥这个男人是不可靠的。特别是十二岁时，有一次哥哥突然抱着她，使她不知所措很难为情。

梁某某说她从小就不喜欢母亲，说母亲长得丑不好看，也不亲热。她从小就喜欢爸爸，爸爸也特别宠爱她。可是，她到了十七岁以后，发现父亲跟舅妈有暧昧关系，而且不仅是一个，还跟另外三个舅妈都有过不规矩的行为，把家家都闹得一塌糊涂，也给她很大的打击，觉得最喜欢的爸爸还会干那种事。

到了大学她认识了一位男同学，交往三个月感情还蛮好。可是有一次黄昏时躲在教室里跟他亲热，却被闯进来的老师发现，她还被老师叫去训骂一顿，骂她不自重。隔日去找男朋友想看看他怎样，却发现他完全变了对她的态度，还骂她找他干吗。以后这位男朋友不但不再理会她，在课堂里还找机会说些敌对的话，让她很伤心。她说跟这位男朋友初交时还有点对性的兴趣，但是经过这次的创伤后也就再不感兴趣了。

大学毕业后曾经去学习跳舞，但发觉教跳舞的老师对她有意思似地常动手动脚的占她的便宜，也就不再去学习。由于担心自己跟男人的关系一直不顺利，决定去看心理咨询者，咨询者是个年龄较大的男性，但是发现这位男的咨询者常故意摸她的手安慰她，吓坏了她，让她不知如何是好也不敢去看他。结果，在单位交了年龄大的男同事，终于被迫结婚。

梁某某的过去史，说明她从小遭遇到一连串的心理事件，影响她对心性方面的发展。虽然每次发生的事情不是很重大，但是一次连一次的累积下来，而且是发生在各个重要的发展阶段，其影响就大了。性蕾期以后对男女关系有兴趣而玩男女儿戏是常见的，可是被人取笑了，对于异性刚明芽的兴趣就容易受挫折。蹲马桶时不知为何哥哥要踢她（可能是不高兴妹妹占用马桶太久），但是男孩踢女孩的"小腹"，是象征性的打击，在孩子的"原本思维"里也可被解释是性的攻击，留下被"性"的攻击而带疼的负性记忆。跟男同学亲热而被老师抓到并被骂，更是对性兴趣萌芽的具体打击，跟日后不发生性的兴奋有连带关系。从亲子关系来说，女孩子不能跟同性的母亲亲近、认同，相反的跟异性的父亲亲近，而后来却发觉亲近信任的父亲对女人又乱来，严重影响对异性的看法及日后的异性来往。即：不知如何选择适当的异性，如何保持恰好的关系与来往，而且常逗起异性的兴趣而又害怕。包含浅浮、幼稚而不稳定的特征。这些都是患癔症型性格者常见的个人发展史及与异性来往的关系模式。结婚后与丈夫的适应往往不容易。

至于跟梁某某结婚的丈夫。我们不知道这位先生过去是否与异性来往过、交往的情况如何，但是至少知道他到了快四十岁还没结婚，对当时交往的女朋友（梁某某）要施暴行，用刀子威胁女人跟他结婚，恐怕也有个人的心理问题，至少跟女性的来往有不寻常的情况。可推测并不是心理很健康、成熟的男性。

可是究竟这样有个人本身的心理问题，对性方面不成熟的男女俩人，为何会碰巧凑在一起，也自有其道理。即，双方都不成熟，两个人才会配在一起；只要有一方比较成熟些，也就不会凑起来的。这是微妙的一点。总之，这是夫妻个人本身的心理问题而带来的婚姻问题。

辅导的方向

由于这对夫妻的婚姻问题已经在快崩溃的边缘，而且双方夫妻都有个人本身的心理困难，治疗的方向可针对个人而施行个人单独的心理治疗。假如个人的心理问题有相当的改善后，可再考虑夫妻双双参加的婚姻治疗。

由于来求诊治的是梁某某，主要提供个人的心理治疗。其主要考虑是：由女性或男性治疗者来施行个人心理治疗。假如是女性的治疗者，其好处是不用让患者操心与治疗者之间可能发生的关系，怀疑且戒心治疗者对她的观感，并且能较亲近的谈吐自己的内心。只是治疗初期要注意负性的转移关系，即把她与母亲的负性关系转移到治疗者身上来。假如是男性的治疗者，要特别注意与患者的中立关系，不可过分关切，重复与从前的咨询者所发生过的问题。无论如何治疗的重心是通过过去的种种事件去调整弥补所遭遇的心理创伤，恢复跟异性来往的情感并且学习如何与异性适当的交往。治疗要综合带有认知性、情感性、经验性的，主要通过跟治疗者的关系来纠正男女关系上的问题，所以可说是"关系"治疗，也是性格上的纠正，需要长期的治疗工作（曾/吕，2001）。

总结说来，这虽然是属于夫妻间的性生活的问题，但是至少从妻子的情况说来，跟她个人的心性发展上的问题有主要的关系。因此，辅导上主张就她本身的问题而提供个人心理辅导。至于丈夫已经快五十而最近又有阳痿的现象，是否要提供心理辅导是值得思考的问题。大致上我们可以说，假如先生愿意的话也可尝试提供个人的心理治疗。即：经过夫妻各自的心理治疗，看如何发展，结果将如何；必要时再举行包含夫妻的会谈治疗，去改善他们夫妻相互间的关系及性生活方面的共同适应。对这对夫妻来说对他们的预后要保持比较保守的看法与期待。

二、为了同性恋的趋向被困扰的女性

问题的说明

虽然这是关于未婚女性的心性问题，可是假如此女性被强迫结婚后就会形成婚后的夫妻性生活的问题，因此在此列出讨论。

木兰（假名）是 26 岁女性，大学毕业，未婚。其主诉是：对男性不感兴趣，只喜欢跟女性亲近而不敢向父母说明，已经有好几年。

根据个人史，她的母亲怀她时开头期间不顺利，曾有将流产的迹象，曾长期服用由妇产科医师开的药，以便保胎以免流产。出生后一切还好发育顺利。只是母亲得了肺病，依医生的吩咐住进疗养院治疗与疗养，只好把刚出生没几个月的木兰交给亲戚抚养，快到一岁多才接回来由母亲照顾。木兰从小就头脑聪明学习好，考进好的中学并以优异成绩毕业，考入自己满意的大学。目前在某单位服务，任专业性的工作，表现还好。

她在小学时代有点男孩子气，喜欢跟男同学一起玩，爬树、踢足球；而对女孩子的活动不太喜欢。到了中学时，对自己的打扮并不太在乎，可是很喜欢参加学校的各种活动，算是很活跃。快到高三的时候，曾经暗地里喜欢过一位班上的男同学，总是利用各种学校的课余活动想办法跟他接近。开始时该男同学也跟她好表示有兴趣，可是哪知后来他却喜欢上另一个女同学，让木兰受到很大的打击，内心里怀恨这样的男人。

进了大学以后，她住在宿舍里跟同室一位女同学很要好，感到很亲近、要好。除了上课念书以外，只要有机会就跟这位女同学一起出去，一起看电影、逛街，也常到公园等地一起聊天，犹如自己亲近的姐妹。在这个阶段，有时就有感觉，很想跟这位女同学拥抱，有躯体的接触。别的同学也慢慢地推测她们两总是粘在一起，对男的同学毫无兴趣，怀疑她们是否是同性恋。

等到大学毕业以后，木兰进入某单位任职，表现还不错，很得上司的欣赏，不到一年就给她升级，担任责任比较多的工作让同事们都很羡慕。有一些男同事都对她有好感，很想跟她接近来往，可是她跟这些男同事交往一段时间以后，就不再继续，只是变成"普通"的朋友而已。她的理由是这些男的脑子不够好，情感不够细腻，不会让她喜欢。但是她却认识了一位女朋友，觉得很合得来跟她很要好亲近，也就跟她常在一起，也不想跟别的男人交往。

从这个时候她开始内心里想，她可能就是同性恋者，只会跟女的要好亲近，而对男的只能交为普通朋友，不发生很亲近的感觉。基于此她就开始注意同性恋的事情，偷偷地念有关这方面的书籍，想多了解到底是什么一回事。

近年来，除了交男女朋友的事以外，木兰的生活本来是没有什么太大的问题，事实上一切还很顺利，可是直到她的父母开始催促她结婚以后，麻烦就开始了。由于她的年龄已经超过了该结婚的年龄，作为父母的总是关心女儿的婚事，也就时时的向木兰提醒该交男朋友，准备找结婚的对象。开始时木兰总是口头糊弄一下，说是有好的对象就会去交的，可是她内心里却明白到底是怎么一回事，只是不敢向自己的父母开口，心里感到很矛盾不知是如何好，慢慢地形成生活上的烦恼。特别是近来有些朋友或同事们看到她只跟女的很要好而不跟男的亲近，有些人就开始散谣言说她可能是同性恋，让她不得不为了这些事而增加烦恼。她想为什么社会人士对这些事情抱着一种态度，认为这是不好的事情，让有这些倾向的人感到被歧视，被看成是什么奇型怪物似的，或者犯了什么法律似的，还得躲躲藏藏的不敢让人家知道。

最使木兰头疼的是父母看到她对交男朋友的事毫无进展，就开始想托人做媒给木兰找对象。而她也不知如何去应付自己的父母，很想告诉她对男女关系的看法与同性恋的趋向。她想尽办法找机会跟父母间接地提起有关同性恋的事情，想让父母知道她的情况。譬如，她在跟父母会谈当中，就故意找机会问从前中国话里有没有同性恋这类的名称，也提示目前欧美的社会里发现有同性恋趋向的占人口十分之一那么多等，想探听父母对这方面的知识与态度，也想给父母暗示自己是这样的情形。可是父母却没有注意到这些话题跟自己的女儿有什么关系，只是很平常的回答，中国过去有"断袖"的故事，也表示很惊讶西方的同性恋者居然还那么公开的在街上游行，表白他们是同性恋者等。可是照旧父母亲还总是提起给她做媒的事，要她赶快找个适当的结婚对象。

由于这样的情况持续了很久而又不知怎么办，木兰的心里开始发生烦恼，但也不知如何是好，也不敢向朋友请教，只好鼓起勇气来找心理辅导者，希望得到专业人员的指导与协助。

辅导经过

辅导者首先跟木兰做仔细而有系统的会谈检查，包括：她的个人发展史，特别是有关心性方面的发展，探讨是否有什么特别的心理创伤事件等，也研究木兰在平常的幻想或梦里的性对象是男或女,看电影或电视时对男女亲热的镜头的反应,跟男的或女的在交往接触时生理上的反应、心理上的反应如何等。根据这些资料辅导者给木兰分析,她的情况并不是完全的是女性的同性恋者,可能是双性恋倾向的人。因为她在高三的时候曾经喜欢过一位男的同学是一个证据,她并不是十分的完全是属于狭义的同性恋者。辅导者向木兰解释目前医学还不知道会引起同性恋倾向的确实原因是什么,但知道主要跟生物性的因素有关,而附带的也有心理上的影响。辅导者指出:可能是她在胚胎时期受到母亲服用流产的药而受到心性发展的影响,婴孩阶段早期跟自己母亲分离过一段时期可能发生对人的认同上的发展影响,或者是后来青春发育以后,到了中学初次对异性感兴趣而却受到被喜欢的男同学的拒绝而发生反作用等,各种原因都可能使她目前只喜欢跟女性的接触,可是将来假如遇到合适的、配得来的男的对象,或许还会要好也说不定,提议她按自然情形发展不要勉强。

至于目前如何应付自己的父母的办法,最好的方式就是坦白的向他们解释她目前的情况。最主要的要向父母解释,她并不是故意的,也不是有抽烟、喝酒、赌博那样的行为问题,而是像生下来就是用左手、有近视眼、头发是直的或是卷的,是受生物因素影响。但是不像左右手可以靠后天的练习而可以更改,或者像近视眼那样带戴上眼镜就可以纠正视力似的,而是本人不能操纵的问题。请父母了解,不要责备她,更不要催促她赶紧找对象而勉强结婚。经过这样的指导与建议,木兰果然就鼓起勇气,找机会向自己父母说明她对男女关系的反应。虽然父母开头时很惊讶自己的女儿原来还有这样的情形,可是并没有责怪她,反而表示很同情女儿的处境与痛苦,想办法安慰她,也决定不会再加压力要催促她赶快结婚。他们知道辅导者给木兰的诊断意见与建议的方向以后,也就只请木兰目前没必要向别人宣布她是何种人,特别不要向亲戚朋友说,只是提议自己慢慢交往各种人,看自己将来会变成怎样。他们答应做父母的都会帮助女儿,不管变成怎样,都是自己的女儿，也不是女儿的过错，都会支持她的。木兰听到父母对她这样理解，能接受她的目前情况而感到放了心，解除了内心里的负担与苦闷，也感到父母能这样无条件的接受她这个人而感激。特别是跟她所知道的别的同性恋的朋友们的父母比较起来，自己的父母并没有很生气，也没有觉得耻辱，而感到自己有这样理解她的父母很幸运。

数年以后，木兰又回来找辅导者，很高兴地报告她最近认识了一位男士，经过半年来的交往而觉得很合得来，感情也慢慢产生，而男人有意向她求婚。木兰很兴奋但不知自己的情况是否配做人家的妻子以及将来能否做母亲。辅导者很坦率地告诉她，只要他们两个人能有感情，能感到亲热，就可以让他们的关系继续进展下去，当然可以考虑结婚的事情。至于将来要做子女的母亲毫无问题，一定可以好好担任。木兰听了很高兴，并谢谢辅导者给她的帮忙与协助。

追加讨论

最后有一点要说明的是，许多所谓同性恋者，包括像木兰这样的属于双性恋趋向者，是会随情况与交往的对象向另一个方向去发展。可是有些却是固定性的，不容易改变，比如，从小就是同性恋。做辅导者的要仔细去了解，并且对有可能性改变而想改变的人给予适当的辅助。可是对于不能改变或不想改变的，就需要尊重他们的意愿提供他们所需的心理辅导与支持，包括如何在实际社会里生活而减少所面对的各种心理负担与麻烦，包括别人对待他们的态度等。特别是许多父母不了解子女的问题，不能接受甚至误解，认为是子女的错误或子女的毛病，不但不给予帮忙，反而生气、拒绝，更增加有这样趋势的子女心理上的痛苦。因此，心理辅导的工作就变成如何帮助父母去了解并接受自己子女的现实情况，并供给他们所需的支持（曾，2001-b）。

从婚姻辅导的立场来说，我们要知道的是：有些带有同性恋倾向的,过去常被父母强迫结婚,或者自以为结婚后就会好起来而去结婚。可是实际上婚后却会面对性生活上的问题。特别是固定性的同性恋者更是如此。男的对妻子根本没有性的兴趣;而女的对丈夫无法表现性方面的亲密反应。虽然尝试婚姻辅导,并不能有什么效果。只有双性恋者还有希望可以纠正过来。因此,辅导者要仔细作临床上的判断,并提供是否需要辅导的意见。

三、讨厌丈夫的味道而拒绝性关系的妻子

在妻子提议下,一对夫妻共同来接受辅导。主要问题是他们已经结婚了快一年,但他们的性生活并不好。晚上妻子不喜欢跟丈夫亲密,而丈夫不高兴没有可满足的性生活。他们是经过朋友介绍交往一段时间而结婚的。先生是油漆工作者,而妻子在某单位工作。他们平常的情感还可以,相处还不错,只是性生活并不好。经过辅导者的仔细询问才知道:妻子不喜欢丈夫的求爱,最主要的问题是嫌丈夫身上有一股油漆味道让她感到恶心。虽然夜晚在卧室上床以后,被丈夫接吻、抚摸做性前游戏,却无法感到性的兴趣。她说她对油漆的味道感到很讨厌无法忍受。虽然她几次跟先生说了,但先生不太在乎。只好被催促一起来看辅导者看怎么办。

经过这样的探讨,辅导者帮助丈夫了解女性的感觉比较敏感,包括嗅觉。假如有不好的味道,就不容易轻松下来,更谈不上要发生性的兴奋。辅导者建议,丈夫工作回来后要把工作服脱掉,全身用肥皂好好洗个澡,把头发与身体都冲干净,换上家里穿的衣服,免得还有油漆的味道。辅导者还进一步地说明,有些夫妻就把卧室布置得比较幽雅,有好的味道,有好的配乐,来提高卧室的气氛,这样在能逗起夫妻间亲爱的感情,帮助做爱的行为。这位先生很认真地听,答应回去以后就这样照办。

数周后,妻子打电话来谢辅导者的提议,并告诉辅导者她的先生果然听从辅导者的建议而去注意,现在他们夫妻可以享受性的

生活了。虽然这是很简单的辅导工作，却帮助这对夫妻去改进他们的性生活，间接地改良他们的婚姻关系。

参考与引用文献

1. 皮小明. 156 名城区妇女咨询分析. 中国心理卫生杂志，1991，5（5），206-207.
2. 李宁江，杨德森. 性行为、虐妻行为与离婚诉讼研究. 中国心理卫生杂志，1993，7（3），131-134.
3. 何展鹏，于永刚，陈云鹏，田连保，齐鸣. 102 名已婚男性性行为、性心理调查. 中国心理卫生杂志，1990，4（3），107-108.
4. 何展鹏，于永刚，陈云鹏，田连保，齐鸣. 104 名已婚女性心理和性行为调查. 中国心理卫生杂志，1991，5（3），128-129.
5. 钟友彬，谭玉慈，张坚学. 性生活不和谐在离婚中的作用. 中国心理卫生杂志，1988，2（2），76-77.
6. 汤胜蓝，潘毅，张德秀，俞顺章. 农村妇女性卫生知识和性心理调查. 中国心理卫生杂志，1990，4（3），104-106.
7. 曾文星. 性心理的分析与治疗.（心理治疗普及丛书）. 北京：北京医科大学出版社，2002.
8. 曾文星. 性心理的分析与治疗. 第二十章：个案十三：为了同性恋的趋向被困扰的女性（204-209 页）. 北京：北京医科大学出版社，2002.
9. 曾文星. 夫妻的关系与婚姻治疗. 婚姻治疗的个案分析：个案一：从来没性兴奋的妻子（吕秋云）（150-153 页）. 北京：北京医科大学出版社，2001.

第十八章　夫妻间的虐待与暴行问题

所谓虐待与暴力（或暴行）两词，常被平常人混乱使用，甚至有些学者也没作好好的区别。但从精神医学或病态心理学的立场，两者有所不同，观念上与实际运用上需要弄清楚。

所谓"虐待"（abuse），就是由一方向他方加给不良的心理、行为或其他的影响，使对方受心身或生活上的痛苦、难受、苦难的情况。具体说来，虐待的行为可以经过躯体的虐待、性的虐待、心理（或精神上）的虐待或者经济或生活上的虐待等各种不同形式与结果而发生。让我们举例详细说明：假如把对方用绳子捆起来，长期不让其自由行动，可被看成是躯体性的虐待。在性行为当中，让对方受苦而得到兴奋的满足感是性的虐待，是性行为违常的表现。假如使用语言或行为去伤害对方的自尊心，进行精神上的压力或欺负，让对方心里难受就是心理虐待。假如不让对方有足够的饭吃，不能有够暖和的衣服穿，也不能好好地睡，要求过分的劳动或工作，超乎其体力过辛苦的日常生活就是生活上的虐待。假如是大人向小孩给予虐待，就被称是儿童虐待（child abuse）；假如是跟异性给予虐待，就称是异性虐待（通常是指对女性的虐待）；假如是夫妻间发生虐待行为，就称是配偶虐待（spouse abuse）。虐待行为可以一时性地、短期的情况而发生，但也可以长期性的性质而发生。精神虐待或生活虐待，通常是指比较长期性的情况。

至于"暴行"（或暴力）（violence）是由一方向他方攻击性地加予躯体性的暴力，让对方受躯体的痛苦甚至是伤害。换句话说，暴行是虐待里的一种；是极端的躯体性虐待。暴行的发生可使用手脚去踢打，也可使用木棍或锐器等攻打。因此，除了皮肤被打青或打肿以外，也可发生躯体上明显的伤口、流血、骨折等严重结果。暴行的发生通常是由体力比较强大的一方向体力比较弱小的一方施行。如大人打孩子，父母亲打子女，丈夫向妻子给予暴力等。有一点要注意的是躯体的虐待与躯体的暴行，常是一个程度上的区别。譬如，父亲常使用手去打并惩罚儿子的错误，可能被划分是躯体的虐待；但是，假如父亲一时很生气，狠狠地去痛打孩子，让孩子受躯体的损伤，就变成是父亲对儿子的暴力行为。

家庭暴行（family violence）是广义性的指暴力行为发生在家庭里，是家庭成员向另一成员发生攻击性行为的情况。最多的是父亲对孩子行使暴力，或丈夫对妻子加予暴行；但有时是长大的同胞间的打斗，也有长大的孩子反过来对父母施暴。假如暴力行为总是发生在夫妻之间，就被特别称是配偶暴行（spouse violence）。总之，虐待与暴力可有不同的性质与范围，也可包含各种不同的对象，要仔细区别而使用与讨论（温，2006）。

第一节　夫妻间的虐待

如上面所说明的，假如夫妻一方向配偶他方给予躯体、性、心理、行为或生活上的虐待，使其心身受苦，而受苦者难于阻止对方的虐待性行为，就称是夫妻间的虐待（spouse abuse）。假如一方给予虐待，而对方却不在乎甚至享受，如性的虐待与被虐待行为（sadistic and masochistic sexual behavior），只能说发生性违常的行为，难归类于狭义的男女间的性虐待行为。因为两方都情甘意愿的接受，定义上就难称为是虐待；可是假如男女一方不愿意，不满意或难受，想拒绝或停止而难于拒绝，就可被归类为性虐待的情况。

一、夫妻间发生虐待的种类与原因

配偶间的虐待行为，大体上可区别是躯体、心理（或精神）、生活上的虐待。我们可以用例子来说明。假如丈夫不顾虑妻子的身体虚弱，而要求从事辛苦的日常家事，妻子表示无法负担而得到丈夫的威胁非得从事，可以说是受到躯体性的虐待。假如配偶一方总是向另一方做口头批评、嘲笑、侮辱或威胁，让对方感到很难为情、害羞、损害自尊心、变得自卑、缺少信心、严重影响情绪，是精神上的虐待。总是无故的怀疑并且责备对方不忠实或不贞，让对方无法接受，干扰其生活与情绪，也可算是心理虐待。假如，丈夫不给妻子足够的金钱，而要求妻子辛苦维持家计，包括养育子女，而丈夫却自己花钱喝酒或赌博，是生活上的虐待。

虽然为了方便我们这样划分种类，但是实际上却可能是混合而发生。譬如，常酗酒的丈夫可能对自己孩子给予躯体的虐待，对妻子加予生活上的虐待，并也常给予暴行，是综合性的问题。

至于夫妻间为何发生虐待行为，可有几个可能性。即：与性格本身有关的习惯性毛病；因受酒精或药物影响而发生行为上的控制问题；因受心理打击或受挫而发生的虐待行为。这跟下节将讨论的暴行为问题是大同小异，将在下节详细说明。

二、辅导的适合性与要领

配偶（妻子）受虐待时，假如其主要理由是丈夫的性格本身上的问题，或者是酗酒或滥用药物的结果，比较难依靠婚姻辅导而改善。因为不管是性格本身的问题，是酒精或药物的滥用，基本上属于人格问题，通常的个人心理辅导或婚姻辅导都见效比较少。假如是酒精或药物成瘾的问题，只好在封闭性的医院长期性住院治疗与矫正才有改善的可能性。

假如是由于特殊的心理因素而对妻子给予虐待性行为，或许可以经过个人的心理辅导化解其心理症结，然后以婚姻辅导为补佐而提供协助，改善夫妻关系相互去面对与处理的情况。

第二节 夫妻间的暴行

一、配偶暴行发生的现象与趋势

除了父母向自己子女给予暴力以外,配偶暴力是家庭暴行当中最主要的类型。配偶暴力大都是体力比较强的丈夫针对体力比较弱的妻子给予躯体的暴力;极少数是相反的,由妻子向丈夫施暴。至于亲子暴力,也多半是父亲对子女给予暴力,暴力行为常是男人的行为问题。在现实中,包括亲子暴力与夫妻暴力的家庭暴力发生相当的频繁,大家都认为是可耻的事,家丑不外扬,平常都不愿意向他人或亲友透露或承认有这样的情况。但是根据2000年在北京进行的民意调查里,却显示43%的家庭存在家庭暴力的现象,是不可忽略的问题(黄与张,2003)。

根据长沙市上法院诉讼离婚的100对配偶对象做研究时发现49对的夫妻里经常有虐妻行为(指丈夫向妻子给予暴力的行为)。而这种配偶暴力的发生时间,在婚后一个月就发生的有3对;一年内发生的13对;五年内发生的23对;五年以后才发生的只有6对(李与杨,1993)。可见,将近三分之一的都是在婚后不久,在一年内里就呈现这样的暴力行为。这些暴力的原因按所发生的人次分析:由于经济原因而闹分歧的16人次;发现配偶有外遇或怀疑有外遇的15人次;丈夫酗酒的14人次;而因丈夫赌博闹问题的11人次。可见因有严重的情感问题而发生的为多。

二、夫妻间发生暴力的种类与性质

一个人采用武力去对待他人的行为其理由很多。同样配偶之间发生暴行也有不同的理由。根据暴行发生的理由,配偶暴行可分为几类讨论:

(一)与性格有关的习惯性暴行行为

这是丈夫婚前就有这样的趋势,即:从小就喜欢虐待小动物,也喜欢跟人打架，破坏公物，患有反社会性行为。对挫折的接受性（或承当性）低，不善于经过口头沟通、交流与妥协来处理困难，而常以剧烈动作与冲动性行为来表现对挫折或压力的反应。结婚后仍保持其习惯与性格上的问题，只要一面对不高兴的事情就欺负或虐待家人；跟妻子合不来就喜欢动手，给予暴力。有时是患有轻度的脑器质性疾病（外伤或脑炎而引起），或者有轻度的智能低下，不善于沟通，比较容易采取行为反应的趋势。

(二) 受酒精或药物影响而发生的暴行行为

本来性格还好，可是酗酒或受滥用药物（特别是属于大脑兴奋剂或精神病诱导剂）的影响后其行为就改变，变得粗鲁不受控制，容易为了小事情就发脾气，并容易动手攻击他人，包括自己的家人与配偶。

(三) 因受严重心理创伤而发生的暴力行为

曾经遭遇严重心理打击或创伤，发生创伤后焦虑症，对周围的各种刺激变得敏感，一面对跟过去曾遭遇的心理创伤类似的刺激，就容易发生暴力性行为，包括对家人施与的暴行，难于控制。譬如，在战场遭遇杀敌人或几乎被杀害的情况，在日常生活里遭遇极度危险的场合（如遭遇车祸，目睹谋杀等），就可发生的暴力行为。虽然可以经过药物的治疗及长期性的心理辅导，得到若干的改善，但到目前尚无有效的治疗方法。

(四) 基于心理上的打击而一时性发生的暴力行为

这是在家庭生活或者在婚姻关系上遭遇很巨大的心理打击无法忍受，就以暴力的表现来处理心理困难的结果。最常见的例子是发现自己配偶不贞而大发脾气，并以武力攻打配偶的情况。这是一时性的发作，跟所遭遇的特殊心理打击有直接的因果关系。

(五) 被妻子刺激而引发的暴力行为

虽然我们把配偶间的暴力行为大都归罪到丈夫的身上，认为是男人的毛病，但是丈夫发生殴打妻子的暴行，有时是受妻子的激发而来。有些女的喜欢说讽刺、歧视或看不起丈夫的责备性的

第十八章　夫妻间的虐待与暴行问题

话，把自己的丈夫惹火了，就发生一时冲动性的攻击行为动手殴打妻子，但这是被讲话泼辣的妻子刺激发生的。在这样的情况下发生的暴力行为，要依靠夫妻的辅导去检讨他们交流的方式，特别是当他们彼此不悦的时候，如何开口与批评对方，想办法改善。

三、辅导的适合性与治疗的方向

跟丈夫虐待妻子的情况相同的，假如暴力行为的理由是跟丈夫基本的性格问题有关，或者跟其酒精或药物成瘾有连带关系，就难于依靠普通的心理辅导而改善其行为。唯一的尝试是在封闭性的治疗机构长期住院，接受行为性治疗与矫正，或许还有希望改善。假如是短期的酒精或药物的成瘾，脑部还没受这些化学因素的破坏，经过治疗停止酒精或药物的滥用，其暴力性的行为或许可以改善。当然要注意并极力回避会增加暴力危险的喝酒或滥用药物等因素。假如脑部已经有脑症状（器质性改变），就不太乐观。

因为受严重的心理创伤而引起创伤后焦虑症时可依靠药物治疗，并同时接受个人或群体性的心理治疗，还有改善的希望。主要采取认知行为治疗模式，学习会采用沟通方式而非暴力方式来处理人际间的矛盾或冲突，包括跟配偶的相处情况。

假如丈夫是基于心理上的打击而一时性发生的暴行行为，值得提供个人心理辅导，协助处理所面对的心理打击或挫折。假如心理挫折本身是跟夫妻关系有关，就考虑是否经过个人心理治疗辅导，然后加于补佐性的婚姻辅导，或者从头就给予夫妻一起的会谈，督促共同处理其所面对的问题。假如是妻子的讽刺且激怒性的批评而引发丈夫的攻击性行为，那更值得尝试去帮助他们改善。这些都是要靠临床上的知识与经验而做判断。

第三节 个案说明

我们已经说明过夫妻间所发生的配偶虐待或暴行，各自都有不同的理由与性质；也有不同程度的辅导的可能性。我们在此列举不同的案例，简要叙述分别作说明。

一、上床前要杀鸡的丈夫，而无可奈何的妻子

问题的说明

这是发生在美国的实际例子，牵涉到一对年轻白人夫妇。他们夫妻都受大学教育，是经过认识、恋爱而结婚的。已经结婚了数年还没有孩子。主要的问题是：他们夫妻晚上要上床睡觉做爱之前，丈夫有时要在卧室床边拿刀杀鸡，看到流血的鸡以引起性的欲望。他们在恋爱还是男女朋友的时候，虽然他们偶尔也发生性的关系，但当时的先生并没有这样违常的性行为；只是结了婚后才逐渐出现。妻子对于先生这样的奇异而违常的行为感到很厌恶；特别是看到丈夫杀了鸡就惊叫。哪知她的惊叫却会引起丈夫的性刺激与欲望。由于妻子不满这样的性生活，觉得精神上被虐待而要求停止，但丈夫好似无法控制，偶尔买鸡回家准备晚上杀鸡。妻子看了就不高兴但也没有办法。经几次的努力与尝试，最后，要求丈夫去接受心理辅导而她自己也来接受个人心理辅导。希望这样夫妻两方的接受辅导或许还有希望。俩人同时但接受不同辅导者的治疗。

由于丈夫的辅导是由另外的治疗者负责，到底其辅导的内容与经过如何不得而知；我们只能推测是针对他的心性违常的问题做治疗。至于妻子的辅导其重心是摆放在为何她没有办法去阻挡丈夫的违常行为，没有信心去控制，而任其丈夫表现其心理与性有关的精神虐待的行动。

个人会谈与分析

妻子是性格良善的女性。她提到每次看到丈夫提着鸡回家的时候，就开始紧张的情况。她内心里想，又来了，今晚又要遭殃了，但又无法坚决的去阻挡丈夫的行为。她说丈夫在床边杀鸡不但让她害怕，实际上也是很糟糕的事。因为杀了鸡以后满地都是血，还要去打扫清除，有时血会染到衣服、被单或是手、脚更是令人厌恶。可是她只会哭泣，没有办法叫先生停止做这样荒唐的事情。

她分析她的脾气向来就是比较内向、温柔，心理上不敢向别人表示反对。她心里总认为自己是错的，唯恐犯毛病。即使先生这样欺负她，精神上虐待她，让她害怕与讨厌，也没有办法说个"不"字，只会忍受吞气暗地里哭泣。

经过辅导者的提示，她回想到自己小时候的创伤性事件。即：当她还是四五岁女孩的时候，有一次为了某些不高兴的事，她跟母亲发了脾气。可是很凑巧不到一两天母亲突然心脏发作而死亡。在当时受孩童心理的影响，她想她的妈妈是被她害死的，是她向妈妈发了脾气，让妈妈心理受了打击而死掉的。经过这个事件与经历，她总是认为自己是"不好的"女儿，害死了妈妈；也认为自己是灾祸总是惹坏事，所以不敢向人发脾气，特别不敢向自己家人说"不"字表达反对，唯恐招来灾难或者被亲人离弃。

辅导者针对这种孩子时期所遭遇的事件而做解释：说明孩子的认知能力还没发达，对因果关系没有好的判断，因为发生不好的事情，把结果归罪到自己身上是常见的儿童心理。其实母亲心脏病的发作跟女儿丝毫无关，是母亲自己早就有的躯体疾病，并不是因为她向母亲发脾气产生的结果。她因为心理创伤上的影响，一直不敢向亲人发脾气。现在受了精神虐待也不敢向自己丈夫发脾气，反对并阻挡他违常的行为（唯恐会失掉他似的）。

辅导者指出她的先生的确有心理上的变态，患心性违常，是跟性虐待有类似的行为，而她却扮演被虐待的角色。假如一方喜欢虐待而另一方肯被虐待，就形成配对，维持其虐待与被虐待的整套行为。假如另一方反对被虐待，或许能阻挡对方的虐待行为。换句话说患者（妻子）不敢开口坚持反对与阻挡，是间接地在帮助丈夫的违常行为。由于性违常行为是属于性格上的毛病，经过辅导到底是否能治疗与改善与否不得而知。但是，从她（妻子）的立场，应该去尝试阻挡与反对来保护自己，并希望能间接地不让丈夫的违常行为的持续发生。

辅导者除了协助与鼓励患者去改变她的心理、性格与行为，能比较有自信的表达自己的立场与意见，还帮助她去考虑将来的处境。万一自己的丈夫始终没有办法改善他的毛病，是否继续保持其婚姻关系，或者考虑其他结局，总要为她着想保护自己。

二、总是要批评并损害丈夫自尊心的妻子

这是一对夫妻一起来看辅导者，是妻子把丈夫拖来要辅导者去治疗丈夫的例子。在会谈里妻子没等自己丈夫开口，就大声的申诉自己丈夫的不能干。她批评丈夫没有个性，没有自信，做什么事都不行，没有一点长处。她还说他长得不好看是没有用的男人。辅导者问她为什么嫁给了他呢，妻子回答说她自己当时糊涂了没看好嫁给了这样没有出息的丈夫，现在后悔也来不及了。她还解释说从结婚以来好几年了，她一天到晚时时地批评他、指责他要他改进，但毫无作用。

当妻子这样不停的批评丈夫的时候，丈夫一直坐在那里把头缩起来不敢开口。看了这样的情形，辅导者就向丈夫说他的样子蛮好看个子也很高大……结果丈夫的脸色一变放出光彩，开口说他很高兴听到辅导者说他还好看。他说从结婚以来妻子总是不停地批判他，天天都说他样样不好不如别的男人，让他失去了自信心，好似天天受心理虐待似的。

辅导者听了就转变话题，问妻子她自己的亲生父母是如何相处的。她停顿了一下就描述她的父母并没有什么不好，只是母亲个性比较强，在家喜欢指使父亲，也习惯批评父亲……特别是母亲感到自己的丈夫跟她朋友的丈夫相比没出息，觉得没脸面，就常借机会怪自己丈夫没有用。辅导者进一步的追问她记不记得母亲向父亲说过哪些夸奖父亲的话？妻子想了半天想不出什么例子。

这时，辅导者就说假如妻子能总是鼓励自己的丈夫说自己的丈夫的长处，就会真的帮助自己的丈夫变成比较有自信的男人；否则只批评就会使他没有自信，变成真的没有出息的男人。假如自己的父母总是正性的交谈，彼此相互鼓励与夸奖，做子女的经过观察与模仿，也就学会跟自己的配偶同样正性的对待；否则就只会贬低自己的配偶而没有好处。

针对这样长期性心理虐待丈夫的妻子，辅导者就给她讲外国传来的有关"九头牛"的故事。即：有两个男人都住在同一个村里且叫他们张三和李四。他们都认识村里的一位年轻的姑娘，叫阿妹。她长得并不怎样出色，家里也穷而穿着也不好。事情隔了好几年，张三在外地谋事回到村里，来到李四的家里去玩，张三很惊讶地发现李四娶了个姿色很漂亮而穿着又很好的妻子，就赶紧问李四，他哪来的好运娶了这么绝色美丽的女人。李四笑着说娶的是当时他们都认识的小姑娘阿妹。他解释说当初他娶她的时候，就听了村里有位智慧老人的建议给阿妹的家里送了九头牛做聘金。老人告诉他：他这样用重礼去娶阿妹是表示对阿妹的尊重与爱意。结果受其影响，本来是可怜又不漂亮的阿妹知道丈夫这样对待她，就有了自信，自己就特别注意打扮，变成了很好看的妻子。从这个故事辅导者提示，自己的丈夫不能干有时是受了妻子长期心理虐待性的批评而来的。

辅导者并没有向他们解释与指点的是：一个女人总是把自己的丈夫压低，往往是自己心理上有情结上的毛病，有女性的自卑感，想靠压制男人（特别是自己的丈夫）来补偿性的抵御自己自卑的感觉。哪知这样潜意识的压制自己的丈夫（心理上虐待先生），结果吃亏的是她自己。

三、父亲酗酒、丈夫也酗酒，常被酒醉丈夫虐待的妻子

阿姐是30岁左右夏威夷民族背景的女性，脸上发肿两眼发青身上也有伤口，被警察带来急诊处接受医疗。据说：她在家又被自己的丈夫给予暴力，大声喊救命，邻居听了赶紧打电话报警，警察把她带来医院的。根据医院的病历记录，这并不是头一次，从数年前就发生过两三次。这次伤口医好后，医师就嘱咐要把阿姐送到妇女保护所暂住几天并接受辅导者的辅导。至于其先生已被警察抓起来，以对配偶施暴力的罪名起诉，被送到拘禁所等候法院的审判。很可能被判刑进监牢几年。

在接受辅导者面谈的时候，阿姐表白她跟现在的丈夫结婚不到一年，是再婚。由于最近先生失掉了工作心情不好，就喝酒并滥用（兴奋剂）药物；而阿姐说了他几句，先生就不高兴发起脾气动手打她，并拿椅子往她的头上摔。碰巧的，阿姐说她从前的丈夫也是同样的，也常酗酒动手打她，也常受伤被送来急诊处接受医疗，而她的前夫也被警察抓捕并被关进监牢。这样阿姐就跟前夫办理离婚断绝了关系。

根据阿姐的描述，她说她的父亲也是常酗酒并动手打她的母亲，连她自己小时候也常挨父亲的殴打。因此被男人给予暴行有点惯了。根据辅导者的仔细询问，阿姐说她过了青春期长大成为姑娘以后，所交的男朋友也都常喜欢喝酒并习惯性地殴打她。辅导者听了问她为何不交不酗酒、也不动手打女人的男的，她说不知道。她说：反正她所交的男朋友或丈夫都是这一类的，都喜欢喝酒，喝醉了就喜欢动手打人的男人。

根据精神分析的看法，有些人就重复去与父母一样（有问题）的人交往，也接受被同样的对待，重复其病态的人际关系与心理问题，被专家使用专业名称而称为是"命运性的神经症"（fate neurosis），好似被命运注定似的去重复其心理问题。譬如：有些女人重复性地去找已婚的男人，发生异性关系上的矛盾；或者有些

男人总是找大姐似的女性或者已婚的女人，重复其男女关系上的毛病，被推测是跟其心理情结有关；即：跟他们小时候与自己父母的亲子三角关系情结未解决而有关。到了成人的阶段还尝试去解决其情结，重复其神经质性的人际关系，面对同样的行为问题。

因此，根据这样的观念，像阿姐这样总是要找虐待女人并给予暴行的男人，或许是潜意识地在重复跟自己被（病态性）父亲的虐待关系也说不定。对于这样的情况，从辅导的角度说来或许需要长期性的治疗与辅导，而其效果并不见得乐观。

四、怀疑妻子不贞而拷打妻子，施行暴力的丈夫

美贞（假名）是二十多岁的女性，已婚，也是到急诊处求医的。根据她的述说，她跟一位年纪比较大的先生结婚，已经有几年但还没有孩子。在急诊处，起初她不肯开口说她的伤口是如何来的，但是给她医治的外科医师觉得，她背后的伤口好似是被绳子拷打的，是一条一条的痕迹；并不像是她说的是摔倒而受的伤。经过医师及护士的小心询问，最后才承认是被自己丈夫拷打的。因为医师认为是被配偶虐待给予暴行的结果，就按规定报告妇女保护机构，并且要求美贞接受精神科医师的会诊以及妇女保护机构的社会工作者的查问并接受保护。

经过医师的仔细会谈发现，美贞在几年前跟比自己年龄大二十岁左右（快 50 岁）的丈夫结婚。刚结婚时夫妻关系还蛮要好、亲密，可是最近不知何故，丈夫开始总是怀疑她对他不贞。不但暗地里查她的所有物品，还偷偷地跟踪她看她在外面是否有了别的男人。前天美贞打扮后想外出，丈夫就特别怀疑，拷问她，没有结果就用绳子来拷打她，等她出了血才停止殴打。

经过这些调查，医师通过妇女保护机构，要求丈夫接受面谈与查问。结果发现丈夫患了妄想症，毫无根据的怀疑自己年轻的妻子背叛了他，有了别的男人，就采取拷打的暴力行动。根据医师的诊断丈夫就被安排住到精神医院去观察并接受治疗一段时间。

出院后被要求要定期在门诊接受药物治疗,并不能跟自己的妻子有所接触,在两年的定期内要遵守夫妻隔离的法律规定,保护受过暴力的妻子,要根据医疗的结果再最后的决定。

这个案例说明这样的情形单靠辅导是不行的,要利用社会的组织、系统规则与法律来保护被虐待或被暴行的人,包括孩子、老人与女性,来避免这些弱者继续被强者虐待或暴行。

五、受不了妻子的牢骚而一时生气,动手打妻子的丈夫

这是一对将近 30 岁的夫妻,被妻子的父母劝告来接受夫妻辅导的案例。先生姓陈(假名),在某单位工作。陈先生经过朋友的介绍前年认识妻子,经过交往数月刚结婚没多久。由于妻子发现自己的丈夫跟他过去的女朋友还有来往,时而打手机联络就很不高兴,向他兴师问罪,要他赔不是并保证日后不再跟过去的女朋友有所来往。虽然妻子的要求可能是对的,由于感到自己丈夫没有好好的给予她保证与安慰,她就连接数日的继续啰唆,甚至开始提高嗓子批评他,并骂他是没有骨气的男人、是不可靠的丈夫……由于听不惯妻子的啰唆,特别是对他侮辱性的批评,先生就发火一下子冲动性地动手打她。结果她大声哭泣闹离婚并且干脆就回了娘家不肯回来。先生很着急,等到他冷静下来赶紧到丈母娘家里去跟自己妻子道歉并赔不是,发誓再也不会生气而动手打太太。结果,在丈母娘的建议之下决定来接受婚姻的辅导。

辅导者听了他们夫妻的叙述指出:他们所面对的是两件事情。首先是男女结婚后,如何跟过去的异性朋友结束关系而建立他们夫妻自己的新的关系。另外一件事情是当夫妻对自己的配偶有什么不愉快的事情,要如何去沟通并要求配偶做怎样的更改而来满足夫妻彼此的要求与需要是个技术上的要领。辅导者帮助新夫妇要练习如何能比较冷静地沟通与商量,并且争取对方的谅解与满意,做建设性的建议而避免负性的批评惹对方生气,甚至是发脾气。辅导者指出当一个人心情不好时容易说些不好听的话,会得

罪对方而事后后悔也就太迟了。因此要特别注意，自己心情不好的时候怎么说话；更不要因被对方刺激而恼火动手起来是最不好的处理情绪的结果。

至于婚后如何跟从前有过关系的异性朋友逐渐疏远，让自己的配偶高兴是新婚后的夫妻要去处理的心理课题。照理说来越早越好，但也要顾虑到情理，不能太尴尬不适当把旧的异性朋友得罪了。因此，如何适当地处理才好是个心理上的技巧。最主要的要领是宁可得罪旧的异性朋友也要保护自己夫妻的关系。但也希望自己的配偶不要过分的嫉妒，提出过分的要求，要让自己的配偶逐渐地去处理自己的心理与情绪，结束跟过去异性朋友的关系。

总之，辅导者认为虽然先生动手打了妻子，这只是头一次，是他们新婚后关系与情感还没稳定，也不知如何相处与沟通的问题，是婚姻新阶段可能出现的困难，只要他们能相互去注意并学习还有改善的机会。因此，建议他们接受短期的辅导，讨论如何处理相互的沟通，并建立他们的夫妻新关系。换句话说虽然是暴力行为发生了，但只是一过性的，希望他们这次彼此都吸取教训避免再次发生。这个案例是值得提供辅导而预后比较好的例子。

参考文献

1. 李宁江，杨德森．性行为、虐妻行为与离婚诉讼研究．中国心理卫生杂志，1993，7（3），131-134．
2. 黄国平，张亚林．夫妻暴力心理干预的研究发展．中国心理卫生杂志，2003，17（9）：635-637．
3. 温锦旺．浅析婚姻暴力的危机介入、评估和辅导．社会工作，2006，7：38-40．

第十九章　配偶的个人疾患问题

假如夫妻一方患有个人的躯体或精神上的疾病，除了影响个人本身的生活，也会连带性的影响夫妻间的生活。配偶不但要多费心照顾生了病的配偶，还会因配偶无法好好地执行夫妻的功能而严重影响夫妇所经营的家庭生活。就大家所知，躯体方面的疾病种类繁多，不甚列举。比如，患了慢性且严重的糖尿病，发生各种并发症；得了脑出血行走不方便；或得了癌症需要各种治疗，都是可能影响夫妻生活的躯体疾病的一些例子。至于精神方面的疾患种类也繁多。譬如：严重或慢性的精神疾病、酒瘾、药物滥用、好赌等，或者神经系统的疾病等，都是不但会左右个人的行为与生活，而且会影响夫妇与家人的生活，给婚姻带来额外的负担与痛苦（曾，2002）。

第一节　各种不同的个人疾患及其影响

一、各种躯体性疾患

不但会影响个人的心身与生活，也会间接地显著影响夫妻或家庭生活的躯体性疾病很多。我们在此就几个情况，特别是对慢性或比较严重的疾病而列举说明，可以由大家举一反三的去体会。

（一）糖尿病

大家都知道糖尿病是胰岛素的分泌失衡而发生的有关新陈代谢的疾患，是慢性的躯体疾病。除了依靠医药来补充并调节胰岛素，还得注意调节饮食，三餐要避免过分有糖分的食物，也要减少对脂肪的摄取量。糖尿病患久了就容易发生各种并发症，包括血管的硬化、高血压、视力障碍等，也会发生性欲的减退及性功能的障碍（如男性的阳痿等）。作为家属不但要帮助患者三餐的饮食的调节，还得协助各种并发症的处理。针对夫妻来说还要去面对性功能减退及功能障碍的情形。

（二）甲状腺功能亢进

甲状腺所分泌的荷尔蒙，过多或过少都会影响个人的心理、心情与行为。过少时除了身体无力，情绪也会低落；而过多时对刺激变得敏感，情绪容易激动、暴躁、发脾气，直接或间接地影响人际关系，包括对家人或配偶的关系与行为。

（三）高血压

血压过高时并不太会有显著的症状，只会头痛或头昏，但最害怕的是发生脑中风遗留下来的精神障碍及手脚的麻痹或瘫痪，导致行动的不方便。会给家人及配偶增加许多生活上的负担。

（四）心脏病

患过心脏病的不仅患者容易担心心脏病会随时发作影响日常生活，受各种的限制，也增加情绪上的担忧；同样也会给家人及配偶增加心理上的负担。在实际生活上会限制夫妻的平常生活，包括对性生活的间接性影响等。

（五）脑中风

患了脑中风对脑部、四肢运动及其他躯体的功能影响会有所不同，而且其恢复的程度也会有个人的差异。无论如何都会给家人及配偶增加很多的负担去服侍与照顾，会影响家人的生活，假如发生尿失禁会更麻烦。

（六）癌症

随着癌症的种类、病情的进展程度，以及所采取的治疗模式及其副作用，患癌症的患者会有各种不同的躯体不适，也会有各种不同的服侍与照顾的需要，会给家属增加许多护理的问题。随着医疗体制的不同，也会增加经济上的负担，还得担心其预后如何，让配偶增加心理上的烦恼。

总之，不管是哪种躯体的毛病都会给家属包括配偶增加护理、服侍、照顾的负担；也会因前途的暗淡而带来烦恼与担忧。特别是慢性病更会经过长期的照顾消耗家人的精神与体力，也会严重影响日常的生活。

二、精神系统疾患

各种精神疾患或神经系统的毛病跟躯体性疾患一样都会影响个人的心理与行为，也会影响与家人的接触与来往关系和实际生活，包括夫妻的生活。我们略举几个比较代表性的疾患做说明：

（一）精神病

假如配偶之一患了严重的精神疾患，除了送医院给予治疗以外，配偶还得心理有所准备去面对配偶精神错乱的情况。如从医院出院以后，如何协助并照顾患者去继续服用药物；如何对待并照顾精神不健全的配偶，都是个大的心理与生活上的课题与负担。

（二）妄想病

虽然精神并没有全体性的崩溃与失常，但患有偏执性妄想的患者其思维跟现实有部分的脱节也是对家属很麻烦的事情。通常来说药物治疗的效果有限，心理的辅导也难有很大的作用，要劝导患者很难。假如患者所患的是怀疑配偶不贞的妄想，那更会直接的影响夫妻关系。严重时还会对配偶施行暴力。

（三）抑郁症

若是配偶患了抑郁症，心情低落、缺乏兴趣，变得悲观，不但患者本身难受，配偶也会受其影响。不但要服侍、照顾，还得担心并预防其自杀的企图，增加心理上的负担。

（四）酒瘾或药物滥用

当一个人患上了酒精或药物的成瘾问题时，直接的影响是其精神与行为上发生障碍，常表现跟现实脱节的语言与行为，无法控制，人格改变，也可能发生情绪暴躁或容易向他人暴行的情况，对家人或配偶有严重的威胁。同时，由于花钱喝酒、滥用药品，损害家庭的经济是双重性的负性结果。最糟糕是经过医疗仍不容易很快被治好，是长期性的疾病。

（五）赌博

虽然不是精神错乱也不是情绪上的问题，但是迷于赌博影响日常生活，被精神医学家看成是精神疾患的一种，也是会严重影响家庭生活。好赌的人，不但不务正业还常把家里的财产损失，是很严重的问题，也是婚姻问题容易破裂的理由。

第二节　辅导的要领与方向

当配偶患了疾患，不管是躯体的或者是精神系统的毛病，都会直接或间接地影响配偶的心情与体力，也会让婚姻关系及生活大大受威胁。特别是夫妻本来的相互情感与关系如何，结婚后相处的时间是否长久，都会左右处理问题的情况。到底如何去面对及处理因配偶患病而影响婚姻生活的情况，有时是婚姻辅导工作的范围之一。

（一）积极医治其所患躯体或精神疾病

理所当然的，首先要注意的是患了病的患者是否积极地去接受所需的医学治疗，并且是适当的医疗。这是首先要探讨的辅导上的课题。

（二）鼓励患者自己多练习自行照顾

有些患者患病以后，心理上就发生退变完全受他人的照顾，享受家人的服侍，无形中给家人或配偶增加护理的工作和照顾的辛劳。在医师所吩咐的范围里，如何自己动手去尝试护理自己、照顾自己，不但可以加快病情恢复，还可以减轻家人照顾的负担，适应长期性的护理工作。

（三）辅导家属或配偶如何适当协助患者的情况

针对提供服侍或照顾的配偶在辅导上要做的课题是协助该配偶去判断如何适当地去协助患者。即：不要过分的忽略但也不要过分的热心。对自己心爱的配偶提供长期的照顾,要有个适当的节制才好。有些配偶需要针对这样的问题接受劝告与指示。

（四）分析并了解配偶对待生病配偶的心理与态度

虽然服侍与照顾患者是很辛苦的事情,但是有些配偶却很甘心去从事长年去护理生病的配偶。除了发自浓厚的情感以外,还得考虑是否还有别的心理因素。有的经过对患病的患者的辛苦服侍而无形中获得心理上的满足,特别是符合了被虐待的心理需要。有时是可以无形中满足内心里神经质性的心理情结。极端的例子是：护理躯体残废的男人而跟其结婚的女性,可以说是变成了长期患病而残废男人的妻子,而无形中得到某种潜意识上的满足也说不定。有时是相反,配偶对生病的配偶抱有不满的情绪,也就特别利用生病的情况去虐待患病的配偶。这些都是心理因素作祟的现象。在辅导过程里有时需要去了解很想服侍生病的配偶的心理动机是什么。

（五）提议家属或配偶要适当保护自己的心身卫生

在辅导上最后要做的课题就是：提醒并帮助配偶要能适当地休息,不要过分的操劳,要保护自己的心身。特别是患者患的是长期性的疾病更是要如此。

第三节　个案说明

当夫妻一方患了躯体或精神上的疾患时,患了病的配偶本身要在双方的支持下自己要去面对与应付生病的情况。但是由于配偶生了病,心理上与生活上都会直接或间接地影响另一方,会影响他们夫妻的关系与婚姻生活。在此我们举例说明配偶的疾病会如何严重地影响了夫妻的生活。

一、妻子患了癌症却要求跟丈夫离婚

林先生（假名）是华裔,在医院担任事务主任。因此,在医院

第十九章　配偶的个人疾患问题

跟年轻女性住院医师有机会认识。此女性医师是欧裔（即白人）叫美阑，是从欧洲来的。他们经过交往后，感情很好就登记结婚。婚后生了个女孩。夫妻关系看来还好。哪知，一年前妻子在例行的身体检查中意想不到地发现了恶性乳癌。虽然经过极力医治，包括难于接受的化疗，但癌症却继续蔓延，经主治医师的推测只有再活几个月的可能性。在这样的阶段夫妻赶紧办理身后的事情，包括遗嘱的订立。可是就在这样的阶段却发生了没想到的事情。即：这位面临死亡的妻子却要求跟丈夫离婚。

丈夫对妻子这样突来的要求感到困惑，不知妻子的理由是什么，也不知如何是好，就请教医院的精神科医师。医师答应帮忙就去病房看了林太太（即：美阑医师）。美阑医师虽然躯体已经虚弱但是精神还好，思维清晰并没有脑部的症状。她向会诊的精神科医师说明她要求跟先生离婚是她去世前的一个要求。她的理由是自从她跟林先生认识与结婚后，饱受心理上的挫折，包括被两方原本家庭的反对。而且林先生都不懂得如何保护她，结果让她受了罪。她直接说她患了癌症是被先生气坏了的。因此就想跟先生离婚断绝夫妻关系。

她说还有个很重要而实际的理由是想保护自己的女儿。她解释说她去世后先生很可能就再结婚，而继母可能就对他们的女儿不好、会欺负她。她想根据美国的法律规定，她离婚后他们家的整个财产一半就归属她，而她就可以立遗嘱，全部给他们的女儿去继承；这样将来女儿长大、念大学、结婚都有经济上的保障。虽然医师向她解释癌症是躯体的疾病，跟心理刺激没有直接的因果关系，虽然了解她对自己的夫妻关系并不很满意，也不用现在采取离婚的手段来向自己先生行报复。可是美阑医师坚持她的意见。

医师向林先生报告美阑医师所说的话并向林先生解释：这可能是妻子患病临终前而产生的心理。林先生听了并没有生气，居然答应办理离婚听从妻子的要求，好让将要去世的爱妻得到临终前的心理上安慰。林先生还口头向妻子保证他不会马上再婚，会专心照顾与养育他们的女儿叫妻子安心。

没多久妻子就去世了。林先生给她好好地办丧事，并且哀悼期过后就专心养育并照顾他们唯一的女儿。他并没有考虑再交女朋友，如此十年多后等到女儿大学毕业后，在女儿鼓励下才开始交女性朋友，而且到自己已是中老年时才再婚。

二、丈夫有心脏病而过分谨慎，避免性生活的夫妻

问题的说明

高桥先生（假名）是夏威夷的日裔男性，做会计工作，年龄45岁。二十多岁时曾头次结婚，可是数年后却离婚了。他说前妻嫌他只会专心工作对妻子不体贴，没有情调，婚姻太呆板而要求离婚。他头一次的结婚并没有孩子。几年后即10年前再婚，跟目前的妻子有个8岁的儿子。他们的婚姻还算普通，没有重大的问题。

可是由于这几年来，高桥先生总是发作性的感到胸部不舒服，也有点呼吸困难，就去看心脏科的医师，经过仔细的临床检查被诊断是遗传性的心肌肥大，影响了心脏的周期性收缩，间接地影响血液的循环。去年由于其躯体症状越来越厉害，经过医师的判断与提议终于在半年前接受开胸手术并在心脏里放置了一个小小的心率调节器。根据患者所了解：心率调节器是帮助心脏能按规律收缩，假如心脏不按时收缩调节器就会发出电刺激，刺激心脏让心脏恢复收缩，维持血液的循环。在刚开刀放置心率调节器时，在手术后几个星期里调节器曾几次不受控制的发出电刺激让患者每次都感到胸部的剧痛。根据患者的描述调节器发出电刺激时胸部会感到剧痛，犹如被马后腿踢了那么样地痛。而当时他曾在数小时内，连续遭遇了十几次的剧痛。

从此，经历这样的创伤经验后他内心里就一直害怕，担心随时又会发生剧痛。他本来就是做事很谨慎小心的人，结果他就变得

过分的小心。譬如：医师说在目前的阶段他可以每天到家里外面慢走20分钟，作点轻微运动；但他却只敢走5分钟。医师说他可以开车，每天可以开半小时左右的距离，但他就不敢开车；连来医院看病都叫妻子开车。在家根本就不敢从事任何劳动，而且也拒绝跟妻子有性的关系，害怕性行为会增加心脏负担引来调节器的发作。

由于高桥先生过分的小心，变得不必要的谨慎，影响他的日常生活与工作，心脏科医师提议来看精神科医师，帮助他能松懈下来，从事医师认为可以的运动与生活。

个人会谈与诊断

在个人会谈里高桥先生表情很严肃没有笑意，并且根本就不高兴被介绍来看精神科医师。他说他并没有精神上的疾病不用看精神科医师。但是在精神科医师仔细的讨论与说明后，答应连续几次接受会谈，好能向他的心脏科医师有所交代。

高桥先生自己承认素来就有强迫性的性格；也因此他的前妻曾跟他离婚。他说目前再婚的妻子比较年轻但性格还好比较随和。可是近来由于他那么过分的谨慎，常要依靠妻子的照顾，时间一久妻子最近也开始有点怨言。

医师帮助高桥先生理解，虽然躯体患了病而且曾经遭遇过剧痛的创伤，会害怕剧痛再发生是可以了解的心理与行为。可是主要关键是：由于他的强迫型的气质与谨慎的性格，他小心的程度有些过分，结果妨碍了他的躯体康复。他所需要的是要练习心理与态度上的松懈，以比较泰然的态度去从事医师认为可以做的运动。这样才能给妻子减少需要照顾他的负担，也可以保护他们的婚姻关系。

高桥先生表示他懂这些道理，但是心里就是不放心。经过医师的支持与鼓励，他决定每天到外面走路的时间要逐渐拉长，从5分钟增加到10分钟，希望如此练习将来可以逐渐达到医师所限制与期待的20分钟。同样地要开始自己试着开车,在家附近练习开10分钟左右锻炼他的胆量。就这样循行为治疗的原则与技巧,高桥先生逐渐改善他的行为,减轻了他过分谨慎的态度。他心里很高兴自己能逐渐增加活动,生活态度也发生了改变。在会谈里,经过医师的鼓励他可以比较随便的谈话,而且可以表现出高兴与欢乐的表情,在10次不到的辅导里有显著的改善。

经过医师的探问得知,从半年前开刀后就跟妻子没有性生活,一直回避。虽然妻子没有什么不满意,但是医师指出这并不是很好的情形,或许会影响他们夫妻的婚姻的。医师澄清并提醒:经过心脏科医师的提示,患者可以行房事,不会影响心脏功能。患者终于答应请太太来参加会谈,并得到妻子的建议与协助。

夫妻会谈

下次会谈时他们夫妇一起来。高桥太太看来年轻,身材很好,性格也不错,谈吐也很得体。她说她最关心的是自己的丈夫过分谨慎而没照医师的吩咐去从事运动把康复的过程延缓了。她说连他们8岁的儿子看了爸爸在家什么事都不敢做都让妈妈做家事,担心爸爸将来会如何。她说:小儿科医师诊断他们的儿子跟父亲同样有遗传性心肌肥大的趋势,医师嘱咐需要鼓励儿子适当的运动。可是父亲自己都不敢做运动,哪能鼓励儿子去运动。

医师就利用这个机会向高桥先生指出运动的另外一个理由是,除了自己要尽早恢复运动并且最好能带儿子一起去做一些轻微运动,这样不但对他自己好,对儿子也好,还可以改善父亲跟儿子的关系。高桥先生听了认为很对,就答应要继续努力。

高桥太太说,他们已经结婚快十年了,很了解丈夫的脾气。假如要硬性的去强迫丈夫反而不好,要采用比较柔性的方法去鼓励他。医师说那是最适当的办法,可以帮助性格比较强的丈夫。

至于他们夫妻的性生活的事情,医师说这是他们夫妻俩人的私人性的事情,要由他们斟酌情况去处理。但是医师提出跟普通的运动一样，过分害怕而去回避是不太好的事情。建议他们自己商讨，如何逐渐的考虑恢复他们的性生活。

就这样前后经过十几次的个人辅导以及辅佐性的夫妻会谈后，等到患者满意了就停止了辅导的过程。在结束前辅导者指出高桥先生很合作，才能得到良好的结果。希望他能就所得的要领自己继续去练习如何康复，改善他的性格，放松他的基本态度，这样就可以帮助他自己及夫妻的生活。

三、中风后不放松妻子的再婚老人

个案简介

仿宋（假名）是 72 岁男性，受过大学教育，过去从事高科技工作，目前已经退休且住在美国。由于他最近心情不好，担心自己再婚的太太不会要他，会抛弃他离走，如此担心已有半年，经朋友提议来看医师。

仿宋过去是职业上很成功的高科技人员，跟前妻移居到美国，工作好几年。退休后继续做某公司的顾问，还有可观的储蓄。可是前妻数年前得了不治之病，唯恐自己将来去世后因没有子女，自己的丈夫无人照顾，在去年去世之前，特意安排住在国内乡下的一位自己的远亲女性，在其去世以后要嫁给自己的丈夫并终生照顾他。由于仿宋向来只会专心于专业工作，不会自己料理家事，前妻乃做出此"好意"的安排。至于住在乡下的远亲，年龄已快到四十岁，自己曾错失结婚的年龄，现在可以嫁给住在美国都市而又有学问的男人也就答应了。况且知道婚后可以从丈夫那里得到一笔钱款可以用来帮助家境不是很好的娘家，也就欣然接受这个安排。果然前妻去世后就按约定嫁给仿宋作为续弦。

仿宋跟新的妻子再婚后，起初半年过得还好。由续弦天天烧饭、洗衣服、整理家事，好像得了一个住在家里的女性佣人似的，而对新的妻子说来可以过比较宽裕的生活，偶尔能随丈夫上街逛逛，并买些自己喜欢的东西也挺高兴的。

哪知好景不长，原来有高血压的仿宋忽然得了中风，半边的手脚有点麻痹，无法自由行动，要拿手杖并靠妻子的辅助才能行走。

在这种情况下问题就接踵而来。身体不方便的仿宋样样事情都要依靠自己的妻子，连上厕所或洗澡都要妻子的辅助，而心理上也变得很依赖，连喝茶、吃饭都要妻子特别的服侍，自己不肯动手去做。

更麻烦的是仿宋不放心自己的妻子一人出去买菜，只要妻子稍微晚一点回来，就担心且怀疑自己年轻的妻子是否在外面跟别的男人勾搭，是不是会在哪一天忽然会把他抛弃而跑掉，干脆就不回来了。结果，他不让妻子从家里踏出一步，要靠邻居朋友替他们买菜。这样日子不久，年轻的妻子就受不了这样被拘禁的生活，开始向丈夫表示不满意，而结果仿宋就把妻子这样诉苦的行为看成是不要他的表示，更加紧张与管束，产生恶性循环的结果。最后没有办法就来找医师看看是否有什么药可以帮助他减少精神上的烦恼。

会谈情形

拿着拐杖被妻子扶着，仿宋一拐一拐地走进来。他看来是很清秀有知识的年老男性，但脸上却满面愁容。妻子穿着很朴素并没有特别打扮，一眼就可看得出是出身乡下的女人，而且可感觉到他们夫妻年龄上的显著差距。

仿宋能很直率的说明他的心境，即：很担心自己年轻的妻子将会有一天忽然抛弃他，变得无法靠自己生活。仿宋的妻子开口说明她并没有那样的心思。虽然婚后没多久丈夫身体就发生残废，可是这也是她的命没话可说。可是她却受不了目前几乎是被拘禁起来的夫妇生活。她说目前的生活让她心里感到好似要窒息似的，充满着恐慌，唯恐自己将来因受不了而发狂起来，好似什么大难要会发生似的，日夜都感到不宁静，恐恐慌慌夜晚也睡得不好。

根据会谈所见，辅导者乃很直率的向夫妻两方说明，目前的情况让彼此双方都感到受不了，接近无法容忍的阶段，要赶快做出该做的处理否则后果不佳。

辅导者向仿宋指出，妻子没有意思离开你，可是你这样紧闭着她，不准她踏出家里一步，哪一天就会真的把她逼出去。因此不如干脆就给她有点自由，让她高兴些，还有希望继续住在一起照顾他。辅导者向仿宋提议，假如可以的话，最好让自己的妻子每天出去一两小时，让她能出去买些菜，每周也可以出去半天，可以在外自由活动，散散心。这样心情好些，回家以后还可以继续照顾他。辅导者也建议，自己有机会最好练习活动身体，可以帮助身体的恢复，不要完全依赖妻子。经过这样的提议仿宋乃同意考虑去尝试。

下周来时他们夫妻显得比较开心。仿宋报告说让妻子出去半天，结果妻子去买些补药回来给他滋补，让他很感谢她的好意。妻子也报告说她知道自己有时可以出去一下，心里就高兴些不会焦虑，而且能耐心的服侍自己的先生。看来是很简单而且是常识性的建议，经过第三者辅导者的立场来建议就发生效果。而且辅导者能争取先生的信任也是一个辅导顺利的关键（曾，2001）。

参考与引用文献

1. 曾文星．心与身的关系与治疗．北京：北京医科大学出版社，2002．
2. 曾文星．老人的心理与辅导．第八章：个案六：中风后不放松妻子的老人．北京：北京医科大学出版社，2001．

第二十章 婚外情的问题

所谓"婚外情"(extramarital affair)或"婚外关系"(extramarital relations),指的是夫妻的任何一方与自己配偶以外的第三者发生婚外的关系。由于第三者的介入会严重打击、影响夫妻双方的感情、信任与关系,可说是很严重的婚姻问题,往往会伤害到所牵涉的每个人。婚外情的发生不仅影响个人的心理,创下情感的伤口,需长久的时间去治愈,也容易瓦解婚姻与家庭。

婚外情的发生历史上自古就常有所闻;世界各地社会里也常可听到。随着社会的变迁、现代化、都市化,男女关系的自由化,有些社会里特别增多,构成对婚姻关系的新威胁。遗憾的是这是近年来比较增多的婚姻问题。

第一节 婚外情发生的各种不同层次的理由

婚外情的增多有多种因素。从社会的层次来说最主要的是物质生活改善后,对精神生活有新的要求。不仅能有地方睡、有饭吃,还要求男女情感上的满足。因此,过去忙于工作、养育子女的夫妻,生活达到一定水平后就开始注意情感生活是否满意。特别是现代生活里大多数男女都离开家到外面做事,除了与自己的配偶以外,也跟异性同事在工作场所里长期且很密切的接触。假如不懂得如何维持异性同事间的关系而不超越男女私人界线的话,会容易增加婚外情发生的可能性。特别是对自己原来的配偶不满意时,第三者容易乘虚而入。

尤其是近年来,电影或电视等各种消息媒体常播放浪漫的情感与较放纵的男女性关系,受到这些刺激容易引诱一些人想入非非。

第二十章 婚外情的问题

再加上社会对婚姻的保护与男女关系的管制变得松懈，自己不懂得尊重自己的婚姻而自行节制，就比较容易发生婚外的关系。特别是在都市化的生活环境里，住在与邻居隔离的公寓，有汽车可远行或者常到外地出差；或长期在外地工作都无形中增加婚外关系发生的机会。可见社会环境与风气跟婚外情的发生常有某种联系。譬如：就江西靖安乡村与上海奉贤农村的妇女做问卷调查性心理与知识（汤等，1990）。结果发现比较偏僻的前者（江西的农村）比大都市附近的后者（上海的农村）的性卫生知识差，而且多婚妇女比例大。至于已婚妇女对婚外性生活的发生，江西组的（42%）认为是为了谋求钱财等原因而发生，而上海组的（60%）认为是与丈夫感情不和而发生。随着地区与社会水平与风气，有显著的婚外性行为发生的不同理由。

从个人的心理层次说来，也有许多因素会影响婚外情的发生。俗语说一个男人一辈子心里向往有三种女人，即慈祥的母亲、忠贞的妻子、浪漫的情人；一个女人一生里心里也期望有三种男人，即慈爱的父亲、可靠的丈夫、会逗情的情人。虽然这是常人所说的话却表现一个道理，即每个人在心理上都希望有不同性质的异性。假如结了婚的妻子又是慈祥、忠贞又富于浪漫的感情，三种素质都齐全，做丈夫的就不必另找第三者。同样的嫁给又慈爱、可靠而懂得情感的丈夫，样样都齐全的妻子就不必受第三者的诱惑。换句话说对自己的配偶满意，也就不受第三者的介入。

与此连带的是一个人的贞操或忠贞感，愿意不愿意做些违背自己配偶的事。这与自己的道德感有些关系，但主要的是对婚姻的忠实感。从婚姻的立场上说来，是否能与自己的配偶建立同盟关系，保卫夫妻关系，共同抵御外来的"破坏者"。能否有责任感、道德感、同盟感，都会直接或间接的影响是否发生婚外情的事情。自己在生活上遭遇心理上的困难时，配偶会不会适当的供给支持、安慰、协助，去供给所需的帮忙，恢复自信心，不用从他人获得这些支持也是很重要的关键。

目前在工作场所里所发生的婚外情，常常是年纪大的男主管与年纪轻的"小秘"发生关系。由于男人有职权，有权利上的诱惑，女人可望被抬举迁升等，加上职业上的利益与目的。有一些男人因年龄增大，进入中老年，内心里唯恐自己男性的魅力减退，需要年轻的女性来崇拜他；因此，容易与小秘一拍即和，满足双方的内心需要。有些女人感到自己年龄大，姿色减退，就想靠跟年轻男人在一起，弥补自己做女人的信心。

有一些人由于心理上的特别因素，容易牵涉到婚外情的发生，甚至屡次的发生，可说是受了心理症结的左右。譬如，从小时面临的亲子异性间"三角情结"还没有适当的解决，始终想去牵涉到三角争斗的局面，结果男人想去争夺他人已婚的妻子；或女人想夺取有妇之夫，满足内心的情结。换句话说有些女人仍患有恋父情结，对已有家庭的年老先生特别感兴趣；或者男人对已婚的妇女特别感兴趣，潜意识的想从别的男人去夺取其妻子满足其占有欲。

比较特殊的心理因素是：有些人因自己的配偶发生了婚外情，自己也搞婚外情，以这种行为来达到心理上报复与平衡的目的。可说是破坏性的负性反应。

有些女人带有"边缘型性格气质"（borderline personality trait），生性不懂得如何以平常人的关系与异性适当相处，只会以轰轰烈烈的形式与情感与男人来往，不知如何节制，等到闹了不合适的男女关系吃了亏后，事后又后悔上当了。有这样性格倾向的，可说是生性如此，重复而行。至于男的有的是富有"反社会型性格"（antisocial personality trait），生来不忠实，喜好拈花惹草、好色，爱搞桃色新闻占女人的便宜。

总之，社会、个人、婚姻本身的各个层次的因素都会单独或综合性的影响婚外情的发生。

第二节　男女发生婚外情的不同情况与原因

已婚的男女在自己夫妻关系以外发生婚外情，多少有其共同的性质与原因，但随着男女性别有不同的发生率，也有点不同的理由。因此，需要就男女性别的不同而去分别讨论与分析。

一、男人发生婚外情的常见原因

虽然男人发生婚外情的原因很多，但可以大致上分类说明如下：

表现并满足男人的权威——找了许多女人，就可以满足自己男人的成就感、征服感，证实自己的权威，有钱有势力，提高自己的信心。靠许多女人来追他，增加自己的面子，满足自己是男人的心理。特别是有自爱倾向的男人，就喜欢靠许多女人来表现自己的了不起，满足自己的自尊心。

本性喜欢拈花惹草——有些男人生性就喜欢到处找女人占便宜，满足自己的心理与生理的需要，少考虑对自己配偶的损伤或对婚姻的影响。可说是缺乏道德感，没有忠贞心的结果。是不尊重婚姻契约的男人。

喜欢通过偷情而满足心理的需要——有部分的男人，心理上喜欢偷着去跟别的女人交往，发生关系，因而感到兴奋。偷情的对象不仅是独身女性，有时还特别喜欢已婚妇女，犹如从别的男人那里抢占或拯救女人而感到心理上的情结满足。

受三角情结的驱使——有些男人在小时所经历的亲子三角情结没有解决，常被父亲压抑，无法跟父亲认同而总是想争夺母亲，对抗父亲。由于这样的潜意识情结问题，总是想从别的男人那里去夺取别人的配偶。弥补过去尚未解决的三角情结。

对自己婚姻的不满——由于从自己的配偶那里得不到感情上的需要，特别是不被尊敬、不被体贴与照顾，得不到情感上的支持，也就另外找女人，弥补从自己配偶那里得不到的心理与情感上的需要。

从配偶得不到性的满足——由于种种原因，丈夫从妻子的性关系里得不到满足，就到外面找女人。譬如：妻子对性没有兴趣，或由于怀孕或生病而回避性生活，或者妻子长期不在等。

二、女人婚外情发生的特殊原因

男人发生婚外情的常见理由多半也可以适用女人，但女人却另有特别的理由才让女的发生婚外情的情况。譬如：

丈夫对自己不够柔情体贴——由于丈夫性格呆板不会对妻子柔情对待，无法得到感情上的需要，结果对情人型的男性会特别感到迷恋，容易堕入婚外关系。

丈夫不关心妻子的生活与存在——由于丈夫常出外工作不在家；或以工作忙或应酬多为理由很晚才回家，少跟子女一起过全家的生活；或者在家但不关心妻子的存在与需要，让妻子感到寂寞孤独，因此对于会照顾她的男人感兴趣，靠别的男人来补充其生活上的空虚。

心里空虚——自己丧失了重要的家人，或者发生令人伤心的事情，而自己的丈夫不在，或者无法提供所需的安慰，无法应付空虚的心情，而刚好有男人对她关心并且温柔地体贴，弥补心里的空虚，就容易发生情感上的关系。

受三角情结的影响——小时所经历的亲子三角情结没有顺利解决，仍追求父亲形象的男人对象。遇到年龄比较大、有能力的男人，特别是对她殷勤关切的，就容易堕入情网。

对丈夫的报复性行为——这是可能发生但比较少的情况。即：因为发现自己的丈夫不规矩，搞婚外情，因此想向丈夫报复，自己也到外面找男人。

对年老的担忧——这也是很少但偶尔可发生的情形。由于自己感到年老貌衰，想靠别的男人对她的迷恋而满足自己的女性信心；

特别是去找比她年轻的男人，好似自己还年轻似的。

第三节　各种不同的婚外情

婚外情的现象有各种情况，不能当做是同样的情形对待。其性质与经过会有所不同，从辅导的立场来说也有不同的结果与预后的。有些临床心理学者把婚外情大致划分为几大类（Bronw，2001，29-54页），可供我们做参考。即：

闹感情反应型——这指夫妻闹了感情后，一时的冲动配偶之一跟别人发生了婚外关系。这种情况发生在年轻人多，其婚外情的经过情形时间短，当事人有罪恶感，而其配偶发现后会很生气，闹情绪，但假如能给予原谅就容易恢复婚姻关系，其预后还好。可以提供辅导。

缺乏亲密型——这是一对夫妻彼此缺乏感情而不亲密，另外找对象而发生婚外情的情况，期间可短，当事人可能感到遗憾但不一定。被发现后配偶会生气，但不一定会原谅。预后还可以，可能恢复本来的婚姻关系。可以尝试辅导。

性诱惑性——这多半发生在男人，受异性的诱惑而发生，其时间可能很短，但可能重复跟另外的对象发生，因此预后不佳。被发现后配偶会生气，但觉得难以控制丈夫的重复性行为。辅导的效果不佳。

双重关系型——这多半是中年以上的男人，在自己配偶以外，在异地跟别的女性发生婚外情，发生所谓包二奶的情况，而且时间很长甚至是好几年，也可能有了子女而一直隐瞒，没被配偶发现。是一种变相的多婚制度情况。被发现后，配偶常很惊讶生气，是比较难以处理与解决的问题，辅导的功效少。

退局型——一对夫妻感情一直不好，但又不敢或不能离婚，也就干脆在外另外有情人。这种情况配偶可能知道，也可能被隐瞒，而且其婚外情保持的时期可能长。被发现后，配偶的反应不会太剧烈,但预后不乐观,辅导的效果也有限。

第四节 婚外情发生后的反应与结果

一、婚外情的隐瞒与被发现

由于婚外情的发生往往是情感性的举动,虽然有些人当时或许会因偷情而感到刺激,满足内心的症结而感到一时的兴奋,但是一时性的冲动过后,事后往往才发觉需要面对许多现实上的问题,难于去处理与了结。

有些人发生了婚外情,自己内心里毫无所谓,不在乎其后果。可说是"自我容纳性"(ego-stonic)的情况,自己的"自我"可以接受并容纳自己(原我)的欲望以及自我的行为,也不太在乎对他人的好坏影响,或者外人对他的批评。可是相对地说来,另有一些人会觉得好似干了被社会人士认为很不好的行为,受"超我"的批判,自己心里很困扰,并且对自己的配偶也有歉意,因此,其婚外情的发生,是"自我非容纳性"(ego dystonic)的事情与行为。

无论如何事情发生后,就要考虑要不要向自己配偶透露交代的事情。这是不容易的事情。想要透露就得准备迎接一场大风波。如何解释,如何道歉,如何重新取得信任与恢复感情是一连串的心理课题。希望能收回已泼出去的水或已破镜重圆是不容易的。假如不想透露揭开,便是如何去隐藏秘密,也是一项不容易面对的心理负担,过着有不能透露的秘密的夫妻关系,只能过一个打了折扣的婚姻生活。在这样的情况下发生婚外情的,就徘徊于"要或不要"透露的心理矛盾与困扰,很需要他人的协助去解脱其情结,恢复平静。这是婚姻辅导上常需要去辅导的情况(曾/田,2008)。

二、婚外情被发现后配偶的常见反应

有许多人发生了婚外情,常想去隐瞒,希望不被自己的配偶发

现。可是即使一直咬口否定，还会有令人怀疑的地方，会让配偶处在怀疑的境界，心里感到很痛苦。特别是这种事往往难于向自己父母或亲友开口谈与商量，也无法得到安慰或支持，常自己暗中摸索更是苦闷。

就算是一直想隐瞒婚外情的事情，终究容易在偶然的机会被配偶发现的。有的当事人勇敢地向自己配偶承认事情的发生。婚外情被揭发后，痛苦的不仅是闹了婚外情的当事人，配偶对方还得受很多苦。发现自己配偶背着自己另外有情人时，会发生一连串的心理反应与痛苦的。遇到这种发现婚外情的挫折与打击后，通常都会又恨又气，气自己的配偶居然背后还做出这种背叛情感的行为。接着对自己的信心也开始动摇，不知自己是哪点不够好，让配偶另外寻欢去了。就算是闹了婚外情的配偶赔罪要求原谅，但对配偶说来，自己内心难以接受。对自己的尊严、对自己的可靠性都要画上一个问号，一辈子难于除去。事后，对自己配偶的信任感要丧失，由于配偶的背叛行为，难免因同床异梦而对配偶发生怀疑或不相信的心理，增加夫妻间的隔阂与裂痕，需要一段很长的时间去恢复。

一般说来，发现自己的配偶有婚外情的事实后，男女的反应略有所不同。女的习惯于哭闹、闹情绪甚至闹自杀；而男的容易气愤，甚至想去攻击拐诱妻子的男方，用武力方式来报复。这些心情上的反应虽然可以理解，但无法帮助事后的弥补。如何采用比较合适而有用的方式来弥补已经发生的心情与关系上的创伤，是最要紧的事情，也是辅导可帮助的作用与范围。

三、需要马上注意与处理的事情

发觉了婚外情的事情后，首先要注意并担心的是：发生了婚外情的配偶是否得了与性有关的传染病特别是艾滋病。因为不像是只跟自己的配偶发生性关系，不能绝对的判断没有那种传染的可能性。虽然可以马上去接受血液的检查，但艾滋病的潜伏期相当长,即使检查结果是阴性,但除非潜伏期都过了,长期免不了这种担忧。尤其是对方是善于拈花惹草的,这种困扰更是严重,万一得了那病再后悔也来不及。

当事人还得处理对两方对象的感情问题,如何应付两方的心理反应,选择去向与抉择的问题,即:到底要恢复原本的婚姻关系而重新和好,或者结束本来的夫妻关系而离婚等。不但夫妻本身要有所决定,还得对自己的子女、亲友们有所交代与处理,事情不会那样容易解决。

第五节　避免婚外情发生的要领

一、基本原则

既然婚外情的发生会伤害夫妻、对方及对方的配偶(假如对方已婚的话)可说没有一个人可幸免一场情感上的大风波,最好能事前就避免发生。要预防婚外情的发生,有一些基本的要领去注意与实行。首先要能建立基本的夫妻感情、信任与同盟感。自己的婚姻健全,就减少被第三者介入的机会。平时夫妻要相互提醒,哪些举动会伤害彼此的感情应尽量避免。在可能范围内夫妻俩要双双出现在社交场所,共同与人交际让别人有明确的印象,是感情要好、有同盟的夫妻。不要在朋友面前批评自己的配偶,更不要把夫妻间的矛盾透露给亲近的朋友,让人觉得有机可乘。

二、跟异性同事们结交要注意的事情

由于现代社会里,特别是过都市生活的环境里,男女常在外工作,而男女同事常有亲近、长久来往的机会;而为了保持好的职业性关系,不牵涉到私人性的男女关系的问题时,需要注意遵守一些原则。

注意保持职业性关系:最主要的就是要记得:"职业性的关

系，始终要保持为：职业性的关系"。具体说来，跟异性同事接触时要保持公开化，避免亲近的体肤接触，回避会令人怀疑或误会的来往。跟异性同事谈话，要保持比较严肃的态度与语气，用词谨慎，不要开带有性色彩的玩笑。男女在同一个小房间，最好把门开着，尽量保持在群体里的来往关系，减少或甚至回避单人相处的机会。最要紧的是不要想去跟异性同事发生私人性的来往关系，如一起吃中饭或购买东西等。

不牵涉私人性关系：在工作场所与异性同事相处时，时时要把话题内容限于与事务有关的事。不要谈起私人性的话题，特别不能向同事诉说自己配偶的毛病；否则，等于向别人提示自己夫妻间有矛盾，有情感上的空隙。必要时常提起自己夫妇如何要好的一面，表现有稳定的婚姻基础，不要别人来破坏。假如同事间要相互送礼，要注意不是太贵重的礼物，更不要带有私人性意义或含义的礼物。譬如，男性给女性送香水，女性给男性送领带等，是容易被误解是送私人性的男女间的礼物。

有些比较讲究的工作单位，要求异性同事间不可约会，开始男女朋友的社会性关系。万一如此就得转到不同工作单位工作，避免因男女朋友的关系而影响在同一个单位工作的情况。同样的在比较严格的教育系统里，学校的老师被明文禁止跟学生有私人性的交往，避免因男女私人性关系而影响其教学与学习的关系。这好比医师跟患者不得有私人性的男女关系一样要保持其职业性的关系，好进行并提供客观性的医疗关系与职责。同样的在工作单位里，上方领导跟底下工作的同事间，要保持客观的职业性关系，上方领导不可以使用其权力或特殊角色来袒护下面的工作人员，并卖弄其特别照顾；而下方的工作人员也不可依靠性的诱惑而去讨好上方领导。换句话说，工作关系就要保持工作的关系，不要跟私人性关系混乱。

维持并保护家里夫妻的关系：在家时适当地向自己的配偶谈起自己与同事相处交往的事情，特别是与异性同事来往的关系，让配偶了解与放心。为了工作上的需要而与异性同事需亲近接触时，譬如晚上要一起加班或一起到外地出差时，务必首先得到配偶的同意与默许，并且时时与配偶联系，减少不必要的猜疑或不放心。外地出差回来，总要带点给配偶的礼物表示感谢，感谢配偶信任你而让你离开出差。这也是象征性的表达你还是注重夫妻关系的。

最重要的还是要注意并保护自己的家庭与婚姻关系。譬如，在工作场合跟异性同事有需要特别接触时，要尽量让自己的配偶知道，避免被自己家人或配偶误会。反过来有机会时，让异性同事知道自己的婚姻美满，夫妻关系很好，自己喜欢自己的子女，不会引来多余的推测。有了美满且稳固的家庭与婚姻，就不会让别人侵入或破坏。

第六节 婚外情辅导的原则与策略

一、因婚外情而来求辅导的各种情况

由于因婚外情而来求辅导的有各种情况。看是在哪个阶段，即还在怀疑或是已经暴露；或者是谁，即牵涉到婚外情的本人，或者是发现了婚外情的配偶来求辅导，而有不同的辅导上的课题。

疑惑配偶有婚外情而来求辅导——这是配偶一方怀疑配偶对方可能有婚外情的情况，而情绪不好闷闷不乐，心里着急但也不知如何是好而来求辅导。辅导者的职责是帮助他（或她）去了解所担心的理由与事实，考虑是否需要疑惑。需要时鼓励患者能跟配偶正面提出自己的疑惑与担心，要求配偶澄清免得一直怀疑影响夫妻的关系。

自己发生了婚外情，不知如何是好而求救——这是另外一个情况，是牵涉了婚外情的配偶，不知如何是好，求辅导者的协助而决定其去向。辅导者的工作是帮助其如何客观衡量所发生的理由与情况，下一步如何处理并协助其处理的过程。

第二十章 婚外情的问题

刚发现配偶有婚外情而不知所措——当一个人被配偶表露牵涉到婚外情的情况，或者在偶然情况发现了自己的配偶不贞时，都会很惊讶、痛苦、生气，不知如何是好而来求辅导接受帮助。有时是主诉自己的心情不好或抑郁，甚至想自杀或大发脾气，但觉得不妥当而来求医治，结果发现其根底是发现了自己配偶有情人的问题而烦恼。针对这样的情况，主要辅导的课题是帮助苦难的配偶渡过挫折与难关，能逐渐冷静地考虑处理现在的情况，包括如何面对婚姻的困难。

婚外情的事情已经暴露，而配偶双双都不知如何应付——这是一对夫妻已经发现配偶有婚外情的事情，而俩人却不知道如何是好，而双双都来求辅导的情况。这样的情况辅导者的辅导课题是帮助他们彼此了解婚外情发生的理由，其严重程度包括是否可以恢复婚姻关系，而商讨如何断绝婚外的关系，如何处理后果。

二、辅导上要注意的要领及应给予的工作

针对婚外情的事情需要辅导的，随其事情发生与经历的情况而略有所不同，让我们一一按序说明：

单独会谈或夫妻双双一起会谈：这是一开始就要考虑的辅导技术上的事情。通常说来最好是把配偶分别以个人会谈的方式见面与会谈，了解各自的心思，包括当事人牵涉到婚外关系的理由及其情况以及对将来的想法。也跟另外的配偶会谈了解其心境，协助其渡过困难的阶段，然后商讨将来想进行的方向。在这样个别会谈当中，可以随时跟配偶双双会谈，帮助他们沟通或传达信息。

不作道德上的评论与批判：不管婚外情是如何的发生，从社会上角度看来是否是不好或非道德，治疗者最好对当事人不做道德上的评论与批判。闹了婚外情的人来找治疗者做辅导，并不是来请治疗者给予道德上的评论，而是来请求做心理上的支持并且决定如何是好。假如患者不知道婚外情是否不好，或者认为没什么不好，治疗者再给予评判也没有什么用。假如患者自己已经知道

是不好的事情与行为,也就不用治疗者再去画蛇添足去评价他的行为。心理上已经感到很矛盾无法自拔的患者,治疗者给予道德上的评论只会让患者更加难为情,不敢继续接受辅导了。

对闹了婚外情的人说来,特别是属于"闹情感反应型"的婚外情的,本人内心里已经觉得很不对,发生内心里的挣扎,想办法脱离问题的困扰。因此,从患者的立场来说对治疗者的需求只不过是对事情的了解,对当事人表示同解心,并且提供所需的支持。

帮助探讨事情的各种结果:对自己的婚外情行为当事人常不知如何是好,不仅仅是道德上的问题而也是现实上的判断与了解。治疗者最好能以中立且客观的角度帮助当事人去分析各种情况,包括对自己的好处与坏处,对目前与将来的影响。许多现实上需要事先去考虑的患者可能是当事者迷,或许没去想过,或者根本就不想去考虑,而治疗者要帮忙患者去思考,并且预备现实上的处理办法。这些都是治疗者可以帮助患者的地方。

辅导者要帮助闹婚外情的当事人去了解配偶发现事实时可能会如何反应。如:是否会很生气,是否会闹自杀或者发生施暴的行为,是否会要求离婚。假如邻居或同事都知道了,他们会如何看待她(他),单位对她(他)会采取什么不好的反应?

假如妻子有了婚外的情人而被丈夫发现的话,丈夫是否要离开她,而自己的情人是已婚的情人却不肯跟他自己的妻子离婚,结果悬在那里,她的处境将是如何?假如对方的妻子发现以后,是否会来找她算账,是否会企图自杀而男人会发生怎样的结果?就算是男的跟自己的妻子离婚跟她再婚,组织新家庭以后做妻子是否会根据自己的经验而怀疑新丈夫是否会跟她过去一样,背后又跟别的女的再发生婚外情?这些都是一连串需要考虑的问题,也都是辅导的课题。

帮助了解对方的情况:这是很重要而要考虑的一个步骤,即帮助配偶去比较客观地了解对方,了解自己的配偶所牵涉的对方是何种人,是如何发生了婚外的关系,好能帮助判断如何维持或断绝关系。对牵涉到婚外情的当事人，辅导者可以通过所提供的资料来帮助分析与了解对方的情人是怎样的人，是否值得去投入情感，把自己将来的一生依靠在他身上。由于当事者迷，治疗者可帮助当事人跨越情感作个比较客观的体会与了解，来帮助其作理智的决定。对于配偶说来，知道对方的人是何种人，是怎样发生婚外情的，多少可帮助其心理上的处理，决定是否跟自己的配偶和好，接受其错误的行为等。

协助稳定自己感情上的徘徊，并做好决定：关于牵涉到情感的事情，包括离婚与否，是否要继续婚外的关系，都是会令人情感徘徊不定。今天想这样，明天又变卦，改变不同的想法；后天，对对方又变了想法，意志也摆动。经过所谓跷跷板的摆动现象与阶段，要等到一段时期，其徘徊、上下不定的情感才会稳定下来，作个比较中立、客观的决定。这不但是牵涉到婚外情的人，其配偶也是同样的。到底要不要宽恕自己的配偶，或者干脆放弃，常要徘徊一段时期。治疗者的职务就是帮助患者在其情感上的徘徊能尽早稳定下来做好的最后决定。治疗者要能了解情感波动与上下的可能性从旁帮助其稳定。

帮助配偶双方去执行他们自己的决定：最要紧的是对事情的决定，是否要恢复婚姻关系，或者要分离，都要让配偶他们本身作决定，不能由治疗者替他们作建议。关于一生当中的重要事情都需要由本人作决定，治疗者只能提供参考性的建议，这是心理治疗的一般原则。何况是否离婚，是否继续婚外情，都是涉及情感，是人生里的重大事情，治疗者没有权利也不可以替患者做主，只能由当事人作决定。否则将来事情不妙，治疗者会被追究责任，这不仅是道德上的问题，也与医德有关，也是法律上的麻烦问题。

帮助牵涉到婚外情的配偶如何跟对方结束关系：假如夫妻决定重新要好，那还得帮助牵涉到婚外关系的配偶如何去跟情人断绝关系的事情。这牵涉到感情和道义上的关系，还得考虑对将来心理上的影响。许多人不知如何是好，需要经过辅导者的指点，尽量以正性的方式去结束婚外的关系。

总之，牵涉到婚外关系的问题，要有许多事情去处理，也要很费心去辅导。在其情感徘徊的过程里找到一个归宿是比较复杂的辅导工作。

第七节　个案说明

一对夫妻结婚后其中一个配偶发生了婚外关系，是很令配偶感到痛苦的事情。而面对这样的情况，如何去应对夫妻关系上的挫折，有着不同的方式。随着婚外情发生的动机，时间的长短以及是否被配偶发现，配偶的性格与心理等因素而会有不同的表现。婚外情发生的例子很多，我们在此特别选择列举三例，说明因婚外关系发生后，如何去应对的各种不同情况。包括：发生婚外情的配偶，自己挣扎去想停止婚外关系；配偶难于面对与接受而采取内向性、自毁性的自杀企图行为；或者采取外向性地去惩罚发生婚外情的配偶的方式来处理。可见有各种不同的心理处境与反应，也有不同的辅导方向。

一、受婚外情困扰，难以自拔的女人

患者是36岁女性，名叫李青（假名），长相中等，中专文化水平，担任火车列车员。主诉：近两年来睡眠不好，并经常担心不能很好地处理人际关系，情绪不稳定，经常回家会对自己丈夫及孩子（10岁的男孩）无故发脾气。其实丈夫对患者很关心，经常迁就忍让患者。

患者自述，她的性格特征是：偏于外向，与人交流主动性较强，易与人发生争执，很多事希望能顺应自己的意愿。丈夫较患者大3岁，性格内向、懦弱，事事大多听从患者的意见，忍让。婚后感情一般还好，只是患者认为丈夫能力差没本事，只是一个普通的工人，经济条件差。可是，因丈夫一直很爱护患者，患者素

来没什么抱怨，夫妻生活本来还比较平静。

患者回忆她小时候与父亲关系较好，有一些事情喜欢和父亲说。可是2年前，父亲出车祸治疗数月后去世，对患者打击很大，一度不知所措。患者认为自己丈夫无能没有提供更多的经济帮助，为父亲治疗疾病，无法寻找最好的医师，帮助父亲的医疗。患者感叹地说："什么也做不了，面对父亲的去世，只能听天由命很难过"。

至于患者最近两年来情绪不好的理由，除了父亲去世的事情以外，经过治疗者进一步询问患者才解释并透露其原因：由于她的工作性质是列车员，经常跑车到外地，一走就是两三天，有时四五天在车上渡过。在工作期间与一位年轻的列车长（男同事）相好。该男同事比患者小几岁，已婚，但与患者私人关系好。男同事经常利用工作职务方便，帮助患者处理工作中的矛盾。由于男同事是她工作岗位上的领导，在安排工作的时间、请假、与人调班、工作上的评论，是否得到奖励等都会使患者得到好处。患者认为有男同事的帮助，使自己的许多困难与人际不协调的局面得到了改善，对男同事非常感谢。

就在这样经常的工作与生活里相互接触，患者与男同事发生了感情；自己的父亲去世后三个月，心情还感到空虚时就跟男同事发生亲密的关系，如此已经有2年时间。患者说为了跟这男同事的感情，有时愉快有时也苦恼；有时非常担心丈夫会知道此事，对不起丈夫和孩子，希望摆脱这样的感情纠缠。

患者自述因为丈夫对自己爱护，也想到他们可爱的孩子，所以不忍心离婚；况且已婚的男同事自己也并没有离婚的想法。因此，患者曾经下过几次决心要结束关系。但是只要男同事打电话到患者的手机上（丈夫好像没有发现过），约她出来时，就会不由自主的与男同事出去约会，在一起。

患者自述明知道这样与男同事的关系不正常，非常希望摆脱，希望回到与丈夫及孩子在一起的原本家庭生活中，但总是难以自拔，情绪不稳定。患者曾经与男同事提出过分手的话，男同事说：

"许多事情都是由我来帮助你处理的，希望你以后不要提分手的事，就这样顺其自然吧"。有时患者会这样想，丈夫很少能在工作中帮助自己，而男同事能提供各种工作上的帮助，如果与男同事断绝关系，担心是否男同事就不再帮助自己了。由于这样内心矛盾，无法解决，而不知该如何处理目前的困扰。因此来就诊，希望医生给以建议帮助患者解脱。

由于社会人士们多半认为发生"婚外关系"是见不得人的事，如果被揭露，对于当事人会影响家庭的稳定及对子女的教养，对事业也会有不良的影响。如果男女双方均认为在一起生活不合适可以离婚，而不是背后去发生婚外情。基于这样社会的看法，我们可以看出：患者害怕丈夫会知道而影响自己的家庭。患者多少体会，她跟男同事的关系只是一种感情的游戏，特别是对方已经结婚而没有为了她而要离婚娶她。因此，患者体会要真正用理智来决定是否要走下去。

辅导过程中治疗者站在患者的立场上，帮助她去探讨婚外情的结果；而且是否患者可以承受各种结果。治疗者与患者一起讨论（假设性地）如果万一被丈夫发现的后果是什么，患者能否承受？还有，如果继续保持目前的关系，患者的心理继续处在紧张状态中，还可以承受多久，这样帮助患者去权衡利弊。结果，患者更加的下定决心：为了自己的家庭自己还要用行动来表示分手的决心。接着，治疗者跟患者一起去考虑与思考如何断掉关系的具体方法。譬如：可以与领导商量，不与男同事跑同一趟火车，渐渐与男同事疏远。假如男同事打电话来要求跟她见面时，内心里赶紧去想想被丈夫发现的后果，这样可以减少想见男同事的冲动，采用这些各种要领去跟男同事疏远。

本个案的病情很清楚也容易了解。即：由于工作上的相处而有机会跟男同事长期且亲近的接触；对方（男性领导者）对她的殷勤关切而受影响，而且可以享受对方有能力可以帮助自己的好处。同时，患者本来就多少对自己丈夫有所失望，而且刚好遭遇父亲的去世，由于丧失可依靠的父亲而心里空虚，也就依赖男的领导者，作为弥补性的对象。

有些人发生了婚外情（或者其他被社会人士认为不好的行为）自己内心里毫无所谓，不在乎其后果。可说是"自我容纳性"（ego‐syntonic）的情况，自己的"自我"可以接受并容纳自己（原我）的欲望以及自我执行的行为，也不太在乎对他人的好坏影响，或者外人对他的批评。可是对此患者说来其婚外情的发生，对她是"自我非容纳性"（ego‐dysyntonic）的事情与行为；因此，心里很困扰，也害怕被丈夫和其他人发现。根据她自己的道德观念来说，婚外情是不好的、不道德的，是欺骗自己配偶的行为，受"超我"的批判。而且根据"自我"的评论：万一被丈夫或他人发现，后果不堪想象，也不愿意冒险丧失自己喜爱的儿子。而且患者还考虑：对方已婚而且没有离婚的意思，只是靠对她的帮助来取得她的感情。因此，除了道德上的评判以外，还有现实上的考虑。另外一面，由于感情上的需要，来弥补心灵空虚，再加上对自己丈夫不能干的不满和对方殷勤的帮助，而徘徊于"要或不要"的心理矛盾与困扰之中。很需要他人的协助去解脱其情结，恢复平静（曾/田，2008）。

二、发现丈夫有了另外的女人而数度企图自杀的妻子

患者是 39 岁已婚女性，身材中等、姿色还好，自己来门诊求医治。主诉是：情绪不稳定，睡眠不好要服用安眠药。月经前后病情加重，心烦就不可控制地发火、摔东西；为人处世过分情绪化，惹得别人不高兴。自己说这种情况已经快半年，并解释家庭问题及生理变化为其诱因。

经过医师仔细探问才说出婚姻有问题。原来她是 20 多岁结婚，丈夫追求她结婚的，生了一个孩子。他们夫妻年轻时曾一起下海创业，共同奋斗事业还有成就，开办了公司，经济也很好。哪知，半年前察觉丈夫在外认识一女人。开始睁一只眼闭一只眼，谁知

那女人最近到公司来闹，把事情公开化了，才知道他们已交往有数年了。事情被发觉后丈夫曾提离婚，结果患者很生气，扬言要杀死自己的孩子并自杀，曾吞过量安眠药自杀未遂被送急救，先后有两次。患者说他们夫妻在年轻时曾共同辛苦创业，现在有了钱丈夫就去找女人，丈夫不但背叛她还长年隐瞒，很是痛苦。

医师提醒不要再服用安眠药企图自杀。为了改善情绪给患者开了抗抑郁剂，并提议下次会诊请丈夫一起来。患者听从了医嘱，下次门诊丈夫果然伴诊而来。丈夫个子大，年龄比患者老一些，看来情绪并不很好。医师决定跟夫妻一起会谈。患者说：服用药物后，自己的情绪较好未再发火，但有时仍一阵阵心烦。由于丈夫最近比较配合，对她很好，因此，情绪有好转睡眠也有进步。

丈夫表示：现在妻子情况不好不提离婚的事，但后半生不能保证。他说：每次晚回家太太就闹情绪，总觉得解决不了所有问题。妻子要求性爱不满足就吵并说要自杀，让他很为难。太太总是闹情绪，如果不离很难保证没有冲突。离婚没问题，财产、孩子的事情都可以解决。只是怕她真的杀了他们的孩子并自杀。

妻子说：他们开始婚姻很好，可是这几年婚姻生活极度不平衡。丈夫曾说我们婚姻有了问题，可是我不知出了什么问题。原来我是信任他的，可是后来不断有冲突，周末不回来，回来也分床。最后才知道是被欺骗，外面已经有女人。我认为夫妻应忠实家庭，如果爱别人可以离婚。

医师向丈夫表明目前最重要的是要帮助患者稳定情绪，让患者不再出现自杀行动。至于患者，医师告诫靠自杀行为来拉住丈夫并不是个好办法。要自己控制情绪保证不出现冲动自杀的行为。

数周后夫妻又同来就诊。患者自述：服药并看医师以后，最近心情平静多了，能看书不发火了。丈夫按时回家对她态度好并能体谅她。丈夫出差时有一周睡不好。自己思考婚姻问题，想如果丈夫不改变，还是保持外面的女朋友，或许就自己改变去交男朋友找自己的生活。

第二十章 婚外情的问题

至于丈夫，他说：这几周妻子的情绪明显好转，与丈夫挺亲热。但仍担心会刺激她，可是也不能保证没有外面的生活（指外面有别的女人的生活），不能满足妻子的性要求，希望妻子外面活动多些，不反对她交男朋友。只要她不自杀，怎么都行。为妻子自己已牺牲了许多事，害得他自己的血压高，心脏不好，性功能也下降。除了家庭、公司之外，最近对宗教感兴趣，有自己的精神生活。但是如果妻子自杀了，无法对自己孩子交代，无法过好后半生，无论与谁在一起都不会愉快。

医生嘱咐丈夫，患者虽然好一些但不稳定，希望丈夫在半年之内不要提离婚的事，等患者情绪稳定了再谈。

几个月后，患者单独回来看医师，说她最近情绪比较好些。并说昨天晚上和几个朋友一起出去玩半夜才回来，喝了酒玩得比较高兴。但是跟医师讨论："是否丈夫有外遇，就是自己的失败？""是否她跟丈夫的性关系没让丈夫满足，才要找别的女人？"她说原来是这样想、这样担心的，没有自信，但近来情绪好了，和朋友交往也有自信心了，不认为是自己的失败；她发觉在外面（男女）朋友眼里她还是蛮好的。目前和异性朋友交往，别人对她敬而远之。她也认为保持距离还是好的，如果太近了"可能连友谊都没有了"。她叙述过去曾服药企图自杀。当时吃药时的情况是很生气，感到活着没意义，一气之下把药吃下去了，并没有想到自己离开以后对孩子会有如何的影响。承认过去冲动时想伤害孩子是不对的。她说近半个月来丈夫对她关心，她也就不再想离婚的事了。

两个月以后在医师吩咐下，患者与丈夫一起回来会谈。在会谈里妻子表白：自己的情绪较平稳。丈夫有时外出自己生气，但如果丈夫出去自己也找朋友出去玩就好一些。医生向妻子提问对将来的看法如何：到底丈夫再"回来"有多少希望？她希望回到过去有多大可能性？医生指出：如果希望很小，她对丈夫不再抱过高的希望，自己重新安排生活还是有出路的，就不会折磨自己反而更愉快些。

丈夫对医生的提问，就吞吞吐吐回答："不可能回到原来"，"顺其自然吧"，"我只想过安静的生活"，"不想找一个妻子，只想找丫环"，"现在回家坐不住，心烦，不能看书，回到家就想出去，""至于离婚，不成问题，经济、孩子都没问题。"

会谈后患者向医师表示："我现在听明白了。自己不再骗自己，过去不愿承认丈夫是一直想离婚的事情，但我现在却能够面对"。

日后将近半年的情况是：时好时坏大致平稳。根据患者说，丈夫每天晚上出去快半夜才回来。患者大概知道丈夫在哪，在酒吧唱歌、跳舞……可是不愿细问也能容忍这种状态。有几次丈夫不回来过夜，患者就生气睡不着，可是过后能调整。自己高兴时就到外参加活动，看了几次话剧，和朋友聊天等。患者觉得他们夫妻犹如："体合神离"，勉强生活在一起。有时患者不高兴就向丈夫说："这样不如离婚"，而丈夫说："你如果认为离婚好就离吧"，但事后又不了了之。丈夫表白："我已说得很明白了（大夫也讲的很明白），她不愿离婚我就不提出离婚。到底要不要离钥匙在她手上"。

反正这种情况起伏变化经历了快一年，最后夫妻都想维持现状，日后就没有再来。

总结说来，此对夫妻发生了婚姻问题，主要是丈夫在外偷偷有了女人，已经有好几年。被妻子发现后妻子情绪很不好，不是抑郁就是发脾气，并采用自杀及要杀他们的孩子的威胁来应对丈夫。治疗的重点是使用抗抑郁剂来帮助患者改善抑郁情绪，并经过辅导让患者了解靠自杀与威胁并不能解决问题，不是上策的处理办法，避免这种负性、自毁性的反应。

在辅导的过程中，方法是机动性地采用各种会谈模式，即：主要跟妻子（被认定的患者）单独会谈，有时是跟伴诊来的丈夫会谈，或者有时是夫妻双双一起会谈。主要了解妻子及丈夫双方的意愿，并帮助他们相互沟通与了解。

在辅导策略上，帮助丈夫暂时（半年内）不提离婚的事情，看妻子的意愿如何。即利用妻子需要治疗抑郁的借口下，延迟他们作冲动性决定的时间，无形中渡过他们情绪化的阶段，进入情绪比较缓和稳定的阶段。在这个过程中，妻子不但逐渐恢复，还能开始她自己的社会生活，也能比较客观地去接受与面对已经发生的事实，并以维持现状的心态去面对。

三、叫丈夫与情妇做检讨的妻子

程先生（假名）跟太太俩人一起来接受婚姻治疗已有数月。他们结婚十多年，有个儿子，家庭生活本来还满合意的。程先生工作很热心、能干，已经当主管，手下有十几名员工，蛮有威风的。半年前单位调来了一位年轻的女职员，对程先生很欣赏，常找机会要他给予指导，想要程先生给她提拔升级。这位女职员虽然已经结了婚，但是常向程先生透露婚姻关系不好，遗憾过去未曾碰到像程先生那么好的男人。经过女方下工夫之下，不知不觉之中程先生被这位女士迷上，本来心想自己的妻子没发觉就好。

哪知，程太太从开始就发现有问题。因为，先生常以工作忙为理由而晚回家，并且一回来就说是累了往床上一倒就呼呼大睡。由于当时程太太的父母从别地来住居住了一段时间，而且孩子还住家念书，程太太不愿把事情弄得一家大乱，也就忍着。等到父母离开，儿子也到学校住宿以后，才开始采取行动。她每天傍晚就到先生的单位守着。等到先生与女职员出来后就偷偷跟踪，如此好几次做好记录，证实先生的确有暧昧、越轨的行为。

程太太心里原先还抱着一点希望，或许自己的先生并没有越轨的行为，只是自己过分敏感多疑而已，但经过这样屡次的证实心里受到的打击很大。她脑子里想尽了各种应付的策略：到单位去向女职员当面指责她破坏家庭，又怕把自己丈夫的名声弄坏了；有时想当场抓奸又怕把事情弄得天翻地覆，上了报纸都没好结果；想去向女职员的丈夫通报又怕万一对方先生气愤，伤害了自己丈夫也不行。想来想去，甚至想自己也去找个男朋友报复一下丈夫，但又不知到哪里去找合适的男朋友。这样天天烦恼，夜夜不能入睡，甚至想杀死丈夫，自己也自杀的念头。搞得精神几乎崩溃。

最后还是采用最简单的办法，直接向丈夫摊牌，说明她已经跟踪了好几次已掌握证据。连他们幽会的地点与时间都说出来。先生发觉被妻子抓到事实，也就干脆承认并且要求原谅。可是程太太还不放心要先生写检查，检讨自己的过错。可是发现先生写出来的并没有一五一十地说出实情，认为先生还是不够认真悔过，气得拿出一把菜刀，要求那个女职员也写检讨，并且把女职员带来家里向她道歉，否则一刀乱砍不知要杀死谁。在这种威胁下，程先生只好答应并按要求照办了。

程先生写了检讨，也要求女职员来家向自己妻子道歉后，他的心情变得很不好。后悔自己居然还做出了这样不好的事，让发妻如此痛苦；同时也听了妻子的建议，居然还让自己的情妇受委屈被妻子骂。自己责备自己，心里变得很难过，没有生活的欲望。针对先生这样的忧郁状态，程太太还不高兴，认为先生心里还偏向情妇，继续跟她过不去。最后两人都受不了彼此的折磨，被人劝告双双来看病接受治疗。

很清楚由于程太太有主张、意气强烈的个性，先生的婚外情被破案，非得招供不可。况且丈夫与情妇都被迫写检查做检讨，让程太太掌握证据，以后不敢再来杜绝后患。但是程太太的强力手段却带来副作用，让先生无法招架，心情崩溃，还得看病。

可能是面对这样强悍的女性，让先生对娓娓柔情、懂得奉承男人的女性迷惑上了。可是这种推测不能去探讨印证，只能说是程先生被女职员利用了，把责任都集中到对方女人身上。否则还会引来更复杂的后果。

由于事情已经发展到这个阶段，治疗的重点应尽量放在如何帮助双方平静下来，恢复夫妻的感情。虽然妻子心里还觉得不平衡，说："我们家闹得天翻地覆，她的先生还不知道；我应该闹到她的家里去，让他们也闹个天翻地覆"。可是治疗者提醒她说："虽然心里还有一口气，但是那样做对你们夫妻并没有什么好处"。

其实，刚刚来做夫妻治疗时程太太心里还是满腔的怨气。一想到丈夫婚外情的事，随时挖苦先生。譬如，丈夫说上次做的西装做得不合身，程太太马上就接腔说："定做西装时你正在跟那个女妖精乱搞，所以没有心情好好去定做西装"。最近先生心情不好连带的也发生阳痿，妻子就半生气半解嘲地说："被女妖精折磨够了，没精了"，害得丈夫很难为情。针对这种情况治疗者向程太太说明所遭遇的事是会让她一辈子生气，不容易解恨的；但是总是挖苦丈夫，收不回来他的心，最好多体谅些、原谅些。

总之，治疗者随着需要，要替（被妻子压迫的）丈夫说话，帮助他改善心情，圆满夫妻的关系，希望能把他们夫妻的感情重建起来（曾/吕，2001）。

参考与引用文献

1. 汤胜蓝，潘毅，张德秀，俞顺章．农村妇女性卫生知识和性心理调查．中国心理卫生杂志，1990，4（3），104 - 106．
2. 曾文星．心理治疗：解析与策略．第二十七章：受婚外情困扰，难以自拔的女人（田峰）（407 - 418 页）．北京：北京大学医学出版社，2008．
3. 曾文星．夫妻的关系与婚姻治疗．第三者介入婚姻的问题。个案二十：叫丈夫与情妇做检讨的妻子（吕秋云）（217 - 220 页）．北京：北京医科大学出版社，2001．
4. Brown, EM. Patters of infidelity and their treatment. 2 nd ed. Ann Arbor, MI: Brunner - Routledge, 2001.

第二十一章　离婚的问题

第一节　离婚的趋势与常见的理由

假如一对夫妻的婚姻不美满缺乏感情，夫妻关系不美好，或者有第三者的介入而扰乱夫妻关系就会引起严重的婚姻问题。有的就想干脆结束已有的婚姻关系暂时分居，甚至进而办理离婚。在过去传统与保守的社会里，离婚的发生比较少。因为大家都认为一对夫妻结了婚就该厮守一辈子，是终生契约的婚姻关系。假如生育许多孩子，为了子女的缘故，父母不敢随便谈离婚的事情。再者，由于社会上人们不赞成离婚，而且对离了婚的特别是女性有特别的看法，离婚后不那么容易再婚。因此，考虑实际离婚的情况很少。但是在现代化的社会里，大家比较注重情感的需要。假如夫妻没有好的情感与关系，特别是发生了婚外情等事情，婚姻就容易破裂。况且社会风气变得比较接受离婚的趋势，因此离婚变得比较普遍。在欧美社会里离婚率很高，几乎结了婚的夫妻一半都会以离婚终场。至于在东方的社会离婚率还比较低，但是有逐渐增高的趋势。

现代的男女喜欢经过自己谈恋爱结婚。但是心理上却缺少如何找适当异性对象的知识与经验，并且少考虑客观性的条件，只是注重外表、情感等因素。一旦结婚进入现实的生活就发现许多困难。因此年轻人婚后就离婚的比例上多。有的中年夫妻，当他们的子女长大以后，养育子女的责任减除了，假如他们夫妻一起过的婚姻生活向来并不美满，也就考虑离婚而结束婚姻关系的也不少。特别是当他们年轻时是经过家长的安排而结婚的，本来就没有特别的情感。有些夫妻当他们壮年时期看来还好,平日忙于在外面的工作,夫妻只有在夜晚或周末有较少接触,还可以相处,但是等到丈夫或妻子双双退休以后,整天俩人在家里过面对面的生活,却会发现彼此格格不入,不容易相处,考虑离婚来解除其痛苦是中老年以后才来的离婚原因。

在国内就离婚的情况进行调查的报告不少。比如:就长沙市来法庭起诉离婚的原告 100 名跟(通常人的)对照组做比较。经过量表测试得知:跟对照组比较起来,求离婚的其夫妻间的凝聚力低、适应性差(况且现实的情况与期待的情况差距大),而且夫妻彼此交流沟通的方式与水平都低,常以夫妻间虐待等负性交流为多(李与杨,1990)。可见夫妻关系基本上不好的容易导致离婚的情况。

考虑离婚的夫妻随其社会背景而会有地方性的若干差异。譬如,针对城郊与山地不同地区提出离婚诉讼者的情况做比较发现有不同的理由。即:城郊以婚外恋和家务纠纷为主,而山区以家庭纠纷及感情差为多(徐等,1997)。

但是经过这样以量表做调查,想去了解夫妻私人性的心理有若干的限制;需要依靠比较仔细的临床上的探讨。针对正在申请离婚或刚离婚而患神经症的门诊患者(共 65 例)给予临床治疗。在辅导初期,这些患者所申诉的离婚原因(一个人可提几个原因),以夫妻性格合不来为最多(22 例),第三者的插入(19 例)及婆媳不和(15 例)为其次。但是经过一段治疗时间,跟辅导者逐渐熟悉,可以谈心了,有些患者(26 例)才最后讲述他们离婚的(最主要的)原因是:性生活不和谐。可见对他们说来,性生活的不和谐是很重要的离婚原因。可是在初期的调查里只有少数(10 例)患者提出这个原因。只有等到跟辅导者熟悉后,才会透露比较私人性的问题(钟等,1988)。可见考虑离婚的心理因素是多层次的,包括社会通常认可的借口以及私人性的理由、是复杂的综合因素导致的,而且是动态性的变化。在辅导时要注意这一点,去探讨夫妻考虑离婚的意识性与潜意识性的各种理由才能有完整性的把握。

第二节 离婚的抉择与执行

一、离婚的决定

是否要分居或离婚是人生里重大的事情，当事人常不容易做决定。特别是过去有过一段要好情感的夫妻，即使发现婚外情很生气，但仍会有双相性的感情（ambivalence）的上下起伏。也就是说一下子想离婚，但另一会儿又不那么想，摇摆不定呈现犹豫不定的心理与情绪现象是常见的情形。有些国家，法律上会要求提出离婚的夫妻去接受并经历婚姻辅导的过程，再做最后的决定。这样的做法其原意固然好，但是实际上有多少作用不得而知。特别是每对提出离婚的夫妻都需去接受婚姻辅导的话，还得有足够而且有职业水准的辅导者才可以。因此，还要慎重考虑与执行，要选择性的提议接受辅导。在离婚率高的欧美社会里，从事婚姻辅导工作的专业人员很多，并且有许多著书，讨论如何协助婚姻不满而考虑离婚的夫妻如何提供适当的婚姻辅导（Folberg et al., 2004; Gottman, 1994; Margulies, 2007）。

从辅导的立场来说其主要课题是去帮助夫妻当事人能彼此冷静，等感情稳定以后再去做较理性的决定。辅导工作要帮助他们去考虑假如维持婚姻，有怎样的困难，要如何去处理；而假如决定离婚，又必须面对哪些情况，如何去应对。这样经过各方不同的情况去思索与分析，才能作出比较客观的决定。毕竟离婚是很重大的事情。俗语说得好，泼出去的水不容易收回来，凭一阵子的情感反应而决定离婚，要好好三思，要考虑对夫妻彼此的影响，对子女的影响，还要慎重考虑对将来的影响，等情绪稳定后再做这种重大的决定才好。

不但要考虑离婚，还得考虑离婚后是否容易再婚的情形。离婚后是否可以找到更理想的异性对象是个现实上的考虑。比较保守的社会对离婚的女性有时会有不同的看法，对女性来说是不利的。特别是已经有了孩子，其所受的限制增加。

假如有孩子时要考虑由谁来养育的问题。不能只顾虑到大人的处境，要特别思考对孩子的利益及对将来的影响，尽量减少不良的后果。要根据孩子的年龄、性别、成长上的现实与心理上需要来考虑，还要去衡量夫妻双方的情感关系，必要时要请专家以专业及中立的立场来做参考，千万不能意气用事。事实上有不少夫妻以报复性的心态去争取或抢夺子女。有的只认为子女该属于父姓的家，应归给男方养；有的认为养育子女是麻烦的事想办法丢给对方去负担；有的把子女变成是夫妻为了婚外情的发生而发泄情绪的对象，让发生婚外情的对方无法跟子女接触，剥夺其亲子接触的机会来报复。这些都是因为神经质的理由而决定子女的归属问题。从儿童心理卫生的角度看来，孩子们需要父母双方的关心与照顾，假如能考虑到这一点，是不幸中的万幸。可减少对小孩已造成的心理伤害。

二、离婚的执行

一旦决定分居或离婚，要如何去执行也是很重要的事，会严重影响离婚后的相互适应。假如两方都还是很闹情绪的话，可能不欢而散，甚至于吵闹而分别，日后都不愿意见面、沟通、来往，可以说是最不好的情况。假如有孩子的话，不管是由哪方来抚养，都会失掉由双方父母轮流照顾子女的可能性，对孩子很是不幸。最好的情况是两方还能平静沟通协商安排离婚后的事情，包括子女的养育与定期让亲子会面的事情。

不用说离婚是痛苦的事，对夫妻与子女都是如此。往往要经历数年后才能稍微平静些，可是仍会继续影响终身，不能完全抛弃和遗忘。有孩子时对孩子的影响也是如此。因此，一旦决定要离婚，就要想办法去减少将发生的裂痕与打击。譬如，对孩子们要解释父母要离婚的理由在哪里，要说明是父母相处上有困难与矛盾，但是跟子女本身没有关系。因为有些年龄幼小的小孩会误解是因为他们孩子本身不好，不听父母的话，惹了祸父母才闹离婚，会增加他们的罪恶感。有些年纪稍大的青春期的孩子，对异性关系刚刚感兴趣的阶段，对父母的离别会有不同的反应。假如知道是父母发生了婚外关系而闹离婚的话，会对发生婚外关系的父母怀着怨恨的心理，认为其背叛了家庭，长久不会原谅。

第三节 辅导的要点与技术

一、探讨想离婚的理由并分析其辅导的适合性

（一）了解提出离婚的动机与情况

长期性的思考结果，或者是一时性冲动的决定——作为辅导者首先要去了解的是一对夫妻提出离婚的要求是因为一时性的闹情绪，还是遭遇不愉快的事情（如发现婚外情的情况）而突然提出的要求，或者是长期思考觉得受不了困难而不美满的婚姻，而终于提出的建议。因为两者有不同的意思，也有不同的后果的关系，要针对不同的情况而去进行辅导。

是否只是警惕性的目的，或者是真的要求——这是很重要的事情。即辅导者要能在不同的层次去体会，一对夫妻提出离婚的要求其心理动机如何，不要被口头上的申诉单纯的接受，而要以动态心理的角度作考虑、分析与判断。通常情况女性遭遇婚姻上的困苦容易开口要求离婚，而这样的口头提出只是向丈夫提出对婚姻问题受不了，要求丈夫要去注意并求其改善的沟通信号，是个警惕性的作用罢了。假如丈夫甚至辅导者不能这样去了解，并且只就其口头上的要求而做出反应是个错误的。我们要了解女人是个弱者；针对男人说来有时感到没有好办法去应对，因此只好采用唯一可采用的消极威胁,来取得男人的注意与关心。这跟开口喊要自杀的是同样的心理。

相反的假如男人开口要求离婚那就有不同的性质。男人通常不容易开口说要离婚,一旦开口这么说可能是真的有决心离婚。当然有时是为了妻子常喊叫离婚而生气的脱口而说要离婚也说不定。因此作为妻子不要稍微闹了情绪就喊着要离婚。等到丈夫受不了开口答应就不好了。假如,丈夫很冷静地提出离婚的要求,那就是认真思考而来的结果与要求,要慎重考虑。

是否另有背后目的而来的要求——有时夫妻一方提出离婚的要求,其主要原因乃是想离婚后,跟婚外已经有的情人结婚。但是往往隐瞒有情人的情况而找各种婚姻不美满的理由而提议离婚。假如不知道这样的情况,还针对所提出的婚姻不美满的理由而想尽力去辅导,是浪费性的辅导。因为,为了隐蔽的背后情人已经铁定要离婚,因此,也就马虎地应付辅导的工作,最终还是想离婚。

(二) 有深度的体会想离婚的各种理由

是受一时性的情绪创伤,或慢性不良关系而累积来的理由——在辅导的开头就要马上弄清楚,想离婚的主意是因最近遭遇了情绪上的创伤,而一时想离婚的,还是已经长久就有的想法。假如是数年来一直考虑只是没有公开提出,现在时机到了才提出的情况,是比较坚决的决定,难于更改。

譬如,长年来就不满意夫妻的关系,只是为了孩子的关系而勉强维持夫妻生活在一起的状况,实际上是体合神离已经有好多年。现在等到孩子长大(如大学毕业或者结婚成家),而提起夫妻要离婚的事情是计划性的决定。想依靠辅导挽救婚姻,其效果不好。假如是最近发现配偶犯了不可原谅的事情,伤害了情感而一时冲动性提出的,或许还有依靠辅导来挽救的可能性。

是公开性的借口,或者内心的理由——这是辅导者接着要去了解的课题。到底夫妻双方所提的,只是讲给人听的、可公开性的理由（譬如：两个人的性格合不来、没有感情等），还是内心里真的烦恼、不高兴、不满意的理由（如：嫌弃丈夫没出息或不可靠；妻子行为常不检点；性关系有问题无法满足等）。这是要经历长期的探讨，要有技术与要领去分析的问题。有了比较清楚而正确的理由，就比较容易决定是否给予辅导，往哪个方向去协助夫妻。

是现实性的理由，或者是神经质性的动机——这是比较难的诊断课题。要去了解是意识性的、客观性的、现实性的原因，还是配偶一方（或两方）的神经质性的理由。所谓神经质性（neurotic）的理由，是跟目前的配偶对象无关，也跟实际的夫妻关系没有直接的影响，而是配偶自己个人性的、潜意识性的、没有现实性根据的理由而想离婚。譬如：自己的父亲曾经有过婚外情，欺骗过母亲，而让子女觉得配偶是不可信任，深信配偶早晚会欺骗或背叛自己，也就不信任自己的配偶，为了点小事情就决定趁早离婚，免得被抛弃。这是跟自己的过去有关，而跟目前的情况没有实际的关系，可以说是病态性的想法与情结而发生的动机。这样的情况需要依靠个人性的心理辅导来帮助，处理脱离现实的情结。

（三）比较可以接受的离婚要求

虽然想离婚的理由有许多，但是有些理由是可以理解的原因，也是法律被接受的理由。大半都是长期性的婚姻不良的理由。

性关系本身无法改善的问题——配偶之一患有基本的性伪常（如同性恋）或长期性的性功能障碍，夫妇之间长年来无法执行男女的性关系，在情理上比较容易被接受其离婚的要求。有些社会规定，假如夫妻一年或两年之内，都没行房事，就有理由根据法律而提出离婚的要求。

长期性的被配偶虐待或暴行——假如配偶之一（通常是丈夫）长期性的虐待另一配偶（即妻子），或者重复性施予暴行，有明显且具体的证据，情理上及法律上也就比较容易接受离婚的要求。

长期性的酗酒、沉醉于药物滥用、好赌的恶习——假如配偶之一（通常是丈夫）有明显的证据证明患有酗酒、滥用药物、好赌等行为问题,严重影响夫妻关系及婚姻生活,是长期性的问题,也容易被接受是离婚的理由。

这些问题的性质跟其性格本身有关,被认为是不容易改善的情况。要有具体的事实作证明,才有力量。假如是一时性的、冲动性的提出离婚的要求,常被采取比较保守的态度与反应,要求配偶在情绪冷静下来后再理智性地去考虑。因为离婚毕竟是人生重大的事情不能草率的决定。有些社会采取比较谨慎的态度,在法律上要求渡过若干时期(如半年或一年等),等待观察期过后才允许做最后的决定。

二、帮助考虑各种情况的好坏结果与影响

我们在讨论婚姻辅导的特殊技巧(第八章)时,曾提出一种特殊技巧,是:"过境设想",或者是"引导性想象"(潘,2005)。即让夫妻去想象事情不能解决时,可能会发生的各种情况与结果,让他们假设性的处身设想。经过这种预测性的想象,让他们体会是否可接受其想要的结果,希望能较理智性的作判断,如何决定取舍。这对考虑离婚的夫妻是值得试用的辅导技巧。即:针对一直受一时情感的影响而一意想分离的夫妻,治疗者可提议让他们去讨论,假如离婚以后,如何安排居住,如何负担经济,如何分配及养育子女,是否要再婚,再婚后与子女如何相处等。经过对这些现实的预测性的探讨,让他们过境设想,考虑实际上会遭遇的各种情况,彼此会发生的反应及可能处理的方法。经过这些很现实的情况去进行引导性想象与接触后,回头再考虑是否要朝此方向做选择。有些一时情绪冲动而提议离婚的夫妻可能回心转意,重新考虑正性的改善他们目前的婚姻关系。这是针对提出离婚要求的夫妻都可采用的辅导技巧与程序。

三、协助双方情绪稳定而做出比较客观与合理的决定

(一)避免情绪激动时的决定

这是最主要的原则,不在情绪激动的时候做有关人生重大事情

的决定。辅导者要帮助他们稳定情绪，比较理智性的做判断与决定是否采取离婚的途径。

（二）等待情绪稳定后，在若干时期后再做决定

不但要情绪稳定下来，最后劝导要经过一段时期的考虑再做最后的决定。特别是情绪还在呈现上下无法决定，日日变化的阶段，一定要等其情感的双相状态平稳以后再做决定。

（三）先尝试分居，后决定是否离婚

最后一个办法就是要先尝试分居若干时期（如三个月或半年等），实际经历夫妻分开居住的阶段，尝试夫妻不在一起的情形然后做最后的决定。

四、辅导者要让夫妻当事人自行做决定

（一）遵守人生重大事情由本人做决定的辅导原则

这是最基本的辅导原则。即：不能由辅导者替夫妻做他们人生重大事情的决定；要夫妻自己做决定。辅导者有时可以提供意见，但提供意见也要很小心。辅导的主要功能是帮助夫妻去了解他们想离婚的真正动机，去审查动机的适当性。并且考虑事情可能面对的各种好与坏的可能性，要有预测性的看法。

（二）了解要求离婚的动态性机制

这也是辅导者的职责之一，协助夫妻去看出他们想离婚的动态性理由及机制，即能看出他们为何考虑离婚，是否是根据现实的原因，或者是基于个人神经质性的心理因素。

（三）需要双方都同意的决定为宜

这是最后要考虑的情况，即希望是夫妻双方都同意的决定，而并非一方强迫另一方去接受的决定。有时一方配偶想跟自己的婚外情人结婚，就强迫配偶勉强接受离婚的提议。有的却是相反，因知道配偶已有情人，就故意不答应离婚只肯分居，让婚姻僵局长期维持下去，不让配偶得到离婚而跟情人结婚的目的。可以说提出离婚后可能发生各种结果。

五、督促情绪平稳的去接受离婚的过程

谈离婚时不单要决定夫妻在法律上废除其婚姻的关系，但还牵涉到去决定许多现实上的种种情况。可能包括：夫妻的财产的分配，是否一方向另一方提供赡养费等的条件。也会牵涉到他们住屋的情况将如何：是否一方继续居住，而另一方迁出；或者变卖而分其住屋有关的财产等；假如有了孩子还得讨论与决定养育权，哪方可以养育或者轮流养育，或者可有探望的机会等，谁要提供养育费等，都是一连串要去做决定的事情。有的要通过律师而协商，但多半是夫妻当面商谈。为了这些细节希望夫妻能比较客观而且合理的相互讨论并做决定。但是这些事情往往并不那么简单与单纯，有时会牵涉到情感上的争执。辅导者的职责就是帮助他们能尽量客观地去商谈并且做决定，少留下怨恨的关系。

六、注意离婚后的心理与生活上的适应

从心理辅导的立场说来，还得帮助想离婚的夫妻去了解，并不是一离婚解除了法律上的婚姻关系，夫妻的关系就如此简单结束。一旦离婚后还得经历长期的适应的。特别是过去曾长期生活在一起的夫妻，突然改变其一起生活的情形，失掉另一半可能会感到丧失的感觉。也可能感到自己的婚姻失败了的颓丧心理。假如有孩子的，不管是负责养育与否都需要心理上的适应。养育孩子的，要开始以单亲家庭的模式去负责养育与管教子女的责任。而没有子女养育的，很可能会感到子女的丧失。

毫无问题还得考虑生活上的经济情况。是否能定期的提供养育费或会收到养育费，是否有足够的经济来源都是现实上的问题。

假如离婚后原来的配偶开始交新的异性对象，甚至在街上碰到了，会如何感觉，如何应对，都是一连串的心理反应，常是事先无法想象到，或可做准备的情形。假如听到消息，原来的配偶已经跟另外的异性对象将结婚，那又将会如何反应与应对，这些都

是在离婚后要经历与面对的连续性问题与心理课题。因此，从专业的立场常鼓励接受离婚后的辅导，起码应辅导一段时期。

第四节　个案说明

一对夫妻常考虑以离婚的方式结束他们的婚姻问题；可是夫妻对离婚的决定常有各种不同的反应。有些夫妻闹情感危机时，虽然嘴里会提出离婚的事情，可是心里却不见得如此。有的受了婚姻上的打击就想离婚；有的发现了配偶闹婚外关系，有不贞行为而受不了就赶紧离婚，可是心理上却无法跟离婚的配偶终止其情感，发生一些微妙的行为反应。这些是在此举的各种例子。

一、因提议暂时分居而来向治疗者发脾气的妻子

问题的发生

这是一对年龄都在40岁左右的夫妻，两个人一起前来就诊。丈夫是学校教研室的主任，负责教研室的工作。本教研室有一名30多岁的女教师，女教师的夫妻关系不好，有时跟她的主任（即本患者的丈夫）聊天倾诉自己的不幸，患者丈夫听了并表示同情。有一次女教师给这位主任写了关于自己苦恼的纸条，结果当妻子给先生洗衣服时，从衣兜里发现了纸条。从此，妻子开始怀疑丈夫对自己不忠，每天晚上丈夫回来妻子总是反复追问丈夫是否和那个女的有性关系。丈夫始终拒绝承认，说跟她只是工作的关系，自己是领导，有时对下面的教师关心一下，没有做出什么出轨的事。可是妻子总是不信任，每天都要因为此事而争执到深夜，使得丈夫隔日上班时都会觉得精力不够。这种情形已经持续几个月了，妻子为此不愿意和丈夫过性生活。她认为如果丈夫确实有外遇的话，就要求和丈夫离婚，但丈夫坚决否认有此事，妻子表示高度怀疑。由于她的情绪很不好，目前已经不愿意上班或者做家

务，整天总是在想这件事。

当治疗师单独跟丈夫会谈时，向丈夫询问有关情况。丈夫拒绝承认和办公室的女老师有性关系。丈夫诉说现在妻子每天晚上像审犯人一样纠缠不休，每天到很晚，已经影响自己的工作了，丈夫认为妻子可能是精神有问题，要求医生给她治疗。医生问患者丈夫假如承认有外遇会怎么样呢？丈夫说那很可能患者要求离婚。医生又说能否两个人先不离婚，暂时分开一段时间，看双方的感受如何，丈夫觉得可以尝试。跟丈夫个别会谈结束后，并没有跟夫妻双方会谈，患者和丈夫一起离开诊所。

问题的结果

几天后患者（妻子）跟她的姐姐一起来找医生，进门诊会诊室，不顾医生正在和别的患者谈话，开口对医生大吵大骂，说医生缺德等。患者的姐姐说，上次患者和丈夫一起来咨询回家后丈夫对患者说医生让他和患者分开。结果患者难以接受，整夜不能入眠，觉得活着没有意思想要自杀，今天来就是要对医生出这口气。医生给予解释患者不听，吵闹了一段时间，在姐姐的劝说下才离开。临走前患者姐姐还说要是患者发生了意外的话，要医生承担法律责任。

分析与讨论

回头想来，上次治疗师跟丈夫单独会谈时所提的建议非常糟糕。因为患者（妻子）虽然跟自己的先生总是吵闹得不停，但是内心十分不愿意离婚，也不希望丈夫真的承认有外遇，只是在心理矛盾下拼命追究。这时丈夫非常苦恼妻子的反复追问和猜疑，而医生的建议正好合乎丈夫的需要，也正是妻子害怕发生的情况，加上丈夫冠冕堂皇的和妻子说是医生的建议，所以妻子会把对丈夫的怨恨转嫁到治疗师身上。

从后果上说来，治疗师针对这样因怀疑可能有婚外情而吵闹的夫妻，要一步一步地进行辅导。首先要在夫妻双方会谈的场合里容许妻子有机会发泄对丈夫的不满，让丈夫有机会认真听取妻子内心的倾诉与烦恼；而治疗者要表示同解心，体会妻子情感上的痛苦，这样就可以减轻妻子内心情绪的痛苦，可以稳定她的情绪，然后可以进一步的讨论如何重复建立他们的关系与情感。同时要让丈夫当着妻子的面表达他对家庭有责任感，表示不愿意离婚的愿望。要让丈夫叙述他自己目前被妻子反复审问的烦恼，要讨论如何尽早结束夫妻间负性的相互反应。总之，治疗者要帮助妻子平息她过分的情绪反应，并且帮助夫妻去共同寻找补救问题的办法，脱离情感困难而没有出路的目前情况（曾/朱，2008-a）。

二、被老板强暴而没告诉丈夫的妻子

问题发生的经过

这个案例发生在夏威夷。唐太太（假名）是华裔、三十几岁，嫁给五十多岁的白人丈夫，婚后已经十多年，没生孩子，但夫妻关系向来还好。由于唐先生近年来身体欠佳，年龄也不小，办理半退休手续常在家，而唐太太在一家商店里替四十多岁的老板做事。这位老板是韩裔，对唐太太有兴趣，半年前故意找机会，乘打烊后俩人留在店里结账时向唐太太提出强迫性的性要求。唐太太因怕力壮的老板逞凶，不敢反抗也就顺从了。事情发生后唐太太没报警，也没告诉自己的丈夫。一方面想还要保住这份工作，另一方面想反正已经发生了就不了了之。哪知上个月，发觉店里另外一位年轻的女店员在哭泣，得知她也被老板侮辱，也是使用同样手法，利用打烊后奸污。这时，唐太太心里涌上来一股气，发觉原来老板是拈花惹草的色鬼，对别的女人也动手脚。唐太太就联合年轻女店员一起去报警、打官司、告老板。虽然官司打赢，也得了一笔遮羞费，可是问题却发生了，因为打官司后，唐先生头次发觉自己的妻子曾被老板暴行，可是妻子却一直隐瞒着从来没告诉他。他的心情忽然坏起来，消沉、闷闷不乐，也无法谅解自己的妻子。结果，他们的婚姻关系近崩溃，提出离婚的要求。还好经朋友的劝解来看婚姻治疗者。

讨论与分析

对这对夫妻要考虑他们各自的个人心理，同时要帮助他们夫妻关系。从妻子的情况要考虑当时妻子没有马上向丈夫报告或告老板的心理状态。我们作为治疗者只能推测几个可能性。最单纯的是女的被施暴后，害羞、怕人知道这种事情的发生，想一声不响地隐瞒起来免得麻烦。有不少内向、胆怯的女人采取这种弱者的反应。有的害怕被丈夫怀疑或责备自己是否疏忽了，才让这种事情发生，唯恐丈夫将来对自己的看法不好。对丈夫没有信心的妻子，不知丈夫是否会无条件的支持自己时，有些妻子就会采用这种反应。有的特别需要工作来维持生活，不想丢掉目前算是好的工作，也就只好忍声吞气的接受委屈。最后的一种可能性就是这位妻子对老板还有好感，私自里喜欢老板，虽然被强迫发生了关系，但解释老板对她有暗情，也就（乐意）接受已发生的事，不想告诉自己的先生。可是，一发觉老板对她并没有特别的情义，对她只是跟另外年轻女店员一样的去占便宜，玩弄她而已，这时马上很生气，表现出的气愤反应。

至于做丈夫的，年纪较大身体又不好，向来对年轻的妻子在外面跟年轻、体壮、有财力的老板做事，内心里可能早持有不安之感。现在不但发觉自己的妻子被老板污辱了，而且还发现妻子原来隐瞒了快一年多，就增加了许多想法，怀疑自己的妻子到底内心存着什么想法与意图。无形中印证了自己过去的担忧，更是让他痛苦、沮丧和忧郁。为了自己的面子就提出离婚的要求。

虽然这对夫妻所面对的并不是通常的婚外情，是被第三者强行介入，打击且破坏婚姻关系的例子。可是所发生的心理效应跟普通的婚外情例子相同，要把微妙的个人内心与复杂的俩人关系并行考虑，并做适当的处理与治疗。

辅导的要领

针对这样的夫妻问题的婚姻治疗要采取不同的施行方式，即首先跟丈夫与妻子分别做个人会谈，了解他们各自的内心情况，并且肯定双方都有意愿去克服外来的挫伤而和好后，才施行夫妻双方的会谈。由于对方老板是拈草惹花的男性，首先提议他们夫妻都要去做艾滋病的检查，慎重预防。

至于在夫妻治疗会谈里尽量采用"改观重解"（reframing）的治疗技巧与要领，帮他们夫妻往好的方面做解释，化解疑惑，维持他们快将破裂的夫妻关系。譬如，向先生说明有些女性的确怕丈夫反应大，不敢透露被强暴的事情是常见的情况，并没有其他心思；指出妻子是受害人需要丈夫多支持。至于妻子则让她知道自己有心理困难时要依赖丈夫，做先生的才会高兴。

辅导者还提议妻子暂时不要到外面去做事，等丈夫的情绪好转后经得先生的同意再到外面工作，免得让先生继续多疑、焦虑。最好俩人能一起出去旅行或游乐，共度夫妻和好的时光，恢复俩人的情感。经过个人与夫妻共同会谈的方式，举行了数次的会谈与辅导，还好唐先生恢复了他的情绪，也打消了想离婚的念头，而唐太太也特别对先生好，想保持他们的婚姻关系（曾，2001）。

三、想惩罚发生婚外情的丈夫而自己找男人的妻子

这是个很有兴趣的个案。患者发现自己的丈夫有女朋友就跟丈夫离婚，可是自己却跟丈夫女朋友的丈夫要好，心里想惩罚（已经跟她离婚的）自己的丈夫，但发现自己搞上的男人并不好，比离婚的丈夫还差，又很不开心也很后悔。这是表现对离婚所发生的特殊心理反应与行为。

治疗者报告：患者张茅（假名），女，34岁，文质彬彬，皮肤白皙，戴眼镜，涂很艳的口红，走进咨询室后开始叙述她自己的

第二十一章 离婚的问题

心理问题。

她说最近很矛盾，心情不好，情绪有些低落，睡眠差。接着叙述她最近遭遇的事情。原来半年前她发现自己的丈夫有外遇很生气。丈夫是某学校老师。丈夫的外遇对象是一位比（患者）自己年龄还大的女人，并且长相还没有患者本身好，让患者心里觉得很不服气。患者自己是高职专业人员，在某单位工作，工作能力很强，大家都很看得起。患者还说自己的个性强，工作中历来都比较先进。

患者发现丈夫外遇后坚决和丈夫离婚。她在解决婚姻纠纷的过程中曾经和丈夫外遇女人的先生接触过。后来她跟这位先生曾经单独一起聊天，并且不久两个人好上了。后来，她心里仔细想想好像两家夫妻相互对换了一下，但她发觉自己比较吃亏，不服气心理不平衡，最近睡眠也不好。

患者表示自己长相和工作都比对方（现在搞上的男人）好，而这个男人比自己过去老公还差。如今换了这个新的恋人心里觉得不平衡。她说：当初主要是要惩罚自己的老公。辅导者指出：已经跟自己的老公离婚，已经不是自己的老公了，为何还要去惩罚他呢？这时患者好像明白了自己的行为缺乏理性，是对自己不负责任。患者的性的放纵不但没有惩罚到原来的老公，反而使自己感到很吃亏，心情郁闷，增加了患者的情绪反应。

从心理学的立场我们可以了解：患者不是喜欢对方的先生才发生关系的，而是为了报复自己的丈夫，包括对丈夫的外遇女人的惩罚（与竞争），而跟外遇女人的先生搞上的。或许对方的先生也是为了报复自己（发生婚外情）的老婆，才和患者发生关系的呢？总之，说明患者和对方的先生发生关系，是"病理性"（"神经症性"）的男女关系，是对自己丈夫发生了婚外情离婚后的心理反应的结果。这样的男女关系不会长久，不会有结果。因为除了性以及报复、惩罚的心理以外，没有别的正性因素与条件（基本的男女感情与相对称的条件）可以帮助他们连接上去。如果患者真的希望离婚后再结婚的话,应该找个自己真正喜欢、有感情的、相配的对象,这样才是"正常性"("健康性")的男女关系,才能够保持长久、有希望的婚姻关系(曾/朱,2008-b)。

参考与引用文献

1. 李凌江,杨德森. 生活事件、家庭行为方式与婚姻稳定性——100名离婚诉讼者配对对照研究. 中国心理卫生杂志,1990,4(6),257-261.
2. 钟友彬,谭玉慈,张坚学. 性生活不和谐在离婚中的作用. 中国心理卫生杂志,1988,2(2),76-77.
3. 徐作国,刘文华,孙吉华,战玉兰,曲作腾,姜守亭,姜德国. 105对离婚诉案对照研究. 中国心理卫生杂志,1997,11(1),21.
4. 潘成英. 婚姻危机的短期心理治疗. 中国心理卫生杂志,2005,19(10),712-713.
5. 曾文星. 心理治疗:督导与运用. 第十二章:个案一:因治疗师提议暂时分居而来向治疗者发脾气的妻子(朱金富)(311-315页). 北京:北京大学医学出版社,2008-a.
6. 曾文星. 夫妻的关系与婚姻治疗. 第三者介入婚姻的问题:个案十九:被老板强暴而没告诉丈夫的妻子(215-217页). 北京医科大学出版社,2001.
7. 曾文星. 心理治疗:督导与运用. 第四章:个案二:想惩罚发生婚外情的丈夫而自己找男人的妻子(朱金富)(84-88页). 北京:北京大学医学出版社,2008-b.
8. Folberg, J., Milne, AL., Salem, P. Divorce and family mediation: Models, techniques, and applications. New York: The Guilford Press, 2004.
9. Gottman, JM. What predicts divorce: The relationship between marital process and marital outcomes. Hillsdale, NJ: Lawrence

Erlbaum Associates, Publisahers, 1994.
10. Margulies, S. Working with divorcing spouses: How to help clients navigate the emotional and legal minefield. New York: The Guilford Press, 2007.

第二十二章　与再婚有关的问题

第一节　再婚的动机与目的

一对夫妻因婚姻不美满而离婚后，想再跟别的异性对象结婚是理所当然的事情。可是离婚后再找异性对象结婚，可能有各种不同的心理与动机，直接或间接地影响再婚后的适应情况与结果。有的其动机不健康是神经质（neurotic）的理由，而有的是比较健康的理由。因此，让我们就各种再婚（remarriage）的不同心理动机及目的，从最病态的情况到比较健全动机的情形而分别讨论一下。

（一）应对离婚的创伤打击

由于离婚后受了心情上的打击，就赶紧再找异性对象并且赶紧结婚。特别在离婚前发现自己的配偶有了婚外的情人而要求离婚时，自己也赶紧找个对象，并且（草率）地结婚，内心里想跟对方（原配偶）平衡对抗或报复，是想处理自己内心里的情绪问题的反应。由于被迫离婚以后，对自己产生了自尊心方面的疑惑，担心自己不是很好的配偶，就赶紧再结婚，想向自己证实自己仍是有人要的，因此是神经质性的反应行为。这种神经质性的理由而发生的情况，最极端的例子是跟原配偶情人的配偶结婚，譬如：妻子发现自己的丈夫有了情妇，就刻意地跟丈夫情妇的先生去发生关系并结婚，好跟自己的丈夫去对抗与报复（曾/朱，2008-a）。不用说有这样报复性的动机再婚的是不会有好的结果。

（二）应付离婚后心理的空虚

这好比跟异性朋友闹翻了以后，不堪其寂寞而赶紧再找别的异性朋友来弥补其空虚是一样的情况与道理。即：离婚后没有配偶做伴，心里感到空虚，生活没有内容，就赶紧随便找个异性对象而结婚。这主要见于有依赖性格或自恋性格倾向的人，要靠他人来弥补自己生活的寂寞，而采取再婚的办法来填补空虚，也是动机不很健全的再婚。

（三）为了孩子的需要而赶紧再婚

离婚后争取或被决定负责养育孩子，但觉得单亲来养育子女有缺点，乃试图找个异性对象来结婚，好有异性父母来一起养育子女的情况。由于其再婚的目的主要是为了子女，是为了孩子而物色适合孩子或会喜欢孩子的对象，而不是主要为了自己需要配偶，并没刻意去找适合自己而有感情的配偶而再婚，也不是很理想的情况。

（四）弥补丧偶的孤单而再婚

有些人（特别是丈夫）失掉了配偶（即妻子），自己无法处理与应付家事，感到需要有配偶来料理家事，就赶紧再婚。有的是丧偶后心情上感到空虚，就想续弦或再嫁，处理空虚的情况（杨守芳，1994）。

（五）想靠再度的婚姻而弥补过去曾经历的婚姻的错误

头次结婚失败以后很后悔，就想再度的结婚，想在其再婚的生活去避免重复其错误，是为了弥补过去错误而试图重来的理由而再婚，也是不太理想的动机。因为并不是找到喜爱的异性对象而想结婚，而是想弥补心理上的需要而再结婚的。

（六）对结婚的基本看法与态度的不同，而随时离婚并再婚

对结婚看得很淡，高兴就结婚不高兴就离婚；离婚后高兴就再找对象结婚，是对结婚与人生的基本态度上的不同的行为表现。这好比购买车子，不喜欢就卖掉，再买新的车子一样的，好像无所谓似的。因此，在一辈子里可能就离婚与再婚好几次。对结婚并没有契约性的看法与态度。西方的电影明星就常有这样的例子可见，离婚再结婚，一生里再度的结婚好几次。

（七）找到合适的对象而想再结婚

这是比较健康的情况而再婚的例子。即：离婚后有机会找到合

适的异性对象，也有好的感情，也能建立好的异性关系而想重新开始婚姻的生活而进行再婚的情形。

第二节 再婚的适应课题

一个社会随着离婚的增多，再婚的可能性也会增加。虽然婚姻失败，离婚以后想重新开始新的婚姻是人的常情与希望，可是与初婚时比较起来，再婚后的婚姻生活并不那么单纯，有许多事情需要特别去费心适应。有些夫妻由于开头的婚姻不顺利，离婚后想再婚，期望能重新开始婚姻生活，补救过去的失败。可是再婚的情况有时特别复杂，还得经得起若干挑战，面对一些课题。让我们分几个方向来说明。

一、跟前夫或前妻所遗留下的关系与影响

不管当初是为了什么原因而决定离婚，离婚后要面对与接受的一个事实是：照人情说来（或者从心理学的立场说来），一个人不会把"过去"曾有过的婚姻一干二净地完全遗忘的。过去一起发誓结为夫妻的配偶，一起生活数年，有过亲密关系与感情的配偶，不会在一夜之间就把他（或她）一干二净地忽略与忘掉的。因此再婚以后，自己也好新的配偶也好，都要认识到这一点，要有所觉悟，需要长年地去处理跟前夫或前妻遗留下来的情感与关系。不管曾是何种关系，是好是坏，这种关系会时时浮现在你的心里，特别是有机会面对过去的配偶时，会激发被埋藏的情感，不能否认。假如过去的婚姻里有过孩子，离婚后经过与孩子的接触而会时时触发对过去配偶的记忆与感情。如何去接受并处理这些遗留下来的感情与关系，并逐渐由新的婚姻关系来代替，是重要的适应过程。可是这个过程有时不会那么顺利，会招来不少问题，引起新配偶间的不了解、猜疑、误会、嫉妒、生气，是常见的现象。如何去跟新的配偶沟通说明，争取谅解与协助是个关键。

一般来说随着原先婚姻是如何结束而离婚的，对日后有各种不同的持续性的影响。这些影响可能是现实的结果，而有时是心理方面的影响。譬如：假如当时夫妻两方都情甘意愿，在心平气和的情况下离开，没有经济上的矛盾，也没有孩子的问题，情况就比较单纯，可以面对友好离婚的结果。可是假如是一方很不愿意被迫接受离婚；或者是对方因背后发生婚外情，配偶还不能原谅；经济上的分配有问题，没有合意的解决；或者（丈夫）没按同意的规约按时寄来赡养费；或者有孩子，无法决定由哪方抚养，怎样让另一方父母来访等，都是继续困扰的事情。假如心情上还没解决，还思念对方，考虑旧的配偶，或者还觉得有歉意都是心理上的遗迹。没有处理好会随时影响跟（再婚的）新的配偶建立新的关系与情感，是再婚后可发生的障碍。

二、与再婚配偶的新适应问题

再婚以后，跟新的配偶要重新开始夫妻间的适应。当然要避免在过去的婚姻里发生过的错误，希望能从旧经验里能获得警觉，开始新的关系。可是有一点要知道的是，新的配偶跟前夫或前妻有所不同，不能单以过去的经验来应付新的配偶，要随新配偶的个人心理、要求与期待，样样从头开始，不能把旧的歌谱拿来重唱。

至于原先的婚姻问题是什么，这次新的婚姻是否会重复同样的毛病，也是要慎重考虑的事情。不要很简单的认为换了对象，过去的问题就不会再出现。特别是过去夫妻问题的根源是与自己的个性有关联的话，除非新的配偶知道如何应对，否则换了对象仍还是需要去改善（跟自己性格有关的）原先问题的。

三、与前婚与现婚子女们的关系重建问题

假如过去的婚姻有孩子的话，如何让前婚子女来适应再婚后的家庭关系，是很微妙而容易发生问题的一件事，需小心去应付与处理。假如再婚后的新配偶也是离过婚，也有孩子，那更会增加

再婚后的家庭亲子关系，变得很复杂，也容易发生许多意想不到的矛盾（毕金仪，2006）。换句话说，并不是按通常结婚的情况，一对男女结婚后生下他们俩自己的孩子，建立他们的新家庭；而是结婚后，早就有"你的"孩子，"我的"孩子，而日后将有"我们俩的"孩子的情况，是重建家庭（re-constructed family）需要去面对的事实与情况。

有了孩子而离婚，然后再婚时最容易犯的错误是：按东方的观念与习惯而对孩子要求把继父或继母当做是"父亲"或"母亲"去称呼与对待（包括孝顺与被管训），而忽略了对孩子来说，继父或继母是完全生疏的"外人"，根本谈不上是自己家人，更不是能马上代替他们原先父母的。对孩子来说在他们的心里及记忆里，已经有他们自己原来的亲生父母，因此，按东方的习惯或想法，要求他们喊继父或继母是"爸爸"或"妈妈"是心理上的错误，会招来孩子们的阻抗与不合作，增加新家庭的麻烦。在西方的习惯里，对外说是继父母，但是在家当面时，有时就直接称呼继父母的名字，因此较少有称呼上的问题。不管如何称呼最好顺其自然，让孩子跟继父或继母有机会逐步建立新的家人关系，树立彼此的感情为宜。总之，再婚的家庭要从头一步一步来，急忙着要建立新的家庭，会产生欲速不达的效果，反而引来许多困难。

我们曾经提过：子女的年龄不同对父母的离婚会有不同的反应。同样子女对再婚的新的父母的看法与态度也会随他们的心理发展的阶段而有所不同的。通常说来孩子年幼时，只要被关怀与善意的对待，还可以接受与应付，可是孩子年龄大些，其认知能力增加以后，对父母离婚的事情会有意见，而对再婚的父母都会有不同的看法，有他们自己的想法与反应，不能过分勉强要求。如何接受新的父母，包括如何称呼的问题，如何被新的父母管教的问题，都是一连串的事情，需要去注意与处理的课题。

不但是子女的年龄，再加上其性别上的因素，会更复杂化。特别是孩子已经到达了青春期，对男的、女的比较敏感的阶段，更

第二十二章 与再婚有关的问题

是要慎重考虑这一点。让我们按各种情况而一一说明。

对已经长到十岁左右的女孩来说，假如其母亲再嫁而有了继父；女孩面对这样新来的继父，就好比是忽然面对并接触了个新的成人男性。在这样的情况里，不能期待或要求已经快进入青春期的女孩跟将住在一起的男性继父过于亲近；否则，有时会发生无法收拾的结果。假如是父亲再婚娶了继母，而接近青春期前后的女孩所面对的是（同样性别的）继母时，那就得面对女人与女人间的关系，可好可坏。好时，可建立好的母女似的关系；但坏时，可能发生相互嫉妒、对抗或矛盾的情况，给家里带来麻烦。

相反对十几岁左右的男孩来说，假如其父亲再娶有了继母，对快进入青春期的男孩说来，面对新来的（异性的）继母，也是同样的道理，要保持适当的距离，不能让彼此过分的接近，否则男孩会不知如何面对与处理在家一起住的（异性的）继母。假如是母亲再嫁，家里忽然来了个（同性的）继父，男孩跟这样的生疏男人会如何相处也是无法预料，可好可坏。严重时可能变成是敌对相抗的关系。

这些都是孩子跟自己的亲生父母从小住在一起的情形有所不同的情况与可能遭遇的麻烦。在自己父母的家庭里，总会经过其自然的过程而去面对与经历亲子三角关系情结上的问题。可是在再婚的家庭里就有所不同，是跟生疏的异性或同性成人忽然接近，生活在一起，很容易刺激性的发生男女三角关系上的情况，或者是同性相对抗的局势，是要很慎重地去处理的情况，也会很直接的影响再婚夫妻的婚姻关系。

有些男人到了中老年以后再婚，而再婚的对象（即女人）却很年轻，几乎跟自己已经长大了的孩子的年龄很接近。因此，对已快成人的孩子的角度说来，父亲跟自己年龄几乎相近（同胞年龄）的异性结婚，就会有很矛盾的心理反应；很容易引起面对成人间的三角关系上的反应的。

总结说来，再婚的适应并不那么简单，跟初婚的情况有所不同，不那么单纯，而是比较复杂，需要特别费心去适应的。因此，最好在考虑离婚的时候，就事先要有所领悟，不要认为离婚后再婚，可以很单纯地从头再来。

四、需要面对经济等现实问题

随着各个不同的社会，对离婚的要求与条件有所不同；而对日后的再婚也有不同的影响与结果的。譬如：在美国的社会里，法律上常要求将离婚的夫妻把所有财产都平均划分。因此，离婚了的丈夫只得保留本来财产的一半。有的要求（经济条件好的）丈夫要给妻子养育费，直到妻子再婚为止。假如妻子日后年年都不再婚（只跟男朋友同居），法律上丈夫还得继续给养育费。假如年幼子女决定由妻子养育的话，作为父亲的还得提供教养费，直到子女成人为止。这些措施主要在保护女性，但是相对的也就给男性带来许多离婚后的经济上的负担与损失。因此，笑话里就说，离婚的丈夫要替妻子赶快找男朋友，尽快再婚（好停止负担养育费的职责）。

以上情况表示，离婚只是处理夫妻法律上夫妇的婚姻关系（而可以再跟别的异性对象结婚）但并没有切断其对原配偶或子女的经济上的责任与负担。具体来说在这样的社会与法律制度下，离婚一次经济上就多损失（失掉财产的一半）而抚养或养育的负担并没减少。假如再婚两次，财产就再减少。因此，除非你有用不完的财产，越是经历离婚，作为男的就越吃亏。连带性的也就对日后的再婚有所影响。

第三节 再婚的辅导焦点与要领

一、分析问题发生的理由与真相

假如一对再婚的夫妻面对婚姻问题来要求辅导与咨询时，其首要课题就是要去分析与了解问题发生在哪里，其理由何在，好判断是否可以经过辅导而辅助他们,并且决定辅导的方向是什么。要首先了解他们再婚的动机是什么,是基于健康的动机还是由于神经质性的理由而再度结婚的。接着,就要考虑他们目前所面对的困难是哪些,是属于哪种问题。有一点需要注意的,再婚的夫妻其中一个配偶是曾经结过婚而再婚,但是另外一个配偶,可能也是再婚,但也可能是头次的结婚,因此有不同的情况。要就这一点而去了解他们的处境与情况。下面要讨论的,主要是针对再婚的配偶情形而所需要考虑的辅导课题。

二、要辅导的特别课题

（一）适当终止跟前夫或前妻所遗留下的关系

这是再婚的夫妻常遭遇的困难之一。为了跟再婚的对象建立新的感情,树立新的婚姻关系,最主要的一项课题就是要跟已经离了婚的配偶的旧的感情与关系能及早适当地终止。这是指感情上的层次。虽然由于种种原因,现实上还需要有时跟过去的配偶发生接触,特别是有孩子而需要去访问或轮流照顾孩子。但假如在情感的层次里,还时时去思念离了婚的配偶,无法把感情投注于目前新的配偶身上就有问题,难于开始经营新的夫妻关系与婚姻生活。换句话说既然离婚了,对离婚了的旧配偶就只能保持"普通朋友"程度的关系,而不能仍保持夫妻间的情感。否则,再婚的新的配偶将会无法接受,会闹问题的。这是辅导上要帮助再婚的夫妻要去注意的头一件事情。

（二）专心于与再婚配偶的新适应问题

不管两方都是再婚的,或者是只是一方是再婚而另一方是头次的结婚,都要从开始适应他们俩人的新婚的关系。单就婚姻仪式的办理来说,假如双方都是再婚的,可能会希望简单些,只邀请亲近的亲友来参加,不喜欢铺张;但是假如一方（特别是新娘）是头次的结婚,就得尊重她的意见而不能草率的举行。当然,如何过蜜婚也是同样的道理,要看两方的想法与要求如何。

至于婚后夫妻如何沟通、保持关系、扮演角色、如何培养凝结的关系、建立联盟关系等，并且迎接生育或养育的职责计划，跟头次结婚的夫妻都是一样的，样样都需要逐步去适应。千万不能说我过去跟原配的配偶是如何就如何，务必要跟现在结婚的新配偶的情况而去重头适应。

（三）处理前婚与现婚子女们的关系与问题

我们已经在上面详细说明过，假如前婚里已经有了孩子，而再婚后要跟这些子女住在一起重建家庭时，可能会遭遇的各种情况与困难。最主要的原则，就是不但要考虑再婚的夫妻彼此的心理需要是什么，还得慎重考虑子女们他们本身的想法与立场如何，要协助在这种年龄阶段成长的子女慢慢地去适应重建家庭的情况。特别要考虑子女的年龄与性别，要面对是继父或继母，就不同情况而去注意与处理。

（四）避免重复过去婚姻上的错误

假如能知道在前婚里曾犯的错误，就要提醒去避免重复的发生。譬如：过去不太注重情感的丈夫，不懂得体贴妻子的先生，现在就要特别用心去看重情感的层次，练习如何体贴照顾太太，好维持夫妇的感情。假如过去过分喜欢批评先生的妻子，就要注意不要重复过去的毛病，又把丈夫气坏了，伤害彼此的情感，破坏了婚姻关系。特别是跟自己性格有关的毛病，虽然换了对象有时还是容易重复出现的，因此要特别提醒而去改善。

（五）稳定再婚夫妻的新关系与情感

无论如何，怎样用心去树立夫妻的新关系，建立稳定的婚姻生活是最重要的关键。要认识到再婚的夫妻（比初婚的）要去面对更多的心理与现实上的课题，而并不见得能有初婚者年轻而丰富情感。

总之，再婚的夫妻遭遇某些婚姻上的问题而来求辅导时，就要依就上述各方向而去分析、考虑，并随其需要而提供辅导。假如再婚的动机是不健康而是病态性的，其预后会比较差，但是假如再婚的理由是比较健康而且对象也比较适当，就比较容易帮助他们去处理他们所面对的困难。

第四节　个案说明

一、彼此再婚而仍是不幸福的夫妻

问题的来龙去脉

某女，30多岁，由爱人陪同一起前来就诊，患者说自己和现在的爱人都是第二次婚姻，结婚两年来一直关系不好，常闹情绪生气。患者叙述她第一次婚姻不是很满意。当时是在父母指示下和丈夫认识并结婚的。由于当时患者觉得自己的年龄已经不小（曾把精力与时间用在事业上，没有好好交过男朋友），就决定跟当时认识的丈夫结婚。丈夫有好的职业，地位很好，性格上带有典型的大男子主义。平时心比较粗，而且酒肉朋友较多。

患者婚后就怀孕，而怀孕期间认为电脑辐射可能会影响怀孕的胎儿，就和喜欢使用电脑的丈夫分开房间住，同时也回避性生活，怕影响胎儿。结果发现丈夫和女性网友发生感情，背后交往，而且对方已经怀孕。患者发觉以后很生气，就要求离婚。离婚后她当时还在怀孕，就决定婴儿出生后归患者抚养。

离婚后患者曾被另外一个已婚男人（旧的男同学）追求，并且该男人最后也离了婚向她求婚，可是患者始终觉得两个人不合适没有答应。半年前患者认识了现在的丈夫。丈夫在外地工作，没跟患者在同一个城市居住，是个商人。俩人认识后他对患者很好，很关心患者的生活和工作，在工作上给患者出主意，生活上会照顾患者，给她买很好的衣服和项链，经常在周末从另外一个城市赶回来和患者一起度假，这样患者对他慢慢产生了信任与好感。该男人年龄比患者大好几岁，自己也有过一次失败的婚姻。

患者强调尽管两个人都是第二次婚姻,但他们俩人在认识期间没有发生性关系。患者说她曾经和这个男人深谈过,如果想当她是情人要跟她发生性关系,就请另找别的女人,如果想找她做妻子要等结婚后才可以发生性关系。就这样两个人认识几个月就结婚了。

婚后发现丈夫经常外出不回家,患者对此不满,并且曾有两次窃听丈夫的电话,发现丈夫外面还有别的女人。患者对此非常生气和丈夫闹离婚,丈夫向患者解释说是自己错了以后不会了。由于丈夫对她及她家人都非常好,患者表示自己愿意和丈夫好好生活。可是,目前对丈夫的行为非常敏感和不放心,特别是丈夫的电话。

患者说来咨询目的是想通过辅导师的协助和丈夫进行交流,也想让治疗师说说自己的丈夫,因为维护一个家庭需要两个人的共同努力。当治疗师跟丈夫会谈时,丈夫对妻子怀疑的事情解释说,在生意场上有时候会跟一些年轻的女孩子接触,并且她们知道自己有钱,有时候会跟他要好。现在看来这样伤害了妻子,并且也影响了自己的生活。丈夫说目前妻子已经变得十分敏感,不允许自己接触任何女子,这实际上是不可能的。这一点患者本身也承认,可是患者不能区分哪些是正常的接触,哪些是过分的接触,因此要求丈夫必须经常回家,推掉外面的应酬。

会谈经过

治疗师跟患者和丈夫分别进行个人谈话后,征求患者与丈夫的同意,建议两个人一起讨论有关问题,患者和丈夫双方都同意。当着他们两个人,治疗者首先让患者的丈夫了解患者目前的情绪状态。并且说明妻子的情绪问题是跟丈夫的行为有关系,请丈夫站在妻子的角度理解妻子的目前状态。治疗师同时也指出,目前妻子的状态也影响了丈夫的正常工作和交往,请丈夫说说怎样才能让妻子对自己放心?妻子怎样才能够让丈夫有自己的生活和工作空间？结果，他们两个人相互进行了讨论。他们认为在治疗师的帮助下弄清楚他们的问题，并了解解决的方向，对他们帮助很大。

会谈结束前，治疗师提议他们每周来一次，可是他们认为路程较远，来回不是很方便，愿意两周来一次。可是，两周后他们没有再次来诊。

分析与评论

事后我们可以发觉，针对这样的夫妻单单对他们说明问题的性质是不够的，还需要提供比较具体的建议，帮助他们去处理目前的情况。譬如：对妻子来说，要练习不要太情绪化，练习用讲道理的方式平心静气地跟丈夫作有理性的沟通、商讨问题，找出可以解决困难的途径。有问题要当面跟丈夫谈，有疑问请丈夫澄清解释，不要去偷听丈夫的电话，影响夫妻间的相互信任关系。

对丈夫来说作为先生当妻子不高兴时，要懂得马上去哄妻子，不能不理会；否则事情会越弄得糟糕。还有很重要的一样事情是关于他对男女关系上的看法与态度。他说"在生意场上，有时候会跟一些年轻的女孩子接触，无法避免"，但这样的看法是不对，做丈夫的向妻子这样解释对妻子没有帮助。丈夫要了解他的态度与作风伤害了妻子感情，并且恶循环地影响了他自己的生活。作为丈夫要知道他是个男人，该有能力（也需要）能主动且适当的拒绝想跟他亲近（占便宜）的女性。男人要拿定主义，不让别的女人来破坏他自己的婚姻关系才可以。不但要有这样的决心，要这样地做，还得向自己的妻子作保证。否则没有资格做丈夫，也无法维持并保护自己的婚姻。

对这对夫妻可以提议的一个现实上的改善办法就是让他们去考虑着手换地方或换工作，要能俩人住在同一个城市，不要两地分居。这样丈夫跟妻子常在一起，可免去妻子的多疑，才能建立他们的新家庭。

我们不太知道这位先生的第一次婚姻是怎样失败的。至少我们知道，他对女性所持的看法与态度，认为他自己有钱，女人都会找上他（而他无法控制）。我们可以推测，由于他持有这样的观念，就不容易维持稳定的婚姻关系的。说不定他的头次婚姻也是因随便跟外面女人招摇，破坏了婚姻，是性格与行为上不太可靠的男人与丈夫。至于妻子，从她的过去情况知道，她对男人的关系有基本上的问题，即：跟头次的丈夫、离婚后跟追求她的旧男同学，跟现在的丈夫都有不太适当的结交关系。同时她对性的观念与态度有点回避的倾向。譬如，在头次结婚而怀孕时，认为电脑辐射可能会影响怀孕的胎儿，也就和喜欢使用电脑的丈夫分开房间住，同时也回避性生活，导致丈夫经过网络结交别的女人而发生婚外情的结果。跟这次的丈夫结交时就特别叮咛（婚前）不可发生性关系，但又受不了丈夫跟别的女人亲近的情况。这些都表示是她本来就有的性格与心理上的问题；虽然再度的结婚还是会再遭遇困难，是不容易改善的同样的婚姻问题。换句话说他们俩这次结婚，彼此都是为了再婚而再婚，并不是他们彼此有浓厚的情感与稳定的关系而决定进入婚姻关系的。因此，基本上不容易成功（曾/朱，2008）。

二、再婚后的新妻子，怀疑丈夫仍跟前妻无法断丝而烦恼

问题简介

在妻子催促下，柯先生（假姓）跟妻子双双一起来门诊寻求婚姻辅导。柯先生将近45岁，在两年前跟目前的妻子结婚。对柯先生说来这是再婚。他跟前妻结婚有十多年，有个女儿，已经15岁。他们本来的婚姻到后来几年并不很圆满。刚好柯先生在工作场合认识了一位女性同事，经接触觉得这位女性不但漂亮、智慧、懂事，性格也好，几年来往产生感情，他决定跟自己妻子离婚，跟这位女同事结婚。这位新的太太即目前的柯夫人，比较年轻，30多岁。

柯先生再婚时把本来的房子留给前妻继续住,而他自己就搬出来跟新的妻子住在新的公寓。

当柯先生跟前妻提出离婚时,其前妻反应很大,曾开口威胁要自杀。为此柯先生很担心,害怕会刺激前妻的情绪,对她特别好,也答应给可观的抚养费。并且每个月初,自己亲自送抚养费到前妻那里。至于他们快青春期的女儿平常跟她的母亲住,偶尔在周末也来父亲的新家短住。

对这样的安排新的妻子虽然不高兴,但也没表示特别的反对,勉强接受。这次发生矛盾的导火线是女儿来父亲这里顺口说出,上次爸爸去看妈妈时,妈妈还曾替爸爸洗他的内裤。柯太太听了这个小报告就受不了,怀疑自己的丈夫跟离了婚的前妻还有暧昧的关系。因此她就大发脾气,闹了好几天,终于决定跟先生一起来看医师接受辅导,来处理他们的处境。

会谈情况

在跟夫妻一起会谈时辅导者所得到的初步印象是:柯先生是位个子高的男性,表情带点犹豫、不太主动开口讲话的人。与此相比妻子不但年轻、漂亮,讲话也很主动。

她首先开口说当初柯先生要跟她结婚,她认为先生已经跟他的前妻不但法律上已经离婚,而且断了情感与关系,才答应跟他结婚。哪知婚后才知道,每个月先生还要亲自去送抚养费给原来的太太。妻子知道了这件事,曾跟先生建议,叫别人送去免得自己送。她说:抚养费送多少她没有意见,但是每个月还得去见原来的太太她觉得不好也不高兴。可是先生向她解释说,这样亲自送才能安抚原来的太太,免得她要闹情绪。可是后来从女儿那里得知,不但每月送抚养费,还偶尔跑去住原来的太太的房子。经询问先生说他工作上偶尔需要参考书,而他的所有书都还摆在他原来的房子(即原来的太太继续住的地方)。先生解释说当时他跟原来的太太离婚时决定自己搬出来,但没有把自己书柜里的藏书都搬走，继续留在那里。当时主要的用意是怕原来的太太感到"人走了，东西也走了"，有所感触而难过。他当时要搬走，原来的太太正情绪低落，闹自杀。后来经过女儿知道，她的母亲（即原来的太太）不但时时跟爸爸说要自杀，还说要拿菜刀来杀破坏了婚姻的新的太太。这些话新的妻子听了感到担心害怕，也觉得丈夫那么用心去看原来的太太，或许有其道理，也就忍了。

可是几个星期以前，当女儿来跟爸爸一起住过周末时，她有意无意地说出，上次爸爸来看妈妈时，妈妈还替爸爸洗了内裤。这句话就像是个炸弹似的打击了新妻子的心，几乎把心都碾碎了。妻子说：她认为先生娶了她是喜欢她的。怎么还背后跟原来的妻子仍有暧昧的关系。

辅导者听了这样的情形，赶紧向柯先生询问到底是怎么一回事。他有点吞吞吐吐地说，那天他去时原来的妻子请他喝茶，但不小心他把茶打翻了，弄湿了裤子包括内裤。前妻就叫他马上脱掉，用洗衣机帮他洗衣服。当时女儿也在场。

辅导者听了就向柯太太说看来是个误会。并且向柯先生引用一句俗语说："在瓜田里不理鞋，在李树下不整冠"，提议将来碰到这样的情形，就不要让前妻给你洗衣服免得被人误会。衣服弄脏了回来让自己的（新的）妻子洗。柯先生解释说，因担心前妻心情不好当时就不敢拒绝。这时柯太太就插嘴说，先生时时地担忧前妻的心情，但不顾虑她的心情。她抬高嗓门说："听了前妻放言要杀我，让我日日都心惊胆战的，现在又听到丈夫让前妻洗内裤，让我如何想，如何烦恼。到底他是爱我还是仍爱他的前妻？假如仍是爱本来的太太，就不该娶我"。

这时辅导者看到气氛有点紧张就赶紧（并刻意地）问柯先生，当时为什么想娶新的妻子。他慢慢吞吞地说：因为她聪明，性格好，素质好又长得漂亮。辅导者接着又问柯先生是否很爱目前的妻子。柯先生就小声回答很爱。接着，他还表示：他安抚前妻也是为了保护现在的妻子。妻子听了脸上就表现欢喜与放了心的表情，

第二十二章　与再婚有关的问题

也就不再高声抱怨。

辅导者向两方说明，通常一对夫妻虽然离婚了，但情感不能很快的切断；总要经过一段时间才能逐渐消失。可是看来柯先生一直被前妻的心情状态与要他杀、要自杀的威胁而有所顾虑，也就不敢快刀斩麻似的跟前妻切断关系，一直拖了快两年，而让新的妻子怀疑藕断丝连而不高兴。辅导者（认为对将来的具体措施比较要紧）向妻子提问，先生采取什么行为表现，可以帮助她心安。

这时，柯太太想了一下就提议，首先要办的事情是：叫先生把他的藏书都全部搬过来，免得还得时常去原来的家找书。针对这个提议，辅导者认为是个好的建议，问先生有什么办法去执行。柯先生想了半天，慢慢开口说，他不要把藏书一起搬回来，但愿意分批搬回来，免得书柜子一下空了，伤了前妻的心。辅导者建议说是否可以分三次搬回来，而每次搬一部分回来时，就随时补放一些东西到空下来的书柜。比如，放一些给女儿念的书，或者是一些美术品等东西，就不会显得书柜子是空了。柯太太同意这样的办法，但希望能在三个月里都全部搬回家。

柯太太还举出另外一个烦她的事情，就是先生的女儿，到现在都不肯喊她"妈"，也不跟她亲近。辅导者问柯先生的意见。他说，他曾尝试要她叫妈，但女儿只肯叫他新的妻子为"阿姨"。关于这一点辅导者解释说，这是再婚的家庭里常会面对的事情，即：如何让孩子喊新的妈妈或爸爸。特别是年纪比较大些的孩子，认为自己的生母是妈妈，不愿意喊继母是"妈妈"，好似背叛了自己的生母似的；勉强了反而会弄坏相互的关系。辅导者提醒，如何喊叫是不重要的，重要的是如何建立新的关系。譬如：每次女儿周末跟他们一起住时，能一起多做些彼此都喜欢的事情，谈些会让女儿高兴或关心的事情。譬如，一起出去玩，一起烧菜，跟女儿多问她跟同学的关系如何，将来要找怎样的男朋友等，跟女儿培养新的关系，逐渐亲近比较要紧。辅导者提醒他们，假如女儿跟他们（特别是新的母亲）变得过于亲近要好，内心里会觉得对不住自己（被父亲遗弃）的母亲，会有矛盾的心理。因此不要过分勉强，也不要太急，随自然进行比较好。

对这样夫妻的会谈他们俩都觉得很满意，日后也再来过两次继续会谈，觉得情况有所改善而结束了辅导的工作。

总结评论

这是再婚夫妻会常面对的问题。由于柯先生性格有点被动，不懂如何去沟通与稳定新妻子的心，而对于自己的前妻又担心要自杀，被其威胁所吓住，缓慢了跟前妻逐渐疏远的情况，引起新妻子的不满意。再加上女儿从中作怪，兴风作浪，给父亲与新的妻子带来了矛盾。换句话说，这是青春期的女儿对父亲离婚、再婚的反应，也是三角关系上的冲突的表现，而这对夫妻却不知如何应对这样的女儿带来的困扰。

辅导者要发挥其辅导的功能，帮助夫妻沟通与解释，化解误会并帮助丈夫去稳定妻子的情绪。督促夫妻去采取比较具体而有用的行动来减少问题与困难。由于先生跟新的妻子有很好的感情基础，因此也就能经过辅导来改善他们夫妻间所发生的问题（曾/徐、崔，2002）。

参考与引用文献

1. 杨守芳．丧偶老人再婚前心理状态分析．中国心理卫生杂志，1994，8（4），167/177．
2. 毕金仪．再婚父母，不易的选择．社区健康教育，2006，10-11．
3. 曾文星．分析的学理与治疗过程．第十一章：个案四：再婚而无法建立信任的夫妇（徐静、崔玉华）（161-181页）．北京：北京医科大学出版社，2002．
4. 曾文星．心理治疗：解析与策略．第二十八章：彼此再婚而仍是不幸福的夫妻（朱金富）（419-430页）．北京：北京医科大学出版社，2008．

第二十三章　异民族或不同文化背景对象通婚的婚姻问题

第一节　跟异民族对象通婚的各种理由

假如结婚的夫妇有显著的背景上的差异，包括不同的民族或文化背景，就被称是跨民族的婚姻（interethnic marriage）或跨文化的婚姻（intercultural marriage）。跟平常与相同民族或文化背景的对象的婚姻比较起来，这种跨民族或跨文化的婚姻需要特别去适应夫妻间彼此不同的背景。因为比较容易发生夫妻间或两家间一些观念、习俗、价值观念上的不同而引来问题。因此，需要以特别的角度去了解他们所面对的问题而适当的提供辅导。

从人类学的角度说来，假如一个人跟自己很不相同背景的对象结婚，称为"外婚"（exogamy）。比如：陕西姓马的男人跟山东姓崔的女人结婚，广义上说来，可说是外婚的例子。中国人跟美国人结婚是外婚的显著例子。与此相比，跟自己背景很相似的对象结婚，就被称是"内婚"（endogamy）。譬如，张家村的男人跟同村里的女人结婚，而李家村的男人跟他们村里的女人结婚，是跟同村（甚至同姓）的异性对象结婚的内婚例子。

心理学家认为一个人选择跟自己家人很不相同的对象结婚，即：极端外婚时，常有特别的心理动机存在。精神分析家推测其中的一个特殊理由是：因跟自己父母过于亲近而潜意识想回避"近亲关系"的理由而选择异端的外婚。有的是心理上对某种民族背景的人怀有某种印象或想象，根据其向往的心态特别去找其特别民族背景的对象结婚。比如：有些白人想象黑人的性欲比较强，而特别想找黑人女性。有些美国人认为东方女性比较温顺,就特别喜欢跟东方女性结婚。有些是跟这些心理因素没有关系,是经过工作或其他的情况,有机会跟不同民族或文化背景的人长期接触,经过熟悉与亲密关系而结婚,是跟接触的机会有关。总之,跨民族的通婚情况有各种理由不能一概而论(Tseng et al.,1977)。

第二节 跨民族或异文化通婚常见的问题

不管是哪种心理而选择不同民族与文化背景的对象结婚,有个趋势是婚后需要经历各种心理上的适应课题,包括去适应生活习惯的差异、价值观念的差别、对婚姻本质看法的不同等。当然还要处理养育子女的习惯差异,也得面对社会与亲友对异民族婚姻的态度与反应。假如是为了特殊的心理因素,并且以非健康的理由而跟不同民族的配偶结婚的话,还会受这种不健康婚姻动机的影响,而发生婚姻方面的困难。让我们略举跨民族通婚时容易遭遇的问题。

(一) 不现实的婚姻动机

有些东方的女性想到向往的西方国家居住,为了移民的目的而跟经济比较优越的社会的异性对象结婚。这种为了现实的目的以结婚为手段达到出国移民的目的,显然是不健康的婚姻动机。这好比跟有钱有势力的男人结婚,想靠婚姻关系而得利的情况相似。由于这种情况常没有特别考虑对方的个人条件与素质,也没有稳定的情感为基础,而只为了得到出国或现实上的利益而结婚时,日后就会发现嫁给了不合适的异性对象会很后悔。

跟这个相似的情况是,对别的社会的异性保持有幻想性的印象与期待,而特别找异地对象结婚。最常见的例子是:有些美国人认为日本妇女都是很温顺,对丈夫很顺从,而特别喜欢跟日本妇女结婚。或者有些东方的女性认为美国男人比较尊重女性,对女人比较体贴,而喜欢跟美国男人结婚。可是,婚后却发现并非如此而失望，以离婚结束其病态性的婚姻关系。

（二）夫妻沟通上的困难

夫妻间如何沟通是件很重要的心理课题。就算是使用同样语言的夫妻，还得努力沟通，何况是语言不同的对象结婚时其困难重重。跨民族结婚的夫妻，所面对的沟通上的困难，不仅受语言的影响，还深受（超乎语言的）观念上的困扰，包括价值观的差异。比如：中国妻子向美国丈夫要求某件事（比如建议把厨房修改，好适合烧东方的菜），而美国丈夫说："Let me think about it"（让我考虑看看）。中国妻子可能就按丈夫所回答的字意而一直等待丈夫的同意。哪知，在英文里，说"让我考虑看看"是使用比较客气或婉转的方式表示不赞成（否定的回答）。这好比中国人说"我家很远"（不想请你到我家里），或者"我最近很忙"的借口来拒绝你的客套话是一样的。不知道这些语言上的习惯性表达方式，就容易发生误解与不满意，是矛盾发生的来源。

（三）观念上差异的问题

这是比较严重的问题。语言上的差异是比较具体的事情，容易了解也会用心去应付与补偿其短处。可是观念上的差异是比较抽象的，有时是不知不觉的存在，即使经过沟通与实际体验，也并不见得容易去接受、处理或协调。因为，有些观念不仅是认知上的事情，还是态度与习惯上的表现，不那么容易很快地去更改或调节的。譬如：有些人认为生活是要享受的，除了适当的工作有收入以外，还得经常到外面餐厅去吃顿好的晚餐，去看戏，去旅行过好的休假。可是有的却是相反，认为：生活要节俭，要省吃省穿，不但要努力工作，赚钱，还得筹有足够的存款，将来可以买房子，可以负担子女的教育费等。由于这样对人生的基本看法的不同，每对夫妻都要去妥协与相互适应。可是假如是跨民族的通婚，这种观念上的差异就会相对的多，或者其程度比较大，不容易妥协。这不仅是对宗教、信仰、人生观的抽象问题，还会牵涉到底可以不可以避孕、打胎、喝酒等实际生活上的各种问题。

（四）夫妻角色扮演的混乱

夫妻之间如何扮演不同的角色，除了受个人因素以外，还会受社会与文化的观念与习俗的影响而有所不同。假如夫妻都是从同样的文化背景里长大的，具备相同的观念与习俗，会懂得如何去扮演夫妻的各种角色。包括在哪种场合里被期待扮演丈夫与妻子的适合角色。可是假如先生与太太是长在不同的文化背景，有不同的看法与习惯，而现在他们俩人要生活在一起时，要随各种情况与场合去扮演丈夫与妻子的各自角色，就并不很清楚，而且容易产生混乱，需要一段时间去摸索。比如：三餐烧饭完全是妻子的责任，或者丈夫也需要参与，至少要帮忙洗盘子；家里的清洁该由谁来负责，或者夫妻都要一起共同打扫；家里累积的垃圾该由谁拿去外面倒，这些都是有关日常生活的具体情况，容易有意识地去认识与讨论并协商；但有些事情是比较抽象性的角色，不那么容易去把握与讨论的。譬如：配偶一方遭遇了打击而心情上难受时，另一配偶应扮演如何的角色，是否要以家长（父亲）的角色训示不该那么懦弱，要坚强起来；或者要以母亲或护士的角色而去哄，去体贴，去照顾与支持，这些抽象性的角色，就要根据个人的习惯、俩人的相互关系，以及文化背景的习惯而综合去判断与执行的。有时不容易弄清楚容易混乱。

（五）跟原本家人关系与界限上的问题

虽然结婚后丈夫与妻子仍需要跟他们各自的原本家庭保持若干程度与形式的关系，但是跟原本家庭的父母、同胞或亲戚的关系，却随文化背景而有所不同。最重要的是跨民族通婚的夫妻，往往事先没有很清楚的认识与交代，而婚后才会发觉彼此对自己的原本家庭的关系与期待有所不同，而容易发生矛盾。最典型的例子是：东方妻子认为结婚后，仍需要跟自己的父母（甚至同胞或亲友）要保持某种亲密的关系，一旦有困难会有相当程度的责任去彼此相互的帮助，包括经济上的支持。可是西方的丈夫却认为，一旦结了婚成立了自己的家庭，跟自己的父母要保持若干的距离，不用（也不该）太亲近，更不需要有金钱的来往或支持。但是东方的妻子听到自己的父亲生病了，就要丈夫出钱去支付她父亲的医疗费；也要花一笔钱给母亲举办生日；听说表姐要买房子需要一笔钱的补助等，而让美国丈夫感叹地说：我娶的是你，而不是你全家的人。丈夫不高兴总是花钱去补助妻子的父母或亲戚，而妻子却不满意丈夫不够慷慨，不给嫁给（有钱）丈夫的妻子一个面子，而俩人都不愉快。究其原因是他们对原本家庭的关系与界限上没事先弄清楚而来的矛盾。

（六）养育子女观念与方法上的差异

不同的文化里，如何养育自己的子女也有不同的观念。除了个人的看法以外，跨民族通婚的夫妻，在养育子女方面也容易有不同的看法与期待，而有时容易发生养育与管教方面的矛盾与冲突。譬如：父母要跟自己的子女保持何等程度的亲密和距离，容许或鼓励何种程度的独立自主；假如子女犯了错要如何管训，是要口头说服或给予体罚等，夫妻间可能有个人性的差异，也会有文化背景上的差异，很需要去努力调节与适应。

（七）应付四周环境的对待问题

假如是跨民族（或种族）而通婚的夫妻，还得应付四周环境对他们不同民族或种族夫妻的看法与态度。随着不同的民族或种族，有些人会保持不同的态度。有的会歧视，有的会保持距离，有的会不理会，有的会看不起，有不同的社会性反应。最具体的例子是：白人跟黑人（跨种族）结婚时，白人的亲友不太欢迎这样黑白通婚的夫妻，不接纳他们；而黑人的亲友也认为他们不是他们的一族，也不欢迎他们，变成是处于边缘不属任何一方的孤单者。就是同样的种族，但是不同历史与社会背景的跨民族通婚也会是如此。比如日本的丈夫娶了朝鲜籍的妻子，虽然他们属于同样的亚洲人，但是属于不同民族的背景。特别是历史上日本跟朝鲜有过不亲善（甚至敌对不友好的关系），他们不容易被接纳于任何一方，即：日本或朝鲜人都不欢迎通婚的他们。因此，在社会性来往中，就得特别去费心跟大家相处。可见社会环境对跨民族或种族的看法与态度会有所不同，会严重影响跨民族通婚夫妻的婚姻生活。难怪有许多跨民族通婚的夫妻，喜欢搬家居住于多民族的社会，如美国的夏威夷等，少受因民族或种族的差异而被特别看待的情形。

（八）对婚姻本身的看法与态度的差别

这可能是比较重要且基本的问题。即随着文化背景的不同，而对婚姻本身的看法也会有所不同，会严重地影响婚姻生活的经营。有些社会与文化认为男女的接触与发生了关系，就是一辈子的契约，是要厮守一生的夫妻关系。但是有些社会与文化却认为，情感是最重要，没有情感婚姻关系就不用考虑，可以随时废除。假如有这样对婚姻的基本观念不同的一对男女结婚的话，他们对他们彼此的婚姻就会有不同的看法与态度，容易导致不理想的结果。

关于跨民族的男女恋爱故事，西洋歌剧里就有众人所知的"蝴蝶夫人"（Madam Butterfly）的故事。故事的内容是以18世纪为背景，美国海军将官来日本，喜欢上了日本女人，发生了亲密的关系，离开日本回美国前曾答应日后会再来团聚。在日本（怀孕而生了孩子）痴心等待美国男朋友的日本女人（即蝴蝶夫人），却发现回来的美国将官却带来了美国（白人）妻子，让蝴蝶夫人心碎以自杀完结其悲剧性的故事。虽然这是个歌剧故事，是以其纯情与凄惨的歌曲而出名，被大家（西方观众）欣赏，但是其故事却很显著的说明东西社会（即日本跟美国）对男女关系的观点与看法不同带来的悲剧。东方的听众并不见得会喜欢描述东方女性被西方男士玩弄而遗弃的故事。

以上所说明的是跨文化通婚时容易面对的各种问题。但是我们仔细一想，这些问题也是通常的婚姻里常见的困难，即使是相同民族或文化背景结婚的对象，仍会遭遇的各种困难与毛病。只是在跨文化通婚的情况里比较显著的显出其问题罢了。换句话说通过跨民族通婚的情况可以反回来去了解：同民族或同文化背景的婚姻里常见的各种婚姻问题。

跨民族的通婚并不是样样都是问题，只要夫妻俩人间的情感基本上要好，彼此的性格又成熟，懂得能相互合作而共同去处理彼此间的差异，反而会督促他们建立良好的夫妻关系，经营健康的婚姻生活。

第三节　对跨民族或异文化通婚夫妻的辅导原则

对跨民族通婚的夫妻给予辅导时，在技术上有几个需要注意的基本原则与要领。即：要考虑使用何种语言来进行辅导工作。因为假如夫妻彼此都不是通用于某种共同语言时，这是要慎重考虑与选择的问题。还有要注意辅导者本身的民族与文化背景，要考虑（辅导者本身的）民族背景是否会对夫妻哪一方过分认同（或排斥）的发生，要小心避免跟民族背景有关的"跨民族转移关系"（transethnic transference）的发生，包括三角关系上的偏向问题。即：根据过去对某民族而存有的观点、偏见与关系，而在不知不觉当中，转移到辅导中与该民族背景有关的配偶的情况。

在实际的辅导工作进行中有许多事情要去注意并进行其辅导的操作（Ho，1990；Hsu，1977；Kadis & McClendon，1998）。让我们一一来说明：

（一）了解当初结婚的动机与目的

首先要了解当初他们是怎样决定结婚的：是否认识了一段期间，相处很久等相互有感情才决定结婚；或者是凭短期的接触，基于自己心理的需要或现实上的利益与目的而草率结婚的。因为结婚的动机常决定婚姻生活的预后，也会左右辅导是否会有帮助的效果。

（二）澄清是否受文化因素影响的情况

虽然是跨民族通婚，但其所面对的婚姻困难可能是通常性的婚姻问题，与民族或文化因素没有直接的影响关系；或者所遭遇的问题确实跟他们不同文化背景的因素有关系。因此，在辅导上要有个大致性的了解与判断。假如是受文化因素影响而来的问题，就要特别从文化上的层次而给予辅导。包括经过沟通而相互了解，促进"文化上的同解心"（cultural empathy）与理会，进而求其折中或妥协的办法（曾，2002）。

（三）协助夫妻间的沟通并减除误解

由于跨民族通婚的夫妻，跟同民族结婚的夫妻比较多少受语言上的限制与困难，而无法很彻底了解对方的意思、含义，有沟通上的困难。因此，辅导的课题与作用之一就是协助他们夫妻间的沟通，不但了解语言层次上的意思，还得了解文化上的含义，包括所包含的价值观念与所附带的情感上的意义。也就是说要减少其相互沟通上的误解、观念上的无知，或者减除所谓"文化上的盲点"（cultural scotoma）。

譬如：上面曾所提过的例子，即东方的妻子一次再次的要求丈夫给钱，屡次寄给住在亚洲原本家里的父母或亲戚而闹不愉快的夫妻。在辅导上要帮助（美国）丈夫了解，妻子的要求是跟东方人的文化观念有关，是自己跟家人或亲戚有密切的相互关系而表现的要求。而且由于是妻子嫁给了有钱的美国丈夫，无形中就被原本家里的人期待要依靠有钱丈夫（金龟女婿）的随时的支持。妻子要钱并不是向丈夫占便宜，而是在尽其对原本家人的义务，并保持她自己及丈夫的面子。对东方的妻子辅导上要帮助她了解：美国人的观念与习惯只要长大成人，不用等结婚成家就要开始自己经济上的独立与自主。夫妇结婚后更是要注意并维持自己婚姻在经济上的独立；跟原本家人少有经济上的来往。因此，习惯与观念上不认为还得时时地去提供经济上的支持，去补助原本家庭的人。假如总是这样要求很容易被美国丈夫误解是被东方妻子无理地敲诈。有了在这样彼此的了解就可以化解其误解，并减少因误解而来的不愉快。

（四）寻找适合夫妻双方的妥协办法

可是单单经过沟通与了解来化解误会是不够的。接着还得商讨其应付的办法。也就是要商讨他们在不同的观念与习惯里寻求一个可相互同意、协商且可执行的办法。譬如：这对美国丈夫与东方妻子，或许可以决定采用一个彼此都同意的办法。即：约定妻子每年可以给自己原本家里寄多少金钱，有个预算，并按其预算支持原本家人，不可因家人要求每次都要寄钱去支持。这样，丈夫就不用担心要面对无底洞的连续要求；而做妻子的跟自己原本家人总有个交代。当然，对这样慷慨愿意支持原本家人的丈夫，做妻子的要有所表示，表示丈夫的好，并要对丈夫的原本家人要特别好，这样才能平衡彼此的关系。

（五）检讨夫妻惯用的处理困难的模式

辅导上并不是只是协助夫妻去找出他们可以相互接受或折中的办法，最重要的是要帮助他们去检讨他们平常如何处理问题的模式与机制。譬如：这位东方妻子遇到丈夫的反对可能就闹情绪、发脾气或哭泣，而看到这样无理取闹的妻子丈夫就不高兴，往外跑去喝酒，夜晚才醉醺醺地回来，无法解决彼此的矛盾问题。假如是如此去应对困难的夫妻，就要协助他们去改善其处理困难的模式，即：要能相互沟通，解释彼此的看法，对方所要求与拒绝的理由，并体会对方的处境而共同商讨出一个双方都可接受的办法。如何改善他们夫妻处理困难的技巧与要领是最重要的辅导课题。

（六）善用夫妻的长处与情感

最后要注意的是如何去善用与发挥他们夫妻彼此的长处并依靠他们所建立起来的感情。他们当初能排除不同民族的隔阂而决定结婚，可能彼此对对方有某种的特殊的好感，而有特别欣赏的地方才会让对方喜欢。要去发挥这些长处是很重要的。譬如（东方的）妻子，很温顺与体贴，而丈夫很会照顾妻子都是他们原先让彼此喜欢上的理由，就得好好利用，应督促他们情感的继续发展与巩固。

第四节 个案说明

一、后悔嫁给美国丈夫的华人妻子

个案简介

李华（假名）嫁给史密斯先生并且来美国居住，还不到五个月，因对婚姻不满意，后悔不该当初盲目结婚，很灰心企图自杀，被送来医院急救并被医师提议看精神科医师，去处理她的婚姻问题。

李华是30多岁的女性，大学时专攻英文，毕业后在一家属于中美合办的公司做事。史密斯先生是50岁的美国人，被短期派来公司工作。由于职业上的接触，史密斯先生常约李华一起吃饭。不久史密斯先生就向李华求婚，答应婚后带她到美国去生活。对这件婚事，李华的母亲开头并不很赞成，想到未来的女婿是洋人话都说不通；况且女儿要嫁到远隔重洋的美国不能常见面，心里就很不放心。可是史密斯先生每到李华家，就带许多贵重的礼物送给父母，父母也就对史密斯先生有新的看法。特别被邻居朋友祝贺将有富贵的洋女婿，将来一辈子不用担心穷苦，就逐渐改变想法。特别想到自己的女儿已经三十多岁，过去虽然交过男朋友都几次告吹，终于答应女儿结婚。结果结婚时还特别向亲戚借钱大办特办酒席，请了好多亲友替洋女婿捧场。

婚后李华就跟父母道别在亲友祝福之下，怀着美梦跟新婚的丈夫飞到美国居住。可是头一天就发现不太对劲。原来丈夫住在一个小公寓，只有两间房子。一间房子还是由史密斯先生20岁的儿子居住。李华虽然从大学的英文课程里多少学习到美国人的习俗，晓得他们容易离婚、再婚，也猜想到自己的丈夫从前可能结过婚，可是却没想到自己还得跟长大成人的儿子居住在一起。李华向丈夫询问，丈夫就辩解说她从来没向他问这些事他也就没提起。丈夫解释说，儿子最近被辞职经济情况不好，短时跟父亲住在一起，答应儿子找到事情就会叫他搬出去。可是事实上过了数月都没有搬走的迹象。

使李华惊讶的还有很多事。她发现丈夫事实上经济并不怎么好，毫无储蓄；每个月靠薪水生活，以美国当地的情况比较起来，先生的薪水只是中下水准，并不多，支出与收入常不平衡，有时钱紧无法交公寓租金时还得临时向银行贷款应付难关。从前在中国时领的是出差费，而且用美金换人民币还可挥霍。可是在美国用美金又是另一情况，为了昂贵的生活费还得很节省。李华还发现自己的丈夫是个酒鬼，夜晚常常自己一人喝酒，喝得醉醺醺的，有时隔天早上起不来就不去上班。事实上家里的不少开支，多花在酒的费用上。李华原来向往中的美国奢侈生活都变成泡沫了。

而且李华发现自己的丈夫娶她并不是真的爱她，只是用她来提高他虚荣的满足感。因为，他们一起到别人开的派对场合，他的许多美国朋友都很羡慕地来问他如何娶到这样年轻漂亮的"东方娃娃"，而让史密斯先生感到很得意。李华觉得她是丈夫的装饰花瓶供他人看的。事实上史密斯先生年纪大又长期酗酒患有阳痿，夫妻间很少有房事。

自从来美国以后由于怕自己的父母伤心，李华信里都不敢向父母提自己婚姻不欢乐的情况，更不敢提起跟这样的丈夫结婚是错误的。她后悔当初没好好听父母的警告。虽然心情不好可是在美国举目无亲，没有一个朋友可以诉苦，心里一直很郁闷。

至于这次发生问题的导火线是李华向丈夫要钱的事。原来结婚以后，李华的父母曾经来过几封信，除了关心女儿在美国生活如何以外，也提起父亲身体欠佳的事，需要一点钱去看病治疗。史密斯先生开头还可以给她一笔钱，让李华汇回家。可是这次家里又来信，说叔叔得了癌症需要开刀缺少钱，请李华的先生帮忙。李华心里着急向丈夫提起，可是丈夫就乘酒醉大发起脾气，很凶的骂她，说他娶的只是她一人不是她的全家人，她的叔叔或哪个中国人死活，他都不管。李华一辈子都从没被人这样臭骂过，特别是被骂是中国人，更是很伤心。她受不了这种侮辱，就很冲动地从公寓跑出去，半夜里在街道旁哭泣，想撞车死掉。终于被路人发现叫警察把她送来急诊处。

讨论与分析

　　这是跨民族与文化而通婚的例子，表现出许多婚姻方面的问题。让我们一一分析说明其问题的来源。首先要提的是男女双方的结婚动机。李华说得对：她的先生娶她，并不是为了娶个有深厚感情的对象为妻子，而是娶个漂亮可爱的"东方娃娃"供他炫耀。史密斯先生不考虑自己的年龄也不管有文化差异，娶个年轻的东方异族女人，帮助他隐蔽自己已是50多的中老年人。反过来说李华嫁给这个丈夫也是受媚外的心理，觉得嫁给美国人可以过奢侈的生活。反正自己交过几次男朋友都没成功，自己也30多岁了也就不太考虑，也不听父母的常识性的劝告，就仓促决定跟一个认识没多久的外国人，可以当自己父亲那么老的对象结婚。当然，李华的父母以为有了金龟婿，把原先的犹豫也就抛弃了。总之，双方都不是为了喜爱的对象而结婚，而是为了结婚以外的理由而结婚。埋下婚姻不会成功的隐患。

　　再者，由于是不同的民族与文化背景的关系，从头就有许多问题。虽然李华在大学里念了一点有关美国的事，可是毕竟没在美国实际生活过，对美国的生活习俗与观念根本不熟悉。再加上语言的限制，有些事不知如何询问也不知如何打听。史密斯先生年纪不小，过去是否结过婚，再婚过没有，跟前妻是为什么原因而分开，目前是否还来往，保持何种的关系，这些都是美国人跟异性朋友交往时，决定结婚前会向对方询问的问题。可是东方的习俗，觉得女孩子不该开口打听对方这些私人的事，李华从未开口问，史密斯先生这个人不很诚实也就没告诉她，让她到美国时才惊讶地发现这么多事。

李华的父母亲根据他们东方的想法,家里有经济问题时向金龟婿开口要钱帮忙是合情合理的事。没想到美国人的想法是不相同的。他们认为个人就是个人,家人就是家人,要分清楚。他娶的是一个不是李华的整个家族。这是两种文化上不同的观点。不能了解就觉得这个丈夫(或女婿)太没人情。特别是把个人的事推广到整个民族身上来,被骂是贪心的中国人,民族意识被侮辱就很受不了。

一般来说假如是在美国生活的美国人的话,根据史密斯先生住的是小公寓,领的是普通薪水,马上可以看得出并且判断他只不过是个中下阶级的普通人。可是不熟悉美国情况的中国人,看他在中国"很挥霍",就误认为他是很富贵的美国人,有文化与异地的隔阂,就没办法做客观与确实的判断。再者假如是美国人的话,看史密斯先生患酒精瘾常不上班,就知道是个没有将来的中老男人。女人通常不会交这样有危险信号的对象,更不会跟这样没有希望的男人结婚。可是李华看他比中国男人对女人体贴、有礼貌,就认为是理想的结婚对象了。总之,民族与文化的隔阂增加了这些无知,也让李华陷入困难重重的婚姻问题。

辅导的方向

由于李华是处于在外国举目无亲的境地,又是受了严重情感打击而情绪很不好的情况,辅导的要领是首先给予支持,供给她所需的帮助,以便能度过困难的阶段。等到李华的情绪稳定,再跟史密斯先生会谈,了解整体情况以后,辅导者向李华提供对事情的看法,帮助她决定处理问题的方向。一般来说辅导者不能替被辅导的人提供对生活上的重大决定。可是由于李华住在美国,没人可帮她提供忠告,辅导者就采取例外的措施,坦白告诉她问题的本质,并提议如何善用美国的社会情况处理自己的将来。

辅导者向李华解释,根据美国一般的情况来说,已经中老年而常年喝酒的史密斯先生即使接受治疗而会成功戒酒的可能性小。由于酒精的问题会直接的影响他们的婚姻情况,他们夫妻关系改善的机会不大。必要时李华要考虑离婚的可能性,以免一直陷在困难的处境。辅导者向李华解释,在美国离婚后再婚的很多,况且李华还年轻,将来好好找对象再婚的可能性不小。辅导者提议目前要想办法自己去找个工作,自己可以经济独立,不用依靠丈夫,对自己的生活就有个保障。还好她的英文基础还好又年轻,要找个工作不会太难的。

总之,一个人在某个社会里生活,就应遵循该社会所赞同的问题处理方式,并善用当地社会所提供的应付困难的办法。辅导者的职责就是给被辅导的人指点如何运用这些原则来解决个人所面临的问题。本个案就是跨文化辅导的一个例子,协助这位中国人如何在异地且异文化的美国社会生活,并处理她所面对的婚姻问题(曾,2001)。

二、因丈夫妹妹来访而闹问题的异民族通婚夫妻

问题的发生

这是夏威夷一位菲律宾背景的妻子跟白人丈夫的案例。丈夫姓白特、名贾克,因妻子服药企图自杀,叫了急救车把妻子送来急诊室急救,等病情稳定危险期过后经过精神科会诊,判断白特夫人(名叫玛利亚),已经没有自杀意念,可以出院;但因是他们夫妻闹婚姻问题,也就提议他们夫妻到婚姻辅导所接受辅导。

贾克跟其妻子玛利亚双双按约定的时间来辅导诊所,接受夫妻的辅导会谈。根据他们的叙述:贾克出生于美国大陆,数年前来夏威夷就职。在偶然的机会,在酒吧里见了玛利亚。贾克跟玛利亚都异口同声地说他们是一见钟情,在酒吧初次见面后就很要好,并且认识不到几个星期就闪电式的结婚。玛利亚出生于菲律宾,是移民来夏威夷找工作的。但是由于菲律宾路远,机票昂贵,她

的家人无法来参加他们的婚礼。至于贾克的父母，因不太很赞成儿子跟菲律宾女人结婚，不高兴这样与少数民族发生异族通婚，也没来参加他们的婚礼。虽然贾克跟玛利亚办理简单的公证结婚，但是婚后俩人过得还蛮亲热，如此将近一年。

　　三个月前玛利亚怀孕了。贾克很高兴就通知他的家人。妹妹知道了消息，就决定来夏威夷看他们，除了来祝福贾克跟玛利亚的喜事，并且顺便来此有名的观光地游览。玛利亚听到她丈夫的表妹，即表妹将来看他们很高兴。在表妹还没到的前几天，就忙着布置他们的公寓房间，准备表妹来跟他们一起住。玛利亚还特别准备烧一些菲律宾跟夏威夷的菜，想好好招待表妹。她认为，虽然贾克的父母不来参加他们的婚礼，现在表妹来，总算是承认了贾克跟她的夫妻关系了。

　　表妹来的当天，贾克跟玛利亚都很高兴买了花环，开车子一起到机场去迎接表妹。可是不知怎的当他们接了表妹并且一起开车回公寓的路途上，玛利亚却开始拉个长脸显得不高兴。到了公寓以后，玛利亚勉强装着没什么不高兴的，去烧菜准备晚饭。这时贾克去给表妹铺床单，好让自己的表妹晚上睡好。那知玛利亚看了又很不高兴。贾克忙于招待自己的表妹，就没太注意自己的妻子情绪不好的事情，也没太去关心。

　　隔天一大早，按前个月就订下来的计划，贾克本来计划带玛利亚去看妇产科，做检查的，但是由于自己的表妹头次到了夏威夷，急于想到海滨去游泳，没跟玛利亚商量贾克就改变主意带他的表妹去海滩游泳。玛利亚心里很不高兴就说她身体不舒服留在家里。哪知，贾克跟表妹中午回来时却发现玛利亚躺在床上满嘴吐白沫，并且意识不太清醒。贾克看了床边的药瓶是空的，知道情形不对就赶紧打电话叫了救护车。

夫妻会谈与分析

　　辅导者听了他们夫妻这样的叙述，就首先问玛利亚，为什么本来俩人都是很高兴去机场接表妹的,为何在回途车上她就忽然不高兴起来。玛利亚说因为要跟表妹一起上车的时候,贾克没按习惯让她坐在丈夫旁边的座位却叫她坐到后面座位,而叫他的表妹坐在他的旁边座位。她认为:按西方习惯,妻子通常要坐在开车的丈夫旁边的座位,是表示夫妻并肩而坐;可是自己的丈夫却叫她去坐后座,而把妻子该坐的座位让给自己表妹去坐。她当时心里想自己的(白人)表妹一来就把(少数民族背景的)妻子挪到后座去坐,把(菲律宾背景的)妻子以二等人对待,觉得被歧视而很伤心。

辅导者听了就转问贾克当时是怎样想而叫玛利亚去坐后座。贾克解释说,他认为表妹是头次来夏威夷游玩就叫她坐前位好可以看风景欣赏欣赏;自己并没想到自己的妻子会另有想法而误会了。辅导者指出在这样的情况,夫妻最好能事先就提出讨论,客人来怎样安排座位,解释提议的用心,以获得配偶的了解与同意才好。贾克点点头表示他知道了。

辅导者又问玛利亚,当回到公寓,她在忙于烧菜而贾克给他表妹铺床单时,为什么又不高兴起来。玛利亚说她认为铺床单是女人(妻子)的工作,不该男的(丈夫)去作。特别是自己的表妹来了该是作嫂嫂的去作,表现是嫂嫂的职责;哪知自己的丈夫却抢去做女人的事,让她在表妹的面前丢了面子,好像这个嫂嫂不能干,还让丈夫去干女人的差事。贾克说当时他并不知道玛利亚的内心里是怎样想的,也不知道菲律宾把男女的工作与职责分得那么清楚。他说美国人不那么计较铺床单是女的或男的工作,做丈夫的也可以做家事。他心里想玛利亚忙于烧菜,自己可以帮忙做一些,没想到会让玛利亚不高兴,侵犯了女人的天地让她丢了女人(与做嫂嫂)的脸。

至于隔日,他带表妹去海宾游泳是想让自己的表妹高兴。一来表妹从没来过夏威夷游玩,想让她高兴。二来表妹总算是代表他的家人来看他们夫妻的心里很感激(承认了他们的婚姻),也就想尽力对表妹好；而哪知却让自己的妻子不高兴了。他把自己妻子要去看妇产科医师的约定时间往后挪了一个星期，想等表妹走了有空时再带妻子去看妇产科医师。可是现在想来自己没好好跟妻子商量并得到妻子的同意，让妻子难过是他很错误的决定。他想向妻子道歉。

辅导者向他们指出，他们结婚没多久，还没学好彼此理解文化背景的差异，也没注意到因此很容易发生误解。虽然是好意却会引来不好的结果。很需要多沟通与解释，事先得到谅解。他们俩人彼此的情感还可以而且相处还可以，可是有外来的人来，即使是自己的家人也容易产生相互的关系与需要扮演的角色上的矛盾，是需要很小心并特别要沟通与商量的时刻。虽然是自己的表妹但也是女人，很容易带来女人与女人间的问题，发生三角关系上的矛盾要特别谨慎。

辅导者也特别解释，由于菲律宾人是少数民族，过去没被白人看重，很容易让玛利亚心里感到没有（民族性）的信心，容易误会是被白人歧视。心理也就比较过分的敏感。特别是玛利亚刚怀孕，孕妇的情绪不稳定更需要丈夫的时时照顾，不能忽略。

经过这样短期的婚姻指导，这对夫妻就恢复了他们的夫妻关系，并准备迎接孩子的来临，其预后很好。

参考与引用文献

1. 曾文星．文化与心理治疗．北京：北京医科大学出版社，2002．
2. 曾文星．夫妻的关系与婚姻治疗．民族与文化差异而来的婚姻问题．个案二十三：后悔嫁给美国丈夫的妻子（228-233页）．北京：北京医科大学出版社，2001．
3. Ho, MK. Intermarried couples in therapy. Springfield, IL: Charles C. Thomas Publisher, 1990.
4. Hsu, J. Counseling for intercultural marriage. In W. S. Tseng, JF. McDermott & T. W. Maretzki (Eds): Adjustment in inter-

cultural marriage. Honolulu, Department of Psychiatry, University of Hawaii School of Medicine, 1977.
5. Kadis, LB. & McClendon, R. Marital and family therapy. Washington DC: American Psychiatric Press, 1998.
6. Tseng, WS., McDermott, JF. & Maretzki, TW. (Eds): Adjustment in intercultural marriage. Honolulu, Department of Psychiatry, University of Hawaii School of Medicine, 1977.

第二十四章　年老夫妻的婚姻辅导

第一节　年老夫妻可能面对的各种婚姻问题

近年来，随着科技的发达，社会上许多夫妻都活得年龄比较大，进入七八十岁以上的老迈阶段。而这样年老夫妻有时会面对老夫妻相处方面的困难，需要婚姻的辅导。但是，由于夫妇都处于老迈年龄的人生阶段，需要以特别的角度及看法来了解他们的问题，并采用不同的方式来辅导他们。

首先要知道的，年龄老迈的夫妇通常来说已经跟自己的配偶结婚很久，共同生活在一起，已经有数十年的时光，已经经历了夫妇如何相处的课题。可是，假如到了年老的阶段还发生婚姻的问题，往往是阶段性的困难，是进入老迈年龄阶段而发生的新的问题。比如，配偶一方的智能发生了变化，记忆力变差，思考能力也不好，性格变得奇异，让对方配偶无法适应而感到困难。严重时，一方配偶行为变得缺少检点，到处去拈花惹草引来婚姻的问题。或者，一方（或者双双都）得了躯体的疾病，发生了残废的问题，甚至行动不方便，特别需要他人的照顾，增加了彼此生活上的负担等。

从心理的角度来说，一对老年夫妻要如何应对年龄都快到中年的成人子女，并得听从成人子女的意见；或者如何面对自己可能丧偶的可能性；或者自己将面对死亡的情况等都是老年夫妻可能遭遇的特殊性问题。

第二节 辅导年老夫妻婚姻问题的方向与要领

由于辅导者往往是比较年轻者,不知如何运用同解心去了解与体会被辅导的老夫妻,需要很注意去学习,增加对老人精神医学的知识。从辅导的角度来说要避免想改造夫妻的性格等问题,而主要注重如何帮助他们去减轻他们目前所面对的现实性困难。换句话说要以支持性心理辅导的模式去帮助年老的夫妻。针对老人的心理辅导,在某种角度来说跟儿童辅导有相似的地方,即:要处理他们的依赖心理问题、跟下一代的世代隔阂与界限的问题(Kadis & McClendon,1998)。而且对老人的辅导上不要单单针对年老的夫妻,必要时要争取老人家的成人子女的协助与支持,帮助老人家所遭遇的困难。这犹如针对幼小子女的辅导时似的要多多包括并利用家人的支持与协助才好。还有要考虑到他们的年龄与性格伸缩性的减少,而少要求他们在人格方面做大的更改。因此相对必要时要注意环境上的更改或改善,间接地减少老人在生活上所面对的困难。换句话说针对老年夫妇来说不要单注意如何改变年老的夫妇,而要多改善他们所处的处境与多利用可提供支持的来源与条件。

第三节 个案说明

一、在外乱来的老先生与无可奈何的老妻子

个案说明

老春 67 岁,素梅 62 岁(皆假名),他们老夫老妻结婚已经快四十年。他们所面对的主要问题是:老春最近在外面认识了一个女人,很是迷恋,说是他头次尝到人生的滋味,不肯放弃迟来的

婚外情，让老妻子不知如何是好，经过女儿的催促来接受检查与辅导。

谈到他们的婚姻史：老春跟素梅是按当时的习惯，在他们还很年轻时，经过父母的安排而结婚的。他们两家都是世代认识的老家庭。老春跟素梅都念大学，他们父母觉得俩人都有知识门当户对，就安排成亲。婚后老春担任高科技的职业，素梅也在大学教文学，他们最近几年前才相继退休。他们有个三十几岁的女儿，已经结婚，有孩子。他们老夫妇很喜欢他们的孙子。他们老夫妻结婚将近40多年，而他们的婚姻生活总算平平，没发生过什么重大的问题。

目前的问题是这样发生的，即：自从老春退休后，他到一家公司去担任顾问，每周去公司工作几天以打发时间。因为工作关系老春在该公司认识了一位40多岁的女职员，名叫幸媚，该女性的丈夫数年前因病去世，目前是寡妇。因为工作关系，老春有机会跟幸媚接近，相处没多久就发生了关系。根据老春说，他过去跟自己老妻的性生活很单调，从来没有什么刺激，可是跟幸媚却尝到说不出的兴奋，是个全然不同的经验。他形容好像他的青春重来的样子，很是兴奋。由于老春总是找借口外出，去找幸媚，没多久就被妻子发现丈夫有了婚外情。素梅是个性很平静的女性，虽然发现自己丈夫在外面有了女人，并没有向丈夫大闹情绪。她唯一担心的是自己的丈夫这么老了，被外面狐狸精迷得这样，不知是否老糊涂了，将来是否会被那个女人骗了，发生不可收拾的结果。当她跟自己的女儿商量时，倒是女儿发了大脾气，指责自己父亲这么老了还色迷，在外面找女人，不规矩不要脸，要父亲赶快断绝关系，否则要大闹特闹。在这种情况之下，老春只好听从女儿的建议，终于答应来看精神科医师，检查看看自己是否精神老糊涂了。

会谈情况

在个人的会谈中医师发现：老春长得很秀气有知识的样子。说话很坦白,没有什么隐瞒。他认为自己脑子并没有毛病,只是受不了女儿的催促,只好将就一下来看医师。根据老春的自述,他说跟自己妻子结婚四十年,跟妻子行房事始终没有感觉过太大的兴奋。他说妻子很保守也不会跟丈夫调戏,行房事妻子未曾达到性高潮。可是他跟幸媚的性关系却是天地的差别。他说他能让幸媚达到性高潮,让他感到做男人的威风,不但很享受也很满意。他知道这样在外面发生婚外情是不对的,但是一想到幸媚他就控制不了。

经过老春的同意,医师也约定妻子素梅来会谈。素梅看来很文静、有风度,留个直的短发,穿着朴素,没有任何打扮。她说她年轻时受着家里传统父母的影响向来很保守,这一辈子从没学过搽口红也没烫过头发。她自己说是不是这样丈夫就不满足,才会去外面找放纵的女人。她说她年纪也老了无法改变自己,只希望自己的先生能改过重新,不要在外面乱混。

精神科医师原来怀疑老春是否患了老年的躁症,变得大胆而行为放纵,并且性欲增加。可是经过会谈检查,却发现老春的精神状态还好,并没有什么显著的异样,没有情绪高昂的现象,也没有器质性脑症的情形。

很清楚地春跟素梅虽然结婚那么多年,但在性生活里并没有很满足。到底是做妻子的素梅是否有性功能的障碍,是否是隐蔽性的同性恋,或者只是单纯的属于对性行为比较压抑性的女人就不得而知。我们只知道丈夫在外面尝试且经历了不同的性经验以后,就不肯放弃婚外情而发生了无法解决的问题。

分析与讨论

从辅导的角度说来,这是个不太容易去辅导的个案。夫妻性生活问题的存在,以及婚外女人的诱惑都很清楚,只是不知如何去处理这个问题。做丈夫的脑子里很清楚地知道自己在外面找女人是不合情也不合法的行为,只是无法控制,犹如上瘾似的。假如单靠讲道理说教，恐怕没有太大的效果与作用。至于做妻子的又很理智，不动感情，不会向自己丈夫大闹脾气，没有让丈夫受不了的效果，让他继续在外寻乐。只有女儿在闹不愉快，但作用不大。因此就陷在没有出路的情况。

虽然不采用说教的方式，但应帮助老春去体会自己行为的问题。医师让他去假设，假如是事情相反，是自己的妻子在外面找到男朋友，而说是发现了人生头次经验到的幸福，而要继续去外面找那个男朋友时，做丈夫的会如何想，如何感觉，会采取什么行动。经过这样假想的情况，老春逐渐感到自己的行为很自私。

辅导者也举例让老春去假想，假如他喜爱的孙子说，家里的饭菜很普通不好吃，馆子的菜好吃，不顾母亲辛苦在家烧饭给他吃，却天天要偷偷跑到馆子里去吃饭，做爷爷的要如何去管教孙子。辅导者还进一步的问老春，将来自己的孙子长大了，发现自己的爷爷在外搞女人的行为时会如何感觉。经过这样的情况的想象，老春逐渐地感到自己实在很不好也不应该，决定自己控制自己的欲望，不再去做令家人不放心的事。特别不要去做使自己喜爱的孙子失望的行为（曾，2001 - a）。

二、老先生开始痴呆，因无法服侍而烦恼的妻子

问题的发生

佳内（假名）是66岁妻子，文化高中，跟丈夫结婚已快四十年。丈夫尚仪是68岁，文化大学，工程师已退休。从个人及婚姻史得知：过去佳内跟尚仪是邻居从小就认识。他们上同样的小学及高中。高中毕业后，佳内在一家公司做职员。尚仪念了大学学工程，毕业后在一家工厂做事。由于他们住得很近，小时常一起玩。到了成人在他们父母赞同之下结了婚。婚后俩人感情一直很好，被亲友羡慕。他们有两个孩子，各自长大结婚成家，并且为了工作关系住在别的地方，只是过年过节才回来。他们夫妇双双

退休以后，继续过着他们夫妇的家庭生活，偶尔旅行去看他们住在别的都市的子女及孙子们。

可是大约两年前，佳内注意到自己的丈夫常常忘掉东西放在哪里。譬如，把家里的钥匙忘掉放在哪里而找不到，或不知把自己的眼镜摆到哪里去了，总是要去找。当时佳内认为这是年龄的关系才有这样的事情，并没太去注意。可是从一年前佳内开始发现尚仪有些记忆力方面的问题。譬如：跟别人聊天时不记得自己家里的地址号码而乱讲个号码，而且自己还不在意的样子。或者，谈到自己孩子的年龄时都搞不清楚，把大的孩子跟小的孩子的年龄都说错了，还不知道自己说错了的样子。当尚仪跟隔壁的老邻居聊天时还可以东聊西聊，只是聊天以后还问邻居家住在哪里，把老邻居搞糊涂了，赶快特意告诉佳内她的丈夫连认识了十几年的老邻居都不认得了。真正让佳内紧张的是尚仪自己从家里出去到外面走路，却忘掉如何回家迷失在外，还好碰巧被邻居发现，把他带回家来。佳内把尚仪带到医院去看神经科，经过检查被医师诊断是患了初期的老年痴呆症。经医师说明这种毛病还会继续恶化，可是目前还没有什么特效药可用来医治。

对于这样不好的消息佳内受到了打击。开始担心假如丈夫真的这样继续痴呆下去怎么办。事实上没多久，问题就越来越严重。虽然佳内给自己丈夫挂上一个牌子，写上名字跟地址，免得他自己到外面散步时迷失了，可以让别人把他带回来。哪知有一天被警察带回家，说是尚仪站在马路上不知往哪里走，差点被车子撞了。针对这样的情况，佳内不知如何是好，跟医师请教，也跟自己的孩子商量。医师说假如情形继续恶化，就得考虑住到老人的疗养院，免得发生问题。对这样的建议，佳内听不进去。她舍不得把从小认识，而且数十年的丈夫"丢"到老人院里去。

她决定自己用心在家照顾丈夫。她把自己家里的门都加了锁，没有钥匙便不能开。这样可以预防痴呆的丈夫不会在没注意的时候自己一人溜出去。除了按时给丈夫吃饭、洗澡，保持个人的清洁以外，还尽量陪在旁边。只有短时间偶尔出去买菜。这样没多久佳内开始变得很疲乏，心情也不好起来。因为白天总要提神注意尚仪在干什么，晚上也要担心尚仪是否有问题，这样就很耗费自己的精神。不久，她就发现自己的脾气不好起来，有时还大声向丈夫吼，而事后又后悔不该如此。

听到这样情形以后，他们的孩子都一起回来看生病有问题的父亲。可是让子女惊讶的是，生病的父亲居然不认得自己的孩子，还问佳内他们是谁。由于问题已经变到这样的情况，孩子们都建议把父亲送到疗养院，起码不会让母亲负担太多。佳内实在很伤心但没有办法就终于答应。由于自己不愿意、也不敢到疗养院，就由大儿子安排把父亲送去疗养院。可是自从把丈夫安排住到疗养院以后，佳内心情变得很忧郁，心里有罪恶感，夜晚都睡得不好，终于被儿子劝来看精神科医师。

辅导的情况

佳内看来很憔悴心情不好的样子。她觉得把自己心爱的丈夫"丢"到疗养院，觉得很不应该，夜里总是做梦梦见丈夫在疗养院哭泣。她眼睛红红、忍着眼泪说，她只要一想到自己的丈夫就很伤心，连饭都吃不下也没心情活下去。

医师向佳内表示可以了解她内心的痛苦。特别是过去数十年来，一直生活在一起的亲人，现在这样分离一定很难过。可是医师向佳内说明，这种情况的发生并不是她找来的结果，也不是她的过错，是先生患了脑的毛病而带来的不幸结果，不要责备自己。假如是一个人患了躯体的毛病，如中风、冠心病或者癌症，躯体有症状，一般人在心理上都能明白是躯体有了毛病，也就比较容易去接受发生的事实。可是脑部的毛病，表现在精神与行为上，就不容易去了解与接受，也唯恐是否对患者有什么亏待的事。医师向佳内说明，一个人患了痴呆症的确是很严重且麻烦的疾病。虽然躯体还可以走动、会吃东西，可是中枢神经失掉了控制，无法记忆，也认不得自己亲人，丧失了基本的精神活动，很难在家里环境里去照顾，常要送到有特别设备与医护人员的地方养护。医师指出，以配偶的立场，佳内已经很费心尝试照顾自己的丈夫，尽了很大的努力。可是现在需要的是心理上要去认识并接受自己丈夫生病很严重的情况，准备缓慢而来但必须面对的过程。换句话说，心里要把自己的丈夫看成是已经走了一半的人，做心理上的准备而去"接受"，而不要只停滞于"责备与伤心"的丧失阶段。

除了处理佳内的心理状态，解释她必须面对与经历的"哀悼心理过程"以外，医师发现佳内自从丈夫被安排住到疗养院以后，都没去看过尚仪。佳内说明是因为自己本身很害怕疗养院，想象是很可怕的地方，也害怕看到自己丈夫在疗养院受苦的情况所以不愿意去看。医师建议应该去访问探望，了解一下实际的情况，可以帮助佳内对自己心理上的交代。

经过医师的鼓励，在儿子陪伴之下，佳内去疗养院探望了自己的丈夫。出乎自己的预料，佳内发现疗养院的设备很好，管理人员也很亲切。而且最使佳内惊讶的是，自己的丈夫居然在疗养院过得还不错，在管理员照顾之下，跟住在疗养院的其他患者做各种活动与体操，看来还可以。只是发现跟尚仪谈话时，对太太好似有点不太认得，问她住在哪里。佳内心里变得很复杂，一方面发现疗养院并不是想象的那么糟糕，而比较放心，也发现丈夫在疗养院过得还可以，总比被拘留在家里好些。可是想到丈夫的记忆力逐渐严重化，恐怕迟早连自己的妻子都不会认得就感到很难过。不过佳内心里就想起医师的话，准备去接受必须去面对的事实。

除了有时去疗养院看看丈夫以外，佳内听取医师的提议开始考虑自己如何照顾自己，包括整顿家里的环境，日常的生活与活动，过几乎是寡妇的生活。经过这些辅导与安排，佳内的心情也就逐渐安顿下来，准备接受迟早将发生的情况。

评论与结语

我们要了解：到了老年有些人会面对各种精神疾患，严重时会患上妄想状态，会发生痴呆的情况，不但不容易医治还会影响家人的生活。作为医疗者要能做好诊断，除提供所需的药物治疗以外，也要给予所需的心理辅导。除了对本人也要帮助周围的家人或养护者，特别是其配偶。有点要提醒的是，老人患上比较严重的毛病，特别是由器质性的原因引发的，其预后不见得很好。作为辅导的人，要能跟家人做实际的讨论，准备面对各种可能发生的情况，帮助家人能随实际情况做适当的适应。家人所需要的辅导往往是对病情的了解，如何对待患者的要领，因家人患病而连带产生的追究感或罪恶感等。如何帮助家人减少因所需的照顾而来的过分负担与疲劳也是很需要的。假如患者的希望不大，病情逐渐衰退时，要帮助家人能适当的放弃他们的照顾，而能与患者做脱离或告别的心理准备也是重要的。总之，辅导工作要多于支持、指导性质，而且比较保守的进行（曾，2001-b）。

参考与引用文献

1. 曾文星．老人的心理与辅导．第十二章：个案二十：在外乱来的老先生与无可奈何的老妻子（166-168页）．北京：北京医科大学出版社，2001-a．
2. 曾文星．老人的心理与辅导．第十四章：个案二十七：丈夫记忆力丧失不能认人而难以适应的妻子（187-191页）．北京：北京医科大学出版社，2001-b．
3. Kadis, LB. & McClendon, R. Marital and family therapy (pp. 183-189). Washington DC: American Psychiatric Press, 1998.

第二十五章　同性恋者结对问题的辅导

第一节　同性恋者结对常见的问题

随着社会近年来对同性恋者的看法改变，其态度也变得比较开放，同性恋者结对而双双一起生活的情况也逐渐增加；而相对的他们这样结对生活在一起时可能发生相处方面的问题，而公开来接受辅导的情况也逐渐在增加。可是针对同性恋者的一对需要所提供的配对辅导，跟异性的配对辅导有根本上的不同，不能简单就运用异性配对的辅导原则与技术而进行（Kadis & McClendon，1998）。

首先要认识同性恋的配对者，不管是女性同性恋或男性同性恋者，跟异性配对者比较起来，他们所面对与遭遇的社会及家庭情况有所不同。大致说来，他们的同性恋关系，不太受社会人士的接受，甚至不欢迎。连自己的家人也不很赞成，也无法提供协助。因此，他们的关系要比较保密，比较孤独，而且要在这样不利的情况下去维持他们的同性恋关系。再者他们的关系在法律上没有保障，比较缺少契约性的约束。因为没有生育子女的情况，也缺少因为养育子女而带来的凝合力。而且由于种种原因他们有时容易更换配对的对象与关系；因找不同的对象，又缺乏其契约性的约束，增加他们关系上的复杂性。有些男女是属于双性恋者，容易在同性与异性男女关系上徘徊，没有专一的对象、情感与关系。

除了这些前提上的问题以外，还得考虑的是跟异性配对有所不同的是：他们俩人在彼此关系上如何相互间扮演角色的问题。因为没有显著与清楚的观念上要求，要扮演如何相配的俩人关系，他们还得自己去摸索。

第二节　辅导的方向与要领

由于辅导者对这样的特殊对象了解得比较少，针对这种情况的科研资料也几乎没有，辅导者要自己去摸索而提供辅导。假如辅导者本身是异性恋倾向的，就得依靠被辅导者（同性恋者）所提供的有关资料，包括同性恋者的相处情况，所面对的困难，了解同性恋配对的实际情形，而进一步去研究与考虑如何辅导才好。当然，不能受辅导者本身的性别取向与异性关系的经验而妨碍了适当的辅导工作，发生了偏见的结果。

到底同性恋的配对要求辅导时，是否由有同性恋取向的辅导者来提供辅导比较好，是临床上被争论的课题。从现实的立场上说来，当前社会里并没有那么多的同性恋取向的辅导者，是不太可能的要求。从临床上来说也不见得必要。虽然我们知道妇产科的医师最好是女性的医师，对女性的患者比较好；被性虐待或暴行的女患者，最好由女性辅导者提供心理辅导。但是就一般的心理辅导而说其情形就不同。因为：能干的辅导者要训练辅导各种各样的人，是全天候性质的辅导者。否则，辅导因抱养了孩子而发生心理矛盾的夫妻，就得找也抱养过孩子的辅导者来辅导，治疗被强奸而闹心情痛苦的女患者，就得找曾有同样遭遇的辅导者，是无止境而没有限制的要求。当然，有同性恋趋向或背景的患者找了异性取向的辅导者，难免被这样异性取向的辅导者不了解，甚至被看不起或被责骂，心里就担心或有顾虑，还没开始辅导之前就表现负性的"性取向-转移关系"（sex - oriented transference）。反过来担任辅导的也要注意自己辅导者的心理情况，不能为了自己本身的性取向而发生妨碍辅导的"性取向-反转移关系"（sex - oriented counter - transference），发生对同性恋患者的偏见与错误等的负性对待；或者，过分的同情与关心，产生不适当的正性转移关系。总之，无论如何都要以开放性、中立性的态度与取向而进行辅导工作。

有些辅导者在观念上简单地认为：同性恋者的关系跟异性恋者的关系，都是俩人间的关系是完全一样，不会有所差别；或者，相反的认为是完全不相同的俩人情形，这都是极端而简单化的看法。有的也会因为这方面的有关知识与经验的缺少而认为：男性同性恋跟女性同性恋都是同样的，毫无区别。但是比较有经验的辅导者会指出：两者有若干基本上的差异（Alonzo, 2005）。

简单说来，男性同性恋者的关系，常以性的诱惑或性欲的需要，而开始双方的接触。由于日后俩人的关系要好，彼此有相当的情感而逐渐固定其俩人间的私人性关系。可是他们比较常遭遇的心理问题是：虽然是同性恋者，但心理上又想表现其男性气概（至少是在其行为、外观与穿着等），因此，俩人之间容易有这方面的竞争性的矛盾。有的是双性取向；除了保持同性恋的关系，有时还找异性恋的对象，不但行为有徘徊不定的趋势，还扰乱俩人间如何保持契约性关系的问题。还有，他们过去曾跟许多同性恋对象发生性的关系，因此，很容易得到艾滋病的传染。如何去预防其传染，而假如已经患了病的，要如何适当使用药物治疗，变成是他们生活上的课题。

至于女性同性恋，她们的开始主要是以俩人情感要好而开始，性的接触是比较次要的层次。她们凭她们女性的心理特点，比较注意如何保持情感上的关系，而比较不在乎性的关系。在关系来说，有时一方比较个性强（想扮演男性角色），而另外一方比较温顺（喜欢扮演女性角色）。可是，有时也会发生俩人之间的角色扮演方面的矛盾。有时，她们想抱养孩子，想建立她们的家，树立比较长久性的关系，但是不太容易，需要面对许多课题。

在西方的社会里包括美国，公开表白他们同性恋取向的，随着社会风气逐渐多起来。有不少人要求社会对他们正式地看待，包括承认他们的"婚姻"关系。可是，针对这样的要求社会里有许多不同的看法。有的根本上就认为他们不该要求被承认有婚姻的关系，只能让一对异性的男女才有资格谈婚姻的关系；但有的却比较同情与了解，赞成起码在法律上给他们若干程度的承认，至少能平等性地享受社会给夫妻相似的有关财产分配、纳税或者其他社会性的保障等。总之，主要的关键是除了他们（或她们）彼此俩人的心理与情感关系以外，还得去面对社会如何对待他们的态度。

总之，辅导者要辅导一对同性恋者结对而引来的相处问题时，要能以比较开放的心理，向被辅导的对象听取他们的情况与意见，从他们那里了解他们的处境，并以共同商讨的方式来研究如何帮助他们的相处关系。最主要的要能观察自己对这样有心性取向不同或违常者的看法与态度如何，不要受其转移关系或偏见的影响，好能提供专业性的辅导工作。

参考文献

1. Alonzo, DJ. Working with same-sex couples. In M. Harway (Ed). Handbook of couples therapy (pp. 370-385). Hoboken, NJ: John Wiley & Sons. 2005.
2. Kadis, LB. & McClendon, R. Marital and family therapy (pp. 159-164). Washington DC: American Psychiatric Press, 1998.

第五部
婚姻的适应与心理卫生

这是本书的最后一部分，主要阐述夫妻应如何维持他们的夫妻关系，经营他们的婚姻，适应各种可能面对的问题，维持婚姻里应有的卫生。我们分别讨论了婚姻的基本性质，可能面对的各种问题，阐述辅导的各种原则与方法，并且也分章就各种婚姻问题讨论如何实际给予辅导工作。但是在给予辅导时，需要考虑的是，怎样的夫妻关系与婚姻状态才是健康的，如何维持婚姻应有的心理卫生。包括在面对社会与文化变化中如何去面对与适应的问题。因此，这部分是在这个层次上讨论婚姻的心理卫生。

第二十六章 文化与婚姻关系

第一节 社会、文化与婚姻关系

一、文化对婚姻制度的影响

所谓"文化"(culture)指的是一群人共同经营的特别生活方式,主要包括其思维、价值观及所遵循的习俗与信仰(曾,2006)。我们在本书开头(第一章)就说明过:婚姻制度在不同的社会与文化背景里,会有何所不同;就在同一个社会里,也会随时代的因素,跟随社会与文化的变迁,而发生逐渐或快速的变更(Tseng & Hsu,1991)。

从文化人类学的角度来说:结婚可随对象的多少而被归类为"一夫一妻"的单配偶制度(monogamy),也可有"一夫多妻"或者(反过来)"多夫一妻"的多配偶制度(polygamy)。从统计的角度说来,目前世界大部分的人口都遵循一夫一妻的现代婚姻制度,但是仍有例外。比如:有些回教的社会里仍实行一夫多妻的习俗。这是由于过去历史上曾经长年的打仗,男人死亡很多而女人没有丈夫可嫁,乃允许一个丈夫可娶两三个妻子,以便抚养她们而遗留下来的习俗。相对的在印度北方或非洲有些比较贫穷的地方,有些社会还实行多夫一妻的婚姻制度。主要的理由是经济上的困难,即:男人穷而娶不起女人,只好由几个男人(通常是兄弟)共有一个妻子,形成多夫一妻的婚姻现象。特别是家里的资产不多,田地不大,不愿意兄弟去分割,就考虑用这样的办法,维持祖先留下来的田地或资产。这些情况都是在不同的社会与文化背景下，可观察到的婚姻制度的特殊变异。

中国在半世纪多以前（也就是三、四代以前），还存在着纳妾的习惯。有钱、有势力的男人，除了正式的妻子以外可凭其所好接纳姨太太。这可说是男女不平等时代的产品，是现在已经被废除的风俗，法律上只准一夫一妻的单配偶制度。不用说，一家里有妻子与小妾，就容易发生彼此的嫉妒与摩擦，增加夫妇的矛盾。譬如：电视连续剧的"大宅门"，或者电影里"大红灯笼高高挂"的故事里，对妻子与姨太太们相互发生矛盾的情况都有细腻的描述。

如何决定婚姻对象的选择，以及其选择的方式也受社会与文化习俗的显著影响。即：经过媒人的介绍，由父母包办安排结婚的对象（arranged marriage），或由年轻人自由恋爱（free love）而找自己喜欢的对象，是两个基本上不同的方式。当然也可有混合的中间方式，由父母、亲戚或朋友介绍，由当事人去交往，决定喜欢与否。被安排的婚姻与自己选择的配偶，其主要差异常是选择对象的考虑因素有所不同。通常说来家人安排的，比较注重家庭背景与个人的客观条件，而经过本人恋爱而决定的，主要在于是否喜欢对方，把重点放在情感这个层次。各有各的长处与短处。

由父母安排婚姻对象还牵涉到结婚的年龄。有时年龄很小就被父母安排好婚事，到了成年后才举行。位于印度北方的尼泊尔不久以前还盛行"童婚"或儿婚制度（childhood marriage）。女孩子在四五岁左右就被安排跟六七岁的男孩结婚。经过正式的婚礼后，女孩就搬到丈夫的家里住，就像婆婆的"女儿"似的，随婆婆睡觉并做家事，到了青春期发育以后，才跟长大的丈夫同床。跟这个有点相似的，我国过去有些地方曾经有过"童养媳"的习惯，把穷人的女孩要来，从小在家做家事，长大以后才安排嫁给家里的男人。这样将来的媳妇因从小服侍婆婆习惯了，就很听婆婆的话。最极端的我国过去还有"指腹为婚"的习惯，两家很想结为亲家，就等产妇还没生下孩子，就预先决定为配婚的对象，可说是由父母全权做决定的极端例子。过去我国还流行过女人缠足的习惯,家世好些的女孩子从小就被强迫缠足,认为缠足会好看,以便长大后嫁给有家世的男人。因此许多女孩从小就得挨痛裹足,只为了将来嫁个好丈夫。这些都是年轻的女性不被重视的例子,只有重男轻女的社会才会见到的习俗。

过去女人嫁给丈夫,除了做家事以外最重要的任务就是要生育孩子。而且还得生许多孩子。特别是农家认为孩子多可帮忙做农活。不仅要生孩子还得生个男孩以便能传宗接代。另外一般人的观念里认为父母老了,要靠子女来养老。不仅如此,过去大家没有怀孕的生理知识,不知怀孕是男方与女方的双方因素决定怀孕,只认为生孩子全是妻子的责任。结果万一女人不怀孕,做丈夫的可以有理由把妻子休掉另外再娶,或者名正言顺的娶妾,好让家里有孩子接代。

这些都是跟婚姻有关的过去的想法与习惯;现在随着社会与时代的变迁,都发生变化。譬如,目前的年轻人都喜欢自己找对象,经过恋爱而决定婚姻。因此,如何跟异性朋友交往,如何自己物色适当的对象,变成是年轻人自己的职责。假如没有适当的社交经验,又没有交异性朋友的技巧就不容易找到对象,或者找不到适当的对象,可以说是现代青年男女的新的生活课题。

另外一个现象是现代的家庭夫妇都不喜欢生育许多孩子。不管是东方还是西方国家都是如此。经济比较发达的社会里,通常都希望顶多养育一个或两个孩子。养育孩子被看成是要花费时间与精力的工作也是经济上的负担。特别是生活在现代都市的父母都希望自己有自己的职业与生涯,不想被养育子女过多而影响成人的生活。至于我国为了预防人口过多的问题,从十多年前开始实行了"一对夫妇一个孩子"的家庭政策,希望能在一段时间里有效的控制人口问题。因此,国人要能配合这个社会的要求。从心理上来说,要避免对独生子的溺爱,不要抱着一定要男孩或女孩的心理,好好去养育我们的下一代。换句话说,养孩子"要精,而不要多"是现代世界的共同趋势,间接地影响着婚姻生活的模式。

从观念上还有个很重要的变迁是对婚姻本身的基本看法。过去依传统的想法,大家都认为一对男女结了婚,就是一辈子要以夫妇的关系生活到底白头偕老。把婚姻看做是一生的契约,社会上不容许你随便谈离婚。可是目前的现代人却逐渐采取不同的看法与态度,认为婚姻是男女情感的结合;假如男女双方没有情感也就不必生活在一起,可以分居或离婚。这种想法与趋势就表现在离婚率的提高。目前欧美的许多社会里离婚率高到将近五成。连带着离婚后的单亲家庭(single-parent family)比例上也占很多。离婚后幼小的孩子就归给妻子养育,由母亲单人负担养育子女的工作,面对经济与养育职责上的困难。西方社会里对婚姻关系这样的变迁,不见得是很健康的现象,是不理想的改变。随着西方对婚姻制度的显著变迁倒是提醒我们去领悟一件事,即现代化的社会里由于生活水准的提高,男女生活方式的改变,把婚姻不只是看成是生育子女的场所,是终生契约性的生活单位而是男女情感的结合。因此,值得我们去警惕,关心我们自己的婚姻生活,如何去养护与维持。

二、社会对婚姻的影响

所谓"社会"(society)指的是由群众建立的生活单位,有其组织与结构,并遵循规则而经营其社会生活,包括生产制度。不仅是"文化"(即:社会人士们的看法、态度、价值观与遵循的习俗等)会左右婚姻。"社会"本身的因素,包括:社会结构、经济系统、生产方式、生活规律与形式等都会影响夫妻生活的方式与内容。譬如,现代社会的特色之一,就是工业化与都市化。随着这些变化,直接的或间接地改变一个家庭里夫妻的地位与角色分担。过去,特别是畜牧或打猎的社会里遵行"夫主外,妻主内"的观念与习惯,经过男女的体力的不同而分担夫妻的角色。在农业的社会里妻子可以辅助丈夫在农田的工作，但还是主要依靠男人。工业社会的特色就是女性也可以到外面去从事工作，跟男人一样的从事各种依靠机械的生产工作；而无形中变成夫妇双职工的婚姻生活。我们临近的朝鲜与日本，深受过去"妻主内"的传统观念，许多受过大学教育的女性在公司做工作，只要一结婚就不得不辞去职业，回家专于养育子女与服侍丈夫的家事，可说是很委屈女性的社会习惯。还好我国已经没有这样大男人主义的风行，比较讲究男女的社会平等。可是在乡下的女人，看丈夫与婆婆的脸色过日子的现象还有，希望会逐渐改善。

随着养育子女的数目的减少，而且家庭用具的发达，女性在家里的工作逐渐减少。同时连男人都会用电锅烧饭，用洗衣机洗衣服，夫妇都可从事家事，这也是家庭现代化的一个改变趋势。如何在家里共同轮流分担家事，变成是现代年轻夫妇的生活课题之一。

我们谈这些社会与文化对婚姻制度的影响，主要的是在提醒婚姻制度并非是静态不变、长久固定的；在时代与文化的层次上看，是可以循序渐进地变化或急速更改的。了解这一点就懂得随时注意社会与文化的动态并且做必要的调节。

第二节　现代化与婚姻适应

要谈现代化如何会影响到婚姻的适应之前，首先要澄清现代化与西化有何观念上的区别。所谓"现代化"（modernization）狭义的指社会经过科学的发达，工业生产体系的开始，都市居住的形态形成，同时交通也发达，媒体通讯也进步的一连串社会变化的总称。广义的是指过去传统的社会结构与生活方式被遗弃，改而采用新的方式。因此，在世界东西南北各地社会都可发生且观察到的社会变化。唯一的差别是现代化的进度快或慢的问题。至于"西化"（Westernization）指的是跟随欧美的社会与文化形式而更改的变化。比如：美国强调自由与民主也注重个人的观念，而别的社会且受其影响的情况。换句话说，东方人受西方的影响而去模仿的情形。可是谈到西化有一点要注意的是，所谓西方的社会与文化是过于笼统的称呼。事实上要知道欧美各个社会有许多差异，而且每个社会随着时代也发生很多变化。譬如，单就家庭的结构来说，欧洲比较传统的社会里，经济情况好的还是有保持大家庭系统的现象；美国在数十年前，还是很重视大家庭的亲戚关系。所谓小家庭的存在，也只不过是最近半世纪才通行的现象。事实上，美国目前连本来的小家庭也减少，几乎一半是单亲的家庭。即：许多夫妻离婚后由父亲或母亲单方一人养育子女。因此，什么是典型的西方家庭，就得看哪个社会或哪个时代而论。倒过来讲，我们东方社会里畅行大家庭也只是个理想的说法。实际上三代或五代同堂的大家庭（extended family），即：结了婚的同胞仍跟父母一起居住，只见于很富裕而有家世的家庭，或是农村里的富裕农家才有。从历史上看来，素来小家庭（nuclear family），或者主干家庭（stem family）是一般性的家庭结构。我们只能说现代化的过程，随着工业化与都市化，鼓励了小家庭的发生与存在，而相对的大家庭已经逐渐减少。

不管是西方也好东方也好，目前社会的现代化，逐渐的在改变夫妻的婚姻生活。每对夫妻都应该有适当的认识并且逐渐去适应。现在让我们略举一些华人应特别注意的几个要点来说明（曾，2001）。

一、家庭的主轴由亲子逐渐转移为夫妻

不管社会如何变化大家都承认：夫妻是人生里最主要的人际关系，婚姻是基本的生活单位。可是随着社会的现代化，一个家庭里人际关系的主轴在逐渐转移。所谓家庭人际关系的"主轴"（axis），是家庭心理学家所使用的观念与措辞。主要用来说明家庭里的夫妻、亲子、同胞间的人际关系，并讨论哪个关系是最主要的。

过去，我们华人的家庭随着过去传统的观念，在强调"孝"的文化里，父母跟子女的关系被看成是最重要的一轴。假如子女跟父母的关系与配偶的关系发生矛盾时，会被传统的观念与习俗要求牺牲配偶的利益与存在而重视对父母的孝顺。特别是从家庭制度的立场来说，实行父系传递系统（patrilineal family system），即由父亲把家里的权利与姓都传递给儿子，因此，"父子关系"是主轴。可是从实际情感生活的角度来说，母亲跟儿子的关系很密切。譬如过去传统的二十四孝的故事里所描述的大多是儿子孝顺母亲（如：卧冰求鱼的故事）；即使儿子成人后仍是如此（如：涤亲溺器的故事）（徐，1972）。在京戏四郎探母的故事里，描述杨家的四郎被敌人俘虏，长年被留在敌营里当将军。有一天知道自己的母亲带队来攻打，离城不远，他就表露如何思念母亲的情感，想去会面（而毫无表达对自己前妻的情意）（Hsu & Tseng，1974）。这些故事都表示在家庭里的情感层次里母子关系是个主轴。换句话说在遵循父系传递系统的家庭制度里，表面上是父子关系很重要，但在实际的情感层次里母子关系却很有分量。

从人类学的眼光来说，父系传递系统是一种，但也有母系传递系统。在实行母系传递系统（matrilineal family system）的文化社会里，所有的权限是由母亲传给女儿再传给孙女，而不经过男人。男人只是替女性执行被赋予的权力，到时会被妻子收回去。因此，在这样的母系家族系统里兄弟与姐妹间的关系是个主轴。因为家里万一有什么矛盾，做丈夫的或者做父亲的没有讲话的资格，而是妻子的兄弟，即舅舅可以出来讲话操纵权限做最后的决定。基于此姐妹与兄弟的同胞关系是维持家里的主轴。至于目前的欧美社会里，强调夫妻间的关系，把亲子的关系即子女对父母的关系看得淡些。因此，可见随文化与社会的不同，家庭里的主轴可有所不同。

至于为什么现代化的社会里一家的主轴会逐渐转移到夫妻的关系，有几个理由。最具体而且客观的理由是婚姻生活的时期显著的延长。随着个人的平均寿命的逐渐延长,婚后平均要跟自己配偶共同经历将近五十年的漫长人生。特别是从工作岗位退休下来后,到七八十岁而去世之前,还要继续共渡二十年左右白头偕老的人生阶段。与此相比,子女到了二十多岁,结婚成家以后,跟自己的父母的关系就逐渐开始疏远。因此,孩子跟自己的父母共同生活的年数顶多不超过二十多年。比夫妻共同生活五十多年的年数少得多。这并不是说,年轻人结了婚就不要自己的父母,还是要保持相当的关系,继续孝顺,也要服侍年老的双亲;只是说在实际的生活里,包括情感的层次,配偶的婚姻生活会变得很重要,从一生的眼光说来,夫妇关系是最重要的家庭主轴。

另外一个因素就是随着社会的都市化、工业化,随着环境的变迁,过去所存在的大家庭会逐渐从大都市的环境里消失而代替的是小家庭,或者顶多是主干家庭。换句话说,结婚后跟自己的父母天天一起生活的可能性会逐渐减少。这与西方的文化无关,而是社会现代化以后,随着工业化与都市化而容易发生的连带变化。

最后一个因素是与国内的情况有关。为了预防人口的过多,我国实行一对夫妇一个孩子的家庭计划。这样的结果,当年轻的一代长大成人后,统计上每对年轻夫妇将有两对年老的父母。即,丈夫的父母与妻子的父母。因此,实际上一二十年后的年老夫妇,许多人不容易跟他们自己的成人子女生活在一起,要继续他们自己的夫妇生活。换句话说,如何靠老夫妇自己相依度过中老年的人生阶段变成很重要。至少将来的一二十年将会是如此。实际上东西方许多现代化的社会里,中老年的夫妇自行过他们夫妇的生活已是常见的趋势。因此,如何提早认识夫妻是最重要的家庭主轴,好好保持夫妇俩的婚姻关系来度过一辈子是个很明智的事。

二、感情在婚姻生活里占重要层次

大家都知道婚姻有多样功能,包括经营每日的家庭生活、养育子女之外,还要过情感上的生活。而这些不同的层次可有不同的比例而存在。譬如说，在生活条件较差的社会里，大家都要忙于赚钱、担心居住的问题、解决一天三餐饭的问题，如何经营并维持基本的日常家庭生活是最重要的一环。假如像过去还没有避孕方法的年代，一个女人婚后要怀孕十几次，要养育许多孩子，要很大的精力与时间的投入，根本顾不上夫妻的感情生活如何。

随着社会的现代化，生活水准的提高，养育子女的职责又减少，夫妇开始能享受生活上的优裕时，就开始注意情感生活的层次。以吃饭作为比喻：假如经济情况差时，一天三餐只会顾虑吃不吃得饱；可是条件好些就开始考虑食物是否营养或卫生；最后就要讲究食物是否美观，吃饭是否有情调，要求就会随着生活条件增高。同样的婚姻生活也是如此。生活条件好了以后除了夫妇能吃得饱，有衣服穿有房子住以外，会开始讲究夫妇生活过得是否美满，是否有情感，是否有情调，会增加婚姻生活内容与层次的要求。

换句话说素质与水准提高的现代生活里做丈夫的单单努力工作把薪水带回家是不够的，还要懂得如何体贴与关怀家人，花时间陪太太娱乐，喜爱妻子；而做妻子的只是忙于烧饭，养育子女也是不够，还要能关心与体贴先生，跟丈夫一起过游乐的时刻，充实夫妻的精神生活。总之，要把夫妇的生活的品质与水准提高，配合现代生活的要求。

近年来离婚率的逐渐提高，婚外情的发生，可能是由于夫妇不注意感情层次的结果。可看做是亮红灯的警告，趁早注意如何去充实婚姻生活的感情层次，迎接现代夫妇的生活要求。

三、夫妻职责与角色扮演的变化

要适应现代的夫妇生活，夫妻还得注意如何能机动的去调节夫妻的职责分配。过去随着传统的观念，大家曾奉行"夫唱妇随"观念，强调"夫主外，妻管内"的职责分配。可是现代化的特点之一就是男女功能的差异逐渐减少，甚至少有区别。在外面的工作环境里，随着机器化，对体力的要求逐渐减少，许多工作女性都可胜任。相对的在家庭生活里，随着家庭用具的现代化，很多男人都可以参与烹饪或洗衣服的家事。再加上夫妻双双到外谋职工作，家里的事不能全丢给妻子来负担，彼此也可以轮流担任。这是现代家庭的特色。因此，作为丈夫的不能只吃米锅中好吃的饭，穿太太替你烫好的衣服，也要学习如何用电锅烧饭，用洗衣机洗洗衣服，用吸尘器打扫房子帮忙做家务。至于做太太的也不能只靠先生拿工具修理水龙头，靠男人搬家具，也要学习能拿螺丝钻或铁锤修理家里用具，做点男人做的事。至于孩子的养育更需要夫妻双双参与，特别是对长大些的孩子，要父母一起执行管教与抚养的职责，不能把责任都推给太太单独去摸索与执行。

理想的夫妻要能机动性的调整彼此的功能与职责，不仅是配合男女差异逐渐减少的现代生活而已，实际上是准备应付夫妇生活的各个生活阶段。是针对双职工而又是小家庭结构的情况所做的调整与适应。跟从前农业或打猎的时代，男人到外劳动、耕田或打猎而妇女在家管家事、养育子女的大家庭情况有所不同。特别考虑到一对夫妻到了中老年退休以后，夫妇两人过家庭生活时，夫妻要相互照顾的情况，就可了解其必要性。趁年轻时就应开始这样的准备与适应。

四、养育子女的目的与方式的更改

现代化里的家庭里养育子女的目的也有所变更。并不像过去传统社会里所强调的生育子女是为了"养儿防老"或"传宗接代"，多子多孙可以帮忙家计，对家庭的生产有所帮助，是从父母及家庭的立场而考虑生育子女的目的。在现代的社会里这种传统的观念变得比较淡薄，而生育子女的目的只是顺从自然的现象，是为了下一代而生育，是尽父母的基本责任。主要是从子女的角度着想与出发。当然，生育子女可以增加父母的心理快乐，也会满足夫妻的心理需要。但同时也得考虑给夫妻带来的职责与负担。因此，子女的数目不能过多，需要跟实际的条件平衡与协调。

不但养育子女的目的在更改，如何养育子女在方式上也有所转变。养育子女的目标不在如何孝顺父母，如何为父母满足其所有的期待为家里争光，将来可以照顾老了的父母；而是如何帮助子女能自己独立发展，适应他们自己的生活。换句话说养育的重心是协助子女完成他们的需要而并非父母的期待。

从上面所提的各个要点，我们已经了解现代的夫妇生活在不知不觉当中已有显著的变化。契约性的婚姻观念将逐渐受到挑战，相对的感情的需要与满足将逐渐变成是婚姻的主要重心之一，非得去关注不可。对婚姻的生活内容来说，养育子女的功能将相对地减少，而如何过夫妻俩人的夫妇生活变得较重要。配合现代化、机械化的生活方式，夫妻的职责与男女角色要能机动的调整，以较平等且互补的原则与精神去相处。随着个人寿命的延长，婚姻生活的年数与时期也就随着增多，而且受家庭结构的变化与影响，夫妻关系逐渐将是家庭最重要的一个主轴。平均一对夫妇要一起度过五十年（半世纪）的漫长生涯。因此，夫妻如何共同经营他们俩人的生活，变成是现代夫妇的主要课题。这是随着社会的进步与现代化带来的共同现象，是世界性的趋势，我们要能提早认识并且及早去适应。

第三节　提供适合社会与文化的婚姻辅导

我们把现代化会如何影响婚姻说明了以后，接着就得讨论在这样文化变迁中如何提供适当的婚姻辅导。我们要首先了解，跟随着现代化而目前常会遭遇的心理课题与问题。

一、了解随着社会与文化变迁而带来的常见婚姻问题

（一）异性关系的增加与开放

在现代化的社会里随着生产模式的工业化，女性会到家庭外面

去从事工作。无形中在职业上增加了未婚或已婚女性跟男性同事一起工作的情况。换句话说男的除了跟自己的妻子以外，在工作上会跟许多女性接触；而女的除了自己的丈夫以外，也会在工作场合跟许多男性接触。不但跟异性的接触多关系增加，而且随着男女关系上比较开放的观念，可以比较不拘束的跟异性来往。在这样的社会与工作环境里，如何跟异性同事建立职业上的友好关系，但同时保持适当的异性间的距离，是现代男女的心理课题，也是夫妻间需要注意的事情。假如搞得不好就容易跨越异性间的隔阂，威胁了夫妻间的夫妇关系。特别是在住宿环境都市化，大家住在公寓的情况下，男女很容易有私自接触的场所与来往的机会。假如自己的婚姻不健康，或者有喜欢拈花惹草的男人或喜欢情感上刺激的女人，就容易牵涉到婚外情的发生。可说是现代化对婚姻带来的危险性。

（二）有关性的事情被过分强调

在欧美的现代趋势影响下，当前有关性的事情被强调得很过分，而且有尽情享受的观念与趋势。在电影、小说里都充满了浪漫主义的色彩，好似性是至上的事情。这对在比较保守的社会环境里长大的人们就容易引来混乱，不知如何调节才适当。间接地影响夫妻的关系，包括性的生活。一对已婚的男女应知道，性生活是婚姻的一部分，能经营满意的性生活可以帮助婚姻生活的质量。但同时也要知道，性生活只不过是婚姻生活的一部分，还有许多别的成分包括感情的层次，一起同苦同乐的亲密关系，共同发挥生活与工作上的成就，相互协助而督促成长的乐趣。只追求并陶醉于性的满足与兴奋是不够的，也不太好。

（三）夫妻角色与职责的混乱不清

我们已经说明过，在现代的社会里，男女与夫妻的角色与职责的分配跟传统社会有显著的差异。在这种社会与文化变迁的过渡阶段里，容易引起如何扮演夫妻的角色与职责的混乱不清的问题。譬如：虽然在讲究男女比较平等的现代社会里，到底在亲友面前做妻子的是否可以公开发表自己的意见，或者还得尊重丈夫的面子妻子要少表现，是每对夫妻都要去商讨而决定的事情。主要的是彼此都要感到满意，不伤害彼此的自尊，也不影响夫妻彼此的感情。夫妻角色与职责现在有时是容易混乱不清的问题，是夫妻彼此要去摸索而决定的事情。

（四）随着世代隔阂的增加而养育子女的困难

现代的夫妻养育子女，常见的心理课题是如何配合文化与价值观念的变迁而去适当的养育子女。由于文化上的价值观念变化得快速，相差二十年的两个世代间就可能有相当大的差距。譬如，上一代可能在年轻时没有恋爱过，没有使用电脑跟各种朋友沟通接触的经验，也没有看过男女在电影上公开接吻的场面。可是这些都是下一代的年轻人认为理所当然或司空见惯的风气。因此，上一代的夫妻如何跨越世代隔阂而去养育下一代的子女，实在是个挑战。作为父母要能适应时代的变化及观念与习惯的不同，夫妻要能相互沟通与协商养育他们的子女。否则是夫妻难以适应而可能会面对的心理问题。

二、提供适应现代化的婚姻辅导

为了适应现代化，夫妻要如何面对他们随社会变迁而来的心理挑战，在婚姻辅导上要特别注意若干项目。让我们简单说明针对华人背景的夫妻而需要特别辅导的项目：

（一）加强夫妻间的沟通与相互鼓励

这是针对华人背景的夫妻首先要面对的心理课题。要练习夫妻间如何能比较随便而随时相互沟通，能让对方知道你的想法、你的感觉及你的期望，并达到相互商讨与决定事情如何处理的功能。许多华人背景的夫妻心理上常认为夫妻每天生活在一起长年相处，都知道彼此，何必还要沟通。哪知道许多事情要经过说出才能让对方知道，只靠对方的猜测或推测是不够的，而且常会闹错误的。作为妻子的是否不高兴丈夫工作很晚才回来，是否嫌先生出差太多在家里过夫妻生活比较少,在家少帮忙家事;作为丈夫的是否不欢迎自己的妻子跟男同事太亲近聊天,在装饰上过分花费金钱,或者跟孩子过分宠爱而少给管教等,都是要经过沟通与表达才能让对方知晓的事情。单靠表情或动作无法仔细且正确的了解。

当然夫妻还要学习沟通的技巧,在哪种场合,在何种机会,如何说如何听,如何相互的沟通,是个大学问。许多华人背景的夫妻在他们年轻时,曾很少看到他们的父母如何沟通,没有模仿与学习的机会,就只好自己摸索、练习。

谈到沟通,华人的夫妻还得学习一个技巧,就是如何适当地随时对自己的配偶夸奖、赞美、鼓励,并表露你对对方的感情。华人背景的夫妻常认为,一对夫妻是自己人,干吗还得向自己人赞美,那多肉麻。哪知,这是夫妻生活上提供心理营养剂的秘诀。你不用花言巧语的说爱,但可以在适当的时候说一句简单的话。譬如,丈夫向妻子说:你今天穿的衣服好看,今晚烧的菜特别好吃,就可以让妻子知道你喜欢她而高兴一整天。反过来妻子可以向丈夫说:你今天下午对孩子说的话很有道理,你这样加班工作,帮助家计,我们都很感谢,就可以让丈夫知道你佩服他,感谢他,让他有精神好好干一个星期。我们曾经说过,夫妻常彼此说赞美、正性的话题,可以帮助婚姻生活美满。我们东方的夫妻要加强这样的习惯。

(二) 注重情感层次的婚姻生活

夫妻间能常常相互沟通,夸奖与鼓励,都能无形中增加夫妻情感上的关系,提高夫妇生活上的品质。不要只顾实际上的工作或生活上的负担,而能随时找机会让夫妻相互轻松,谈谈自己的感觉,对配偶的情感,对相互的期待,对事情的处理方向等,都可以增加夫妻间彼此间的情感上来往。

在繁忙的工作、养育子女或处理家事的日常生活当中,能随时找个机会能让夫妻俩人单独相处,过俩人的私人空间也是很好的。能跟孩子们一起到外面去游乐,也可以增加家庭的乐趣,间接地提高夫妻的情感生活。

当然，最要紧的不要做出会伤害配偶感情的事情。在不高兴的时候不要脱口说出会伤害配偶的话，在社会交际的场合不要做出会让配偶不高兴或嫉妒的行为，更不要做出违背配偶的事情。感情破坏了是很不容易修补与恢复的。要日日小心培养与栽培。这是脱离了婚姻是终身契约的传统社会而进入现代婚姻的夫妻都要去注意的事情，特别是有东方背景的夫妇。

（三）为了子女本身而养育子女的要领

从文化上的比较而说我们华人的父母过分注重子女，而且最糟糕的毛病是对子女过分的要求，望子成龙，靠子女的成就来满足父母的心理需要。针对这样的情形，在辅导上要常去提醒夫妻，不要为了他们（父母）自己而去养育与管教他们的子女，而要为了子女本身而去养育他们。换句话说是为了孩子而养育孩子。孩子不是父母的所有品，也不是满足父母心理需要的工具。最重要的是要了解下一代的子女要去迎接他们的时代、要适应他们的文化。要针对这样的情况去栽培他们。

（四）准备夫妻俩人过日后空巢期来临的婚姻生活

跟养育子女有直接关系的最后一样事情就是作为父母，不要认为养育子女是为了防老，是要依靠子女来服侍年老的父母。我们已经说明过，不仅是受现代化的观念与社会环境的影响，年老的父母要练习自己照顾自己，实际上在夫妻生育一个孩子的情况下，年老的夫妻无法去依赖年轻的子女而生活。这是观念上需要更改的一点，也是每对夫妻都要从早就准备的态度与实际的练习。到了所谓的空巢期，长大的子女离开家去经营他们自己的新家后，中老年的夫妻就要开始重新过他们夫妇俩人的婚姻生活。有人称是重复过蜜婚阶段，没有养育子女负担的时期是人生黄金阶段的来临。可是跟新婚当时的蜜月期有所不同的是夫妻的年龄已经增加，有的已经要从职业工作退休下来，要俩人单独过家里的生活，对有些夫妻是很不习惯的新的阶段。夫妻要灵活性地去重新调整他们男女或夫妻的角色，配合他们的年龄去过中老年的婚姻阶段，甚至到老年的阶段。许多华人背景的夫妇需要被趁早提醒，不要还是盼望着被孝顺的子女服侍的过时的等待，而无法适应现代的老人生活。

总之，不管是哪个社会，处于哪个文化背景的夫妻，都要认识适合现代化的夫妻关系与健康婚姻是什么，什么是需要去注意与讲究的婚姻的心理卫生。而对于从传统社会跨入现代社会的华人夫妻更是需要特别注意；并趁早做需要的准备与适应才好。

参考文献

1. 徐静. 从儿童故事看中国人的亲子关系. 李亦园、杨国枢（编）：中国人的性格. 台北：中央研究院民族学研究所，1972.
2. 曾文星. 夫妻的关系与婚姻治疗（心理治疗普及丛书）. 北京：北京医科大学出版社，2001.
3. 曾文星. 文化精神医学：学理与运用. 台北：水牛出版社，2006.
4. Hsu, J. & Tseng, WS. Family relations in classic Chinese opera. *International Journal of Social Psychiatry*，1974，20（3/4）：159-172.
5. Tseng, WS. & Hsu J. *Culture and family: Problems and therapy*. New York: The Haworth Press. 1991.

第二十七章 婚姻的心理卫生

第一节 婚姻的心理卫生的观念

一、美好健康婚姻的定义

从心理卫生与婚姻辅导的立场来说，我们关心一对夫妻的婚姻是否快乐、美满、稳定；是否有关系上的困难，情感上的矛盾，发展上的变异等。假如有问题的话，到底是面对怎样的心理问题，遭遇何种困难，而我们希望能经过辅导的方法给予适当的协助，帮助夫妻去改善他们的夫妇关系，解除障碍，促进婚姻的健康。可是在婚姻辅导的过程里，辅导者与被辅导的夫妻都得相互且始终的去提问：到底什么是快乐、美满、健康的婚姻呢？如何去判断或测量呢？这些都是一连串的问题，值得去推敲与分析。因此，让我们首先讨论健康与美好婚姻的定义及其基本的条件（曾，2001）。

（一）主观性的评述

有关心理、情绪或行为的事情，都可以从主观与客观的两个角度与方向来探讨。所谓主观，就是本人自身如何感觉、知晓或判断的意思。假如一对夫妇感到他们的婚姻是美满、快乐，那么可说他们的婚姻就是美好的。反过来说，假若他们形容他们的婚姻很糟糕、不愉快，那么他们的婚姻就是属于不理想的情况。这样用夫妇当事人自己的评判与描述是很简单的办法，通常也很可靠。只是这种主观的评述，有时偶尔会有问题。譬如一对夫妇，丈夫总是欺负妻子而妻子却不在乎，或者甚至还心甘情愿喜欢被虐待，从心理卫生与精神医学的立场说来，照理是有问题或病态的夫妻关系，可是他们夫妻本身却很可能双双都自述他们的婚姻还好，难于做客观的判断。反过来，一对夫妇总是顶嘴或甚至争吵，照他们说来是很糟糕的婚姻，没有宁静的婚姻关系，可是客观上看来，他们夫妻彼此还蛮有感情，能相互照顾，能维持他们的婚姻关系许多年并不决裂。可见并不能完全只依靠主观的描述，还得依靠客观地评估，要从两方面去综合性的判断才可靠。

(二) 客观性的分析

所谓客观地评估，就是根据一些条件与因素来审核。这种审核可按几个方向与层次由自己去检讨，或由别人特别是专业人员来检验与判断。根据家族心理的研究与婚姻辅导的经验看来，专业者建议可依几个角度来看一对夫妇是否有健康的婚姻关系。这种夫妻关系本身的各种层次我们曾经（在第三章："婚姻关系的分析"里）已经详细说明与讨论过。因此，在此只重复其摘要。

一对夫妻基本上要有良好的俩人与男女关系，是根据健康的动机，为了结婚的目的而结合在一起计划经营他们的家庭。夫妻之间能时时交谈有关他们彼此的事，包括他们各个所感到或想到的内心里的事，保持畅通的交流，没有太多的隐私。夫妇要能体谅对方的感觉与想法，替配偶设想考虑对方所需要的事。他们能扮演适当的夫妻与男女的角色，共同去处理他们所面对的困难。假如遭遇到问题，他们能随机相互供给适当的支持、安慰、鼓励与协助。夫妻之间能保持正性的反应，少批评或责备，多夸奖与鼓励，并且能相互促进个人的性格上的成长与成熟，多做点对配偶有益的事。也就是说，一对男女生活在一起彼此都会相互督促与影响，双双都逐渐变得人格与心理上更成熟。就夫妇的角度看来，夫妻之间要能形成有力的结合与凝结，与亲戚、朋友或外人能保持适当的界限、距离与划分，来保护夫妻两人本身的立场与权限。一旦遭遇外来的困难时能联盟起来对外应付。彼此都尊重与爱惜自己的婚姻，不让被外来因素或第三者的破坏。最重要的就是有个基本的观念、态度与约定，决定夫妻共同去经营他们的夫妇关

第二十七章　婚姻的心理卫生

系，一起过终生的婚姻生活。这些都是健康婚姻的基本条件。

二、讲究婚姻卫生的需要

从个人的立场我们都很熟悉身体的卫生，也了解心理卫生的重要。同样夫妇也需要讲究婚姻的卫生。过去的老观念认为一对男女结了婚就是终身的契约。不管婚姻美满与否，夫妇满足与否都不能考虑离婚的可能性，夫妇只有一条路，只能相依不分离过一辈子。可是，时代已经改变，没人愿意过形合神离的夫妇生活，更没办法接受痛苦的婚姻关系。因此，就得好好维护、照顾与保养自己的婚姻。这就好比一盆植物要好好浇水，给肥料，接受充足的阳光似的，婚姻也要时时给予所需的水、阳光与维生素，来维持并保护其婚姻的健康。否则，一旦婚姻破裂再后悔也就太迟了。

从婚姻发展的角度来说，一对夫妻结婚以后要度过各个阶段的婚姻生活，也要处理各个阶段的生活课题。通常来说刚刚结婚时充满兴奋与快乐，可是接着要开始面对现实的生活要求，要照顾家，要养育子女，要从事于事业工作。在这么繁多的生活课题里不能遗忘了夫妻本身的心理与情感需要，也得时时给予照顾，供给生活的乐趣，情感的满足。否则就容易陷入所谓婚姻的"厌倦期"，产生对结婚的失望，也容易制造让别人介入而破坏婚姻的机会。

到了中年以后，特别是养育子女的基本责任完成以后，夫妇间的生活变得更是重要。夫妻能否好好相处，能否有情感，变成是主要的婚姻课题。婚姻就像买来一棵植物，不是摆进花盆就可，没有时时浇水给予肥料，这个植物是活不了，长不起来的。同样的，夫妇也是一样，要时时给予情感的照顾，心理的维他命，否则婚姻不会继续与发展。一棵树已经长了好几年，树根也深深长进泥土里去了，但还得时时加肥，注意除去害虫，适当的修剪叶子。同样的不要认为夫妇已经结婚十多年没有问题，还得时时去照顾，否则中老年以后到白头偕老，不见得能保证继续维持良好的婚姻关系。总之，婚姻的卫生是要时时进行，是要从头至尾始终施行的是不能忽略的要紧事。

第二节 夫妻与婚姻心理卫生的推行

一、注重并关心婚姻生活

要实行婚姻的卫生，可往几个方向进行。首要的一点就是观念上夫妻要能共同且切实的认识：婚姻是人生的基础，婚姻是家庭的主轴，而且要有决心始终不停的加与维护。具体的来说夫妇要能时时坐下来，一起去审查自己的婚姻状态如何，有什么好的地方，有什么不理想的地方，希望朝哪方面去改善与求进步；有了困难还得考虑如何共同去解除。这样的自我检讨，就好比定时的去看医师，做例行的身体检查，以便维护躯体的健康。只是不用去看婚姻的诊所，夫妻自我检讨就可。这是要讲究婚姻卫生的第一步骤。

接着要注重婚姻生活。要花费足够的时间去关心自己的夫妇生活。最常见的弊病就是丈夫也好，妻子也好，都用一些理由去回避对婚姻的关心。许多先生用工作忙或身体累作为借口很少关心家事，不太注意妻子的心理需要，也不照顾夫妇的生活。同样有不少太太也常用需要照顾孩子或服侍老人的理由，而忽略了丈夫的需要，也不去维护夫妇俩的情感生活。家事忙、工作忙固然是个事实，也可能是实在的理由。可是假如一个人总用忙而不去看医师、做所需的检查、施行应有的身体维护似的，一对夫妇不去照顾自己的婚姻的话，等到问题发生了就会后悔莫及。即使是很忙碌的日常生活里，总要划出来若干时间与精力去注意自己的夫妻关系如何，考虑如何去维护与改进自己的婚姻生活。

要注重婚姻生活最好有适当的客观条件。对国内目前的环境说来，对于一些夫妇说来居住的场所还不够理想，少有夫妇俩人的私人空间与时间。特别是跟父母住在一起的，住在都市公寓的，特别是如此，因此比较不容易有夫妻单独俩人相处与亲密发展夫妇间的感情来往。如何想办法制造夫妇俩人的私人空间，便是值得考虑的一点，也是想注重婚姻生活的具体步骤之一。就算是夫妻俩人一起到附近的公园去散步，或者一起去上街购买东西，利用机会在街旁小店休息、喝点茶，让俩人有机会沟通与商谈，都是制造夫妻俩人私人空间的机会与办法。

二、特别关心夫妻的关系

要注重婚姻生活就要关心夫妻的关系。首先让我们澄清，家庭与夫妻这两个名称的观念与划分，我们才能弄清楚怎样去关心"夫妻关系"。所谓"家庭"广泛的指由一对夫妇为基础而建立的家庭生活，除了一对夫妻以外，通常还包括子女与夫妻的父母，而且其生活的内容包括很多，如：如何过日子、养育子女、从事职业、服侍父母等。就人际关系而说，一个家庭里原则上可有夫妻之间的关系、夫妻跟子女的关系、夫妻跟他们两方父母的关系等各种家人关系，而其中的夫妻关系虽是其中重要的主轴关系，但只是其中的一部分。至于"夫妻"的关系，则广义的包括如何形成并维持一对夫妇间男女俩人的关系，是夫妻而也是一对男女的关系。通常我们把这两种名词混合而用，可是在此却是分别使用，以便强调婚姻的心理卫生，除了注意由夫妇为核心的整个家庭以外，也特别要关心由丈夫与妻子男女俩人形成的"夫妻"这个狭义的夫妇关系。具体来说即如何关注夫妻俩人间的感情、关系、沟通、角色扮演、结合与联盟等诸层次。

譬如说，单就夫妻间的沟通与交流，除了能时时交谈彼此的想法与感觉以外，夫妻间要能适当地保持透明度，不要有隐瞒的事。不能为了配偶不赞成，自己就私自给自己的家里送东西或给钱。万一被配偶发现了就会很不高兴，认为配偶事先没有商谈，背后作了偷瞒配偶的事,伤害配偶的信任感与情感。有些人怕配偶操心,就把一些不好的消息不告诉给配偶,包括工作上的不顺利或身体的不适。哪知,这是把配偶"幼稚化"的行为,没有把自己的配偶当着是成熟的成人,共同面对与承当所遭遇的困难。况且,许多事可由他人提供客观的意见,另外的想法,用不同的技巧与方式来处理问题。把事情不告诉给配偶并不是保护而是没充分善用配偶的头脑与好处,是不尊重配偶的做法。也是没有好好结合,共同联盟去应付困难的选择,不能算是能合作的夫妇。有苦共受,有乐共享的态度与习惯,能联盟、结合对外,才是健康的夫妇。能扮演相配与相补的角色,发挥夫妻彼此的功能,能相互体贴、照顾,提供意见去处理问题,才是成熟的夫妇的表现。

三、满足男女双方的心理需要

想要长久维持夫妻的关系,还要能注意夫妇这对"男与女"的心理与感情的不同与需要。根据有些心理专家的剖析,一个男人的心里暗地里渴望着有两种女人,即:忠实、守贞、勤劳、守家的妻子,以及体贴、浪漫、多情的情妇;而相对的一个女人内心里也希望有两种男人,即:诚恳、可靠、强壮、会照顾家的丈夫,与潇洒、会挑逗取乐、富于情感的情人。问题是在现实的生活里,很难同时有这样两种不同条件的异性对象。男女刚刚结交时,可能是想象的情人或情妇。可是一踏进现实的婚姻生活里,丈夫就慢慢变成讲究实在、负担家计的丈夫,不再是会挑逗取乐的情人;而妻子也逐渐变成是勤劳、做家事的妻子,不可能继续是浪漫且多情的情妇。这或许说明有些人婚后就开始对婚姻感到失望或厌倦,甚至到外面去寻找所遗缺的另外一种异性对象。

不管是如何,婚后的丈夫要注意不仅要执行可靠且会照顾家的丈夫职责,最好还能保留当初恋爱时的情人形象,能偶尔对妻子表现体贴、会挑逗情感及取乐的"情人"的角色,满足妻子的内心需要。同时,做妻子的也是一样,不要整天忙于做家务,照顾孩子，而失掉从前很体贴且多情的"情妇"的另一面。不要心里认为"糟糠之妻不下堂"，只要做好的家庭主妇就可。

比如说做先生的能时时的夸奖太太，提醒太太很好看，偶尔给太太买些小礼物，让太太受到意想不到的殷勤而高兴。做妻子的在家里可能平常穿着舒适简单的衣服，但也得时时注意自己的外观，偶尔也打扮一下，让先生惊讶且欣赏，并且也对先生体贴，说些夸奖丈夫的话，佩服丈夫的能干让先生高兴一下。

虽然夫妻可能天天忙于日常的工作，要养育子女，要服侍父母，也要专心自己的职业工作，但也得偶尔暂时的抛弃一切，让夫妻俩人能过过俩人的时间。偶尔一起出去散散步，去逛逛街看个电影，甚至做个短程的旅行，恢复从前恋爱时代的活动，都可以打破天天一样的呆板的日常生活，给夫妇带来点刺激与变化，增加夫妇生活的乐趣。特别是利用婚姻纪念日或者配偶的生日，到外面馆子吃个饭，送个小礼物，都是可以满足夫妻间的"男与女"的心理，继续保留夫妇间的美好情感。

四、保养婚姻，避免伤害婚姻

要维持美满的婚姻，要懂得时时给予保护，不要让自己无形中破坏自己的婚姻，或让第三者的介入。譬如，即使是吵架闹情绪的时候，千万不要说出一些会伤害配偶自尊心的话。由于我们生气时，一时的失掉控制，很可能说些很不好听的话，骂配偶多不好。可是哪知这些话会如何伤害对方的感觉，长久会留在对方的脑里，不容易消失。就算是事后觉得很后悔而道歉了，也不会有补救。夫妇俩人吵架时要注意就事论事，把你不喜欢的地方说出来，解释为何你不高兴，但千万不要加油加醋，说些很难听的伤人情感的话，这是吵架时的要领。夫妻如一双左右手，用一边的手拼命去打伤另一边的手，并没有什么好处只有对自己的坏处。

另外很重要的事情就是，不要做出配偶知道了会不高兴的事。太太明明告诉你她不喜欢在家里养鸟，可是你却只顾自己的喜爱而提回来一笼鸟,就是明明要太太不高兴;先生很清楚的交代不要你去考虑什么整容开刀,可是你只想变得好看,不顾一切的去接受整容的手术,就等于漠视先生的意见,也想打破夫妻间的感情,等于是故意不要婚姻关系。自己整容了但先生不喜欢,那有什么好处?

　　特别是有些容易引起配偶误会的事情,要小心处理。特别是在外跟配偶以外的异性朋友或同事接触时,最好能时时据实的告诉配偶,免得让配偶从别人那里听到或者偶然发现,引起很大的误会。我们要认识一个基本的事实,就是不仅女人容易吃醋,男人也很会发生醋意的;只是男人顾虑大男人的面子,喜欢假装不在乎而已。不管是先生或太太,假如在外碰到异性的朋友,回家以后,记得要马上给自己的配偶知道;并且大略的说明那些事,发生了什么事。这样能保持夫妻间的透明度,没有什么隐藏的事,就能保持彼此的信任。这不管是从前的异性同学也好,旧同事也好,还是只是在邻居家认识的朋友也好,都该如此;而若是你过去曾经交往过的旧异性朋友,那更要小心告诉与说明,不要引起不必要的误会。这样做不仅是减少不必要的误会,而且是对配偶提供这样的信息,即:你很在乎夫妇彼此的情感与信任,不希望有任何外来的干扰。

　　跟这样的事情很相似而连带要提的是:如何跟自己工作单位的异性同事们来往接触的事。由于目前现代化的社会里,夫妻常常双方都到外面去谋职,跟异性同事接触的机会很多。事实上跟异性同事在一起工作的时间可能比自己与配偶在家相处的时间还多。如何跟这样长久相处的异性同事能保持职业性"同事"的友好关系而不会变质,不会跨越男女的界限而影响到夫妻的感情,威胁了婚姻生活,是现代男女的生活课题与要领。我们曾经说明过(第二十章:婚外情的问题),婚外情的发生最容易破坏婚姻,伤害夫妻的感情。因此我们已经大致讨论过如何去回避婚外情发生的要领。在此让我们再度地简单提醒一下:最主要的跟异性同事

第二十七章　婚姻的心理卫生

们的接触来往要始终保持"同事"的职业性关系，不要有"私人性"的男女关系。尽量避免俩人单独接触与交往的机会，随时保持在公开的场合的接触。至于彼此所谈或所聊的，要限制在工作方面的事。虽然有时会难免谈些工作以外的事，譬如天气怎样，交通如何等，可是千万避免谈自己私人的生活，特别不能谈自己内心的感觉，或者诉苦自己的婚姻有何问题或夫妻有何矛盾，无形中招来对方的同情与乘机介入。必要时可向对方透露自己已经结了婚，并且婚姻很美满；以免对方对你发生非分之想。

假如你无法遵守这些原则失掉控制，而谈你个人的私人生活，特别是谈你对自己的配偶如何不满意，那等于向对方说明且宣布你的婚姻空虚有漏洞，没有希望，而你正在考虑另找新欢。换句话说也就是等于在宣布自己想发生婚外情。这一点不要心理专家，任何普通人也都可以看透你的心意，真是在找麻烦。假如你对那个异性同事有好感，那得加倍去小心，不要让彼此发生不好控制的关系来影响你的婚姻生活。

最重要的不要做一些对不起配偶的事。俗语说："破镜难重圆"，或者"泼出的水难收回"。被破坏了的婚姻很难收拾。跟异性朋友接触时可能是一时的好感与刺激，可是要有个提醒，警告自己值得不值得去冒险破坏自己已有的婚姻而换来情感上的一时刺激，而事后后悔也来不及。

五、预测与准备日后的将来

要维护自己的婚姻，最后还有一件事情要做的是夫妻能时时的一起谈论自己婚姻的将来，预料会往哪个方向与阶段进行，会遭遇哪类可预期的事情或问题，希望夫妻能如何去共同面对，并继续他们的夫妇生活等。这并不是说要开个正式的讨论会，而是随时找机会以轻松的方式，在饭后或在休闲的时候谈谈。

譬如，孩子快要念完大学要找事情去做，而且可能离开父母的原本家庭时，对夫妻的婚姻生活会如何影响；丈夫考虑改变工作，对婚姻有何相干；妻子想早一点从单位退休，做点自己喜欢的工作，对家里的经济会有何变化，对夫妻俩人的生活会有何影响，都是可以事前就去好好谈和重复讨论的话题。夫妻能时时注意将来，就能注意做事先的准备，减少到时的措手不及。最重要的是夫妇一起谈论将来，无形中可提示及加强夫妻间的感觉，让彼此都知道两方都关心他们的婚姻，间接的加强他们的结合感。

总结说来，婚姻的心理卫生工作并不是很难的大学问，也不是很繁杂的理论，是人人皆知的常识与道理。只是要夫妇能去注意并且用心去实行，这样就能保护自己的婚姻生活了。

六、夫妻关系与婚姻模式的传递

从心理卫生的角度来说，最后一点要提出来的是：婚姻生活是否美满，会从一代传递到下一代。假如父母的夫妻关系很要好，婚姻也很顺利与美满，在这样家庭环境下长大的孩子，从小就感受到和谐的家庭气氛，学习父母如何以夫妻的关系和谐相处、沟通、如何相互要好的技巧与要领，经过认同与模仿，而形成子女的人格之中。等到他们自己长大成人找对象，自己结婚成家后，也就懂得像自己的父母相处似的，如何跟自己的配偶对象相处、沟通、要好，共同经营夫妻的婚姻生活。假如从小看到自己的父母总是吵架甚至是婚姻破裂，就缺乏男女如何相处的榜样，没学习到夫妻如何有技巧地处理矛盾或共同应付困难的要领，而自己结婚后，就没有那样好的婚姻模式可遵循，很是吃亏。假如自己的父母发生了婚外情，一方父母背着配偶而跟别的异性要好，子女就会得到男女之间不能相互信任的印象，自己结了婚后，就常无故怀疑自己的配偶是否不贞，无法信任自己的配偶。这些都是受自己父母的夫妻关系与婚姻模式影响的结果。换句话说受了家庭文化的直接影响而世代传递（Tseng & Hsu，1991）。

换过来说，自己本身的夫妻关系是否要好，婚姻是否美满，无形中会给自己的子女提供榜样，影响他们下一代对他们自己的男女关系与婚姻生活有所影响。夫妻关系与婚姻生活模式是会经过世代而传递的。因此，我们不但要为了我们自己这一代而着想，去树立好的婚姻关系，还得为了下一代的子女而去维持美满的夫妻关系与婚姻生活的模样。总之，我们有双层的任务，为了我们夫妻自己，还得为我们子女的心理卫生而维持好的婚姻生活。

参考文献

1. 曾文星. 夫妻的关系与婚姻治疗. （心理治疗普及丛书）. 北京：北京医科大学出版社，2001.
2. Tseng, WS. & Hsu, J. *Culture and family: Problems and therapy*. New York: The Haworth Press. 1991.

结　语

　　这本书从头开始谈婚姻的心理、夫妻的关系，进而分析婚姻的各种问题或困难，接着解释如何应用各种辅导的模式与要领来协助已经发生困难的夫妇，最后提示如何配合文化的变迁与社会的现代化而做适当的适应，并提倡所需的婚姻的心理卫生。这本书的一连串要点是在强调婚姻生活是我们人生里很重要的一环。婚姻生活过得好，一生也就很舒适、快乐、平安且顺利；否则，就容易遭遇不美满的人生。如何去讲究婚姻的心理卫生是很简单的事，人人都可去施行。主要能关心自己的婚姻，并能时时给予维护、保护，不要去破坏就可以。就算是面临一些婚姻方面的波折，一般的夫妇都可以靠夫妻俩人的协同努力去处理，减除他们的矛盾。可是，万一所遭遇的问题是超出他们俩人的能力去解决的，或者俩人曾尝试去克服而效果不好时就要考虑专业的辅导，尝试去接受别人的协助去解除困难。接受专家的辅导不见得就能保证解决婚姻上的困难。但是，辅导者至少可供给夫妻可以去尝试的方向与原则。当然最好的还是从平时就注意婚姻的保养与爱惜，保持健康与成熟的夫妇关系，并且时时享受美满的婚姻生活。

　　大家都知道，夫妻是人生里最重要的生活伙伴，配偶被形容为"最重要的另一半"，夫妇俩人将一起度过数十年（将近半个世纪）的成人的人生阶段。婚姻是家庭的基础，也是我们社会里的主要生活单位。有了幸福的夫妻关系，经营美满的婚姻，就有令人满足的生涯。因此，如何维持幸福的夫妻关系，建立健康的婚姻是很重要的事情。假如万一婚姻有了问题，夫妻本人就得双双及早注意，并且共同去处理与解除。婚姻问题在本质上跟精神疾患有所不同，因为：婚姻问题主要是心理上的困难，而许多男女或夫妻他们本是社会里适应良好的普通成人，只是在男女或夫妻相处方面有了差错而已，需要夫妻的心理辅导。因此有了适当的辅导，他们就能运用他们既有的潜力而恢复他们的婚姻关系，继续过他们私人与社会的健康生活。因此，如何发展婚姻的辅导工作，协助这些需要辅导的夫妻，可以说是现代社会里很需要且是重要的心理卫生工作。

个人也好，一对夫妻也好，一个家庭也好，都是生活在我们的社会环境里，而时时受社会与文化的影响。夫妻的关系，婚姻的经营，都直接或间接地受社会与文化背景的左右。他们所面对的心理困难，除了一般性的性质以外，还时时带有文化上的色彩，而其辅导工作也就得配合文化的层次而适当的提供。换句话说婚姻辅导不能就外国的情况与经验而来讨论与采用，要考虑如何配合自己社会与文化的因素。因此，本书的特点就是发挥这一点，就华人常见的婚姻问题而着手讨论，提供适合华人的辅导要领。

大家都很明白我们的社会正面临快速的变化，遭遇现代化的冲击。现代化可以带来许多好处，提高生活的水准，方便生活的内容，包括经济的发展。但是相对地却会威胁心理生活，特别是婚姻的制度与家庭的关系。如何配合急速变化中的社会与文化而去维护我们的夫妻关系与婚姻生活，是现代人的心理课题。

心理的辅导，不能单靠理论上的探讨与讨论，而需要考虑实际上的运用。因此，为了帮助读者容易体会，并能实际运用于临床工作，本书采用许多个案例来具体说明。为了配合国人的需要，多采用实际华人案例来分析与讨论。部分包括住在国外的华裔或亚裔的案例，可显出社会与文化因素如何影响夫妻的生活、所面对的问题以及需配合的辅导要领。

本书是由我们三位共同作者合作编写。大家发挥各个的长处，经过分工合作，提高本书的素质与水准。虽然婚姻是成立家庭的基础，在广义上婚姻治疗是家庭治疗的一部分，但是本书是配合现代学术上的趋势，把夫妻治疗与家族治疗分开，单就一对男女或夫妻的情况为主要着眼点而书写，并讨论婚姻与辅导的技术与要领。至于有关家庭的心理问题的辅导，主要牵涉到夫妻跟他们的父母、子女、同胞等家人的相处问题时，我们将会另外书写《心理治疗：家庭与辅导》一书，作为本书的姐妹书；读者可同时参阅。希望大家能一起学习，共同推动适合华人的婚姻与家庭的辅导工作。

中英对照词汇与索引

（注明：括弧里的数目表示词汇出现的章的序号）

A

abuse 虐待（18）
acceptance 相互接受（9）
adaptation 适应性（6）
adaptive behavior reaction 适应性行为反应（6，9）
adjustment（适应）（9）
affection 情感（13）
alliance 联盟（3，9，15）
ambivalence 双相性感情（7，21）
anal stage 肛门期（3，4，16）
analytic marital therapy 分析性婚姻治疗（9）
antisocial personality trait 反社会型性格（20）
arranged marriage 被安排的婚姻（26）
asymmetrical（participation）非对称（参与）（8）
asymmetrical relation 非对称关系（13）［跟 symmetrical relation 比较］
attachment 粘密（9）
axis（家庭人际关系）主轴（26）

B

behavior therapy 行为治疗（9）
behavioral marital therapy 行为婚姻治疗（9）
bisexual 两性恋者（3）
body language 体语（8）
bond 结合（3，6，8，9，13）
borderline personality trait 边缘型气质（20）
boundary（人际间的心理）界限（3，8，15）

C

child abuse 儿童虐待（18）
childhood marriage 儿婚制度（1，26）
classification of marital problems 婚姻问题的分类（5）
cohesion 凝聚力（或结合力）（3，6）
communication 沟通（9，13）
compliment relation 相配性关系（3，13）［跟 parallel 比较］
condition 条件化（9）
co-therapy 共同辅导（7）

Couple Communication Inventory 夫妇交流量表（6）
couple therapy 配对辅导（7）
    couple/marital therapy models 婚姻治疗模式（9）
    analytic marital therapy 分析性婚姻治疗（9）
    behavioral marital therapy 行为婚姻治疗（9）
    emotion focused couple therapy 情感婚姻辅导（9）
    imago relationship therapy 形象关系婚姻辅导（9）
    integrative couple therapy 整合婚姻辅导（9）
    supportive marital therapy 支持性婚姻辅导（9）
counter-transference 反转移关系（7）
cross-generation and gender alliance 跨代性别交叉联盟（16）
cross-sexual alliance 性别交叉联盟（7）
culture 文化（26）
cultural empathy 文化上的同解心（23）
cultural scotoma 文化上的盲点（23）

D

defense mechanisms 心理防卫机制（9）
depth psychology 深层心理学（9）
differentiation of self 自我分化（3）
divorce 离婚（4，21）

dynamic theory 动态性学理（9）

E

ego stonic 自我容纳性（20）［跟 ego dysyntonic 比较］
ego dystonic 自我非容纳性（20）
emotion focused couple therapy 情感婚姻辅导（9）
emotional insight 情感性病识或领悟（9）
emotional quotation（EQ）情商（情感成熟程度的指标）（2，12，16）
empathic understanding 同解心的了解（8）
empathy 同解心（同理心）（8，9）［跟 sympathy 比较］
empty nest 空巢（4，14）
endogamy 内婚制度（1，23）
ethnic transference 民族转移关系（13）
exogamy 外婚制度（1，23）
extend family 大家庭（1，26）
extra marital relationship（affaire）婚外关系（婚外情）（4，5，20）

F

FACE-II：Couple Form 家庭功能量表-夫妻量表（6）
family system 家庭系统（1）
    matrilineal system 女系传递系统（1）
    matrilocal residence 母系家庭居住（1）
    patilineal system 男系传递系统（1）
    patrilocal residence 父系家庭居住（1）

family violence 家庭暴行（18）
fate neurosis 命运性的神经症（18）
folie a due（double psychoses）双人精神病（5）
free love 自由恋爱（26）
frustration 挫折（9）

G

generational gap 世代隔阂（代沟）（4，14，15）
grief reaction 哀悼反应（4）
group 群体（7）
group therapy 群体治疗（团体治疗、集体治疗）（7）

H

heterosexual stage 异性阶段（3，4）
homosexual 同性恋者（3，25）
homosexual stage 同性期（3，4，16）
hwabyung 火病（1）

I

imago relationship therapy 形象关系婚姻辅导（9）
individual resistance 个人心理阻抗（10）
individual therapy 个人心理治疗（7，8）
insight 病识或领悟（9）
intellectual insight 理智性病识或领悟（9）
intelligence quotation（IQ）智商（2，16）〔跟 EQ、SQ 比较〕

intercultural marriage 跨文化的婚姻（23）
interethnic marriage 跨民族的婚姻（23）
interpersonal therapy 人际关系治疗（7）
integrative couple therapy 整合婚姻辅导（9）

L

latent stage 潜伏期（3，4，16）
learning theory 学习理论（9）
long-term psychotherapy 长期心理治疗（10）

M

Madam Butterfly "蝴蝶夫人"（西洋歌剧剧名）（23）
marriage 婚姻（1）
marital axis 夫妻主轴（4）
marital development stage 婚姻发展阶段（4）
marital pairing（or matching）夫妻配对（5）
　asymmetrical pairing 非对称配对（5）
　complimentary pairing 相补配对（5）
　parallel pairing 平行配对（5）
　sadistic and masochistic pairing 虐待与被虐待的配合（5）
　symmetrical pairing 对称配对（5）
marital relationship problems 夫妻关系上问题（5）

marital problems 婚姻问题（5）
marital abuse 夫妻间的虐待（18）
Marital Satisfaction Inventory 婚姻满意度量表（6）
married stage 结婚期（4）
matrilineal system 母系传递系统（1，25）
matrilocal residence 母系家庭居住（1）
mirroring 镜子返照（9）
modernization 现代化（26）［跟西化比较］
monogamy 单配偶制度（1，26）

N

neolocal residence 新家庭居住（1）
neurotic 神经质性（病态性）（21，22）
neurotic behavior 神经症性病态行为（9）
neurotic motivation 神经质性的（结婚）动机（11，21，22）
neurotic pairing 神经质性（病理）配对（5）
nuclear family 核心家庭（1，26）
non-adaptive behavior reaction 非适应性行为反应（9）
non-verbal（communication）非语言（沟通）（8）

O

oral stage 口欲期（3，4，16）
organism 性高潮（17）
original family 原本家庭（3，4，5）

P

paradox approach 特异（反常）操作（8）
parallel role 平行性角色（3）
parallel relation 平行性关系（3，13）
parent-child axis 亲子关系主轴（4）
parent-child triangular relation 亲子间三角关系（3）
patrilineal family system 父系传递系统（1，26）
patrilocal residence 父系家庭居住（1）
personality 性格（3）
personality trait 性格气质（3，5，20）
 antisocial personality trait 反社会型性格（20）
 dependent personality trait 依赖性性格气质（5）
 borderline personality trait 边缘型性格气质（20）
 hysterical personality trait 癔症性格型气质（5）
 obsessive personality trait 强迫症性格型气质（5）
 paranoid personality trait 妄想型性格气质（5）
phallic stage 性蕾期（3，4，16）
polygamy 多配偶制度（1，26）
premarital sex 婚前性关系（4）
premarital counseling 婚前咨询（辅导）（7）
premarital stage 婚前期（4）
psychological weaning 心理上的"断

奶"（4）
psychosexual development 心性发展（4，16）
puberty 青春期（4，16）

R

reconstructed family 重建家庭（21）
reframing 改观重解（8，9）
relationality 关系（9）
remarriage 再婚（4，22）
reproductive stage 生殖期（3）
resistance 阻抗（9）
role（所扮演的人物）角色（3，8，9）
role play or performance 角色扮演（3，8）

S

sadistic and masochistic sexual behavior 虐待与被虐待行为（18）
sadistic and masochistic pairing 虐待与被虐待配合（5）
sex-oriented counter-transference 性取向-反转移关系（25）
sex-oriented transference 性取向-转移关系（25）
sexual life 性生活（4）
short-term psychotherapy 短期心理治疗（10）
single-parent family 单亲家庭（4，5，26）
social quotation (SQ) 社商（社会能力的指标）（2）

society 社会（26）
spouse abuse 配偶虐待（18）
spouse violence 配偶暴行（18）
stem family 主干家庭（1，15，26）
stress 应激（心理压力）（9）
stress and adjustment 应激与适应（9）
structural couple therapy 结构性夫妻治疗（9）
structural family therapy 结构性家庭治疗（9）
subculture 次文化（5）
support 支持（9）
supportive marital therapy 支持性婚姻治疗（9）
symmetrical (participation) 对称性（参与）（8）
symmetrical relation 对称关系（13）
symmetrical role 对称性角色（3）
sympathy 同情心（8，9）[跟 empathy 比较]
system 系统（7）
system resistance 系统性的阻抗（7，10）
system theory 系统学理（7）

T

transactional analysis 交往反应的分析（3）
transethnic transference 跨民族转移关系（23）
transference 转移关系（7，9，13）
triangular complex 三角情结关系（4，9）

triangulation 三角化关系（7）

V

validation 确认（9）
violence 暴力（18）

virginity 守贞、贞操（4）

W

Westernization 西化（26）